航海类高等职业教育项目化教材

船舶安全与防污染管理

刘万鹤　主编
杨峥嵘　主审

上海浦江教育出版社

内 容 提 要

本书是航海类高等职业教育项目化教材，内容上严格按照新的《中华人民共和国海船船员适任考试大纲》进行编写，结构上突破传统的章节体制，充分体现项目驱动、任务引领、实践导向的课程设计思想，以工作任务为主线设计教材结构，实现教学实践一体化。全书共分 5 个项目，内容包括：项目一，船体强度与构造分析；项目二，船舶适航性控制分析；项目三，船舶防污染管理；项目四，船舶营运安全管理；项目五，船舶安全操作与应急处理。

本书可作为航海类高等职业教育轮机工程技术专业教学用书，也可作为 750 kW 及以上无限航区二/三管轮、大管轮适任考试培训用书。

图书在版编目(CIP)数据

船舶安全与防污染管理/刘万鹤主编．—上海：上海浦江教育出版社有限公司，2014.8
（航海类高等职业教育项目化教材）
ISBN 978-7-81121-369-0

Ⅰ.①船… Ⅱ.①刘… Ⅲ.①船舶安全—高等职业教育—教材②船舶污染—高等职业教育—教材 Ⅳ.①U698

中国版本图书馆 CIP 数据核字(2014)第198225号

上海浦江教育出版社出版

社址：上海市海港大道 1550 号上海海事大学校内　邮政编码：201306
电话：021-38284923(总编室)　38284910(12)(发行)　传真：021-38284910(传真)
E-mail：cbs@shmtu. edu. cn　URL：http://www. pujiangpress. cn
上海市印刷十厂有限公司印装　上海浦江教育出版社发行
幅面尺寸：185 mm×260 mm　印张：17　字数：392 千字
2014 年 8 月第 1 版　2014 年 8 月第 1 次印刷
责任编辑：张　婕　黄丽芬　封面设计：赵宏义
定价：54.00 元

总　　序

当前，我国高等职业教育已进入了快速发展时期，职业教育的教学模式也悄然发生着改变，传统学科体系的教学模式正逐步转变为行动体系的教学模式。项目化教学是“行动导向”教学法的一种，因其具有实践性、自主性、发展性、综合性、开放性等多个优点而被高等职业院校广泛采用。但由于受传统学科体系的教学模式和海事局船员适任考试评估大纲的影响，航海类高等职业教育的教材目前大多仍按知识体系架构编写，内容偏重于理论知识，而轻视实践技能的训练，与职业能力培养要求存在较大的差距。国内部分院校虽然也进行过项目化教学改革的尝试，但编写的配套教材大多采用模块(知识体系)+实训(海事局评估项目)架构，教学方法上采用“理论与实践交替互动”的模式，没有真正实现以项目为载体的理实一体化教学。

为了培养高素质航海技术技能人才，使教学模式遵循职业教育教学规律和高职学生的认知规律，我们组织编撰了《航海类高等职业教育项目化教材》(丛书)。为了高质量地完成教材的编撰工作，编委会组织了一批企业专家、知名学者和专职教师，在以华东师范大学博士徐国庆教授为核心的“职业教育项目化教改团队”的指导下，大力推进航海类专业以工作任务为导向的课程体系改革。本次课程体系改革，完全打破以往的基于知识体系的课程体系模式，而是以海船船员典型工作任务为导向，从船员岗位的工作领域和职业能力分析入手，形成了一套集知识目标和技能目标于一体、融理论学习和技能训练于一身的全新航海类项目化专业主干课程教材。

教材是课程教与学的载体，也是课程教与学模式的具体体现。在重新优化和构建以工作任务为导向的课程体系的基础上，编委会配套制定了各课程教学标准，分组开展了项目化课程设计，并以此指导项目化系列教材的编撰。

本套教材紧扣船员工作岗位的实际工作项目，通过“项目描述”“项目目标”“任务描述”“任务实施”“任务评价”等栏目逐层递进，在项目实施中完成对学生知识的积累和能力的培养。这种“做中学、学中做”教学方法，既符合高等职业教育的需求，也符合高等职业院校学生的认知规律。

航海类专业职业教育“课证融通”的特点，要求毕业生参加海事局组织的船员适任证书考试和评估，并取得相应船员适任证书。所以，本套教材在编撰过程中，还特别强调紧扣国际海事组织 STCW 公约 2010 年马尼拉修正案的新内容、新要求，在知识内容和实训项目设置上，完全涵盖中国海事局全国海船船员适任考试和适任评估两个大纲的要求，实现了理论和实践的有机融合。此外，本套教材还根据航海技术的最新发展动态，增加或修订了一些新技术或新设备内容，由此满足船员适任考试和评估的双重需要，还可作为船舶技术人员的参考用书。

本套教材的编撰，是我国航海教育项目化课程改革的有益探索和创新，由于我们的水平有限，书中或仍有某些不足，敬请专家、同行和其他读者不吝指教，以便我们适时改进，为推进我国航海高等职业院校项目化课程改革添砖加瓦。

《航海类高等职业教育项目化教材》编写委员会

2014 年 7 月

前　言

本书是根据《STCW 公约 2010 年马尼拉修正案》、2011 年《中华人民共和国海船船员适任考试和发证规则》、2012 年 7 月 1 日实施的《中华人民共和国海船船员适任考试大纲》编写的。本书在编写过程中，力求反映当前相关国际公约、港口国监督、国内法律法规的最新变化，现代船舶安全管理和海洋环境保护的最新要求，以及海员社会责任和权益保护等内容；注重以职业岗位的需求为出发点，围绕航海类高等职业教育的特点和特色，具有较强的针对性；同时注重贯彻“以全面素质为基础，以能力为本位”的教育教学指导思想，结合对培养学生创新精神、职业道德等方面的要求，重点突出“必需和够用”原则，紧扣大纲，深度、广度适中，体现理论与实践的结合，强化技能训练的力度。

全书由江苏海事职业技术学院刘万鹤副教授（远洋轮机长）主编，南京富海船务有限责任公司杨峥嵘主审，其中：项目一和项目二由刘万鹤编写，项目三由赵春生编写，项目四由包恒亮编写，项目五由王红涛编写。

本书在编写过程中得到国内多家海事机构、远洋公司、船厂及船员服务机构的相关专家、工程技术人员的热心帮助和指点，在此一并表示衷心的感谢。

由于时间仓促加之编者水平有限，恳请广大读者对书中的不妥之处提出批评，给予指正。

编者

2014 年 5 月

目　　录

项目一
船体强度与构造分析

项目描述

船舶是人类最早、最广泛使用的交通运输工具之一。目前，虽然人们已经能够广泛地使用各种类型的交通运输工具，如飞机、船舶、火车和汽车等，但是船舶被公认为是一种经济性好、运输量大的水上交通工具。随着全球经济的快速发展，当今世界贸易量的90%以上需要船舶运输。

海上运输所带来的巨大利益与高风险是并存的。如何保证船舶安全航行、保护海上人命财产安全、保护海洋环境，这是21世纪人类海洋运输的主题。学生通过本项目的学习，在认识船舶、熟悉船舶的基础上，具备船舶安全意识和掌握船体强度概念，会进行受力分析，具备在船体结构与构造上给予强度保证的能力。

任务1　运输船舶特性与船体受力分析

任务描述

虽然运输船舶种类繁多，其性能和特点各有差异，但船体在水面上的受力情况基本上是相似的。本任务的训练使学生了解船体在水上的各种受力情况，并能根据船舶实际状况正确进行船体受力和强度分析，具备控制船体损害、保证船舶安全的能力。

本任务适用于操作级和管理级船员。

学习目标

- 具备正确识读各类现代运输船舶的能力。
- 具备船体受力和强度分析的能力。
- 能在装卸货过程中、航行遭遇风浪的操作中保证船舶安全。

相关知识

凡从事水上运输旅客、货物及其他物资的船舶统称为运输船舶，或称为商船。根据用途不同，商船主要分为干货船、液货船和客船。

一、运输船舶的分类

(1) 按航区分为无限航区、近洋航区、沿海航区、近岸航区船舶等。

(2) 按动力设备分为内燃机船、蒸汽机船、核动力船等。

(3) 按推进器型式分为螺旋桨船、明轮船、喷水推进船、喷气推进船、空气螺旋桨船等。

(4) 按机舱位置分为舯机型船、艉机型船、舯艉机型船等。

(5) 按造船材料分为钢船、木船、铝合金船、玻璃钢船、水泥船等。

(6) 按货种(用途)分为干货船、液货船、客船、兼用船等。

(7) 按装运方式分为散装船、集装箱船、滚装船、载驳船等。

最广泛采用的分类方法是按货种的区分法。目前的海洋运输船舶以钢质、内燃机驱动、螺旋桨推进为主要型式。近几十年来，为提高船速又发展出多种新型船舶，如水翼船、气垫船、双体船等。

二、运输船舶的特点

1. 干货船

用于运输各种固体货物的船舶统称为干货船。常见的干货船有杂货船、集装箱船、滚装船、散货船、矿砂船、冷藏船等。在干货船中，运木船、冷藏船、汽车运输船等干货船又称为特种货船。

1）杂货船

杂货船亦称普通货船。主要将各种机器设备、建材、日用百货包装成捆、成箱地装船运输。它是使用最广泛的运输船舶之一，如图 1-1-1 所示。杂货船具有如下特征：

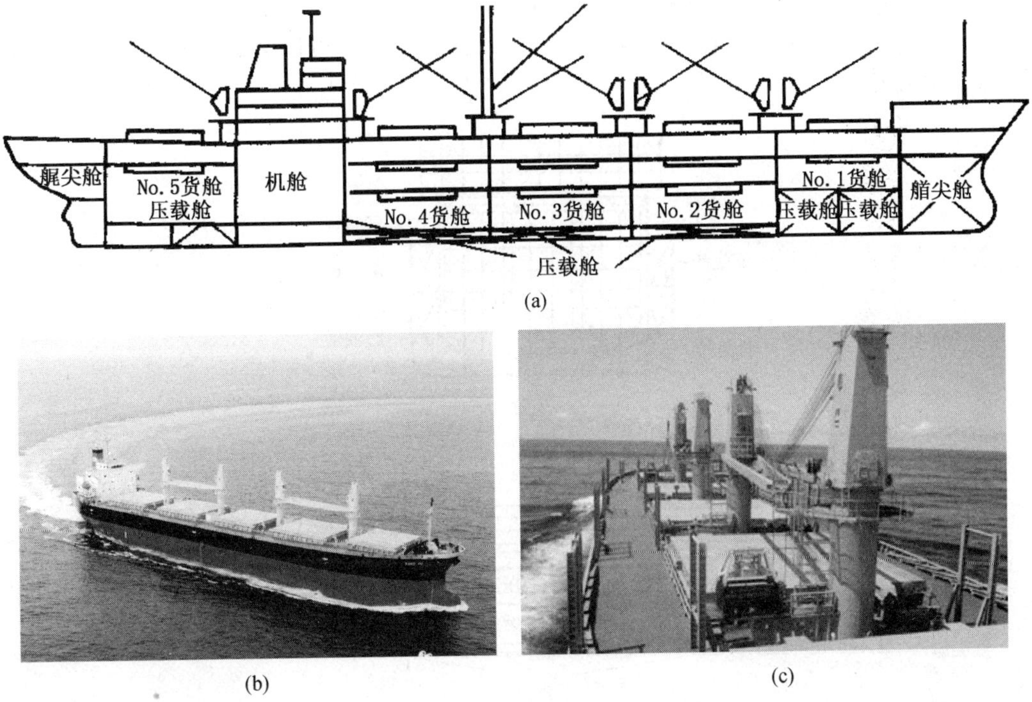

图 1-1-1　杂货船

（1）由于货源不足、货种杂、装卸速度慢、停港时间长，杂货船的载重量不宜过大，通常远洋杂货船总载重量为 1 万～1.4 万 t，近洋为 0.5 万 t 左右，沿海为 0.3 万 t 以下。

（2）为了理货方便，杂货船一般设有 2～3 层甲板。载重量为万吨级的杂货船，设有 5～6 个货舱。机舱位置多采用舯艉机型或艉机型。

（3）杂货船一般都设有艏楼，并在机舱的上部设有桥楼。

（4）许多万吨级杂货船，因压载要求常设有深舱(深舱也可用来装载部分液货)。

（5）杂货船一般都装设起货设备，多数以吊杆为主，也有装设液压旋转吊(克令吊)的。

（6）大多数杂货船每个货舱都有一个舱口，但少数杂货船根据装卸货物的需要，采用双排舱。

（7）不定期的杂货船一般为低速船，航速过高对于杂货船是很不经济的。远洋杂货船航速为 14～18 kn，续航力为 1.2 万 n mile 以上；近洋杂货船的航速为 13～15 kn；沿海杂货船的航速为 11～13 kn。

（8）杂货船一般都是一部主机，单螺旋桨、单舵。

运载的各种杂货需要包装、捆绑才能装卸。杂货船具有装卸作业麻烦、时间长、劳动强度大、货易损、装卸效率低、货运周期长、成本高等缺点。若把各种杂物预先装在统一规格的集装箱内，再装船运输，可以克服上述缺点。

2）集装箱船

集装箱船是从 20 世纪 50 年代后期发展起来的一种新型专用船舶，是主要用来运输集装箱货物的船舶，如图 1-1-2 所示。集装箱船可分为 3 种类型：①全集装箱船。这是一种专门装运集装箱的船，不装运其他形式的货物。②半集装箱船。在船长中部区域作为集装箱的专用货舱，而船的两端货舱装载杂货。③可变换的集装箱船。实际上它是一种多用途船，这种船的货舱可根据需要随时改变设施，既可装运集装箱，也可以装运其他普通杂货，以提高船舶的利用率。

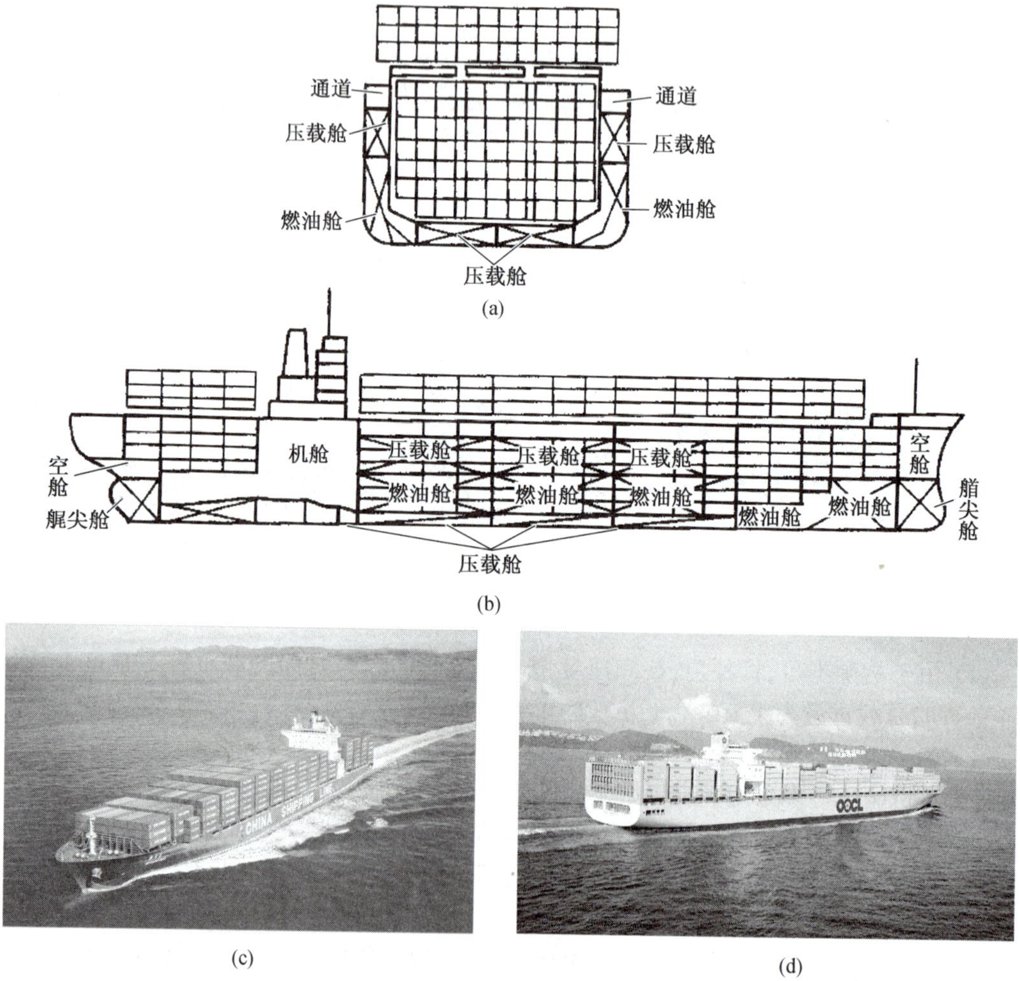

图 1-1-2　集装箱船

目前按国际标准化组织(ISO)推荐，集装箱的规格主要有 2 种型号：①40 ft 集装箱。其长×高×宽为 40 ft×8 ft×8 ft(即 12.192 m×2.438 m×2.438 m)；最大质量为 30.48 t。②20 ft集装箱。其长×高×宽为 20 ft×8 ft×8 ft(即 6.058 m×2.438 m×2.438 m)；最大质量为 20.32 t。其中 20 ft 集装箱为标准箱(TEU)，1 个 40 ft 集装箱等于 2 个标准箱。有的集装箱自身带有制冷装置，用来运输冷冻食品，这种集装箱称为冷藏箱。

全集装箱船具有下列主要特点：

(1) 由于集装箱是一个长方体，为了能充分地利用货舱容积，要求集装箱船的货舱尽可能方整，具有较大的型深。在货舱内设置箱轨、柱子、水平桁材等，组成固定集装箱用的蜂窝状格栅。集装箱沿着导轨垂直放入格栅中，根据舱的大小可堆放3～9层同一规格的集装箱。在集装箱船的甲板上，一般设有固定集装箱用的专用设施，可堆放2～4层集装箱。

(2) 由于集装箱货物的特点，集装箱船都是单甲板船。舱口宽且长，一般设置2～3排舱口，舱口总宽度可达70%～80%船宽，舱口长度为舱长的75%～80%。

(3) 甲板开口大，对船体总纵强度和扭转强度不利，需采取一些加强措施。全集装箱船一般为双层船壳，可提高船体的抗扭强度，两层船壳之间作为压载水舱。

(4) 为了使货舱尽可能地方整以及便于在甲板上堆放集装箱，一般均采用艉机型或艸艉机型船。

(5) 除了个别集装箱船在船上装设集装箱的专用起货设备外，一般船上均不装设起货设备，而是使用岸上的集装箱专用起吊设备。

(6) 集装箱船的主机功率大，船型较瘦，航速高，多数船为2台主机、双螺旋桨。

(7) 由于甲板上堆放集装箱，所以集装箱船的受风面积大、重心高度大，对于船舶稳性、防摇、压载等一系列问题要求采取相应的措施。

3) 滚装船

滚装船的货物装卸，不是从甲板上的货舱口垂直地吊进吊出，而是通过船首、船尾或两舷的开口以及搭到码头上的跳板，用拖车或叉式装卸车把集装箱或货物连同带轮子的底盘，从船舱至码头拖进拖出。

滚装船的主要优点：不需要起货设备，货物在港口不需要转载就可以直接拖运至收货地点，缩短货物的周转时间，减小货损。

滚装船的主要特征如下：

(1) 滚装船的船体结构与杂货船、集装箱船等有许多不同之处。甲板面积大、层数多。装载小汽车的滚装船，甲板层数可达10层以上。其主甲板以下设有双层船壳，两层船壳之间作为压载水舱。在各层甲板上设有内跳板或升降平台，用来安装货物或供货车通行。

(2) 由于滚装船装载的货物一般是连同底盘车一起装船运输的，所占货舱容积大，货舱利用率低。因此，滚装船通常型深较大，水线以上的受风面积也大。

(3) 滚装船在艏部、艉部或两舷侧设有开口，但多数在船尾设有开口，并装设水密门和跳板，依靠机械机构或电动液压机构进行开闭和收放，如图1-1-3所示。跳板的型式很多，有从艉部沿着船舶纵向中心线方向直伸出船外的，称为艉直跳板。该型式结构简单、质量轻，装卸货时不产生横倾，但要求船舶停靠突堤码头。艉斜跳板是向船的一舷侧方向偏斜30°～40°。因此，要求船舶只能用一舷停靠码头。艉旋转跳板可以向船的两舷侧方向旋转或伸直，操作灵活方便，但机构复杂、质量大。

(4) 由于滚装船用拖车开进开出装卸货物，跳板与码头的坡度不能太大，所以要求船舶吃水在装卸货物的过程中变化不得很大。因此，必须用压载调节吃水、纵横倾和稳性等，压载重量与载重量之比一般为0.4～0.6。

(5) 滚装船大多数装有艏部侧推力装置，以改善靠离码头的操纵性。

(6) 滚装船航速高，远洋滚装船的航速一般为20～30 kn。

(7) 滚装船多数为艉机型，船型较瘦。

滚装船的主要缺点：货舱的利用率比一般杂货船低，造价高；航行安全性问题尚未妥善解决；设在艉部的机舱体积小，工作条件差，尚待进一步改进。

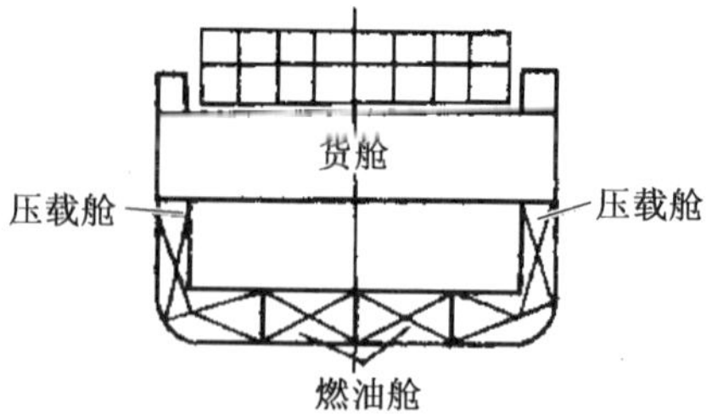

(a)

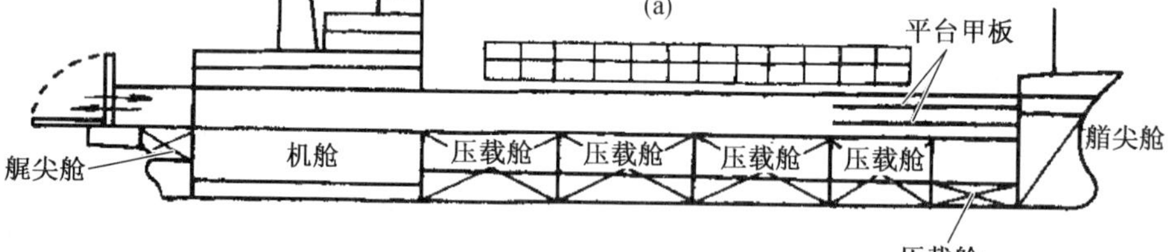

(b)

(c)

(d)

图 1-1-3　滚装船

4) 载驳船

载驳船是一种运送载货驳船的运输船舶。货物或集装箱装载在规格统一的驳船上，载驳船装运驳船航行，到目的港后卸下货驳，再由拖船将货驳分别拖向目的地，而母船可立即装载已载货的驳船另行驶向新的目的港，故载驳船又名子母船。

载驳船可完全不需要码头，但停泊水域必须广阔而不受风浪影响，并需配备多个供周转的驳船队。其投资较大，故未能获得迅速发展，在使用上远不及集装箱船和滚装船那样广泛。

5) 散货船

散装运输谷物、煤、矿砂、盐、水泥等大宗干散货物的船舶，都可以称为干散货船，或称散货船。这些货物不需要包装成捆、成包、成箱地装载运输。由于谷物、煤和矿砂等的积载因数(每吨货物所占的体积)相差很大，所要求的货舱容积的大小、船体的结构、布置等方面有所不同。因此，一般习惯上仅把装载粮食、煤等货物积载因数相近的船舶，称为散装货船，而装载积载因数较小的矿砂等货物的船舶，称为矿砂船。

散货船具有如下主要特征：

(1) 散货船的货舱容积主要是按积载因数为 1.20～1.60 m^3/t 的货物，如小麦、玉米、大豆、煤等为主要对象设计的。矿砂船则是按积载因数为 0.42～0.50 m^3/t 的矿砂货物设计的。

(2) 由于粮食、煤等散货的货源充足、装卸效率高，所以散货船的载重量较大。由于受到港口、航道等吃水的限制，以及世界经济形势的影响，散货船载重量的大小通常分为如下几个级别：①总载重量为 6 万 t，通常称为巴拿马型。这是一种巴拿马运河所允许通过的最大船型。②总载重量为 3.5 万～4 万 t，称为轻便型散货船。③总载重量为 2 万～2.7 万 t，称为小型散货船。

(3) 因为干散货船的货种单一，不怕挤压，便于装卸，所以都是单甲板船。

(4) 散货船都采用艉机型，船型肥大，机舱布置在艉部。

(5) 散货船的货舱内，在舷侧的上、下角处设有上、下边舱，如图 1-1-4(a)所示。由于船舶在航行中谷物等货物会下沉和横向移动，对于船舶的横倾和稳性会产生不利的影响，上边舱可以减小谷物的横向移动，上边舱底部的斜板与水平面大约成 30°。下边舱是内底板在两舷边处向上升高而形成的，目的是使舱底货物能自然地流向舱中心部位，以便于卸货。

(6) 散货船一般都是单向运输一种货物的，船型肥大，空载时双层底舱和上、下边舱全部装满压载水，也达不到吃水要求。因此，往往还另外用 1～2 个货舱作为压载舱。

(7) 总载重量在 4 万 t 以下的散货船，一般船上都装设起货设备，且大部分采用液压旋转吊。总载重量在 5 万 t 以上的散货船，很多船上不装设起货设备。

(8) 散货船的货舱口大，舱口围板高。高的舱口围板可起到添注漏斗的作用。

(9) 散货船也可以用来装载积载因数较小的矿砂等货物。由于矿砂的密度大，占的舱容小，船的重心过低，所以当装载矿砂时都是隔舱装货，这样可以提高船的重心。但是，这种散货船在设计上必须满足强度要求，并在装载计算书上予以注明。

(10) 散货船都是低速船，其船速为 14～15 kn。

矿砂船是散货船的一种。载重量较大，通常为 10 多万 t，属于重结构低速船，如图 1-1-4(b)所示，这里就不加赘述。

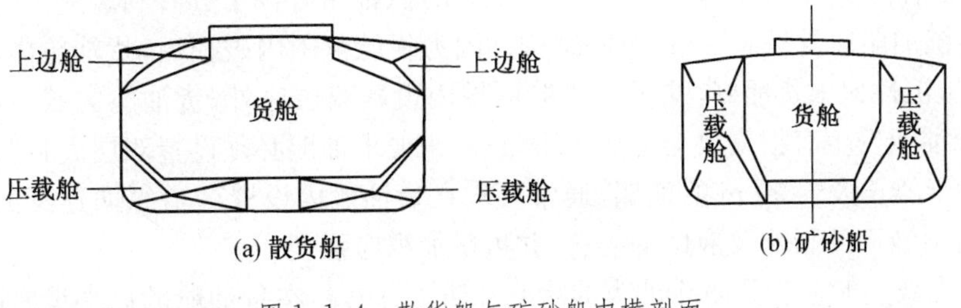

图 1-1-4　散货船与矿砂船中横剖面

6) 冷藏船

冷藏船是用于运输鱼、肉、禽、蛋、水果等冷冻食品和易腐鲜货的专用船舶，通常受货源限制，载重量不大，常见的载重量是数百吨至数千吨。为了提高冷藏船的利用率，目前常设计成能兼载集装箱和其他杂货的多用途冷藏船，其载重量可达 2 万 t 左右。

冷藏船船型与一般货船相仿，其主要特点如下：

(1) 冷藏船的货舱(冷藏舱)常分成若干小舱，每个舱室都独立构成一个封闭的绝热载货空间，以满足不同货种的温度要求。

(2) 冷藏舱的上、下甲板间或甲板与舱底之间高度较小，以防货物堆积过高而压损货物。

(3) 冷藏舱舱壁与门、盖都要求气密，并覆盖良好的绝热材料，如泡沫塑料、铝箔等，使相邻货舱相互不影响或不感染。

(4) 船上有制冷机组，它包括电动机、压缩机、冷凝器及管系等。当采用多级制冷时还包括冷却器、冷风机等。货舱温度范围为－25～＋15 ℃，根据不同货种而选用适宜的温度。

(5) 冷藏船一般航速较高，近来设计的万吨级多用途冷藏船的航速均在 20 kn 以上。

(6) 由于冷藏船的装卸效率和速度远不及集装箱，所以小宗冷藏货物用冷藏箱运输更为便捷。

2. 液货船

民用运输船舶除运输上述杂货、散货等干货外，尚有一部分专门用以运输液态货物的液货船，随着世界经济的快速发展和对能源的巨大需求，这类船舶在现代商船中占有很大比例。液货船主要包括油船、液化气船和液体化学品船等三类。油船又可分为原油船和成品油船两种；液化气船则包括液化石油气船和液化天然气船两种；液体化学品船则用以专门运输各种不同的液态化学品，如酸、醇、苯等。

1) 油船

通常所称的油船，多数是指运输原油的船，如图 1-1-5 所示。油船具有如下主要特征：

(1) 载重量大。由于石油货源充足、装卸速度快，所以油船可以建造得很大。近海油船的总载重量通常为 3 万 t 左右，近洋油船为 6 万 t 左右。远洋的大油船为 20 万 t 左右，超大型油船为 30 万 t 以上。最大的油船达 55 万 t。油船的载重量越大，运输成本越低，但是太大的油船要受到航道和港口的吃水限制。

(2) 大型油船与其他货船相比，船型较肥，这主要是考虑到船舶造价、空船压载吃水要求及总纵强度等原因。

(3) 油船都是艉机型船，机舱、锅炉舱布置在艉部，使货油舱连接成一个整体，无须布置轴隧，减小艉轴长度，增加货舱容积，对于防火、防爆、油密等都十分有利。

(4) 传统油船通常是单甲板、单底结构。因为货舱范围内破损后，货油舱内不会大量进水，故油船抗沉性比干货船好，除了在机舱区域内设置双层底外，货油舱区域一般不设置双层底。由于油船发生海损事故会造成污染，近年来要求油船必须设置双层底和双层船壳。

(5) 对于船长大于 90 m 的油船，通常要求在货油舱内设置 2 道纵向连续的纵舱壁，目的是减小自由液面的影响及液体的摇荡，并可增加纵向强度。

(6) 设隔离空舱。为了防止油类的渗漏和防火、防爆，在货油舱的后端设有隔离舱与机炉舱、居住舱室等隔开。

(7) 设干货舱。由于艉机型船满载时艉部轻、重心前移、发生艏倾。为了调整纵倾，许多油船在艏尖舱之后设置一个空舱，舱内可以装载一点零星干货，故称为干货舱。

(8) 压载舱。由于油船船型较肥，为了保证空载时必要的吃水和稳性，需要装载大量的压载水，压载舱约占货舱容积的 30%，有的高达 50%。过去油船的压载都是用一部分货油舱装压载水的，当压载水排放时会造成海洋油污染。《MARPOL 73/78 公约》规定，载重量为 2 万 t 以上的油船，均应设有专用的压载舱。

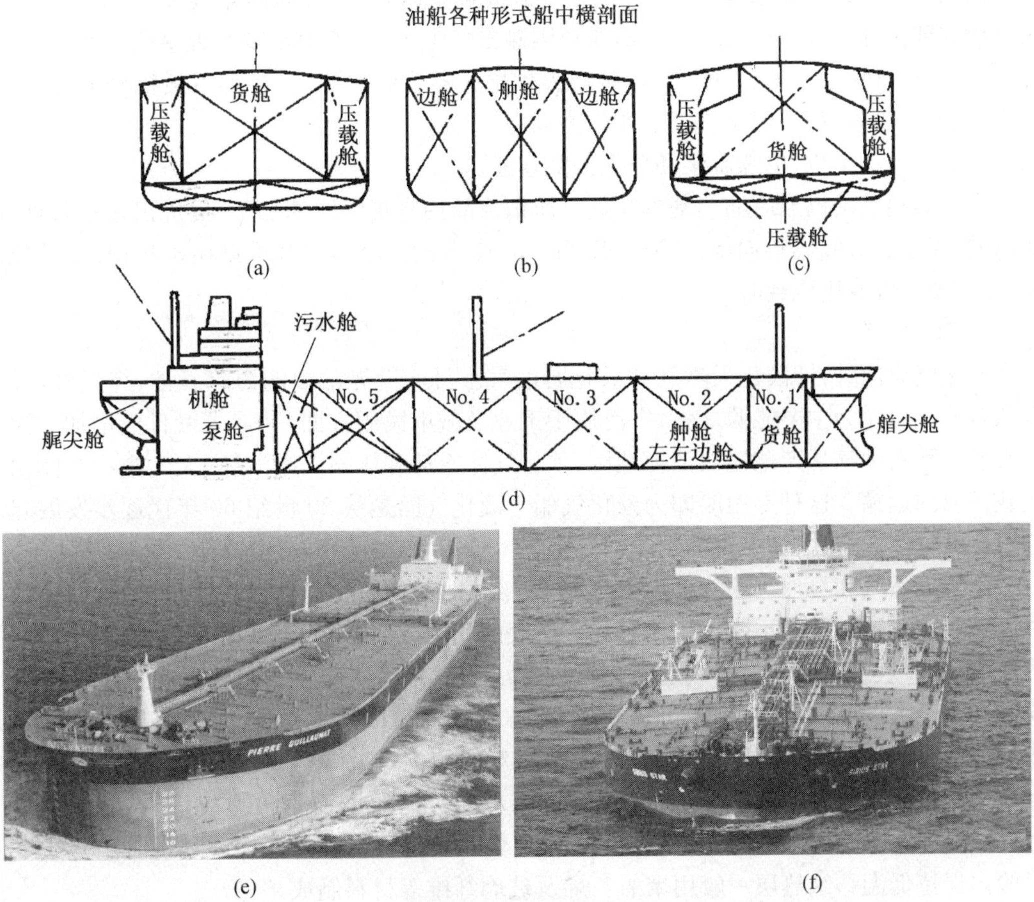

图 1-1-5　油船

(9) 设污水舱。《MARPOL 73/78 公约》规定，船舶排放含油污水浓度不得超过 15 ppm。因此，清洗油舱的污水，要先集中在污水舱内再经过油水分离，达到防污要求方可排放。

(10) 货油泵舱。它是专门用来布置货油泵的舱。油船在装油时都使用岸上的泵，在卸油时使用船上的货油泵。为了防火，驱动货油泵的电动机或柴油机不能安装在泵舱中，应设在邻近的机舱或专用舱内，传动轴可穿过防火舱壁与泵相连。蒸汽动力的原动机可装在泵舱内。

设舱底加温管系的目的是防止舱内货油因温度下降凝固。

上层建筑、步桥和通道的设置：现代油船一般不在船中部设置桥楼，只设艉楼。起居处所等不允许布置在上甲板下面，必须位于上层建筑内，或位于货油舱以外的开敞甲板上的甲板室内。船首部设置艏楼，艉楼和艏楼之间设置与艏楼同样高度的步桥，亦称天桥。天桥的作用是：因油船干舷低，甲板易上浪，甲板上铺设各种管系多，在甲板上行走不安全，且易引起火灾，故在步桥上通行方便、安全。步桥下面可以铺设各种管系和电缆等。

大型油船可以不设置艏楼，也有不设步桥而在甲板的下面从艉楼至船首设置一条封闭的通道，在通道内可铺设管路和电缆。

油船上的防火是极为重要的大事，采取许多防火措施，如：设置吸烟室，不准随处吸烟；在可能发生相互碰击和摩擦的部位，如舱口盖接触舱口处、步桥的伸缩接头处、吊杆与支架相接触的部位等，都用有色金属制成，避免因碰击发生火花；货油舱口的观察孔设有防火网；各种排气管、排烟管、通风管的出口，装有火星熄灭器或防火装置；各种甲板机械如锚机、起货机、系泊机械等，都采用蒸汽或液压作为动力。

油船都是单主机、单螺旋桨和单舵的低速船。

成品油船其结构与原油船基本相同。所谓成品油是指由原油加工、提炼出来的各种油，如汽油、煤油、柴油、燃料油等。《MARPOL 73/78 公约》规定，总载重量在 3 万 t 以上的成品油船，需要设置专用压载舱。

2）液化气船

液化气有两种，即液化天然气和液化石油气。目前世界常规能源除石油、煤炭外，天然气和石油气也作为主要能源之一，广泛用于工业及城市民用方面，其需求量日益增加。为了把天然气和石油气从产地运往消耗地区，须将气体冷却和压缩成为液体（大大减小其体积），装载在船内运输。这种专用船即为液化气船。液化气船是从 20 世纪 60 年代逐步发展起来的，目前已成为一支数量可观的船队。

由于天然气和石油气的物理性能不同，故液化时的压力和温度也有所不同，就使得这两种液化气的运输方式也不同。运输液化天然气的船用英文缩写 LNG 表示；运输液化石油气的船用 LPG 表示。液化气船载运液化气的方法一般有罐式和膜式两种。罐式是在船舱中安装几个巨大的高压钢罐，钢罐可造成柱型、球型或筒型以便承受压力，材料用高强度钢制成，如图 1-1-6 所示。膜式是把船体货舱造成双层结构，船体内壳就是承载液货的壳，在液货舱里有一层由镍合金薄板制成的膜，它可以承受极低温度而不致脆裂，但它不能承受压力，液化的载荷通过膜壁和绝缘材料传递到船体上。在货舱内、外壳之间还设有绝热层以使货舱内保持低温。绝热层一般用聚氯乙烯及玻璃纤维等材料制成。

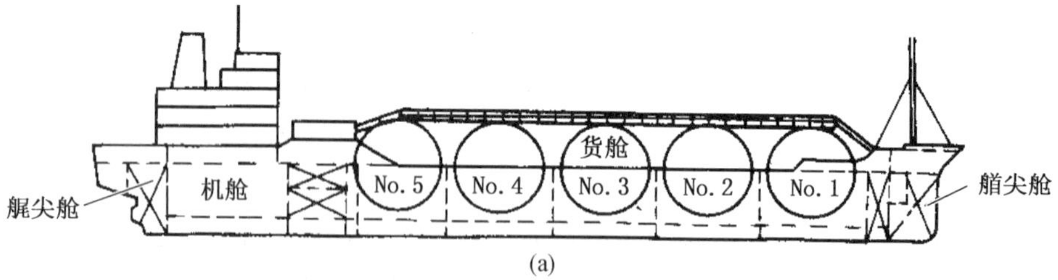

(a)

(b)

(c)

图 1-1-6　压力式 LNG

天然气是埋藏在地下的可燃性气体，主要成分是甲烷，其中尚含有乙烷、丙烷及石蜡等成分，液化时须将这些成分分离出去，只留下高热值的甲烷。甲烷的液化临界点是 4.864 MPa和－80 ℃。4.864 MPa 是很高的压力，在储存运输时必须采用很坚固的容器。为了避免高压，一般采用超低温，即在－161.5 ℃时，天然气在正常压力下即能液化，所以不必使用高压容器，只要有优良的隔热层以保持低温即可。液化天然气在－161.5 ℃ 低温及大气压力下，可装在镍合金薄膜袋中运输，膜袋装在用铝合金或镍合金制成的货舱中，货舱之外又有一层钢制船壳，在两层之间用绝热物隔热。这种装置的主要问题是如何防止泄漏。因为一旦发生泄漏，除有爆炸的危险外，以－161.5 ℃低温气流接触钢板外壳，钢材将立即脆裂，所以在制造时工艺要求很高。

石油气的主要成分为丙烷与丁烷。在常温下丙烷的液化压力为 4.116 MPa，丁烷的液化压力为3.675 MPa；在大气压力下，丙烷的液化温度为－42.2 ℃，丁烷的液化温度为－0.5 ℃。因此，石油气的液化相对天然气要容易。液化时可采用加压和冷却的方法，用压力容器装载，所以在这种液化气船上可看到有几个巨大的压力罐，在压力罐外再衬以绝热防护材料。

3）液体化学品船

液体化学品一般都具有易燃、易挥发、腐蚀性强等特性，有的还具有毒性。因此，对运输液体化学品的船舶在防渗漏、防腐蚀、防火、防爆等各方面必须要特别予以注意。又由于液体化学品品种繁多，往往要同船运输，所以液体化学品船货舱的特点之一就是分舱多、货泵多，以便同时运输多种化学品，并且各有自己的专用货泵，不能混用。

根据所运货物的特性，液体化学品船在设计与布置上可分为下列几种类型：

（1）装载危险性最大的货物的船舶具有双层底和双重船壳，双重外壳所形成的翼舱宽度不小于船宽的 1/5，这就使船舶一旦发生碰撞搁浅，液体不致漏出船外。

（2）装载危险性略小的货物的船舶也应具有双层底和双重船壳，但翼舱宽度可小于上一种情况。

（3）装载危险性更小的货物的船舶，其结构与油船相似。如运送酸、碱等腐蚀性较强的货物的船舶，其货舱内壁、管系、泵等设备多采用不锈钢或以特殊耐腐材料覆盖。

3. 兼用船

散货船、矿砂船和油船等专用船舶，虽然载重量都比较大，但是由于所运输的货物种类单一，回航不能装运其他种类货物，只好压载空放。兼用船亦称多用途船，是根据货物种类的变化，船舶在往返航程中，可以装载不同种类的货物，既可以装载原油，也可以装载散货或矿砂的两用船或三用船。这样既提高运力，又降低运输成本。

（1）兼用船是从 20 世纪 60 年代开始大量发展起来的。它的主要特点是：兼用船都是肥大型船，总载重量大多数为 15 万～25 万 t，结构上都设有中间舱和两侧边舱，并都设有双层底的单甲板船。

（2）兼用船主要有下列两种类型：①矿/油两用船用于运输矿砂和原油，简称为 O/O（ORE/OIL）船。这种船的中间货舱比较窄，占整个船舶货舱舱容的 40%～50%。运输矿砂时装在中间货舱内，而运输原油时，装在两侧边舱和中间舱内。②矿/散/油三用船用于运输矿砂、较轻的散货和原油，简称为 OBO（ORE/BULK/OIL）船。为了满足装载散货的要求，货舱的形状与散货船的货舱相似，设有上、下边舱，但是它有双层船壳。因此，形成中间船舱和两侧边舱，中间船舱比较宽大，占整个船舶货舱容积的70%～75%。中间船舱用来装散货和矿砂，当装矿砂时，因舱容较大，为了提高船舶重心，要隔舱装货。装载原油时，是装在中间舱和两侧边舱及上边舱的。

（3）为了不妨碍散货及矿砂的装卸作业，舱内各种加强结构均装设在边舱的一侧，而中间货舱内的壁板表面平滑。

（4）由于中间货舱既装散货又装载原油，当装散货时，要求舱口大，而装载原油时要求舱口尺寸小。因此，兼用船的舱口盖必须是钢质耐压结构，而且要求油密。

（5）当中间舱装载原油时，必须铺设加热管，而加热管又妨碍装卸货作业，故加热管是可拆式的，当装载散货时将加热管取下，存放在舱口盖内。有的兼用船，将加热管固定在双层底顶部向下凹陷的特设井内，该井可兼作残油井用。

（6）兼用船的中间货舱在装载原油时，由于自由液面影响大，对稳性不利。

（7）对于矿/油两用船，为了提高船舶的重心，双层底如同矿砂船一样比较高。

（8）兼用船的中间船舱在装载散货或矿砂时，由于两侧的油舱为空舱，会充满油气，当装卸货物的碰击发生火花时，会引起爆炸。因此，在空油舱内一般要灌满惰性气体。

（9）兼用船都是艉机型、单螺旋桨的低速船。

（10）兼用船锈蚀比较严重，洗舱也很麻烦。

4. 客船、客货船与滚装客船

客船系指《1974年国际海上人命安全公约》所限定的、设有滚装货物处所或特种处所的客船。客船在结构分舱、稳性、机电设备、防火结构、救生设备、消防设施、无线电报、电话等方面的要求上，均与货船有许多不同之处。

客船（如图1-1-7所示）有如下一些主要特点：

(a)

(b)

图1-1-7　客船

（1）客船的外形美观，采用飞剪式船首，艏部甲板外飘、上层建筑庞大、层数多且长、其两端呈阶梯形与船体一起形成流线型。

（2）客船水下线型较瘦，适用于舯机型。这对于生活舱室设施和各种管系布置也较方便。

（3）为了布置旅客居住舱室的需要，客船设置多层甲板，大型客船的甲板达8～9层，加上多层上层建筑，水线以上的干舷高，侧向受风面积大。

（4）客船要求在破舱进水后，要有足够的浮力和稳性，因此水密横舱壁的间距较小。

(5) 客船的防火要求较严格，主竖区防火舱壁、甲板、上层建筑等必须采用不燃材料制作，家具等设施要经过防火处理，在各个防火区之间的通道上要设防火门。

(6) 由于客船的居住舱室均布置在水线以上，旅客又可以上下左右到处流动，所以船的重心高，船的侧向受风面积又大，故客船要求较高的稳性。一般需要装设固定的压载，如生铁块等。对于客货船，水线以下的船舱尽可能用来装货。

(7) 按照《1974 年国际海上人命安全公约》的要求，客船应配备足够的救生设施。

(8) 为了减小船的摇摆，大型豪华客船一般装设减摇鳍，可减小横摇 50%～80%。

(9) 为了保证客船的班期使旅客预期到达目的地，客船的航速高、主机功率大，大部分客船都装设 2 部主机、双螺旋桨，也有的大型客船装有 4 部主机、4 个螺旋桨。一般国际航线大型客船航速为 20～23 kn，个别达 30 kn 以上。国内沿海客船的航速为 14～17 kn。

三、总纵弯曲强度分析

船体强度是指船体结构抵抗各种内力与外力作用而不被破坏和变形的能力。船体强度分为总纵弯曲强度(纵向强度)、横向强度、扭转强度和局部强度，其中纵向强度最为重要。

1. 船体发生总纵弯曲的原因

船舶漂浮在静水中受到的外力有整个船舶的重力和水对船的浮力。整个船舶的总重力与总浮力总是平衡的。在船体长度的每一段上其重力与浮力是不平衡的，这是因为船舶的重力沿船长分布的规律与浮力沿船长分布的规律不一致的缘故，其结果造成船体沿船长方向上的弯曲变形，这种弯曲称为纵向弯曲。船舶抵抗纵向弯曲和损坏的能力称为船体纵向强度。

如果把船体沿船长方向分成若干小段，由于每段重力与浮力不相等，这些小段必然会产生上下移动，使得重力等于浮力直至平衡。事实上船体是一个整体结构，不可能产生各段相对移动，这样在船体上必定有内力产生，一是制止各段上下移动的内力叫做剪力，二是抵抗船体弯曲变形的力矩叫做弯矩。当船舶舯部浮力大于重力，而艏、艉两端重力大于浮力时，舯部拱起，两端下垂，这种弯曲变形称为中拱。当船舶舯部重力大于浮力，艏、艉两端浮力大于重力时，舯部下垂，两端抬起，这种弯曲变形称为中垂。船体总纵弯曲变形如图 1-1-8 所示。

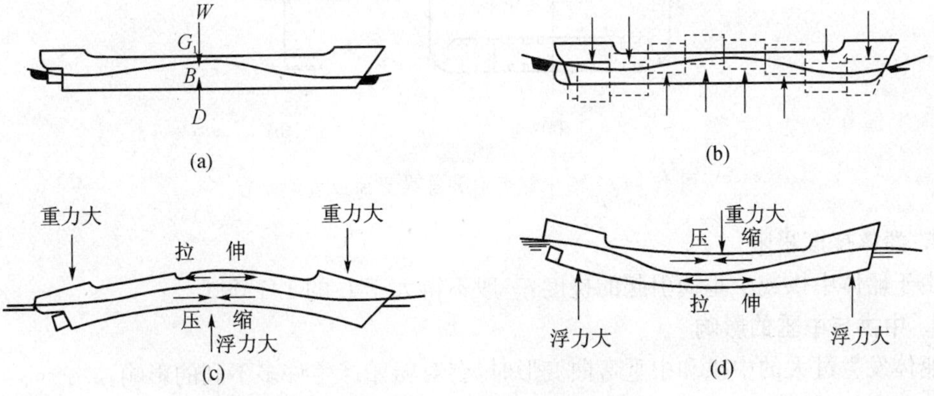

图 1-1-8　船体总纵弯曲变形

船舶在静水中，尽管装载比较均匀，也可能产生中拱或中垂变形，不但数值很小，而且为一般船体强度所能承受。如果在船上的艏艉舱或舯部货舱集中装载数量过多的货物，而相对的舯部或艏艉部则出现空舱，就会产生较大的中拱或中垂变形。

上述情况是船舶在静水中的状况。但是，船舶大部分时间是航行在有波涛的海面上的。船舶处在波浪状况下，当遇到的波长等于船长时，特别是船中位于波峰或波谷时，而且各货舱有的空载、有的满载，此时船体所受的应力极大，船舶所产生的中拱或中垂的变形就更为严重，甚至可能发生船体断裂的严重事故。因此，纵向强度涉及整个船体，对船体坚固性的影响最大，应引起足够的重视。

2. 船体总纵弯曲力矩和剪力的分布

(1) 由于船舶浮在水上，艏艉两端无支持是自由的，所以在船的艏艉两端的弯曲力矩和剪力总是等于零。

(2) 总纵弯曲力矩值，从艏艉两端向船中逐渐增大，最大的弯曲力矩一般位于船中0.4L(船长)范围内。

(3) 最大的剪力位于距艏艉两端大约1/4L附近。

(4) 根据梁的弯曲理论可知，最大弯曲力矩处其剪力值等于零。

(5) 对于营运的船舶来讲，船体的几何形状和大小是一定的。船舶可能遇到的最不均匀的重力分布的装载状态和可能遇到的最不均匀的浮力分布的波浪也应是一定的。因此，每一条船舶就有一个可以确定的最大弯曲力矩值和剪力值。

3. 船体总纵弯曲应力的分布

船体总纵弯曲应力的大小沿着船深方向是成线性分布的。甲板和船底的弯曲应力方向相反，两者的弯曲应力值最大。当船体发生中拱弯曲时，甲板受拉应力作用，船底受压应力作用。若船体发生中垂弯曲变形时，甲板受压应力作用，船底受拉应力作用，而位于中和轴处总纵弯曲应力等于零。如图1-1-9所示。

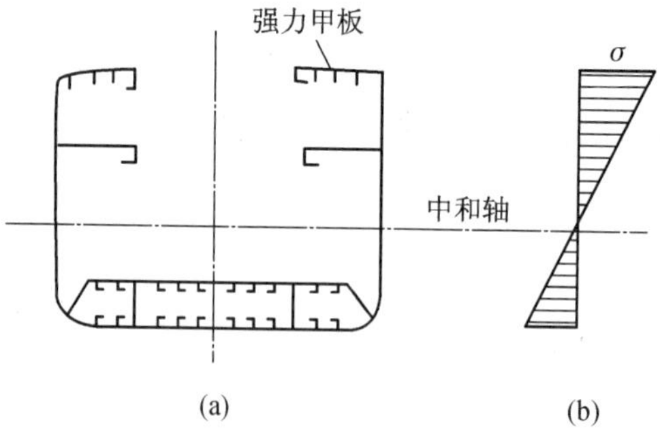

图1-1-9　船中横剖面和总纵弯曲应力的分布

4. 船体挠度极限

由于船体中拱或中垂而引起的挠度，一般不得大于L的1/1 000。

5. 中拱与中垂的影响

船体发生过大的中拱和中垂弯曲变形时，会对船舶产生许多不利的影响。

(1) 过大的中垂状态，使船中吃水大于艏艉吃水，根据载重线标志判断载重量，则使船舶装载量减小。

(2) 上层建筑和甲板室连接处作用力增加。

(3) 使轴系和管系等发生弯曲变形。

(4) 导致大开口舱舱口变形,影响与舱盖的配合。

四、横向强度与扭转强度分析

船舶横向强度是指船体结构抵抗横向变形的能力。当船体受到舷外水的压力作用与舱内货物、机器设备等的压力作用不均匀时,甲板、船底和舷侧结构会在船体横向断面内发生凹变形,如图 1-1-10(a)所示。另外,当船在水上受着横向波浪的作用时,会使船的一舷水压力大于另一舷的水压力,或者船舶在横摇时,由于惯性力的作用等,往往也会使肋骨框架发生如图 1-1-10(b)所示的歪斜。不过一般海船的船体横向强度是足够的。

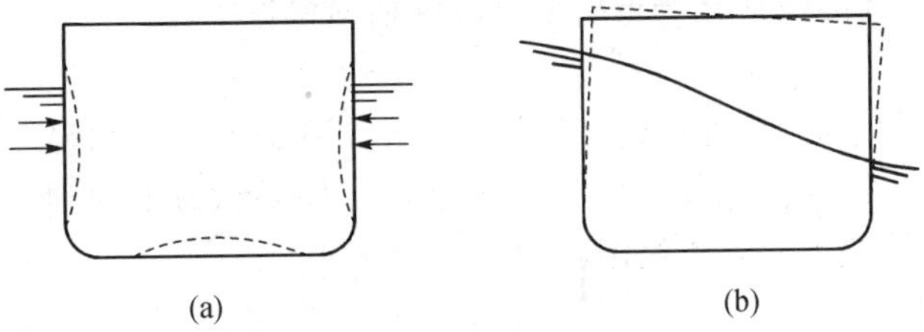

图 1-1-10 横向变形

船舶扭转强度是指船体结构抵抗扭转变形和破坏的能力。当船舶如图 1-1-11 所示斜置在波浪上时,或船的艏艉部装载对于船中心线左右不对称时,以及其他原因产生的艏艉左右不对称的作用力,都会产生作用在船体上的扭转力矩,使船体产生扭曲变形。一般船舶由于舱口较小,均有足够的抗扭强度。但对于集装箱船等,因甲板上货舱口较大,需要认真考虑船体结构的扭转强度问题。

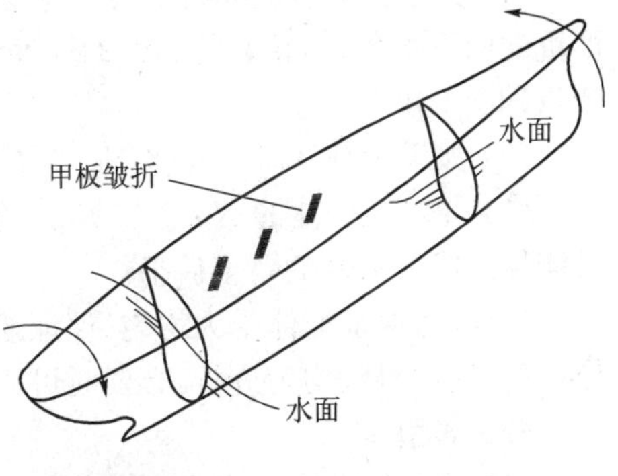

图 1-1-11 扭转变形

五、局部强度分析

船舶局部强度是指船体结构抵抗局部外力作用的能力。例如,航行时船首底部受到波浪的冲击力,船舷板受到码头的挤压与碰撞力,机舱与船尾部受到机器与螺旋桨的振动力,桅及机器设备对船体结构的局部作用力以及触礁、搁浅时产生的作用力等,这些力都将使船体局部产生弯曲变形。

为了满足强度要求,可以适当加大构件的尺寸或者选择优良的材料。但是,船体结构的好坏并不是单纯地由强度一个因素决定的,还要综合考虑到使用要求、工艺性和经济性等各种因素。过分地加大尺寸或者不适当地选择材料,会增加船体重量,提高造价。所以,要从全局考虑,合理的船体结构应该具有一定的强度,并且满足重量轻、使用方便、建造简易、造价低廉的要求。

任务实施

船体受力分析

【任务要求】

1. 运输船舶特性与船体受力分析相关知识的掌握。

2. 根据所给的两个案例，要求每组写出分析报告。

【任务准备】

案例 1

如图 1-1-1 所示的杂货船，靠码头装卸货作业，如果空船装货时先将 No. 3 货舱装满，或者满载卸货时先将 No. 3 货舱卸空，用船体受力和船体强度的知识进行分析，船体会受到何种力的伤害？可能会导致什么严重后果？应该如何操作？

案例 2

如图 1-1-5 所示的油船，当满载在海上航行时，用船体受力和船体强度的知识进行分析，并用确切的专业术语说明船体易发生何种变形？如果在海上遇到风浪，波峰、波谷处在船体什么部位时，船体受力会发生极限状况？

【任务操作】

分析导引 1

(1) 如果空船装舱先将 No. 3 货舱装满，则该舱承受的重力远远大于浮力，该舱将发生严重的向下垂落，而相邻的 No. 2 和 No. 4 舱由于是空舱，承受的浮力远远大于重力，将发生严重的向上拱起。

(2) 如果满载卸货时先将 No. 3 货舱卸空，船体受力与变形情况正好相反。

(3) 此时在船体的 No. 2 与 No. 3 舱之间，No. 3 与 No. 4 舱之间易产生巨大的剪切力，可能导致船体折断的严重后果。

结论：为保证船体受力均匀、保证船体安全，同时又要兼顾船体的平衡，最合理的装卸货作业应各舱交替、均匀进行，必要时可用调节压载水给予配合。

分析导引 2

(1) 首先分析油船的结构特点一般是艉部机舱，当满载航行时，为调节船体纵向平衡，往往将艏尖舱压载水排空，这时船体的重力分布是中间重，艏艉轻。

(2) 需要说明的是，尽管机舱里重型设备较多，但空间大，比重(单位体积所占的重量)比满载油舱要小，所以艏艉相对轻，船体易发生中垂变形。

(3) 上述分析是基于船在静水中而得出船体易发生中垂变形的。如果船在波浪中航行，当船首、船尾处在波峰，船体舯部处在波谷位置，这种最不利于船体受力的波浪形式(中垂)，与前者不利受力(中垂)相叠加，即会发生船体受力的极限状况。

结论：为避免船体受力发生极限现象，保护船舶安全，油船满载在海上航行时可采取适当方式改变船速和航向，以避免船体受力极限状况的发生。

任务评价

任务内容涵盖交通运输部海事局海船船员 2011《船舶管理》考试大纲中“船舶的发展与

分类，专用运输船舶的特点及船体受力分析”的相关知识点，并满足相关技能要求。

任务拓展

一、运输船舶的发展历程

千百年来，从原始的独木舟、帆船、蒸汽机船演变到如今大型、高速、远航、多用途及自动化的现代船舶，其中经历数次重大的变革。机械动力装置的使用使船舶摆脱自然条件的束缚，增大动力，完善设施，提高可靠性和安全性。螺旋桨推进器的使用提高船舶的推进效率和航速。钢铁材料的使用和焊接技术的采用使船舶强度增大，提供向大型化发展的条件。近代电子技术的发展和电子设备的创新，使船舶向自动化方向迅速发展。

地球表面有70％以上被水覆盖，在浩瀚的海洋、广阔的湖泊以及奔腾不息的江河上，到处都可以看到船舶在活动，它在人类的生活和经济发展中占据着非常重要的地位和不可替代的作用。现代大型船舶犹如一座活动在水面上的城市，具有足以保证全船人员生存的设备、设施和满足人们精神、文化生活需求的服务设施，并具有航行于世界各大洲的能力。高级豪华旅游船甚至是一件艺术品，它的设备、设施和能力代表着一个地区、一个国家甚至整个人类文化、科学技术和生产力的发展水平。

二、当代造船技术的发展特点

近代的造船业是典型的劳动力密集型产业。随着科技的发展，先进的制造技术逐步应用于造船业，生产效率大大提高。20世纪40年代以前，主要应用“铆接技术”将古老的木船建造发展为以钢船建造为主体。到50年代，“焊接技术”普遍替代“铆接技术”。70年代，随着船舶的大型化趋势，人们运用“成组技术”，通过对建造过程的相似性分析，实现以船舶区域、作业类型和阶段分类。由此，大量的机械化装备替代繁重的体力劳动，使原来劳动力密集的造船业发生质的变化，成为现代的“设备密集型”产业。80年代以来，随着计算机技术在造船业的不断深入，造船精度管理技术和造船工程管理技术的日臻完善，造船业社会技术的“集成”机制充分发挥作用，正向着“空间分道、时间有序”的舾壳涂一体化方向发展，进而成为“信息密集型”产业，即现代造船模式的高级状态。

半个世纪以来，铆接技术、焊接技术、成组技术和信息技术逐一促进和主导造船模式的发展，依次形成船舶的“整体制造模式”“分段制造模式”“分道制造模式”和“集成制造模式”。此演变过程是技术与管理紧密结合的过程，每一种模式的形式都是由于引进某项新的主导技术，建立一种新的生产模式，其发展如同整个制造业一样，都是以“技术为中心”发展的。21世纪的造船模式将是“敏捷制造模式”，该模式的核心是“以人为中心”的智能化技术。

三、现代运输船舶的发展特点

近50年来，船舶发展的突出特点是专业化、大型化、自动化。最早的专业化运输船舶，主要是运输散装石油的油船。其他海上货运船舶专业化，首先是干散货船舶与杂货船的分离，出现矿砂船、散货船（运载谷物、煤等）、散货与石油兼用船。20世纪50年代末期，又出现设有制冷设备的液化气船以及液体化学品船。将杂货集装箱化运输，产生集装箱船、滚装船、载驳船，还有专门运输汽车的汽车运输船。

船舶大型化可以降低单位造价，有利于降低运输成本。20 世纪 50 年代以后，商船向大型化发展的速度非常迅猛，特别表现在远洋船舶中的大型油船及矿砂船和兼用船的出现。最大船型的惊人发展，是战后油船发展的最大特点，例如，1950 年最大油船的载重量为 2.8 万 t，到 1980 年最大油船的载重量为 56.3 万 t，载重量增加约 20 倍。不过 80 年代以后，巨型油船的数量逐渐减少。

随着船舶自动化的程度越来越高，现代船舶实现真正意义上的全自动化机舱，即无人机舱，这是当代船舶发展的又一大进步。

课后练习

1. 船舶发展的突出特点是什么？
2. 新世纪对船舶和海洋的主体要求是什么？
3. 什么叫船体强度？船体强度分为哪几种？
4. 什么叫总纵弯曲强度？正确解释中拱与中垂现象并说明实际意义。
5. 运输船舶是如何分类的？目前各种船型的主要特征与要求是什么？
6. 分析船体极端受力状态是如何产生的，船体在极端受力状态下最大弯曲力矩值和剪力值对船体安全产生的危害。

任务 2　船体构造形式与特殊部位的加强

任务描述

现代钢质海船的船体结构都是由钢板和骨架组成的。船体的甲板板和外板(包括舷侧外板、舭部外板、船底外板)由钢板焊接制成,形成一个水密的外壳。在甲板板和船体外板里,布置着许多骨架支撑着钢板。这些骨架是由型钢沿着船舶纵向、横向和竖向纵横交错地排列着,并且相互连接在一起构成的,也称为船体板架或框架。这样,船体形成一个外部由骨架和钢板包围着、中间是空心的结构,能够大大增加结构的强度和刚性,使钢板厚度减小到最低限度,节省钢材,并减轻质量。

船体结构的布置按船舶大小、航区、类型及受力情况有规律可循。然而,船体还有一些特殊部位需特殊对待。本任务的训练使学生不仅掌握船体结构布置的一般规律,还要具备船体特殊部位进行特殊处理和加强的能力。

本任务适用于操作级和管理级船员。

学习目标

- 了解现代船舶船体结构和构造的基本形式,掌握船体骨架的分类、布置和适用性。
- 了解和掌握船体构件的名称和作用。
- 掌握船体不同部位加强的一般规律和特殊部位不同加强的特殊措施。

相关知识

一、船体骨架形式

船体结构若按结构中骨架的排列方式划分,可分为横骨架式船体结构、纵骨架式船体结构和混合骨架式船体结构。

1. 横骨架式船体结构

当船体甲板板和外板里面的支撑骨架横向布置较密而纵向布置较稀时,这种型式的船体结构称为横骨架式船体结构,如图 1-2-1 所示。

横骨架式船体结构实质上是由一系列的间距很小和横向环绕着船的肋骨框架组成的。这些肋骨框架包括船底肋板、舷侧肋骨和甲板下横梁,以及把它们之间相互连接起来的肘板。肋骨框架的作用是加强船体外板和甲板,并共同承担着船体的横向强度。横骨架式船体结构船的纵强度主要由船体外板和甲板以及少量的纵向大型构件承担。

横骨架式船体结构型式是从木船结构型式演变而来的,是造船中应用最早的一种结构型式。其优点是船体结构强度可靠、结构简单、建造容易。另外，舱内肋骨和甲板下横梁尺寸较小、结构整齐，不影响装卸货物。其缺点是船体的纵向强度主要是由甲板板和船体外板来承担的。为了承担较大的纵向强度，必须把甲板板和外板做得较厚，增加船体质量。横骨架式船体结构适用于要求纵向强度不大的中小型船舶。

2. 纵骨架式船体结构

纵骨架式船体结构是在甲板和外板里面的支撑骨材纵向布置得较密、横向布置得较稀的一种骨架型式。在横向布置少量的强肋骨、强横梁和肋板组成的大型肋骨框架，船体外板和甲板板与纵向连续构件一起承担着纵强度，船体的横向强度主要由大型肋骨框架及其附连的甲板和外板承担，如图1-2-2所示。不过船的艏艉端采用横骨架式结构。

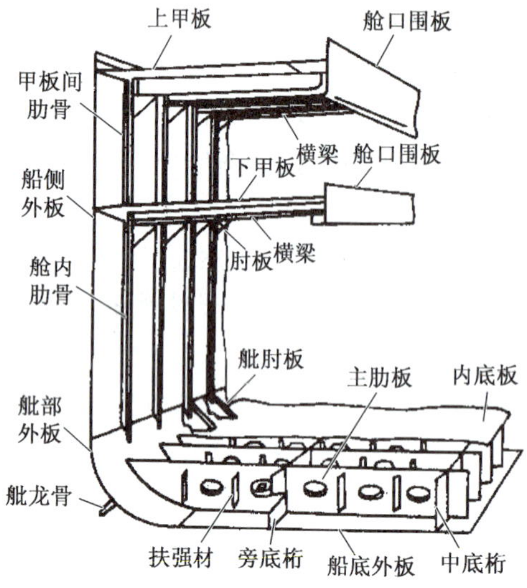

图 1-2-1 横骨架式船体结构

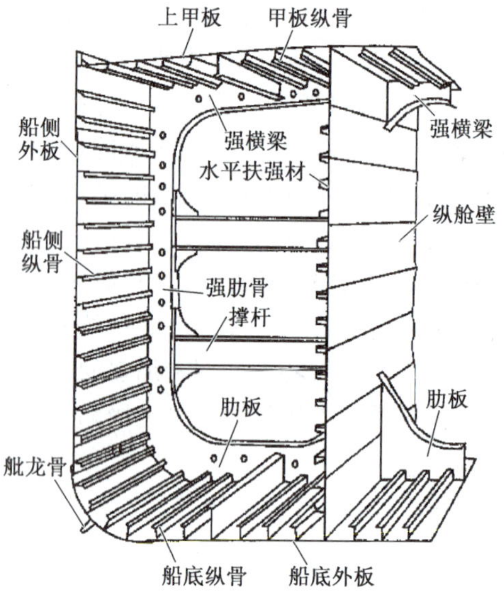

图 1-2-2 纵骨架式船体结构

由于纵骨架式船体结构的骨材大部分是沿着船的纵向布置的，故其优点是船体的纵向强度大，甲板板和船体外板可以做得薄些，船体质量轻。由于货船内布置着大型肋骨框架，有碍货物装卸，不过它不妨碍液体货物装卸，所以纵骨架式船体结构主要用在纵向强度要求较高的大型油船上。

3. 混合骨架式船体结构

混合骨架式船体结构在主船体的中段的强力甲板和船底采用纵骨架式结构，而在舷侧和下甲板上采用横骨架式结构，如图 1-2-3 所示；艏艉端采用横骨架式结构。

混合骨架式船体结构吸取横骨架式船体结构与纵骨架式船体结构的优点，船体纵向强

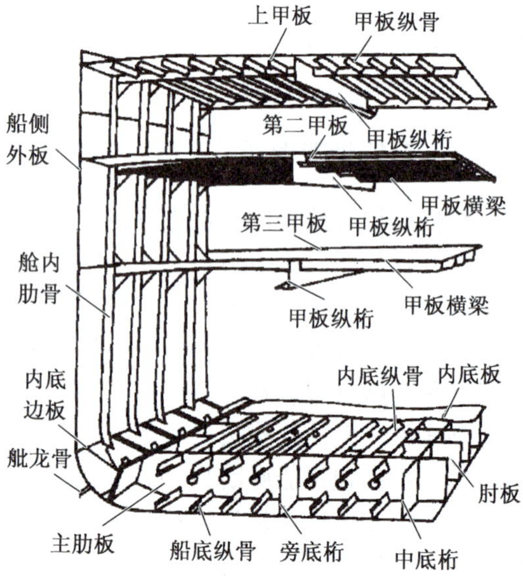

图 1-2-3 混合骨架式船体结构

度大，并有足够的横向强度，建造也容易，货舱内突出的大型构件少，不妨碍货物装卸，目前在大、中型干货船上广泛采用。

二、船体构件和结构的分类

1. 船体构件的分类

在船体结构中，每一个加工单元称为一个构件(如一块钢板、一根角钢)。每一个构件按在船体中所处的位置和作用不同，有着不同的名称。如由角钢制成的构件，在甲板下面纵向布置的称为甲板纵骨，在甲板下横向布置的称为甲板横梁，在舷侧竖向布置的称为肋骨，布置在舱壁板上的称为舱壁扶强材。

在结构构件中，作为甲板、外板、舱壁板等板材中的扶强材，这一类构件称为次要构件，如肋骨、横梁、纵骨、舱壁扶强材等属于这一类。

在船体结构中由组合型钢制成的大型构件统称为桁材。纵向布置的有甲板纵桁、舷侧纵桁、船底纵桁等，横向布置的有强横梁，舷侧竖向布置的有强肋骨等。

在结构构件中，支撑着其他构件的大型组合构件称为主要构件，如甲板纵桁、舷侧纵桁、强横梁、强肋骨等。

根据结构构件和桁材在船体结构中承担着不同的强度作用分为：

(1) 纵向构件。这类构件参与总纵弯曲，即承担着总纵弯曲强度的构件。在结构上这些构件必须符合下列条件：①布置在船长中部 $0.4L$ 区域内；②纵向是连续的；③构件的横向接缝是牢固的。属于纵向构件的有甲板、甲板纵桁、甲板纵骨、船底纵桁、船底纵骨、内底板、纵向舱壁、船体外板等。在船中 $0.4L$ 区域内的纵向构件，特别是位于甲板舷边和舱口角隅等部件不允许存在任何的裂纹。

(2) 横向构件。横向构件是能承担横向强度的构件。属于这类构件的有横舱壁、横梁、强横梁、肋板、横梁肘板、舭肘板等。

2. 船体结构的划分

在同一条船上，位于不同的区域(如货舱、机舱、艏艉两端)和不同的部位(如甲板、舷侧、船底等)，不仅所受到的作用力大小不同，而且作用力的性质也有所不同。因此，不同区域和部位的结构除了要保持整个船体结构连续性以外，还必须有各自不同的特点。通常，根据船体结构特点的异同，将船体结构划分为货舱区域结构、机舱区域结构、艏艉端区域结构、船底结构、舷侧结构、甲板结构、舱壁结构等。

除机舱区域与艏艉端结构另行介绍外，下面以货舱区域为主简要说明主船体中结构构件的布置、名称和作用。

三、外板

1. 外板名称

位于主船体两舷侧的船壳钢板称为舷侧外板。船底部的外壳板称为船底板。从船底过渡到两舷侧转弯处的船壳板称为舭部外板。这三部分船壳板统称为船体外板，简称外板，又称船壳板，如图 1-2-4(a)所示。

外板是由许多块钢板拼接而成的。钢板的长边都沿着船长方向布置，钢板长边相连接的纵向接缝称为边接缝。钢板短边的横向接缝称为端接缝。由许多块钢板逐块端接而成的连续长条板称为列板。

在舷侧与强力甲板(一般为上甲板)相连接的一列舷侧外板(通常为舷侧最上一列板)称为舷顶列板,又称舷侧厚板。位于船体中心线处的一列船底外板称为平板龙骨。习惯上将平板龙骨的一列钢板定义为 K 列板,左右相邻的两列板为 A 列板,再次的为 B 列板,依次类推,如图 1-2-4(b)所示。每一列钢板中的每一块钢板从艉向艏排列号数。这样全船外板中的每一块钢板都有一个固定的号码,这对于修船是很方便的。

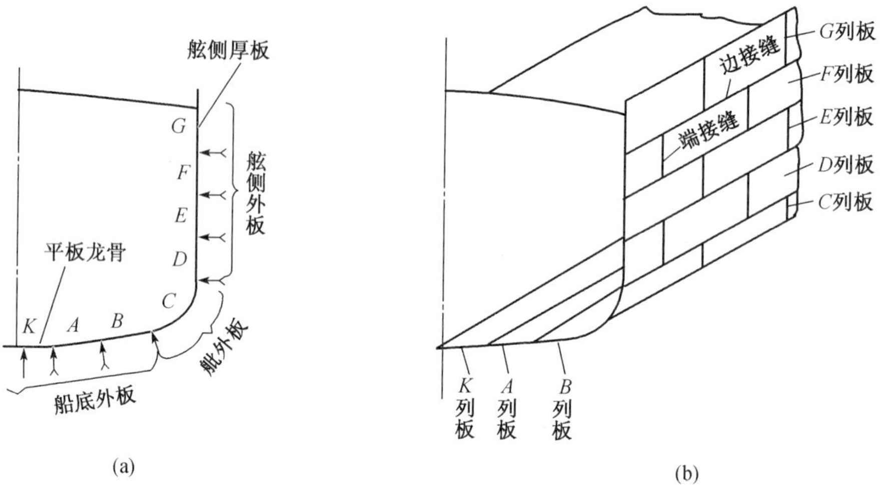

图 1-2-4 外板名称

2. 外板作用

(1) 保证船体的水密性。

(2) 承担船体总纵弯曲强度、横强度和局部强度。

(3) 承担舷外水压力,波浪冲击力,坞墩的反作用力,外界的碰撞、挤压和搁浅等作用力。

3. 外板厚度的分布

外板厚度的分布原则是根据总纵强度的要求分配的,而对于个别受力较大的部位,则采取局部加强。

(1) 外板厚度沿船长方向分布:因为一般船舶的最大总纵弯曲力矩都是作用在船中 $0.4L$ 区段之内,所以该区段内外板厚度最大,而向船的艏艉两端逐渐减薄。但是,考虑到船舶进坞承受墩木作用力及搁浅等原因,平板龙骨从艏至艉厚度保持不变。

(2) 外板厚度沿肋骨围长方向分布:由于弯曲应力大小的分布在中和轴处为零,向甲板和船底成线性增大,因此,平板龙骨和舷顶列板较其他列板都厚一些。另外,舷顶列板受拉力、压力交替作用,易疲劳;位于折角处,应力集中;甲板舷边易腐蚀;平板龙骨还要承受搁浅、墩木反作用力:这些都要求这两列板较厚。

(3) 局部加强:在易产生应力集中的部位,受振动力或波浪冲击力较大的部位都需将外板加厚或加覆板。如船壳外板开口周围、外板的连续性发生突然变化的部位以及船首部位受波浪冲击力作用的船底外板和舷侧外板等处。

四、甲板板

在船体总纵弯曲时承担着最大抵抗力的甲板称为强力甲板，一般船舶为上甲板。

1. 甲板板的厚度分布和板的排列

(1) 甲板板的厚度：若有多层甲板，因强力甲板（或上甲板）距中和轴最远，是承担总纵弯曲应力的主要甲板，故强力甲板在各层甲板中是最厚的甲板。

由于最大的总纵弯曲力矩作用在船体中部 0.4L 船长区域内，因此在该段区域内的强力甲板板最厚，并向艏艉两端逐渐减薄，如图 1-2-5 所示。

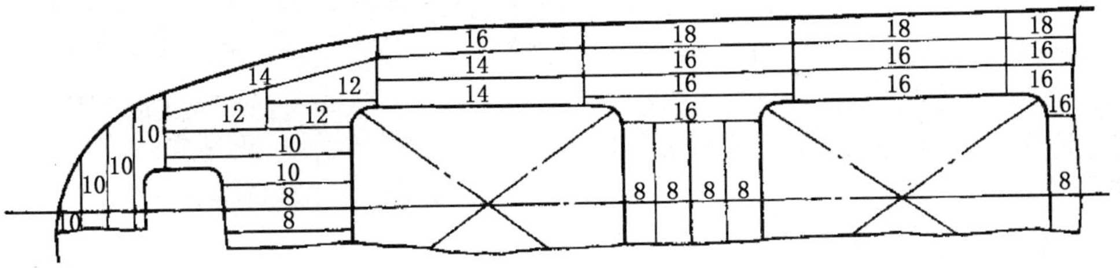

图 1-2-5　甲板板的厚度分布和板的排列

在强力甲板中，沿着舷边的一列钢板称为甲板边板。它是强力甲板中最厚的一列板。这是由于甲板边板位于舷边折角处，易引起应力集中，舷边又经常积水锈蚀严重的缘故。

在舱口之间的甲板板，因被舱口切断不连续，不参与承担总纵弯曲，故较其他处的甲板薄。

(2) 甲板板的排列：从舱口边至舷边的甲板板，钢板是纵向布置的，长边沿着船长方向并且平行于甲板中线。在舱口之间以及艏艉端的甲板，因地方狭窄一般将钢板横向布置。

2. 甲板舷边连接

由于强力甲板与舷侧外板相交成直角，易产生应力集中，又远离中和轴，是一个高应力区域，船体往往在该区域首先发生断裂，故舷边连接一直是船体强度需要特别注意的地方。

3. 甲板开口处的加强

甲板板上的开口，由于损失部分甲板断面面积，同时开口的角隅处易产生应力集中，故必须予以补偿和加强。

(1) 甲板上的人孔：采用圆形或椭圆形的人孔，一般勿须加强，但椭圆形的人孔的长轴一定要沿着船长方向。

(2) 货舱口等矩形大开口：矩形开口的长边是沿船长方向布置的，开口的四个角隅做成圆形或椭圆形，在开口角隅处的甲板板要用加厚板或覆板予以加强。

五、船底结构

船底结构分单底和双层底。单底是由船底板和船底骨架组成的单层船底结构。双层底是由船底、内底板以及两者之间的船底骨架和空间所组成的双层船底结构。

若按船底骨架构件的排列型式，有横骨架式和纵骨架式。因此，船底结构可分为四种型式，即横骨架式单底结构、纵骨架式单底结构、横骨架式双层底结构、纵骨架式双层底结构。

1. 横骨架式单底结构

横骨架式单底结构（结构简单、施工方便、抗沉性差）主要用于小型船舶上，其主要构件如图 1-2-6 所示。

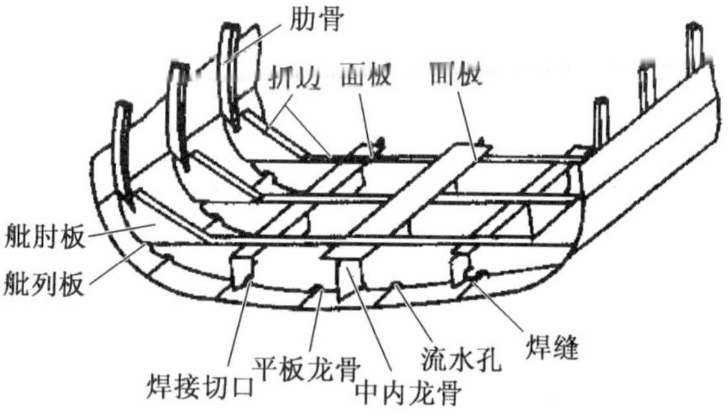

图 1-2-6 横骨架式单底结构

(1) 中内龙骨是用钢板焊接成的"T"形钢材，位于中线上并焊接在平板龙骨上，与肋板同高度，除艏艉端外不准有开孔，是一个纵向连续构件，承担总纵弯曲强度、船底局部强度及墩木的反作用力等。

(2) 旁内龙骨：位于单底的中内龙骨两侧对称布置的纵向构件。根据船宽的不同，每侧可设 1～2 道，与肋板同高并在肋板处间断焊接在肋板上，作用与中内龙骨相同。

(3) 肋板：设在船底每一个肋位处的横向构件，其主要作用是承担横向强度。

(4) 舭肘板：连接肋骨下端与肋板的构件，用来加强节点的连续强度。

(5) 流水孔：为了疏通舱底积水，在肋板、旁内龙骨的下边缘上开有半径为 30～75 mm 的半圆形小孔。

2. 纵骨架式单底结构

纵骨架式单底结构主要用在小型军舰及油船上，其结构布置特点是在船底纵向布置许多较小的船底纵骨，而肋板是每隔 3～4 个肋位布置 1 道，如图 1-2-2 所示。

3. 横骨架式双层底结构

1）双层底的作用

(1) 万一船底破损，内底板可以制止海水进入舱内，保证船舶与货物的安全。

(2) 增强船底强度，包括总纵弯曲强度、横向强度与局部强度。

(3) 把双层底内部空间分隔成舱柜，可储存燃料、淡水，空船时装压载水，不仅有效地利用空间，而且可调整纵倾和吃水，降低船的重心，增加船舶稳性。

2）横骨架式双层底结构和主要构件

(1) 底纵桁：是在双层底内沿着船长方向布置的与双层底同高度的纵向大型构件的统称，其作用是承担总纵弯曲强度、局部强度及墩木反作用力等。按布置的位置不同可分为中底桁、旁底桁，如图 1-2-1 所示。也有将中底桁用两道平行的底纵桁代替，构成一个箱式结构。

(2) 肋板：是布置在双层底内肋位上的横向构件，主要承担横向强度，如图 1-2-1 所示。按其结构型式可分为主肋板、水密肋板与油密肋板。主肋板上开有人孔、减轻孔、流水孔和空气孔等。货舱区域内每隔 2～4 个肋位布置 1 道主肋板。水密与油密肋板用来分隔不同用途的双层底。

(3) 内底板和内底边板：是双层底顶的水密铺板。内底板承担总纵弯曲强度及横向强度,并能承担一定的水压力。在货舱口下面的内底板要加厚。为了清舱、检修和通风等需要,每个双层底舱的内底板的对角线位置处,应开设 2 个人孔,并装有水密的人孔盖。内底边板是内底边缘与舭部外板相连接的一列板。由于所处位置容易积水,腐蚀较严重,因此内底边板厚度须比内底板稍厚些。

(4) 舭肘板:是连接肋骨下端与肋板的肘板,以增强连接处的强度,如图 1-2-1 所示。

4. 纵骨架式双层底结构

纵骨架式双层底结构是双层底内纵向布置的构件较密、横向布置的构件较稀的结构。在双层底内的中底桁、旁底桁、主肋板、水密肋板、舭肘板等构件,与横骨架式双层底内的相应构件基本相同,如图 1-2-1 所示。两种双层底结构的区别主要是:

(1) 纵骨架式双层底结构中,在内底板的下面和船底的里面布置有大量的纵骨,这些纵骨与船底纵桁、内外底板等一起承担总纵强度和局部强度,可使船底板减薄。

(2) 纵骨架式双层底结构中,主肋板每隔 3～4 肋位布置 1 道,而在主肋板之间不设框架肋板。

六、舷侧结构

舷侧结构是指在舷侧处从舭肘板至上甲板这段区域的骨架结构。舷侧结构分横骨架式和纵骨架式两种。

横骨架式舷侧结构:在一般货舱内只设置主肋骨,如图 1-2-1 所示;在机舱中或舷侧需要特别加强的船舱中设有主肋骨、强肋骨和舷侧纵桁;对于冰区航行的船舶,在艏部货舱的主肋骨之间装设中间肋骨,用来局部加强。

纵骨架式舷侧结构:由舷侧纵骨、强肋骨等组成,这种结构主要用在油船上,如图 1-2-2 所示。

舷侧结构的主要构件如下。

1. 肋骨

肋骨是指横向、竖向或斜向布置在舷侧、船底及尖舱中尺寸较小的骨材的统称,与外板、船底板一起承担横向强度。根据所在位置和结构尺寸的大小,分为主肋骨、甲板间肋骨、尖舱肋骨、斜肋骨、船底肋骨、中间肋骨和强肋骨等。

(1) 主肋骨:通常所称的肋骨均指主肋骨。它是位于防撞舱壁与艉尖舱舱壁之间,在最下层甲板以下的船舱内的肋骨,一般由不等边角钢或球缘扁钢制成,上端用肘板与甲板下横梁连接,下端与舭肘板连接,如图 1-2-1 所示。

(2) 甲板间肋骨:位于两层甲板之间舷侧的肋骨,由于跨距和受力较小,故尺寸较主肋骨小,如图 1-2-1 所示。

(3) 中间肋骨:在冰区航行的船舶,为了增强舷侧抵抗冰的挤压,在主肋骨间距中点处装设的小肋骨。中间肋骨上下两端均不设肘板,称为自由端。如图 1-2-7 所示。

(4) 强肋骨:是一种大尺寸的肋骨,也称宽板肋骨。在横骨架式的舷侧结构中装设强肋骨是为了局部加强。在纵骨架式的舷侧结构中,强肋骨用来支撑舷侧纵骨,并与强横梁、肋板一起组成坚固的框架,以保证船体横向强度,如图 1-2-8 所示。强肋骨都是采用 T 形组合型钢材或带折边的宽板制成的。

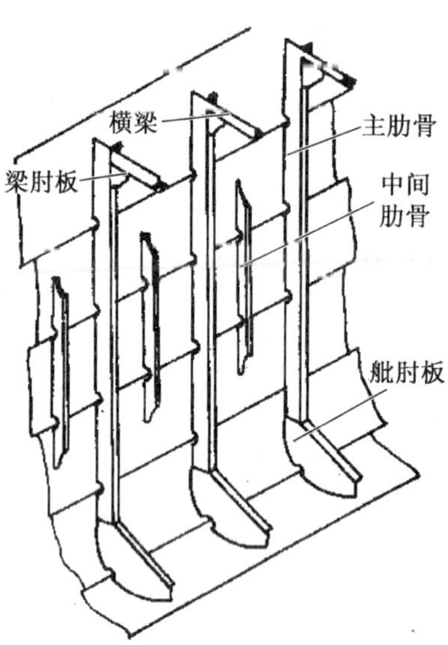

图 1-2-7 舷侧的防冰加强

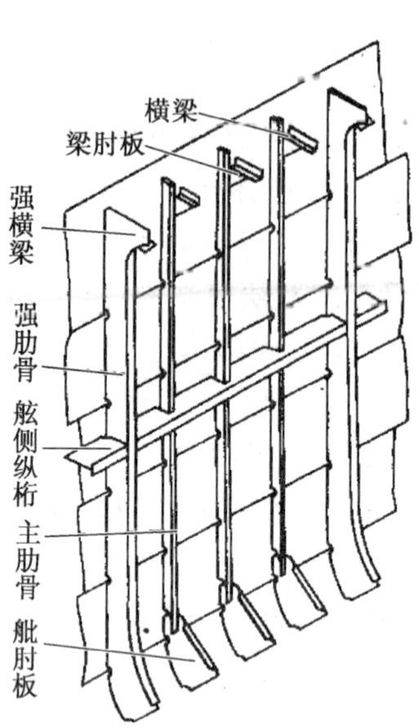

图 1-2-8 舷侧纵桁

2. 舷侧纵骨

在舷侧沿着船长方向布置骨材，如图 1-2-8 所示。该骨材通常装在纵骨架式的舷侧结构中，如油船的舷侧。

3. 舷侧纵桁

在舷侧沿着船长方向布置的大型组合型材与强肋骨高度相同，一般多设在机舱和艏艉尖舱中，如图 1-2-8 所示。

4. 梁肘板

梁肘板是连接甲板下横梁与肋骨的三角形钢板，用来增强节点的强度，如图 1-2-8 所示。

七、甲板结构

甲板结构分为横骨架式和纵骨架式两种。

横骨架式甲板结构即在甲板骨架中横向布置的构件较密，而纵向布置的构件较少。在横骨架式船体结构中的各层甲板均采用横骨架式甲板结构，而在纵骨架式的船体结构和混合骨架式的船体结构中，除了强力甲板以外的各层下甲板，均采用横骨架式甲板结构，这是因为下甲板距中和轴处较近、承担总纵弯曲强度较小的缘故。强力甲板舱口之间的甲板，由于不参与总纵弯曲，故采用横骨架式甲板结构，如图 1-2-1 所示。

纵骨架式的甲板结构即在甲板骨架中纵向布置的构件较密、而横向布置的构件较少。其主要布置在纵骨架式船体结构和混合骨架式船体结构中的强力甲板上，如图 1-2-2 和图 1-2-3 所示。

在甲板结构中主要的构件如下。

1. 横梁

横梁是指设在甲板板或平台之下各肋位上的横向骨材的统称。根据尺寸和位置的不同分为如下几种。

(1) 普通横梁，简称横梁。主要装设在横骨架式甲板结构中甲板下的每一个肋位上，承担横向强度，如图 1-2-1 所示。

(2) 强横梁：由组合型材制成的大型横向构件。在甲板下每隔 3～4 个肋位布置 1 道。其作用是承担横向强度，在纵骨架式甲板结构中用来支撑甲板纵骨，如图 1-2-2 所示。

(3) 半梁：布置在舷侧至舱口边间的横梁。

(4) 舱口悬臂梁：布置在舷侧至舱口边之间的强横梁。

(5) 舱口端梁：布置在舱口两端肋位上的横梁。

2. 甲板纵骨

在纵骨架式甲板结构中，甲板纵骨为沿船长方向布置的尺寸较小的骨材，承担总纵弯曲强度和甲板上的载荷，保证甲板的稳定性，如图 1-2-2 和图 1-2-3 所示。

3. 甲板纵桁

甲板纵桁为在甲板下沿着船长方向布置的大型组合型材，通常在甲板下设有 2～3 道，其中有 2 道与舱口边板对齐，兼作舱口纵桁。甲板纵桁的作用：参与总纵弯曲，支撑横梁并减小横梁的尺寸，是甲板结构中的重要构件，如图 1-2-3 所示。

4. 舱口围板

为了保证人员安全，防止海水浸入，提高舱口区域结构强度，在货舱口的四周装设围板，此围板称为舱口围板。根据甲板所处的位置不同，舱口围板在甲板以上的高度要求也不同。在露天干舷甲板上，舱口围板高度至少要在 600 mm 以上。

八、支柱

支柱是支撑甲板和平台的柱子，把甲板纵桁及强横梁受到的力传递到下层较强的构件上。由于支柱妨碍装卸货物，故船舶都尽可能少设支柱。

支柱大部分由圆钢管制成，也有采用组合型钢材，如工字型钢材等。

九、舱壁结构

1. 舱壁的作用

舱壁除了将船内分隔成许多舱室以外，横舱壁承担着船体的横向强度，进行水密分舱和分隔防火区，一旦船舱进水或着火不使其蔓延。纵向舱壁可减小自由液面对稳性的影响，并承担总纵弯曲强度。

2. 舱壁的种类

舱壁根据其作用划分，有如下几种。

(1) 水密舱壁：在规定的水压下能保持不渗透水的舱壁。

(2) 油密舱壁：在规定的压力下能保持不渗透油的舱壁。

(3) 防火舱壁：分隔防火主竖区并能限制火灾蔓延的舱壁。

(4) 制荡舱壁：在舱壁上开有流水孔，用来减小舱内液体的摇荡所产生的冲击力。

(5) 轻型舱壁：是一种无密性、强度和防火要求的轻型结构舱壁，只起简单的隔离作用。

3. 水密舱壁的数目

水密舱壁的数目主要是由船体强度的要求、水密分舱、机舱的位置和货舱的长短等因素决定的(在船舶建造规范中有具体规定)。下列几个水密横舱壁对于任何船舶都必须设置。

(1) 防撞舱壁:又称艏尖舱壁。是位于船首最前面的一道水密横舱壁。要求距艏垂线的距离不小于 0.05L 船长,自船底向上通至干舷甲板。在舱壁上不准开设门、人孔、通风管道和任何其他开口。该舱壁的作用是一旦船首破损,阻止海水蔓延至其他船舱。

(2) 艉尖舱舱壁:是位于船尾最后的一道水密横舱壁。该舱壁向上允许通到水线以上的平台甲板。

(3) 机舱两端的水密横舱壁:在机舱的前后端必须设置横舱壁与其他舱室隔开。对于艉机型船,机舱后端的舱壁即为艉尖舱舱壁。

4. 舱壁的结构型式

水密横舱壁布置在肋位上,从一舷伸至另一舷,并从船底向上伸至甲板。根据其结构型式可分为两种类型。

(1) 平面舱壁:由平的舱壁钢板和加强壁板组成。由于水的压力与深度成正比,而且接近舱底的壁板易锈蚀,故舱壁板的各列板是水平布置的,舱底的一列板最厚,向上逐渐减薄。

(2) 槽型舱壁:把舱壁板压成槽形(或弧形、梯形等)增强舱壁的强度和刚度,槽形方向一般为竖向布置,可省去平面舱壁所需的骨架结构。

十、舷墙与栏杆

沿着露天甲板边缘装设的围墙称为舷墙。舷墙不参与船舶总纵弯曲,其作用主要是减少甲板上浪,保障人员安全和防止甲板上货物及物品滚到舷外,无舷墙的部位应装设栏杆。

舷墙和栏杆的高度应不小于 1 m。栏杆最低一档以下的开口高度应不超过230 mm,其他各档的间隙应不超过 380 mm。

十一、船体艏艉端结构

船舶的艏端是指上甲板以下、防撞舱壁以前的部分。为了减小航行时的兴波阻力,提高船速,现代运输船舶的船首常制成球鼻型。

艉尖舱壁之后,上甲板以下的船体结构称为艉端结构,包括艉尖舱和艉部悬伸端,结构较为复杂。为了提高船舶推进效率,现代运输船舶的船尾常制成巡洋舰型。

船体艏艉端由于受到较大的局部外力,所以在结构上要进行加强。

1. 船首端结构

1) 作用于船首端的外力

船的艏艉两端所受的总纵弯曲力矩较小,但是受的局部作用力较大,如船在波浪上纵摇时船首底部受到的冲击作用;波浪对船首部两侧的冲击力;在冰区航行时冰的挤压力以及碰撞力等。

2) 船首端骨架结构的特点和加强

在艏尖舱区域内,多数采用横骨架式结构,其肋骨间距小、构件尺寸大,设有许多空间骨架构件,如图 1-2-9 所示。

(1) 肋骨间距一般不大于 600 mm,每一肋位上都设有升高肋板,中内龙骨与升高肋板尺寸相同,并延升至艏柱底部。

(2) 在舷侧除了设置肋骨外，必须设置间距不大于 2 m 的舷侧纵桁。

(3) 在左、右舷的两个舷侧桁之间，每隔一个肋位设置一道空间撑杆，称为强胸横梁，或者设置带有开孔的平台，代替强胸横梁和舷侧纵桁。

(4) 在舯纵剖面处设置制荡舱壁。

(5) 从防撞舱壁至距艏垂线 0.15*L* 船长区域内的舷侧，要在艏尖舱舷侧纵桁的延伸线上设置舷侧纵桁。

(6) 从防撞舱壁至距艏垂线约 0.25*L* 船长区域内的船底，要在每一肋位上设置主肋板；旁底桁间距不大于 3 个肋骨间距或纵骨间距，在旁底桁之间还设有半高旁底桁。

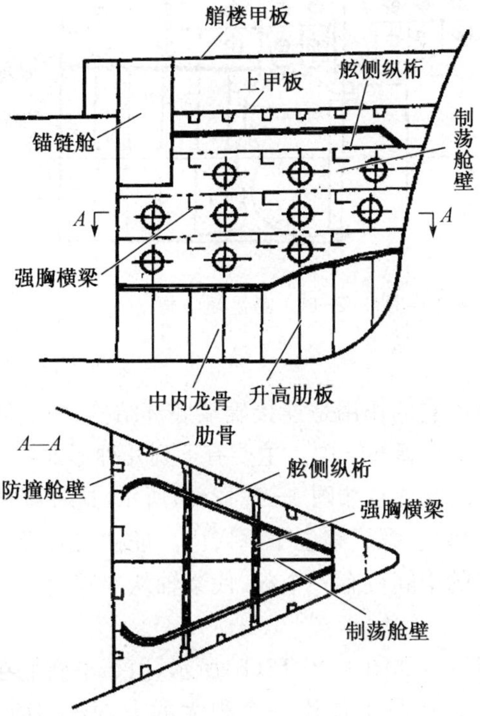

图 1-2-9 船首端结构

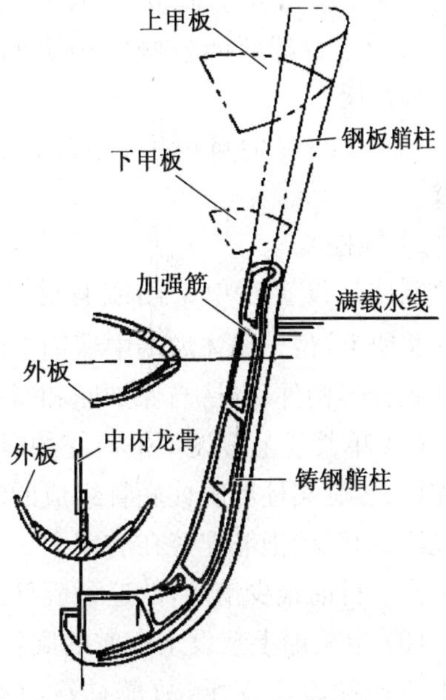

图 1-2-10 艏柱

3) 艏柱

艏柱是船体最前端的构件，用来加强船首，是连接舷侧外板、甲板和龙骨末端的构件。

除小船之外，一般船舶的艏柱有两种结构形式，即钢板焊接制成的和铸钢制成的艏柱，如图 1-2-10 所示。

钢板艏柱是用较厚的钢板弯曲焊接制成的，在弯曲钢板的内侧焊接有水平的和竖向的扶强材，加强它的刚性。钢板艏柱有下列优点：

(1) 与外板、甲板、中内龙骨、平板龙骨等连接牢固。

(2) 制造容易，质量轻，成本低。碰撞时钢板仅局部发生变形，易修理。

铸钢艏柱是由铸钢浇铸而成的。刚性大而韧性差，质量大，可以制成较复杂的断面形状，但制造费时，故采用该种艏柱时仅用在水线以下的形状复杂的部位，水线以上部分均采用钢板艏柱。

2. 船尾端结构

1）作用于船尾部的外力

船尾所受的总纵弯曲力矩较小，同时承受下列局部外力作用，如螺旋桨运转时的水动压力、艉机船由于主机引起的振动力、舵及螺旋桨的重力等。

2）船尾部骨架结构的加强

船尾部骨架结构的加强一般都采用横骨架式结构，并采取下列加强措施。

（1）在每一个肋位上设置升高肋板，如图1-2-11所示。

（2）在舷侧除肋骨之外，还设置舷侧纵桁，而且其竖向间距不大于2.5 m。左、右舷的两舷侧纵桁之间设有强横梁。

（3）有的艉尖舱内还设有制荡舱壁。

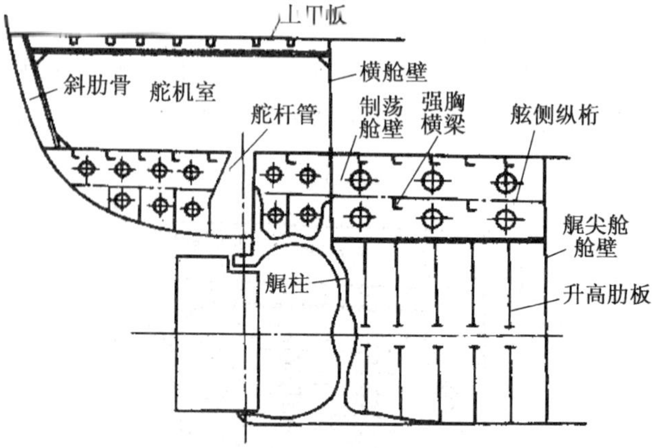

图 1-2-11　船尾端结构

3）艉柱

艉柱是设置在单桨船或有艸舵的双桨船上、位于船体后端中线面上的大型构件。它的作用是连接艉端底部结构、两舷侧外板和龙骨等构件，支持与保护舵和螺旋桨，加强船底艉部结构。主要有下列几种形式：

（1）单桨船上装设不平衡舵的艉柱（具有桨穴艉柱）：如图 1-2-12(a)所示，这种艉柱是由舵柱、螺旋桨柱和艉柱底骨组成的螺旋桨框穴形式，螺旋桨位于框穴内。舵柱的后缘上设有舵钮，用舵销把舵连接在舵钮上。在螺旋桨柱的中间设有一个毂，使桨轴从中穿出。由于不平衡舵目前很少使用，故这种艉柱已不多见。

（2）单桨船上装设平衡舵的艉柱（无舵柱艉柱）：如图 1-2-12(b)所示，由于平衡舵在舵叶上下两端设有支承，故舵柱没有必要。但艉柱底骨上作用一个很大的力，所以其尺寸较大。

（3）单桨船装设半平衡舵的艉柱：由于半平衡舵无下端支承点，故无须艉柱底骨，但上端尺寸较大，如图 1-2-12(c)所示。

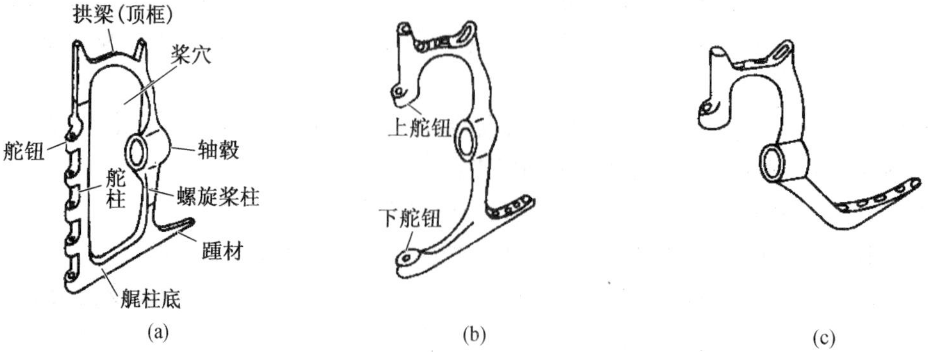

图 1-2-12　艉柱

4) 艉轴架和轴包套

在双桨船上，螺旋桨在中线面的两侧船体外板上伸出船外，因此需要装设相应的结构固定螺旋桨轴。常见的有下列两种型式：

(1) 艉轴架：是用来固定伸出船体外部的螺旋桨轴的结构，常用的有装设一根撑杆的单臂式和有两根撑杆的人字架式。撑杆的一端伸进船体内固定在船体骨架上，或用撑杆脚固定在外板上，另一端连接在圆筒形轴承上，螺旋桨轴从轴承中穿过。艉轴架结构简单、阻力小，但因推进器轴很长一段暴露在海水中，易损坏和腐蚀，或被绳索等物缠住等，一般多用在小型船舶和瘦削的高速船上，如图 1-2-13(a)所示。

(2) 轴包套：在船体艉部水线下的两舷侧，沿着螺旋桨轴的方向逐渐地将船体两侧的结构和外板向外突出，使艉端突出于船体艉部表面之外，形成一个鳍状结构，使螺旋桨轴包在里面。这种结构便于轴的保护和维修，使船尾部的结构和外板的形状变得复杂，使船体阻力有所增加。多用在较肥的船上，如图 1-2-13(b)所示。

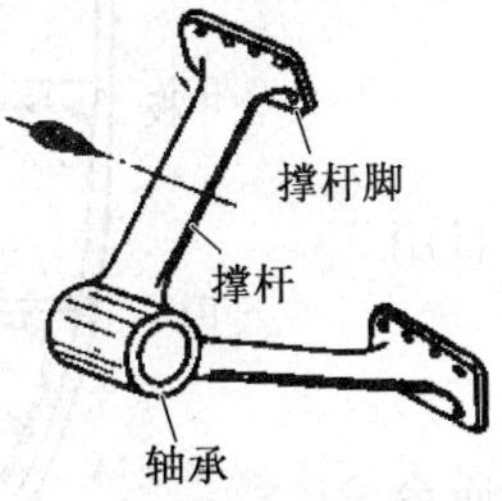

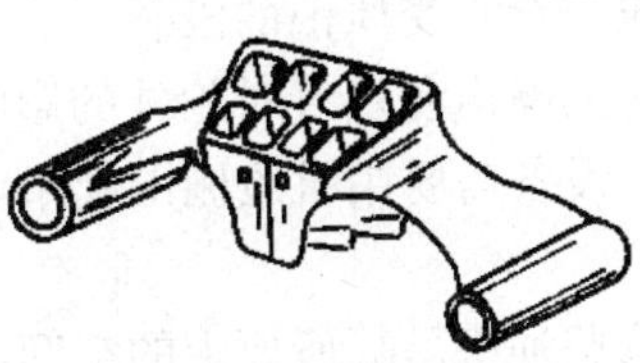

图 1-2-13　艉轴架与轴包套

十二、机舱结构

船舶动力装置与主要机电设备所集中布置的舱室称为机舱。机舱是船舶的心脏。根据机舱在船上所处的位置不同，可分为舯部机舱、艉机舱和艉部机舱。

机舱由于受到较大的局部负荷、振动和外力作用，因此，虽然机舱内的结构型式与货舱基本相同，但要求采取加强措施。

1. 机舱的特点

(1) 机舱是主机、副机、辅机、锅炉等重型设备布置的地方，局部负荷大。

(2) 主机、副机、辅机等设备在运转时易引起船体的振动。

(3) 因布置机器设备、主机吊缸等工作的需要，要求机舱在甲板上开口大，不设二层甲板，并尽可能地不设支柱。

(4) 机舱内易腐蚀。

2. 机舱内结构的加强

1) 双层底内结构的加强

(1) 短底纵桁：当主机基座的下方无船底纵桁时，要求装设短底纵桁支承主机传下来的集中负荷。

(2) 主肋板：在横骨架式双层底结构中，机舱和锅炉的底座下应在每个肋位上设置主肋板。锅炉舱内的主肋要加厚。在纵骨架式的双层底内，机舱区域至少每隔 1 个肋位设置 1

道主肋板。底板应增加 1～2 mm 厚度。若燃油舱设置在双层底内，内底板厚度不小于 8 mm。

2）甲板和舷侧结构的加强

（1）在甲板和舷侧要求每隔 3 个肋位至少应设置 1 道强横梁和强肋骨，而且强横梁与强肋骨位于同一肋位上。

（2）当机舱内的主肋骨的跨距大于 6 m 时应设置舷侧纵桁。舷侧纵桁是由组合型材制成的，断面尺寸的高度与强肋骨相同，沿着船长方向布置在机舱内两舷侧。

3. 机舱棚

因布置机舱设备的需要，机舱上面的甲板开口较大，需要设置机舱棚保护开口。一般船舶的机舱棚都布置在上层建筑中，当无上层建筑保护时，机舱棚的门必须是风雨密的，门槛要高出露天甲板 600 mm 以上。其作用和布置要求如下：

（1）保护机舱安全不受风浪的浸袭。

（2）减少机舱的噪声和热气对舱外的影响。

（3）布置某些设备需要用机舱棚围起来，如烟道、日用油柜、格栅、扶梯等。

（4）保证维修柴油机吊缸所要求的空间高度。

（5）为了机舱的通风和采光，机舱棚的顶部一般通至露天艇甲板上，在艇甲板上设置整体可拆式天窗供通风采光用，并且保证风雨密，如图 1-2-14 所示。

在机舱棚的四周壁板的内侧设置扶强材，以加强壁板的刚性。

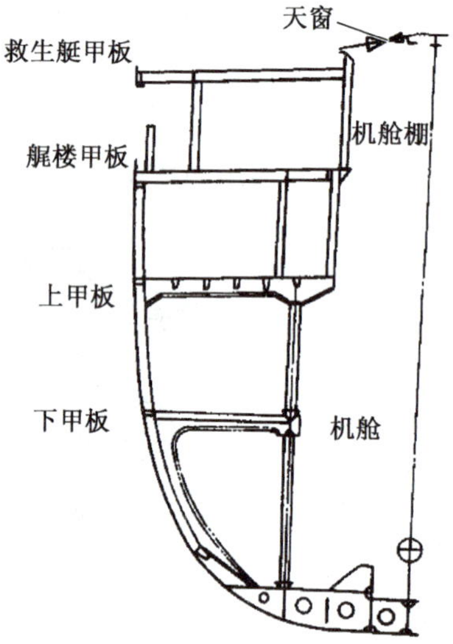

图 1-2-14　机舱棚结构

4. 机座

1）机座的作用和要求

机座是用来支承船上各机械设备，并将设备固定在主船体结构上的结构。

要求机座能支承机械设备的自身重量，设备运转时产生的不平衡力，船在激烈的横摇、纵摇升降运动时机械设备产生的惯性力，大角度倾斜引起的倾斜力矩和水平力等。

好的机座不仅要求与船体结构、骨架构件或其他结构能牢固地连接在一起，而且要求机座能把上述作用力分散地传递到船体结构上，并且当机械设备运转产生脉动力时，机座和相邻结构不发生过度的振动。总之，机座必须具有足够的强度与刚度。

2）柴油机主机机座

柴油机主机机座主要是由两道纵桁（包括腹板和面板）、横隔板、肘板及垫板组成的，如图 1-2-15 所示。

纵桁是承担主机重力作用的主要构件。若机座纵桁与双层底内的旁底桁位置两者不能位于同一平面上，则在机座纵桁的下方双层底内加设半高纵

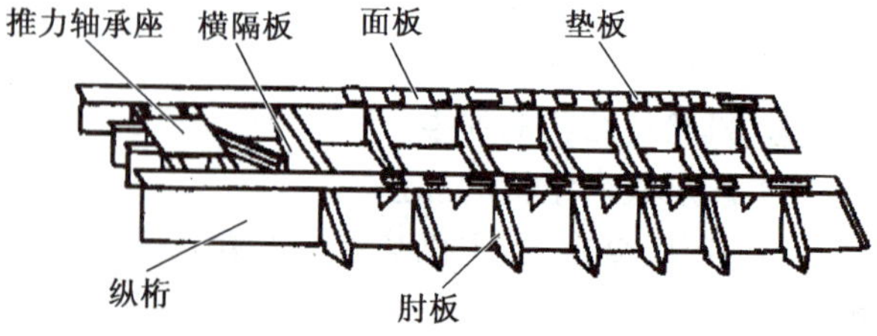

图 1-2-15　主机机座

桁。横隔板与肘板是用来加强机座纵桁的稳定性的，要求装设在每档肋位上。斜垫板是用来调整主机位置的高低和校正平面的，它有直接焊接在纵桁面板上和活动的斜面垫块两种型式。

3）锅炉底座

船用锅炉的种类很多，底座的结构型式要求与锅炉结构型式相配合。图 1-2-16 为水管锅炉底座。

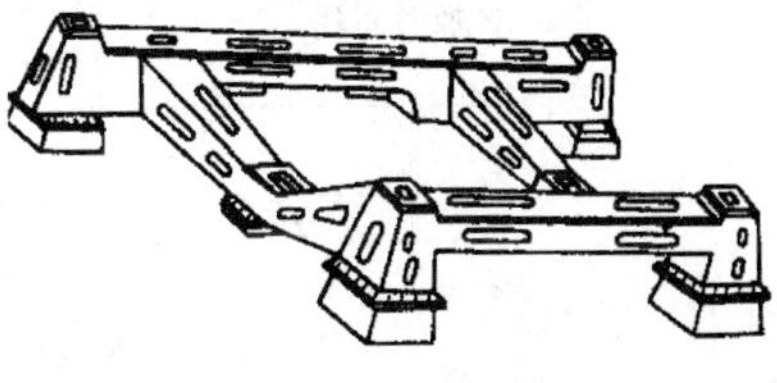

图 1-2-16　水管锅炉底座

锅炉底座有几点需要注意：一是锅炉的热胀冷缩问题。为了解决这个问题，在底座面板的垫板上开有椭圆形孔，其孔有不同的长轴方向，锅炉水筒下的支架用螺栓连接在垫块上。当锅炉热胀冷缩时，螺栓可在孔内作微量的纵向或横向移动。另一点是当锅炉底座较高时，应注意检查船体的振动，若严重振动则会给主蒸汽管造成事故。为了避免船舶在激烈摇荡时使锅炉倾倒，一般用拉杆将汽筒固定在船体结构上。

4）副机机座

根据副机的种类、大小和用途的不同，副机机座可布置在不同的位置上。大部分位于两舷侧、靠近舱壁处、平台甲板上和构架上。副机机座的结构形式与主机机座基本相同。

5）推力轴承座

推力轴承座是支承推力轴承的机座。推力轴承将螺旋桨产生的轴向推力通过推力轴承机座传递到船体结构上。由于螺旋桨旋转时所遇到的船尾水流的伴流速度在桨盘上分布不均匀，引起螺旋桨叶片上的水压力不断变化，这就形成脉冲性的推力。当推力轴承机座纵向刚性不足时，就会产生纵向摆动，这对主机曲轴的工作是非常不利的。所以，要求推力轴承机座的纵向刚性较大，在机座的两端装设牢固的加强肘板，使其纵向摆动最小。

5. 轴隧

在舯机型或舯艉机型船上，由于推进轴系要穿过机舱后面的货舱，因此必须从机舱的后面舱壁至艉尖舱壁之间设置一个水密的结构，将推进轴系围在里面，轴系由此通至舷外，与螺旋桨相连。这个水密的结构或通道称为轴隧。它保护轴系不受损坏，并防止海水从艉轴管进入船舱内，便于人员检查、维修。

轴隧的形式有平顶和拱顶 2 种。前者便于装货，后者强度较好。轴隧的宽度为 1 200～1 800 mm，高度约为 2 000 mm，但在轴的上方要有 500～1 000 mm 的空当，以便吊轴检修。

在单桨船上，轴隧的中心线偏离船舶中心线的一侧，一般偏向右舷，即在轴的右侧留有通道，其宽度大约为 600 mm，如图 1-2-17 所示。轴隧的艉端将其尺寸加大，做成一个轴隧艉室，用来存放备用艉轴和便于检修工作。在轴隧或艉室的顶部或侧壁上设有可拆卸的水密开口，以便于抽出桨轴。在轴隧的前端即机舱的后壁上，设有一扇通往机舱的水密门，该门通常为动力滑动式，门的两侧还备有手动装置可在门两侧操作，并在舱壁甲板上方可到达之处用转动手轮通过齿轮和连杆传动使水密门开启或关闭，并设有水密门开关状态的指示器。

在轴隧末端靠近艉尖舱舱壁处，设有应急围井并向上通至露天甲板，作为轴隧和机舱的应急出口，亦称应急通道或逃生孔，平时作为轴隧的通风口，围井内不许乱放杂物，应急出口盖不能加锁。

双桨船的轴隧，对称于船体中纵剖面左右各设置一个轴隧，两轴隧间设有通道。

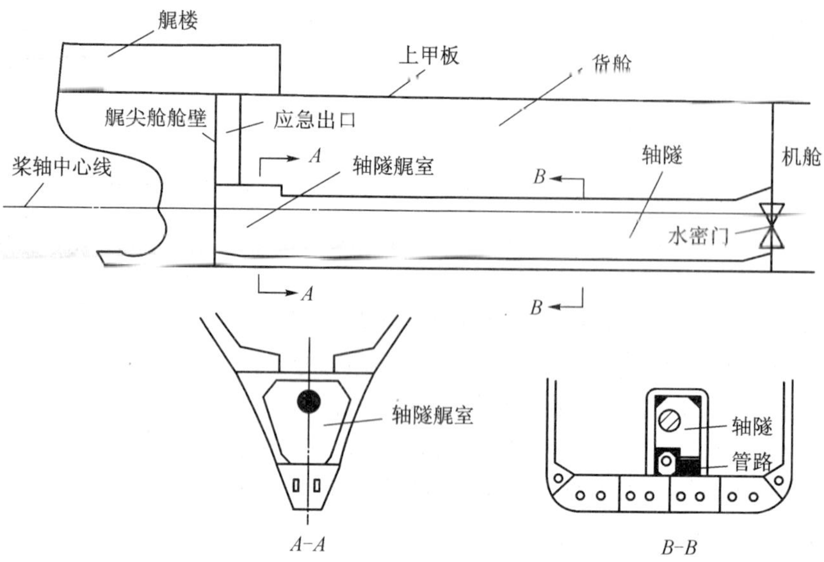

(a)

(b)

图 1-2-17　轴隧

任务实施

船体构造与部位加强分析

【任务要求】

1. 船体构造形式与特殊部位加强相关知识的掌握。
2. 根据所给的 3 个讨论题,每组写出分析报告。

【任务准备】

讨论分析 1

船体结构若按骨架的排列方式划分可分为横骨架式船体结构、纵骨架式船体结构和混合骨架式船体结构。讨论分析 3 种骨架结构的优缺点和适用性,说明大型油船为什么都采用纵骨架式船体结构的理由。

讨论分析 2

根据图 1-2-5 所示甲板板的厚度分布和板的排列，说明其分布和排列的理由及其规律性，并说明两相邻舱口之间的甲板板为什么最薄。

讨论分析 3

根据梁的弯曲理论及船体总纵弯曲力矩和剪力的大小沿着船长方向分布的规律，船的艏艉两端所受的总纵弯曲力矩值较小，为什么要特别加强？如何加强？

【任务操作】

分析导引 1

(1) 横骨架式船体结构型式是从木船结构型式演变而来的，是造船中应用最早的一种结构型式，其优点是船体结构强度可靠，结构简单，建造容易，适用于中、小型船舶。

(2) 纵骨架式船体结构的骨材大部分是沿着船的纵向布置的，其优点是船体的纵向强度大，甲板板和船体外板可以做得薄些，船体质量轻。由于货船内布置着大型肋骨框架，有碍货物装卸，不过它不妨碍液体货物装卸，所以纵骨架式船体结构主要用在纵向强度要求较高的大型油船上。

(3) 混合骨架式船体结构吸取横骨架式船体结构与纵骨架式船体结构的优点，船体纵向强度大，并有足够的横向强度，建造容易，货舱内突出的大型构件少，不妨碍货物装卸，目前在大、中型干货船上广泛采用。

结论：为了满足强度要求，除合理选择船体骨架型式外，还可以适当加大构件的尺寸或者选择优良的材料。船体结构的好坏并不是强度一个因素决定的，还要综合考虑到使用要求、工艺性和经济性等各种因素。合理的船体结构应该具有一定的强度，并且满足质量轻、使用方便、建造简易、造价低廉的要求。

分析导引 2

甲板板的厚度：若有多层甲板，因强力甲板（或上甲板）距中和轴最远，是承担总纵弯曲应力的主要甲板，故强力甲板在各层甲板中是最厚的甲板。由于最大的总纵弯曲力矩作用在船体舯部 0.4L 船长区域内，因此在该段区域内的强力甲板板最厚，并向艏艉两端逐渐减薄。

在强力甲板中，沿着舷边的一列钢板，称为甲板边板。它是强力甲板中最厚的一列板。这是由于甲板边板位于舷边折角处，易引起应力集中，舷边又经常积水锈蚀严重的缘故。在舱口之间的甲板板，因被舱口切断不连续，不参与承担总纵弯曲，故较其他处的甲板薄。

结论：甲板板的厚度分布和板的排列是按承担总纵弯曲应力的大小合理分布的，且满足强度好、质量轻的要求。

分析导引 3

虽然在船的艏艉两端所受的总纵弯曲力矩较小，但是受的局部作用力较大。如船在波浪上纵摇时船首底部受到浪的砰击作用；波浪对船首部两侧的冲击力；在冰区航行时冰的挤压力以及碰撞力等。船尾端要承受螺旋桨运转时的水动压力、艉机型船由于主机运转引起的振动力、舵及螺旋桨的重力等。所以，船的艏艉两端必须采取局部加强；在艏尖舱区域内，多数采用横骨架式结构，肋骨间距小，构件尺寸大，设有许多空间骨架构件。在艉部区域内，采用横骨架式结构，在每一个肋位上设置升高肋板，在舷侧除了肋骨之外还设置舷侧纵桁，且左、右舷的两舷侧纵桁之间也设有强横梁加强。

结论：船的艏艉两端是船体的特殊部位，受的局部作用力较大，采取局部加强的措施，以保证船舶的安全。

任务评价

任务内容涵盖交通运输部海事局海船船员 2011《船舶管理》考试大纲中“船舶强度与构造、船体主要结构及其特点、船舶主要部位和舱室布置”的相关知识点，并满足相关技能要求。

任务拓展

船体主要部位与舱室的布置

一、甲板与上层建筑

船体是一个十分复杂的几何结构，在上甲板以下的船体称为主船体或船舶主体，在上甲板及以上的所有围蔽建筑统称为上层建筑。上层建筑和主船体被分割成许多大小不一且又相互独立的舱室，以满足船舶正常运营所必须。船舶主要部位的名称与舱室的布置如图 1-2-18 所示。

1. 甲板

自船首至船尾纵向连续的、且从一舷伸至另一舷的平板称为甲板，沿着船长方向不连续的一段甲板称为平台。

甲板按位置可分为上、下甲板。上甲板是指船体最上面一层纵向连续的甲板，又称强力甲板。上甲板一般都是露天甲板，自上甲板之下的甲板，由上而下分别称为第二甲板、第三甲板……并统称为下甲板。

2. 上层建筑

上层建筑主要包括船楼与甲板室。

在上甲板及其以上的围蔽建筑物的两侧壁是伸向船舶两舷并同船壳板连在一起的，或两侧壁不同船壳板连在一起，且离壳板向内的距离不大于船宽的 4%，这种围蔽建筑物称为船楼，通常称为船舶上层建筑[图 1-2-19(a)]。

在上甲板及其以上的围蔽建筑的两侧壁，离船壳外板向内的距离大于船宽的 4%，这种围蔽建筑物称为甲板室[图 1-2-19(b)]。

上层建筑的布置位置、层数、长短和数目是由船舶的大小、类型、用途、机舱位置、航海性能和船舶外形美观要求等因素决定的，一般在机舱的上方总是布置有上层建筑的。

根据船楼或甲板室沿着船长方向布置的不同，船楼又分为艏楼、桥楼和艉楼。

(1) 艏楼：位于船首部的船楼称为艏楼。艏楼的长度一般为船长的 10%左右。超过 25%船长的艏楼称为长艏楼。艏楼一般只设 1 层，艏楼的作用是减小船舶艏部甲板上浪；并可减小纵摇，改善船舶航海条件。艏楼内的舱室可作为储藏室。长艏楼内的舱室可用来装货。

(2) 桥楼：位于船中部的船楼称为桥楼。当桥楼的长度大于船长的 15%，且不小于本身高度 6 倍时，称为长桥楼。桥楼主要用来布置驾驶室和船员居住处所并保护机舱。

(3) 艉楼：位于船尾部的船楼称为艉楼。当艉楼的长度超过船长的 25%时，称为长艉楼。艉楼可减少船尾甲板的上浪和保护机舱，并可布置甲板室、船员居住处所和其他用途的舱室。

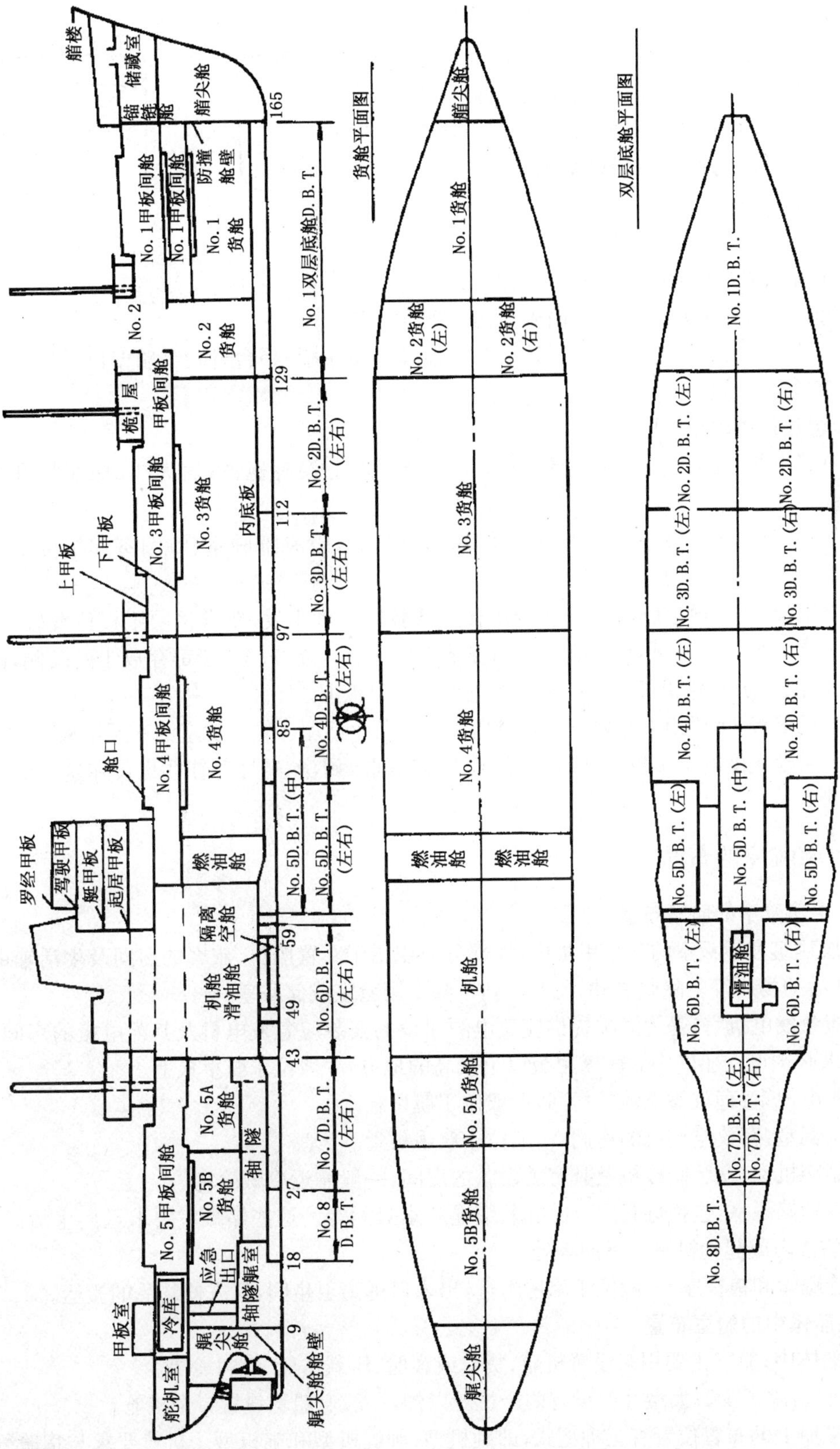

图 1-2-18　船舶主要部位名称

(4) 甲板室:对于大型船舶,由于甲板的面积大,布置船员房间等并不困难,在上甲板的舯部或艉部可只设甲板室,甲板室两侧壁外面的露天甲板形成两边走道,有利于甲板上的操作和在船舶前后方向行走。在船首部不能设甲板室,只能设艏楼或不设艏楼。

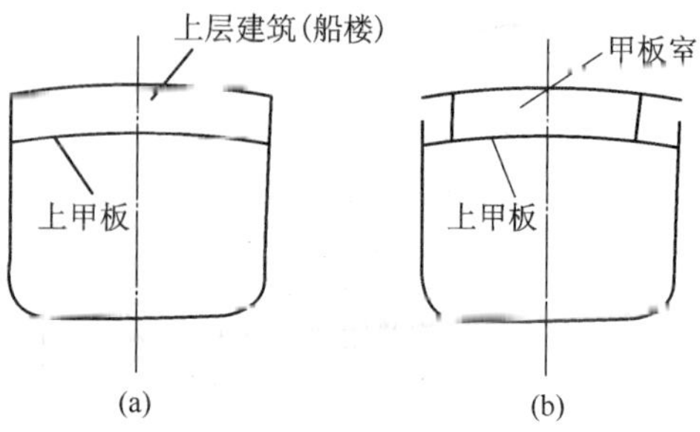

图 1-2-19　船楼与甲板室

3. 舱壁

竖向布置的壁板称为舱壁。从一舷伸至另一舷的横向竖壁板称为横舱壁。船舶艏艉方向布置的竖向壁板称为纵舱壁。船舶的上层建筑和主船体是由甲板,平台,横、纵舱壁以及壁板分隔成的许多舱室构成的。

4. 上层建筑中的甲板

(1) 罗经甲板:是船舶最高一层甲板,在罗经甲板上设有桅、雷达天线、探照灯和罗经等。

(2) 驾驶甲板:该层甲板的舱室处于船舶最高位置,设有驾驶室、海图室和报务室等房间。

(3) 艇甲板:放置救生艇或工作艇的甲板。从救生角度出发,要求该层甲板位置较高,艇的周围要有一定空旷区域,以便在紧急情况下人员集合并能登艇。艇都存放于两舷侧,能快速放入水中。船长、轮机长的房间一般布置在该层甲板上。

(4) 起居甲板:主要用来布置高级船员居住舱室及生活服务辅助舱室的一层甲板。

(5) 上层建筑内的上甲板:一般布置普通船员房间。厨房、餐厅等往往也设在这一层甲板上。

二、船舶舱室的布置

1. 上层建筑中的舱室布置

在上层建筑和甲板室的各层甲板中,大部分面积用于布置船员、旅客的房间及生活辅助设施、公共活动场所等。除此之外,还有下列一些专用舱室或储藏室。

(1) 应急发电机室:是为海损提供应急电源而设的安装应急发电机及其配电板的房间,按规范要求必须设在船的中后舱壁甲板以上较高的地方,一般位于艇甲板上。

(2) 蓄电池室:存放蓄电池的房间,一般位于艇甲板上。

(3) 空调室:存放空调机的房间,一般位于艇甲板上。

(4) 制冷机室:安装制冷机及其有关设备的房间,一般靠近冷藏舱室。

(5) 各种储藏室:包括灯具间、油漆间、缆绳和索具间等。这些储藏室要求远离生活区,一般位于艏楼内或起货机平台下面等处。

(6) 冷藏库和粮食库:一般位于厨房附近,出入口远离卫生间,且方便物品的搬运。

2. 主船体中的舱室布置

在主船体中,舱室主要用来设置机舱、货舱或客舱、压载水舱、燃料舱等。

(1) 机舱:除了少数大型客船设有两个机舱以外,一般商船均设置一个机舱。

机舱在船上的布置位置有三种型式,即舯机型、舯艉机型和艉机型。机舱要求与货舱分开，因此在机舱的前后端均设有水密的横舱壁。

机舱内的双层底较其他货舱内双层底高，这主要是为与螺旋桨轴线配合，不使主机底座太高，太高则易引起振动。另外，双层底高可增加燃料舱、淡水舱的容积。

(2) 货舱：一般货船在内底板和上甲板之间，从艏尖舱壁至艉尖舱壁的这段空间，除了布置机舱之外，基本上都是用来布置货舱的。

在两层甲板之间的船舱称为甲板间舱，最下层甲板下面的船舱称为货舱，也称为底舱。船舱的名称排号是从船首向船尾数，如 No. 1，No. 2 等甲板间舱，No. 1，No. 2 等货舱。

通常，每一个船舱只设一个舱口，有的船因装卸货物的需要，在一个船舱内横向或纵向并排设置两个货舱口。

船舱内的布置要求结构整齐，通风管道、管系和其他设施都要安排在船舱范围之外，即在结构范围以内，不妨碍货物的装卸。

(3) 液舱：液舱是指用来装载液体的舱，如燃油舱、淡水舱、压载舱、液货舱等。

液舱的布置有如下特点：①与一般货物(矿石等除外)相比较，由于液体的密度大，一般都在船的低处，有利于船舶稳性。②考虑船的破舱稳性，液舱一般都对称于船舶纵向中心线布置。③液舱的舱壁都是水密或油密的，除了开有清洗和维修用的人孔之外，不准开其他孔。④为了减小自由液面对稳性的影响，液舱的横向尺寸都较小。⑤液舱内设有输出输入管、空气管、溢流管、测深管等。

液舱主要有下列一些类型：

A. 燃油舱：是供储存主、副机等所用燃油的舱。因为主机用的重油和副机用的重柴油需要加温才可以抽出，为减少加热管系的布置，其油舱一般布置在机舱的前壁处和机舱的两舷侧处，以及机舱下面的双层底内。其他副机用的轻柴油舱，一般都布置在机舱下面的双层底内。

B. 燃油溢油舱：当燃油舱、柜装满燃油而通过溢流管溢出时，会流入到溢油舱内。为使外溢的燃油能自行流入到溢油舱内，一般溢油舱都布置在船舶的最低处。溢油舱内的燃油可经过管系再注入到其他燃油舱、柜内。

C. 滑油舱：是供储存滑油的舱。中、小型船舶常使用滑油柜储存滑油，滑油舱四周要设置隔离空舱，与其他油、水舱隔开，以免污染滑油。

D. 主机循环滑油舱(柜)：供储存主机用的循环滑油的舱。通常设在机舱下面的双层底内，也需要在其四周设置隔离空舱与其他舱隔开。

E. 污油舱：供储存污油用的舱。舱的位置较低，以利于外溢，泄漏的污油自行流入舱内。在舱上设有人孔，供清理油渣时人员出入，并设有油管通向油水分离器，以便处理污油。

F. 淡水舱：通常为饮水舱、清水舱、锅炉水舱的统称。这些舱都布置在靠近居住舱室和机舱下面的双层底内，也有布置在艉尖舱内的。锅炉水舱的位置靠近锅炉舱。

G. 饮水舱：要求舱内的结构和涂料(通常为水泥)应能保持水质清洁。

H. 污水舱：供储存污水的舱。

I. 压载水舱：当空船的吃水和重心位置达不到一定要求时，对船舶稳性和推进性能产生许多不利影响，必须加装压载水航行。双层底舱、深舱、艏艉尖舱、散货船的上下边舱、集装箱船与矿砂船的边舱都可以作为压载水舱。

J. 艏尖舱：位于船首部防撞舱壁之前、舱壁甲板之下的船舱。艏尖舱作为压载舱用，对调整船舶的纵倾作用较大。

K. 艉尖舱:位于船舶艉部最后一道水密横舱壁之后,在舱壁甲板或平台甲板之下的船舱。艉尖舱主要作为压载舱或淡水舱用。

L. 双层底舱:位于内底板、船体外板之间的水密舱称为双层底舱。双层底舱主要作为装压载水、燃油、淡水等的液舱。

M. 深舱:除了双层底舱之外,所有深的液舱都可以称为深舱,如燃油舱、淡水舱、艏艉尖舱等。

N. 液货舱:有许多杂货船,设有1～2个装运液体货物的深舱,如装载动、植物油等。当无液货时可以作为压载舱用。

(4) 隔离空舱:是一个狭窄的空舱,专门用来隔开相邻的两舱室,以避免两种不同性质液体相互渗透。如上述不同种类的滑油舱之间、燃油舱与滑油舱之间、油舱与淡水舱之间等均需设隔离空舱,有的油舱与货舱之间需设隔离空舱。燃油舱与压载水舱之间并不需要设置隔离空舱。隔离空舱比较窄,一般只有一个肋骨间距,并设有人孔供进出检修。油船上的泵舱可兼作隔离空舱。隔离空舱俗称干隔舱。

(5) 锚链舱:专门用来堆放锚链的舱,位于锚机下方的艏尖舱内,是用钢板围起来的两个圆形或长方形的水密小舱,并与船舶中心线对称布置,其大小与锚链的长度有关。锚链舱的底部设有排水孔,将锚链带进的泥水排掉。

(6) 轴隧:前面已有介绍,这里不再赘述。

(7) 舵机间:为布置舵机的舱室,位于舵的上方、艉尖舱的顶部水密平台甲板上。

(8) 应急消防泵舱:根据《SOLAS公约》要求,按照船舶的大小应设置有一定能力的应急消防泵。应急消防泵要求设在与机舱无关的水密舱内,一般设在艏或艉部,如图1-2-20所示,并在船舶位于最浅吃水时也能抽上水来。

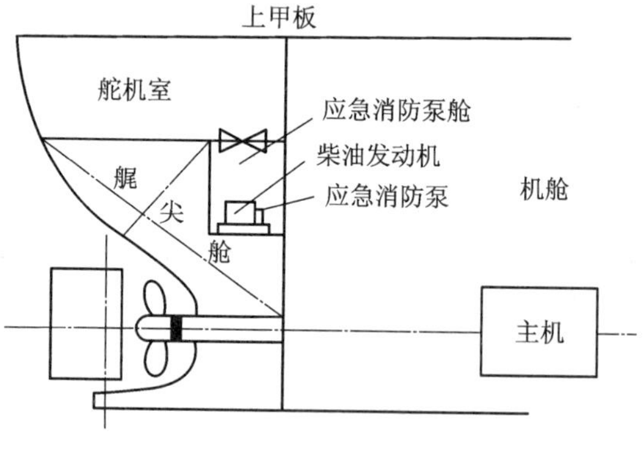

图1-2-20　应急消防泵舱

三、测深管、空气管、溢流管、船底塞的作用与意义

1. 测深管

在船上的每一个液舱和污水井中都装设一根直径为30～50 mm的直管,称为测深管。利用测深尺从测深管上端口坠入舱底,然后把尺收上来观察尺的浸湿长度,从而决定舱中液体的存量和液面高度以及干隔舱中有无液体。

测深管的布置和要求如下：

(1) 一般每一液舱、干隔舱、污水井中只布置一根测深管。测深管布置在液舱的最深处。对于平底舱，可在舱的前后端各布置一根。

(2) 测深管的上端应伸至舱壁甲板的上方，管口有螺纹盖，并与甲板平齐，不妨碍在甲板上行走。布置在机舱和轴隧下面的压载水舱、清水舱的测深管，其上端管口只伸到机舱铺板、轴隧铺板以上高度约为 1 m。管口上装有自动关闭装置，当不测深时，管口自动关闭，不使舱底水溢出。燃油舱、滑油舱测深管的上端管口必须伸至露天甲板上，以防止油气泄漏于舱内。饮用水的清水舱的测深管的上端管口要高出甲板面 400 mm 以上，以防止污物落入管内。

(3) 测深管的下端，如图 1-2-21 所示，在管口下方的舱底板上焊接一块平钢板，或在管口上焊一块钢板，在管子端部侧面开孔，其目的是保护舱底板，以免被测深尺撞漏。

(4) 测深管在穿过货舱等船舱时，都要有良好的保护装置，以防碰损。

(5) 目前，有些船上虽然设有机械或电子测量装置，但是仍然必须设有人工测量的测深管。

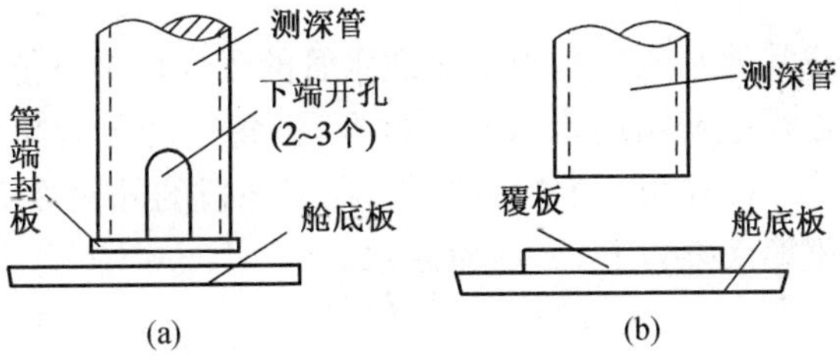

图 1-2-21　测深管下端结构

2. 空气管

空气管又称透气管，其作用是保证液舱在注入或排出液体时，使空气能自由地从管中排出或进入舱中。

空气管的布置和要求如下：

(1) 通常每个液舱装设 1 根空气管，但在某些特殊情况下装设 2 根，如图 1-2-22 所示。每个液舱中空气管的总截面积不小于该舱注入管截面积的 1.25 倍，深舱中的空气管则不小于注入管的1.5倍。但是其内径均不得小于 50 mm，油舱的空气管内径不得小于100 mm。

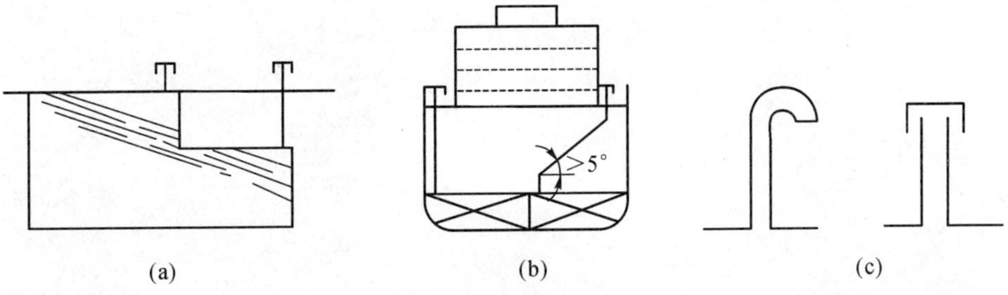

图 1-2-22　空气管

(2) 空气管的上端应伸至露天甲板以上 400～1 200 mm，固定在甲板上并靠近舷墙边处，或靠近上层建筑的壁板处。管头弯成 180°或装设防水盖，以防海水和杂物浸入。燃油舱和滑油舱的空气管的上端管口处装有金属防火网。

(3) 空气管的下端在舱柜顶的最高处，一般均在液舱的前部顶板上。

(4) 空气管可以做成弯曲形状，沿着舷侧外板的内表面或舱壁板伸至露天甲板上。

3. 溢流管

所有用泵灌注的液舱柜均在舱柜顶部设有一根管子，将可能溢出的液体引入到溢流柜内或有剩余空间的储存柜内，这种管子称为溢流管。对于装水的液舱柜则引到开敞处所或其他溢流柜内，对于滑油和燃油则防止从空气管溢出导致污染。

溢流管的截面积要不小于注入管的 1.25 倍，在溢流管上易观察的管段处装有观察镜，以便于及时发现溢油，停止灌注。在溢流管上不准装有截止阀或旋塞。

油舱兼作压载水舱的溢流管，如与溢油系统相连，应装设防止压载水溢流进油舱的装置。

溢流管的布置应保证在任一舱破损进水后，不致使海水通过溢流管进入其他水密舱室内的舱柜。

4. 船底塞

在每一个压载舱(或其他水舱)中，由于压载水管的吸入口不可能完全把水排干净，当水舱需要修理或涂刷时，必须把残留的水放干。因此，在每一个水舱船底板的最低处，开设一个小孔，孔径为 50 mm 左右，并用一个螺钉塞紧，在船底板的外面涂上水泥和油漆。船进坞需要修理水舱时，可以把船底塞打开，放尽舱底水。

课后练习

1. 船体骨架结构有哪几种类型？有何优缺点？各适用于哪些船舶？
2. 船体结构通常划分为哪几个区域？
3. 船体艏艉端结构的特点是什么？为什么加强？如何加强？
4. 机舱结构的特点是什么？为什么加强？如何加强？
5. 机舱在船上的布置有哪几种类型？有何优缺点？各适用于哪些船舶？
6. 何为主船体？何为上层建筑？
7. 船体外板、甲板板厚度分布的规律是什么？
8. 简述各舱室的布置要求、创新想法和改进。

项目二 船舶适航性控制分析

项目描述

能满足船舶在水中安全营运的各种性能(包括各种参数)叫做船舶适航性。

船舶适航性基本知识中包含的主要内容有船舶尺度和船型系数,船舶的排水量、载重量和吨位,储备浮力与干舷,载重线与吃水标志等。

船舶适航性控制中包含的主要内容有船舶浮性、船舶稳性、船舶抗沉性、船舶摇荡性、船舶操纵性等,其中船舶稳性和船舶抗沉性是保证船舶安全营运的两个最重要的性能指标。学生通过本项目的学习,在掌握船舶适航性基本知识的基础上,具备船舶稳性和抗沉性的分析能力,以及掌握船舶在实际营运中如何提高稳性和抗沉性的实际操作能力。

任务1　船舶稳性分析

任务描述

船舶在水中停泊或航行，经常受到风、浪等外力作用而发生倾斜，直接影响船舶的安全性。船舶能承受多大的外力？船舶受外力作用会不会倾覆？如何保证船舶安全、稳定航行？这些都是船舶稳性问题。学生通过本任务的训练，在掌握各类现代运输船舶适航性基本知识的的基础上，能根据船舶在水上所受各种外力的实际状况正确进行船舶稳性的分析，具备控制、调整和提高船舶稳性的实际分析能力。

本任务适用于操作级和管理级船员。

学习目标

- 具备正确识读各类现代运输船舶适航性基本知识的能力。
- 能够对影响船舶稳性的因素进行分析，掌握提高船舶稳性的措施。
- 具备在装卸货过程中、在航行遭遇风浪的操作中保证船舶稳性的能力。

相关知识

一、船舶尺度和船型系数

船舶尺度是表示船体外形大小的基本量度。在船舶设计和建造中，船舶的性能和强度计算以及在营运管理上所使用的船体外形尺度是不完全相同的，因而船舶尺度的量度位置也不完全相同。

常用的船舶尺度有3种，即主尺度、登记尺度和最大尺度。

1. 主尺度

主尺度是根据《钢质海船入级规范》中的定义，从船体的型表面上量度的尺度。主尺度是用垂线间长 L_{BP}（或船长 L）×型宽 B×型深 D 表示的。除此之外，在船舶的设计、建造和性能计算中，还用到总长 L_{OA}，设计水线长 L_{WL} 和型吃水 d 等，它们都是从船体的型表面上量取的尺度。

1）船长 L

船长 L 是沿设计夏季载重水线，由艏柱前缘量至舵柱后缘的长度；对无舵柱的船舶，由艏柱前缘量至舵杆中心线的长度，即艏艉垂线间的长度，但其长度均不得小于设计夏季载重水线总长的96%，且不大于97%，如图2-1-1所示。通常所称的船长用垂线间长 L_{BP} 代表。船长用符号“L”表示，以米(m)为单位。

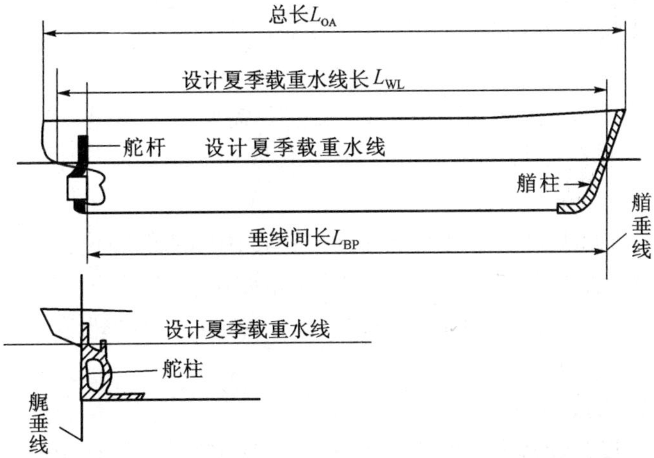

图 2-1-1　船舶长度

在同样的排水量情况下，不同的船长，对船体质量、船舶阻力、总纵弯曲强度、船舶布置等有不同的影响。

2）型宽 B

在船体的最宽处，由一舷肋骨外缘量至另一舷弦肋骨外缘之间的水平距离。通常所称的船宽即为型宽，以符号“B”表示，以米(m)为单位。

型宽的大小对船舶稳性、快速性、耐波性以及甲板的面积等有较大的影响。

3）型深 D

在船长中点处，沿船舷由平板龙骨上缘量至上层连续甲板横梁上缘的垂直距离；对甲板转角为圆弧形的船舶，则由平板龙骨上缘量至横梁上缘延伸线与肋骨外缘延伸线的交点。型深用符号“D”表示，以米(m)为单位。

型深的大小对船舶干舷、舱容、稳性、抗沉性以及空船重量等有较大的影响。

4）总长 L_{OA}

总长 L_{OA}包括两端上层建筑在内的船体型表面最前端与最后端之间的水平距离，如图2-1-1 所示。总长以符号“L_{OA}”表示。在船舶总布置设计和纵倾调整等方面要用到它。

5）设计水线长 L_{WL}

设计夏季载重水线面与船体型表面艏艉端交点之间的水平距离，通常满载水线的长度即为设计水线长。设计水线长以符号“L_{WL}”表示。船舶的许多航行性能计算都要用到设计水线长。

6）型吃水 d

在船长中点处，沿着船舷由平板龙骨上缘量至夏季载重水线的垂直距离，型吃水以符号“d”表示，以米(m)为单位。

吃水是指船舶在水面以下的深度。根据量度位置的不同，吃水主要分为型吃水、实际吃水(或外形吃水)、设计吃水(或满载吃水)、压载吃水、空船吃水、艏吃水、艉吃水、平均吃水等。

型吃水是根据船体型表面量度的，它不计入水下突出物和船底板的厚度，而量至设计水线(或满载水线、夏季载重水线)。在船舶设计中,各种船舶性能的计算均用型吃水,它对船舶稳性、抗沉性、船体强度、船舶阻力和操纵性等都有较大的影响。

2. 登记尺度

船舶在完成吨位丈量工作并填写吨位证书之后,需要申请登记。登记的内容包括船名、船籍港、螺旋桨数目、建造日期、建造地点和船舶尺度等。该处所使用的船舶尺度也称为船舶登记尺度。

目前,我国船舶所使用的登记尺度分两种:持有"国际船舶吨位证书(1969)"的船舶,用"国际航行船舶"的登记尺度,即按《1969 年国际船舶吨位丈量公约》中所规定的定义(与《1966 年国际载重线公约》中规定的船舶尺度定义相同);持有"船舶吨位证书"的船舶,用"国内航行船舶"的登记尺度。

1) 国际航行船舶的登记尺度

(1) 长度是指量自龙骨板上缘的最小型深 85%处水线长度的 96%,或沿该水线从艏柱前缘量到上舵杆中心的长度,取两者中较大者。如船舶设计具有倾斜龙骨,则作为测量此长度的水线应平行于设计水线。

(2) 宽度是指船舶长度中点处的宽度。对于金属外板的船舶,其宽度量到两舷的肋骨型线;对于其他材料外板的船舶,其宽度量到船外板的外表面。

(3) 型深是指在长度中点船舷处从平板龙骨上表面量到上甲板下表面的垂直距离。对于木质船舶和铁木混合结构船,垂直距离从龙骨镶口的下缘量起。如船舶中央横剖面的底部具有凹形,或装有加厚的龙骨翼板时,垂直距离从船底平坦部分向内延伸与龙骨侧面相交的一点量起。

2) 国内航行船舶的登记尺度

(1) 量吨甲板长度是指量吨甲板型线艏艉两端点之间的水平长度。如量吨甲板有台阶,则取其低者,并作延伸线进行计量。

(2) 船宽是指在船舶中剖面型线的最大宽度。对金属外板的船舶应量至两舷外板的内表面;对非金属的船舶应量至两舷外板的外表面。

(3) 船深:对金属外板的船舶,是指在中剖面处从龙骨板上表面量至量吨甲板在船舷处的下表面的垂直距离;对非金属的船舶,此垂直距离应包括底板的厚度。

量吨甲板一般为第二层甲板,对于单甲板船为上甲板。量吨甲板是构成吨位规则的吨位空间的上边界。

上述的船舶尺度,除了在船舶登记中使用外,主要在船舶吨位丈量和计算中使用。

3. 最大尺度

最大尺度包括船舶最大长度、最大宽度、最大高度。船舶在停靠码头,进坞,过船闸、桥梁和狭窄航道以及船舶避碰时要用到船舶最大尺度。

1) 最大长度 L_{max}

最大长度是指船舶最前端与最后端之间包括外板和两端永久性固定突出物(如顶推装置等)在内的水平距离。

2) 最大宽度 B_{max}

最大宽度是指包括船舶左右外板和永久性固定突出物(如护舷材、水翼等)在内的水平距离。

3）最大高度

最大高度是指从船舶的空载水线面垂直量到船舶固定建筑物（包括固定的桅、烟囱等在内的任何构件）最高点的距离。

4. 船舶主尺度比

船舶主尺度比是表示船体几何形状特征的重要参数，其大小与船舶的航海性能有着密切的关系。

1）长宽比 L/B

长宽比是指垂线间长与型宽的比值。该比值越大，船体越瘦长，其快速性和航向稳定性越好，但港内操纵不灵活。通常高速船的长宽比大于低速船的长宽比。

2）宽度吃水比 B/d

宽度吃水比是指型宽与型吃水的比值。该比值大，船体宽度大，船舶稳性好；但横摇周期小、耐波性差、航行阻力增加。一般海船的宽度吃水比小于内河船的宽度吃水比。

3）型深吃水比 D/d

型深吃水比是指型深与型吃水的比值。该比值大，干舷高，储备浮力大，抗沉性好，船舱容积增大，重心升高。一般客船的型深吃水比较大，而油船的型深吃水比较小。

4）长深比 L/D

长深比是指垂线间长与型深的比值。该比值大对船体纵向强度不利，所以在船舶规范中规定，一般干货船的长深比 $L/D \leqslant 17$。

5）长吃水比 L/d

长吃水比是指垂线间长与型吃水比值。该比值大，船舶的操纵回转性能差。

6）宽深比 B/D

宽深比是指型宽与型深的比值。宽深比对船体结构强度有较大影响，该比值越大，则船舶的中横剖面越扁，对船体纵横向强度越不利，因此，在船舶建造规范中规定，一般干货船宽深比 $B/D \leqslant 2.5$。

5. 船型系数

船型系数是表示水线下船体肥瘦程度的各种无因次系数的统称。它能表征水线下船体的体积和面积沿着各个方向分布的情况。

1）水线面系数 C_W

C_W是平行于基平面的任一水线面面积 A_W与对应的水线长 L 和水线面最大宽 B 的乘积之比（图 2-1-2）。

$$C_W = \frac{A_W}{L \cdot B}$$

水线面系数表征船体水平剖面的肥瘦程度，其值的大小对船舶的快速性、稳性和甲板面积等都有影响。

2）中横剖面系数 C_M

C_M是中横剖面的浸水面积 A_M与对应的水线宽 B 和型吃水 d 的乘积之比（图 2-1-3）。

$$C_M = \frac{A_M}{B \cdot d}$$

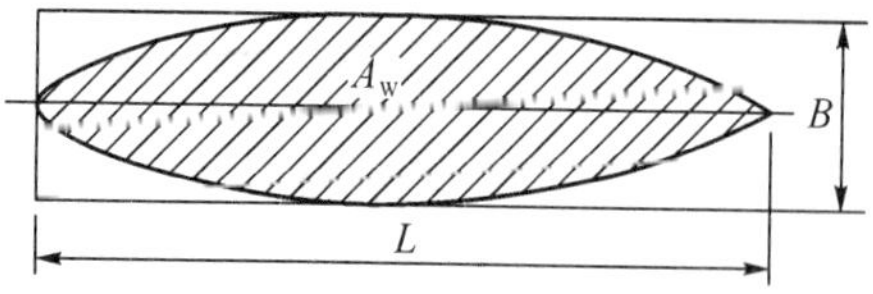

图 2-1-2　水线面系数

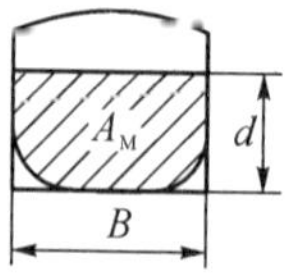

图 2-1-3　中横剖面系数

中横剖面系数表征船舶中横剖面的肥瘦程度，其值的大小对船舶的快速性和耐波性等有影响。

3）方形系数 C_B

C_B是在与基线平行的任一水线下型排水体积 V 与对应的水线长 L，中横剖面处的水线面宽 B 和型吃水 d 三者乘积之比(图 2-1-4)。

$$C_B = \frac{V}{L \cdot B \cdot d}$$

方形系数表征船体的肥瘦程度，它是表示船体形状的重要系数，其值的大小对船舶的排水量、舱室容积、快速性、耐波性等均有影响。

4）棱形系数 C_P

C_P是在与基线平行的任一水线下，型排水体积 V 与对应的水线长 L，中横剖面的浸水面积 A_M两者乘积之比，如图 2-1-5 所示。

$$C_P = \frac{V}{L \cdot A_M}$$

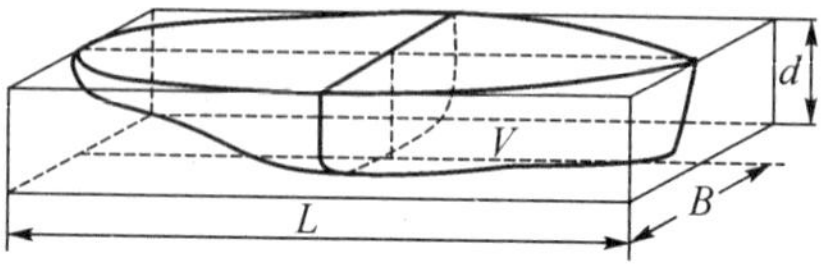

图 2-1-4　方形系数

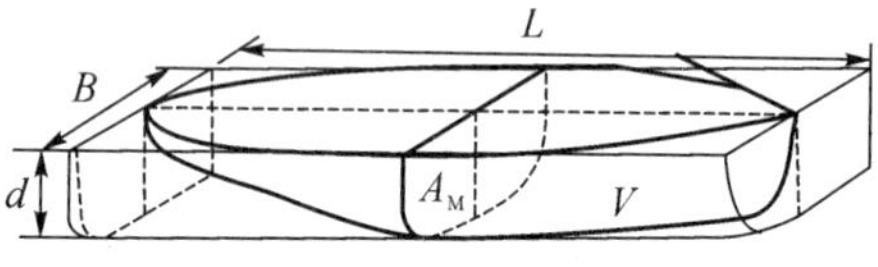

图 2-1-5　棱形系数

棱形系数表征排水体积沿船长的分布，其值的大小对船舶的快速性、耐波性等有影响。

5）垂向棱形系数 C_{VP}

C_{VP}是在与基线平行的任一水线下，型排水体积 V 与对应的水线面面积 A_W，中横剖面处的型吃水 d 两者乘积之比，如图 2-1-6 所示。

$$C_{VP} = \frac{V}{A_W \cdot d}$$

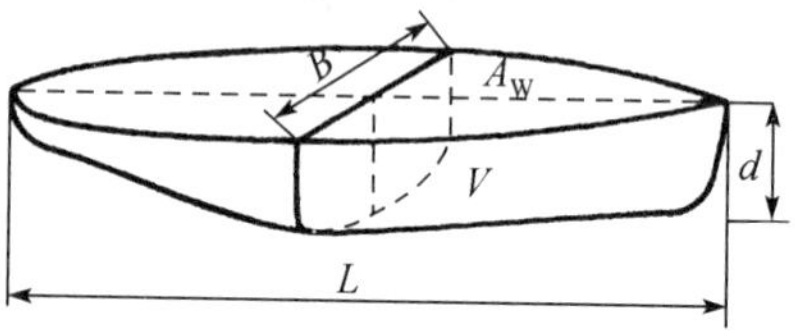

图 2-1-6　垂向棱形系数

垂向棱形系数表征排水体积沿着船舶垂向的分布。

归纳上面所述，可得出如下几点：

(1) 不同的船型系数以及船型系数值的大小对于船舶的航海性能和使用性能有着不同的影响。

(2) 船型系数值 C_W，C_M，C_B，C_P，C_{VP}是随着船舶吃水在变化的，其变化规律可以绘成曲线，画在船舶静水力曲线图中，用时可根据船舶吃水在图中查出相应吃水下的各个船型系数值。

(3) 通常所称的某条船的船型系数值 C_W，C_M，C_B，C_P，C_{VP}是指在设计吃水时的各个船型系数数值。

(4) 在五个船型系数值中，C_W，C_M，C_B这三个值是独立的，而 C_P，C_{VP}是导出的。它们之间的关系为

$$C_P = \frac{C_B}{C_M}, \qquad C_{VP} = \frac{C_B}{C_W}$$

(5) 对于同一条船舶，中横剖面系数 C_M值较大，而方形系数 C_B值最小。

(6) 利用船舶的主尺度比和船型系数，可以计算在某一吃水时船舶的排水体积及其他的尺度和参数。

二、船舶的排水量、载重量和吨位

船舶主尺度比和船型系数是表示船体外形大小和肥瘦程度的重要量度，由于他们还不能全面地表示一条船的大小，因此还必须应用表示船舶重量和容积等方面的量度。

表示船舶重量方面的量度有空船排水量、满载排水量、载重量、净载重量等。

表示船舶容积方面的量度有船舶吨位(包括总吨位和净吨位)及舱室容积(包括包装容积和散装容积)等。

1. 排水量和载重量

质量吨表示船舶质量，也可表明船舶的载运能力，质量吨分为排水量和载重量两种。

1) 排水量

排水量是指船舶自由漂浮于静水中，保持静态平衡所排开水的质量或重量，通常以符号“D”表示，排水量等于船舶总质量。因此，当船舶的载重量不同时，就有不同的排水量。对于运输船舶有实用意义的排水量为空船排水量和满载排水量。

(1) 空船排水量等于空船质量。它是指运输船舶装备齐全，无载重时的船舶排水量。除了船体和机器设备等的质量之外，空船质量还包括固定压载、备件、管系中的液体，液舱中不能吸出的液体以及锅炉和冷凝器中的水在内，但不包括船员、粮食、淡水、供应品、燃料、滑油、货物和旅客。

(2) 满载排水量等于空船排水量加上总载重量时的排水量。满载排水量是反映船舶大小的一个重要量度，是船舶的许多性能、结构、载重能力等计算的主要依据。

(3) 装载排水量，指船舶在空载吃水与满载吃水之间任一吃水下的排水量。

2) 载重量

船舶载重能力主要表现在它的载重量上。载重量分为总载重量和净载重量。

(1) 总载重量(DW)：通常简称为载重量，是船舶允许装载的可变载荷的最大值。总载重量包括船员、粮食、供应品、淡水、燃料、滑油、货物和旅客等质量。它是表示船舶运输中总的载重能力。例如，万吨级船舶，意指该船的总载重量为 1 万 t 左右。

(2) 净载重量：是载重量中允许装载的货物与旅客，包括行李及随身携带的物品在内的最大重量。它反映的是船舶的运输能力，其值的大小影响船舶的运输成本。

2. 容积吨

容积吨是依据船舶登记尺度丈量出船舶容积后经计算而得出的吨位，它表示船舶所具有空间的大小，又称登记吨位。根据丈量范围和用途的不同，容积吨可分为总吨位、净吨位和运河吨位。

1）总吨位(GT)

GT 是根据国际吨位丈量公约(ITC 69)的各项规定，测定出船舶的总容积后，再按下式确定：

$$总吨位 = (0.2 + 0.02 \lg V) \times V$$

式中：V 为船舶所有围蔽处所的总容积，m^3。

船舶总吨位的用途：

(1) 作为船舶的有关公约、规范、规则等的适用范围、设备配置、性能要求等的依据。

(2) 计算造船、买卖船舶、定期租船和光船租船费用的依据。

(3) 通常作为一个国家或公司统计拥有船舶的数量或比较船舶大小的依据。

(4) 保险公司计算船舶保险费的依据。

(5) 国际劳工组织关于各种大小船舶人员配备的主要依据。

(6) 计算净吨位的基础。

2）净吨位(NT)

船舶净吨位是指根据有关国家主管机关制定的规范丈量确定的船舶有效容积，即扣除不能用来载货或载客的处所后得到的船舶可营运容积。不能用来载货或载客的处所包括船员的生活起居处所、船舶机械和装置处所、航行设备处所、安全设备处所和压载处所等。根据我国《船舶与海上设施法定检验规则》，净吨位的计算以丈量得到的各载货处所的总容积为基准，并考虑乘客定额以及船舶总吨位和船型尺度，用公式计算求得。

向船舶征收的各种港口使费，如船舶吨税、船舶港务费、引航费、码头费、系解缆费、船舶服务费等，一般以船舶净吨位作为计费的依据。

3）运河吨位

通过苏伊士运河、巴拿马运河的船舶，须按照运河吨位交付各种过河费用。运河当局根据自己制定的船舶吨位丈量规范，对通过运河的船舶进行总吨位和净吨位的丈量，并核发相应的运河吨位证书。不论是苏伊士运河吨位还是巴拿马运河吨位均较普通船舶登记吨位要大一些。

三、储备浮力与干舷

1. 储备浮力

为确保船舶的航行安全，船舶除在设计水线以下需有足够的排水体积以提供足够的浮力之外，在水线以上还必须有相当的水密体积，这一部分水密体积可以保证船舶在特殊情况下(甲板上浪或结冰，发生海事而破舱进水等情况时)仍能保持一定的漂浮能力或不致立刻沉没。因此，满载水线(设计水线)以上的船体水密体积所具有的浮力称为储备浮力。

储备浮力通常以正常排水量的百分数表示，河船的储备浮力为10%～15%，海洋运输船舶为 20%～50%。

2. 干舷

核定的干舷是在船中处，从甲板线的上边缘向下量到有关载重线的上边缘的垂直距离。

干舷与储备浮力有密切关系。因为干舷更容易测定和检查，所以常用干舷表示船舶储备浮力的大小。干舷越大，表示船舶的储备浮力越大。为确保船舶航行安全，每条船都必须具有最起码的干舷值。每艘船所必须具有的最小干舷值的大小由船舶的长度、型深、方形系数、上层建筑、舷弧、船舶种类、开口封闭情况以及船舶航行的区带、区域、季节期和航区等决定，国际上和我国都有明确的规定。营运船舶必须确保船舶的实际干舷不小于规定的最小干舷。最小干舷的规定也就是船舶最大吃水和最高载重线的规定。

四、载重线与吃水标志

1. 载重线标志

为保证船舶的航行安全和最大的载重能力，根据海洋上风浪的大小和变化规律，将世界上具有相似风浪条件的海域分成若干区域，称为区带或区域。在同一区域或区带内，按风浪变化的不同时期，划分为季节区带，此种季节区带称为季节期，如分为热带、夏季、冬季、北大西洋冬季。船舶航行在不同的区带、区域和季节区带、季节区域，分别规定使用不同的最小干舷，即规定最高的载重线。

载重线标志的勘绘和载重线证书的签发由各国政府所属的验船机构执行，或由政府委托船级社代表政府执行。我国是由中华人民共和国委托中国船级社所属各验船机构按船厂或设计单位提供的"载重线计算书"和《1966 年国际船舶载重线公约》的规定在船长中部的两舷勘绘载重线标志，如图 2-1-7 所示，并签发载重线证书。

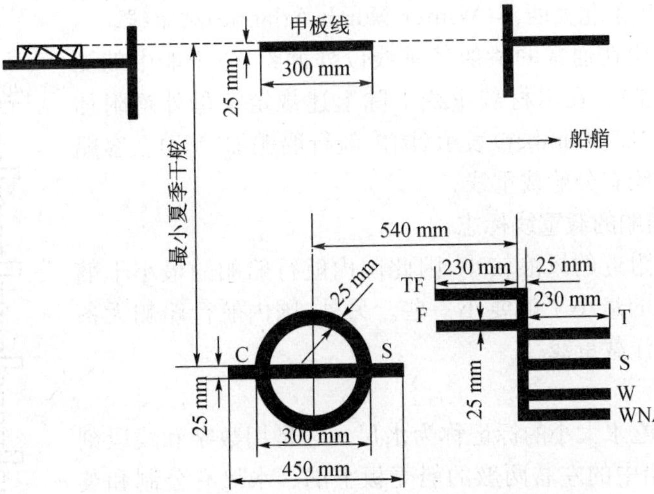

图 2-1-7　载重线标志

1）甲板线

甲板线系指长为 300 mm 和宽为 25 mm 的一条水平线。甲板线应勘划于船中处的每侧，其上边缘一般应经过干舷甲板上表面向外延伸与船壳板外表面之交点，如果干舷经过相应的修正，甲板线也可以参照船上某一固定点划定。参考点的定位和干舷甲板的标定，在任何情况下均应在国际船舶载重线证书上标写清楚。

2）载重线圈

载重线圈由外径为 300 mm，宽为 25 mm 的圆圈与长度为 450 mm，宽为 25 mm 的水平线相交组成。水平线的上边缘通过圆圈的中心。圆圈中心位于船中处，从甲板线上边缘垂直向下量至圆圈中心的距离等于所核定的夏季最小干舷。在载重线圈的两侧标注表示勘定干舷机构的简称字母，“CS”为中国船级社的简称字母。

3）载重线

载重线分别以长为 230 mm，宽为 25 mm 的水平线段表示。各载重线与一根位于载重线圈中心前方为 540 mm，宽为 25 mm 的垂直线相垂直。各载重线的上边缘为船舶航行在不同区域、区带和季节区域、季节区带中所允许的最高载重线位置，即代表各区域、区带和季节期船舶所允许的最小干舷。

所核定载重线的诸线段名称标记代表的意义说明如下：

X(S)——夏季载重线

R(T)——热带载重线

D(W)——冬季载重线

Q(F)——夏季淡水载重线

RQ(TF)——热带淡水载重线

BDD(WNA)——北大西洋冬季载重线

我国规定的海船载重线名称标记是以汉语拼音字母表示的；括号内的名称标记是《1966 年国际船舶载重线公约》规定的线段名称标志的英文字母。

括号内的英文字母是相应英文名词(Summer，Tropical，Winter 和 Freshwater)的第一个字母。WNA 为冬季北大西洋(Winter North Atlantic)载重线。

木材船载重线应在通常的货船载重线以外勘绘，位于船中舷侧载重圈后方(向艉部)。在木材载重线上除上述规定字母外均附加“木”字的英文词头“L”(Lumber)表示(国内航行船舶加“M”)。客船需要在载重线下方绘有分舱载重线。

4）国内航行船舶的载重线标志

由于沿着海岸附近的风浪较小，因此国内航行船舶的最小干舷比国际航行的船舶的最小干舷要小一些。另外，国内航行船舶无冬季载重线和北大西洋载重线。

2. 吃水标志

用于表示船舶吃水大小的标记称为水尺。它是用数字和线段刻划在船首、船尾和船中的左右两舷的船壳板上的。水尺有公制和英制 2 种，如图 2-1-8 所示。公制用阿拉伯数字表示，其数字高度及两数字之间的距离均为 10 cm。英制用罗马数字表示，其数字高度及两数字之间的距离均为 6 in。

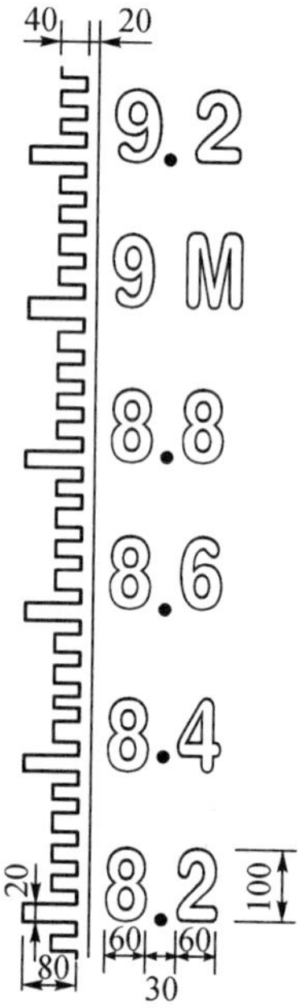

图 2-1-8　吃水标志

读取吃水时，看水面与水尺数字下缘相切的位置。例如，水面刚好与“8.6”数字的下边缘相切，则表示吃水为 8.6 m；当水面位于“8.6”字体的一半时，吃水是 8.65 m；当水面位于“8.6”字体的上边缘时，吃水是 8.7 m。艏吃水数值减去艉吃水数值称为吃水差。

五、船舶浮性

船舶是一种浮体，具有安全漂浮于水面的各种性能称之为浮性。实际上船体各部位所受到的重力和浮力是不均匀的，再加之海上风浪的作用力，导致船舶浮态发生变化，产生倾斜。其中，横倾对船舶安全的危害最大。

1. 船舶静浮于水中的平衡条件

船舶在静水中主要受到两个力的作用：一个是重力；另一个是浮力。如图 2-1-9 所示。

船舶所受到的重力大小等于船舶的质量（俗称重量）W 乘以重力加速度 g，重力的方向垂直向下。重力的作用中心称为重心，用 G 表示，重心坐标 $G(X_G, Y_G, Z_G)$。

船舶所受到的浮力是作用于船舶浸水外表的静水压力垂向分力的合力，浮力的方向垂直向上，浮心坐标 $B(X_B, Y_B, Z_B)$。浮力的大小根据阿基米德定律等于船体所排开同体积水的质量 D 乘以重力加速度 g，即

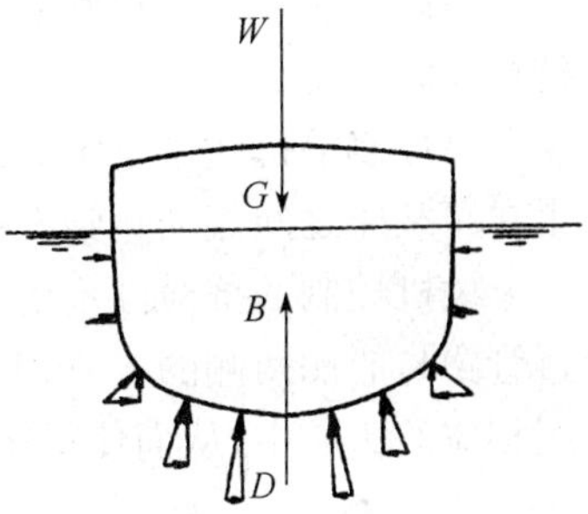

图 2-1-9　船舶的受力

$$D_G = \rho V g$$

式中：D_G 为排水量，t；V 为排水体积，m^3；ρ 为水的密度，t/m^3；g 为重力加速度，m/s^2。

标准淡水 $\rho = 1.000\ t/m^3$，标准海水 $\rho = 1.025\ t/m^3$。

浮力的作用中心称为浮心，用 B 表示。浮心就是船舶排水体积的几何中心。根据物理学的有关原理，船舶静浮于水中的平衡条件如下：

(1) 重力与浮力大小相等。

(2) 重力与浮力方向相反。

(3) 重心和浮心在同一垂直线上。

在船上，重力与浮力总是同时存在的。当重力大于浮力时（如装货），船舶下沉，吃水增加。当重力小于浮力时（如卸货），船舶上浮，吃水减少。当重力等于浮力时，船舶吃水不变。

2. 船舶的漂浮状态

船舶的浮态有以下四种。

1) 正浮

船舶既无横倾、又无纵倾的漂浮状态称为正浮，也就是船舶的左、右舷吃水和艏艉吃水均相等，吃水差为零。

2) 横倾

船舶的左、右舷吃水不相等的浮态称为横倾。左舷吃水大于右舷吃水时称为左倾，右舷吃水大于左舷吃水时称为右倾。船舶的横倾用横倾角 θ 度量，横倾角是船舶正浮与横倾时两水线面在横向的夹角。

3) 纵倾

船舶艏艉吃水不相等的浮态称为纵倾。艏吃水大于艉吃水时称艏倾，艉吃水大于艏吃水时称为艉倾。船舶的纵倾一般用艏艉吃水差 t 表示。

4）纵横倾

船舶既有横倾又有纵倾的浮态称为纵横倾。船舶在实际航行中一般均处于纵横倾状态。

由上述的分析可见，船舶在水中的漂浮状态，即船在水中的吃水大小、正浮、横倾、纵倾等浮态，与船舶的重量和重心位置、排水量和浮心位置有关。

3. 船舶抗横倾系统

船舶抗横倾系统是对由于负荷不对称引起的船舶横倾进行补偿的装置，主要有泵控制的抗横倾系统和风机控制的抗横倾系统。出于安全原因，均不允许在公海上用任何形式运行抗横倾系统。

泵控制的抗横倾系统的工作原理是控制单元通过触点激励压载系统中的泵和阀，使得水在压载舱之间流动达到平衡。该系统的控制方式有自动和手动两种。

风机控制的抗横倾系统工作原理不同于传统的泵压载系统。旋转活塞式风机和气阀通过管路与船舶两侧的水舱相连。一旦船舶由于载荷不对称产生倾斜，鼓风的空气立即被引至相应的边舱中，从而使得舱中的水立即流到另一个边舱中，直到船舶垂直。

六、船舶稳性

1. 稳性分类

为方便讨论问题，在研究船舶稳性时，常将稳性按其倾斜方向、倾角大小和作用力的性质等进行如下分类。

1）按船舶倾斜方向的不同划分

（1）横稳性是指船舶在横倾状态下所具有的稳性。

（2）纵稳性是指船舶在纵倾状态下所具有的稳性。

2）按船舶倾斜角度的大小不同划分

（1）初稳性是指船舶小角度倾斜（倾斜角度不超过 10°～15°）时所具有的稳性，通常初稳性系指初横稳性。

（2）大倾角稳性是指船舶大角度倾斜（倾斜角度超过 10°～15°）时所具有的稳性。

3）按作用力性质的不同划分

（1）静稳性是指船舶受静力作用发生倾斜后所具有的稳性。静力是指缓慢地作用于船上的外力，船舶在倾斜过程中不计角加速度和惯性矩。

（2）动稳性是指船舶受动力的作用发生倾斜后所具有的稳性。动力是指在很短的时间内突然作用于船上的外力，或作用于船上的外力在很短的时间内有明显的变化，船舶在倾斜过程中计及角加速度和惯性矩。

4）按船舶破损与否划分

（1）完整稳性是指船舶完整无破损浸水时的船舶稳性。

（2）破舱稳性是指船舱破损浸水后的船舶稳性。

对于一般船舶而言，船长远远大于船宽，纵稳性远好于横稳性。因此，除特别说明外，下面讨论的稳性均指横稳性。

2. 船舶初稳性

船舶在一横倾力矩 M_h 作用下，从正浮位置倾斜一个小角度 θ（$<10°\sim15°$）时的船舶稳

性，即初稳性问题。

如图 2-1-10 所示的船舶，吃水为 d，浮心 B 的纵坐标为 Z_B，重心 G 的纵坐标为 Z_G。

重力 W 和浮力 D 的大小相等，方向相反，并作用在垂直于水线 WL 的同一条直线上，船舶静止地正浮于水线 WL 处，当船舶受一横倾力矩 M_h 作用，从正浮位置向一侧微倾一个 θ 角时，水线由 WL 移至 W_1L_1，在等体积微倾的情况下，倾斜前后两水线面的交线(倾斜轴)是过倾斜前水线面积的几何中心漂心 F 点。

船舶在倾斜过程中，假定船舶的重心 G 的位置是不能移动的，由于水线下的船体形状发生变化，浮心 B 向倾斜的一侧移至 B_1。此时，重力 W 和浮力 D 的大小不变、方向垂直于新的水线 W_1L_1，但两个力不再作用在同一条直线上，形成一个力偶矩 $M_s = D_G \cdot l_{GZ}$，力偶矩 M_s 的方向与横倾力矩 M_h 的方向相反，力图使船舶回复到初始的平衡位置，该力偶矩称为船舶稳性力矩。l_{GZ} 值是从船舶的重心 G 向新的浮力作用线所作的垂线的距离，称为船舶静稳性力臂。

1) 稳心 M

当船舶从正浮位置微倾 θ (10°～15°)时，由于倾斜前后两水线面积变化不大，浮心曲线 BB_1 可以近似地看作一段圆弧线，而它的曲率中心，即稳心 M，是圆弧线 BB_1 的圆心，故船舶从正浮位置倾斜一个小角度时，其稳心 M 可以认为是一个固定点，并位于船舶中线上。该点称为船舶初稳心，通常简称为船舶稳心 M。稳心 M 点距基线的高度以坐标“Z_M”表示，如图 2-1-10 所示。

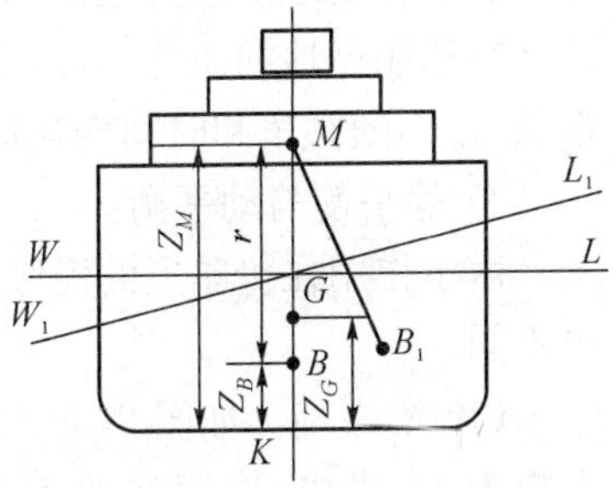

图 2-1-10　初稳心高度

2) 稳心半径 r

稳心 M 在浮心 B 之上的高度称为稳心半径，以符号“r”表示。

一般，在理论上 $r \propto B^2/d$，即稳心半径与船舶宽度的平方成正比，与船舶吃水成反比。而对于确定的船舶来说，船宽 B 随着吃水 d 变化很小，所以 r 或 Z_M 随着 d 的增大而逐渐地变小。

3) 初稳心高度 h_{GM}

稳心 M 在船舶重心 G 之上的高度称为船舶初稳心高度，并以符号“h_{GM}”表示。

$$h_{GM} = Z_M - Z_G$$

当稳心 M 在重心 G 之上，规定 $h_{GM}>0$，初稳心高度为正值。

当稳心 M 在重心 G 之下，$h_{GM}<0$，初稳心高度为负值。

当稳心 M 与重心 G 重合，$h_{GM}=0$，初稳心高度为零。

计算稳性力矩的方程式为

$$M_s = D_G \cdot h_{GM} \sin\theta$$

式中：M_s 的单位为 kN·m。

3. 船舶稳性的基本衡准

对船体几何形状一定、结构和水密性符合要求的船舶，其稳性不仅与海上风浪的大小有关，而且与船舶吃水 d，船舶重心高度 Z_G 有关，即与船舶装载状态有关，或者说与静稳性曲线的状态和大小有关。

1）静态与动态横倾力矩

（1）静态横倾力矩。船舶在横倾力矩作用下，假设在倾斜的过程中不会产生角加速度（或忽略不计），则该种横倾力矩称为静态横倾力矩。船舶在倾斜过程中，当横倾力矩 M_h 等于船舶稳性力矩 M_s 时，船舶就停止倾斜，处于平衡状态。所以，静态横倾力矩就是船舶处于静平衡时作用在船上的横倾力矩。船舶在静态横倾力矩作用下的稳性属于静稳性问题。

（2）动态横倾力矩。当作用在船上的横倾力矩，使船舶的倾斜过程产生角加速度（或不能忽略不计时），则该种横倾力矩称为动态横倾力矩。如船上的重物突然横移、横向突风作用、拖索急牵等所产生的力矩均可看作动态横倾力矩。在该力矩作用下，船舶在倾斜过程中，当横倾力矩 M_h 等于船舶稳性力矩 M_s 时，船不会立即停止倾斜，而是在惯性的作用下继续倾斜一个角度。

船舶在动态横倾力矩作用下的稳性属于动稳性问题。

在船舶稳性的研究中，假定船舶在倾斜的过程中静态横倾力矩与动态横倾力矩均视为常量，是不随倾角和时间变化的。

2）静平衡与动平衡

由于作用在船舶上的横倾力矩的性质不同，船舶在倾斜过程中的平衡状态及其横倾角也不同。

（1）静平衡。如图 2-1-11 所示，船舶的稳性力矩为 M_s 曲线，作用在船上的静态横倾力矩为 M_h。船舶在倾斜过程中，稳性力矩 M_s 随着斜角 θ 的增加逐渐增大，由于是静态横倾力矩作用，所以当 $M_s = M_h$ 时，船不会继续倾斜而平衡在 $M_s = M_h$ 所对应的角度上。这种平衡是力矩的平衡，故称为静平衡，其对应的横倾平衡角 θ_s 称为静横倾角。船舶的最大静稳性力矩为 M_{sm}，则船舶在静态横倾力矩作用下，稳性应满足的条件为 $M_h \leqslant M_{sm}$。因此，船舶最大静稳性力矩 M_{sm} 的大小是衡量船舶静稳性的重要标志，它是表示船舶抗静态横倾力矩作用的能力。船舶在实际中所受的横倾力矩均为动态横倾力矩，故必须用动态横倾力矩衡量船舶稳性。

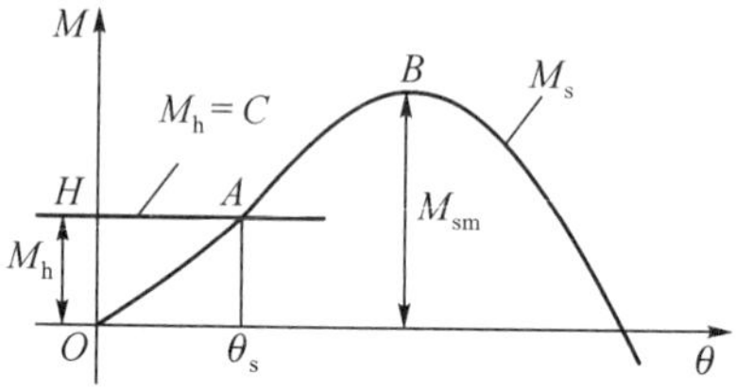

图 2-1-11　静平衡

（2）动平衡。当船舶受一个动态横倾力矩 M_h 作用时，船舶会带有一定的角加速度倾斜。所以，当 $M_h = M_s$ 时，由于惯性作用船舶不会立即停止而将继续倾斜，直至动态横倾力矩对船舶所做的功 W_h 被稳性力矩所做的功 W_s 全部抵消掉（图 2-1-12 中的阴影部分），船舶不再继续倾斜。所以，动平衡的条件为 $W_h = W_s$，故船舶的动平衡是功的平衡。船舶在动态横倾力矩作用下的平衡称为动平衡。

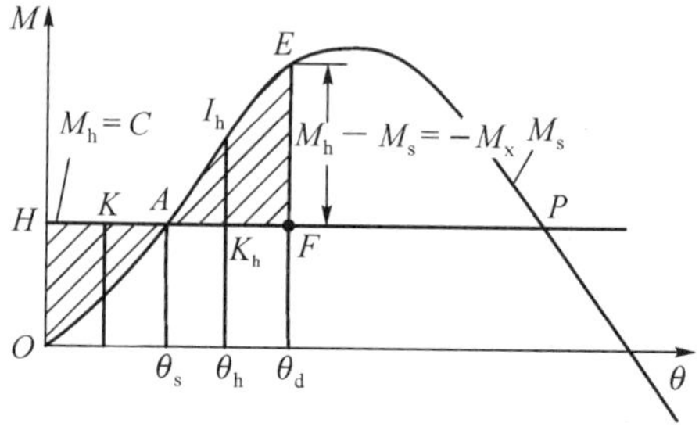

图 2-1-12　动平衡

当 $W_h = W_s$ 时，所对应的横倾角度 θ_d 称为动横倾角。在同样大小的 W_h 作用下，θ_d 比 θ_s 大许多。当船舶倾斜至 θ_d 时，不会再继续倾斜，此时 $M_s > M_h$，船舶在 $-M_x = M_h - M_s$ 的作用下将向回摇，摇至某一角度 $M_h > M_s$，又向外摇，经过反复左右摇摆，由于水的阻尼作用摆幅逐渐减小，最后停止在 $M_s = M_h$ 对应的 θ_s 角处。

3）最小倾覆力矩 M_q

当横倾力矩增大达到图 2-1-12 所示的情况时，此时面积 OHA 等于面积 AEF。若 M_h 再增大，$M_h > M_s$，船舶由于不会有动平衡而将倾覆。在此极限情况下的横倾力矩 M_h 为 OH，是使船舶倾覆的最小动态横倾力矩，称为最小倾覆力矩，通常以符号“M_q”表示。最小倾覆力矩 M_q 的大小是表示船舶抵抗动态横倾力矩的能力。因此，船舶在动态横倾力矩作用下，衡量稳性应满足的条件为

$$M_h \leqslant M_q$$

4）稳性基本衡准

在海船稳性规范中所规定的船舶稳性应满足的基本要求，即衡量船舶稳性的基本标准，就是以 $M_h \leqslant M_q$ 为依据的。由于动态横倾力矩主要是由海上突风引起的横倾力矩 M_h，故在稳性规范中称为风压倾侧力矩 M_f，而最小倾覆力矩 M_q 在稳性规范中还考虑浪的影响。

（1）风压倾侧力矩。影响风压倾侧力矩 M_f 大小因素有以下几点。

航区海上风压（作用在单位受风面积上风的压力 P 的大小，或可理解为风力大小），与船舶距陆地远近有关，一般认为离岸越远风力越大。因此，根据风力的大小，将航区划分为 I 类航区（远洋，风力最大）、II 类航区（近海，风力稍小些）、III 类航区（沿海，风力小）。在不同航区航行的船舶，可能受到的最大风压倾侧力矩是不同的，即要求稳性的大小也不同。

船舶受风面积是指船在水线以上的侧向受风面积，当船的大小、形状一定时，受风面积的大小就与船舶的吃水 d 有关。吃水越小（如空载），船的受风面积就越大，所受的风压倾侧力矩也就越大。受风面积中心距海平面越高，则风压倾侧力矩越大。

由此可见，不同航区的船，受到的最大风压倾侧力矩是不同的。同一条船，吃水不同时，所受的风压倾侧力矩也不同，因而要求船舶的稳性也不同。

（2）浪的影响。在稳性规范中，还考虑浪对最小倾覆力矩的影响。浪的影响与许多因素有关，如船舶种类，舭龙骨总面积 A_h 对船长 L 和船宽 B 乘积的比值（A_h/LB），Z_G/d，船舶自由横摇周期 T_θ 和航区等。当上述诸因素一定时，主要与吃水 d 和重心距基线高度 Z_G 有关。

这里须特别指出的是，随着航行中船舶燃料、淡水的消耗，船舶吃水和重心位置是在不断变化的。因此，在同一个航次中，船在出港、航行中途和到港的最小倾覆力矩 M_q 是不同的，也就是说船舶在出港时能满足稳性要求，而到港时不一定能满足稳性要求。

总结上面所述，当船体几何形状一定时，衡量船的稳性是否足够的标准是稳性衡准数 $K = M_q/M_f \geqslant 1$，而影响 K 大小的 M_q 和 M_f 是与船舶装载状态（吃水 d 和重心高度 Z_G）及船舶的航区有关的。

4. 影响船舶稳性的因素

根据稳性的基本概念，船舶是否具有稳性和稳性的大小是与船舶静稳性曲线的形状和大小有着重要关系的。影响静稳性曲线形状和大小有两方面因素：一方面是船体

本身的形状和大小；另一方面是船舶的吃水和重心位置，即船舶装载状态和船内重物的移动。

1）船体几何形状对稳性的影响

（1）船舶宽度。根据船舶稳心半径与船舶宽度的关系，船舶稳心半径与船舶宽度的平方成正比，所以船舶宽度大、稳心距基线高度大，在同样重心距基线高度情况下，则初稳心高度大、船舶初稳性好。对于大倾角稳性来说，由于船舶宽度增加，在同样倾斜角度下，船舶一舷浸入海水的可能性增加，使其稳性消失角减小。所以，船舶宽度增大，大倾角稳性并不一定好。

（2）干舷高度。若两船初稳心高度相同，仅干舷高度不同时，则干舷高度大的船舶，大倾角稳性好。

2）船舶装载状态对稳性的影响

船体几何形状一定时，船舶静稳性曲线的形状和大小主要是由船舶的吃水和重心距基线高度决定的，即与船舶的装载状态有关。在同样的装载质量时，即吃水相同，也就是稳心距基线高度相同时，船舶的稳性主要是由船舶重心距基线高度所决定的。所以，船舶装载状态的重心高度是影响营运船舶稳性的主要因素。

3）船内重物移动对稳性的影响

（1）平行力移动原理（重心移动原理）。由理论力学可知，当一物体的质量为 W，重心为 G，将其部分质量 p 由其重心 q_1 移至 q_2 时，整个物体的重心 G 平行于 q_1q_2 同方向移至 G_1。重心移动的距离为

$$h_{GG_1} = p \cdot q_1 \cdot q_2 / W$$

该原理同样适用于面积和体积的移动。

（2）船内重物垂移对稳性的影响。如图 2-1-13 所示，重物垂移时可调整初稳心高度 h_{GM} 值，其调整值的大小 h_{GG_1} 与垂向移动重物的质量和移动的距离 l_Z 之积成正比，与船舶排水量 D 成反比。当重物向下移动时，h_{GG_1} 为正值，初稳心高度 h_{GM} 增加，稳性提高；当重物向上垂直移动时，h_{GG_1} 为负值，初稳心高度 h_{GM} 减小，稳性降低。

（3）重物水平横移对稳性的影响。当船内的重物水平横移时，会使船舶产生横倾，如图 2-1-14 所示。

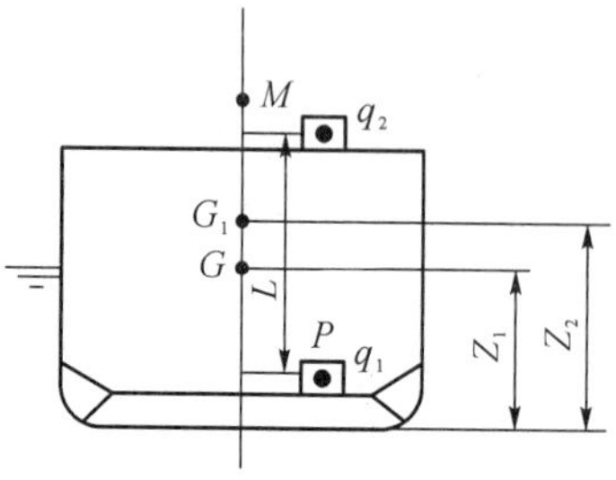

图 2-1-13　重物垂直移动

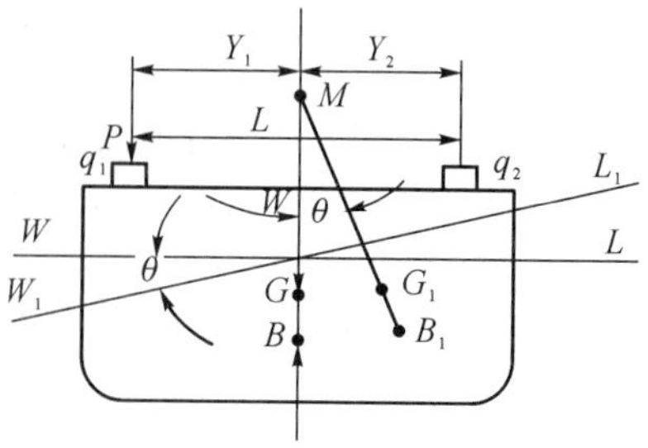

图 2-1-14　重物水平横移

船内重物的横移使船舶稳性发生如下变化：①船向重物移动方向产生一个固定横倾角 θ。②减小稳性范围。③静稳性力臂的最大值 l_{GZ_M} 变小。④动稳性变差。

4）自由液面对稳性的影响

船上装载油、水等液体的舱柜，若液体未装满舱柜，当船舶横倾时，舱柜内液体会随着船舶的倾斜而移动，且保持与舷外水面平行。这种能够随船一起自由倾斜的液面称为自由液面。舱柜内液体的重心亦将向倾斜的一侧移动，相当于船内有一重物移动。这种由于液体的自由移动产生的对船舶稳性的影响，称为自由液面影响。

当船舶受外力矩作用发生倾斜时，船内液体重心将随之产生移动，移动方向与船舶倾斜方向相同，并且向上移动一定的高度。液体重心移动后，与原来状态相比，相当于产生一个附加力矩。该力矩与稳性力矩方向相反，与船舶倾斜方向相同，所以它将降低船舶的稳性，也就是减小初稳心高度。

自由液面对稳性的影响，经过推导可得以下结论：

(1) 自由液面对稳性的影响，相当于使船舶的重心升高一个 h_{GG_1} 值，或者说是初稳心高度减小 Δh_{GM}，使船的稳性变差。

(2) 自由液面影响的大小与舱内液体的密度 ρ_1，自由液面的面积惯性矩 i 成正比，即与自由液面的形状和大小有关。横倾时与液舱宽度 b 的三次方成正比，而与舱内液体的体积或重量无关，与排水量 D 成反比，即

$$\Delta h_{GM} = \rho_1 \cdot i \,/\, D$$

(3) 减小自由液面影响的最有效方法是减小液体舱柜的宽度 b。设舱宽为 b，舱长为 L 的矩形舱，自由液面的惯性矩为

$$i = L \cdot b^3 \,/\, 12$$

当船舶有数个舱存在自由液面时，则总的自由液面修正值是各个舱柜自由液面修正值的和。船舶在营运过程中，当液体舱柜的装载量达到整个舱容积的 95%以上时可以不考虑自由液面的影响。

5）悬挂重物对稳性的影响

当船舶从正浮水线 WL 微倾至 W_1L_1 时，横倾一个小角度 θ，则重物的重心 q_1 绕 m 点移至 q_2 点，如图 2-1-15 所示。

因此，悬挂对船舶稳性的影响，相当于把质量为 p 的重物从位置 q_1 垂直上移至悬挂点 M，它们对稳性影响的效果是一样的。

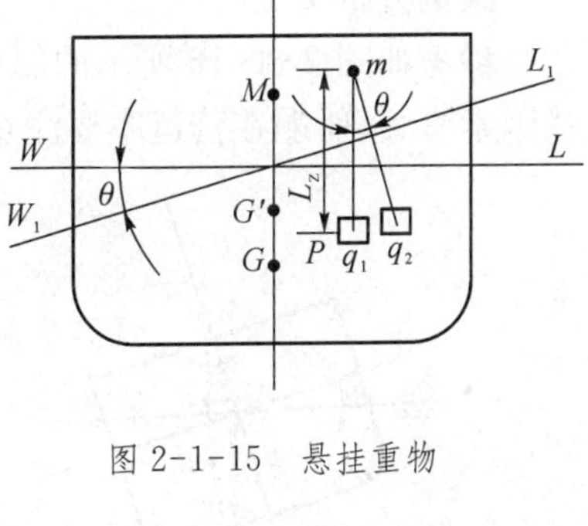

图 2-1-15　悬挂重物

6）散货的装载对稳性的影响

用散装方式进行运输的货物称为散装货物，如粮食、矿砂、煤炭等。散装货船有时由于某些原因导致船舱不满，货物在船舶横摇或横倾时发生倾斜，使船舶重心发生横向移动，从而产生与自由液面类似的影响，使船舶稳性降低。

5. 提高船舶稳性的有效措施

1）降低船舶重心高度

降低船舶重心高度是提高船舶稳性的最基本措施。对航行中的船舶，主要通过调整货

物装载和平衡舱内压载水量来解决。

2）增加船宽，提高初稳性

当船宽增大时，出水、入水楔形体积的移动力矩较大，浮心移动距离较长，从而使新的浮力作用线与原来的浮力作用线的交点离原来浮心的距离变大，若重心位置不变，则 h_{GM} 增大。

3）加大型深，提高大倾角稳性

型深加大，甲板边缘入水角加大，浮心移动距离亦大，从而使 l_{GZ} 变大（这里所述是相对在排水量保持不变，且重心也不会改变的情况下）。

4）减少自由液面

自由液面对船舶稳性的影响不利，应尽量减小其影响。其措施有：在船舶营运的过程中，使用液舱时应尽可能将其装满或放空，以减少具有自由液面的舱柜数；其次是在液舱内设置水密纵舱壁。

5）防止船内重物的移动

船内大件重物（货物）应进行有效的绑扎和固定，以防止在风浪中移动。

6）减小受风面积

控制船舶上层建筑的高度和长度。船舶航行中如遇较大的侧风，可视情改变航向，作 Z 形运动，以使作用在船上的受风面积减小，提高船舶稳性。

任务实施

船舶稳性分析

【任务要求】

1. 掌握船舶浮态、浮性、稳性的相关知识，能根据船舶实际状况正确进行船舶稳性的分析和计算，并进行控制和调整。

2. 根据所给的两个案例，每组写出分析报告。

【任务准备】

案例分析 1

参考如图 2-1-16 所示的船舶三种平衡状态，分别判断船舶是否具有稳性、其稳性与哪些因素有关、船舶在营运中要注意哪些稳性问题。

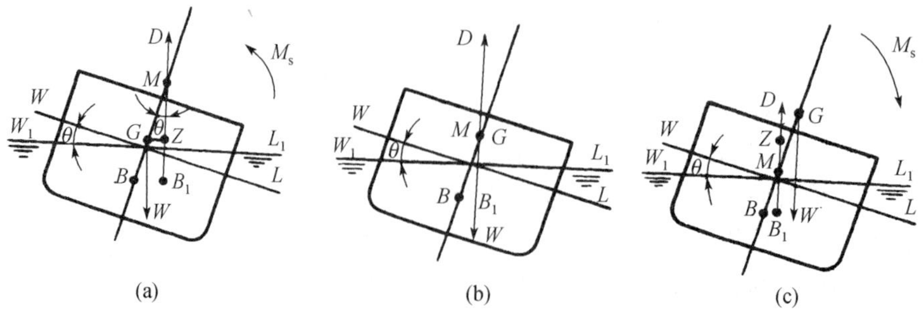

图 2-1-16　船舶三种平衡状态

案例分析 2

某木材船满载后出港，由于木材比重小，船舱装满木材后，在主甲板上木材又堆得很高。出港时并未遇风浪，仅在转弯时受到回转离心力的作用发生近 10°的横倾，当用正舵时，船仍然保持近 10°的横倾而不能自行扶正，随即停船抛锚。此时船舶已经处于十分危险的状态，如果海面上再起风浪，其后果将不堪设想，后经几番努力，采取多种措施和方案，终于化解险情，但还是延迟逾 30 h，耽误船期，最后给公司造成巨大经济损失。讨论分析此案例的原因、教训及措施。

【任务操作】

分析导引 1

(1) 利用初稳心高度可判断出船舶是否具有稳性，初稳心高度是指稳心 M 与重心 G 之间的相对位置关系。

① 图 2-1-16(a)，稳心 M 在重心 G 之上，$h_{GM}>0$，初稳心高度为正值，这时船舶有恢复力矩，船舶为稳定平衡状态，船舶具有稳性。

② 图 2-1-16(b)，稳心 M 在重心 G 之下，$h_{GM}<0$，初稳心高度为负值，这时船舶产生倾覆力矩(恢复力矩为负值)，船舶为不稳定平衡状态，船舶不具有稳性。

③ 图 2-1-16(c)，稳心 M 与重心 G 重合，$h_{GM}=0$，初稳心高度为零，这时船舶无恢复力矩(恢复力矩为零)，船舶为随遇平衡状态，船舶不具有稳性。

(2) 船舶是否具有稳性，与船舶所处的初始平衡状态的重心 G 与稳心 M 的相对位置有关。对于船体几何形状一定的船舶，船舶稳心 M 距基线的高度 Z_M 与船舶的吃水有关，即吃水一定，则稳心距基线高度就是一定的。

(3) 船舶重心 G 距基线的高度 Z_G 是与船舶装载状态有关的，即与船舶装载货物的重心位置有关。在同一吃水下，由于货物等质量装载位置高低而不同。在同一航次中，由于航行中燃料、淡水等消耗，在出港、航行中途和到港时，船舶的重心高度都不会完全相同，因此初稳心高度 h_{GM} 也不会完全相同，而船舶的稳性也不会相同。

结论：为了保证船舶的安全，必须使船舶任何时候都处于稳定平衡状态，即使船舶重心 G 在稳心 M 之下，保持初稳心高度为正值。

分析导引 2

(1) 运木船属于特种货船，由于木材比重小，当船舱装满木材后，为追求满载，往往会在主甲板上堆得很高，使得整个船舶重心向上移动，此时 h_{GM} 变小。

(2) 案例中船舶受外力作用而发生倾斜，当外力消失后，船舶不能自行恢复到原来的平衡位置，此时 h_{GM} 接近零，船舶处在三种平衡状态中的随遇平衡状态。

(3) 教训是不能过于追求满载，而未留下足够的 h_{GM}，或 h_{GM} 未计算准确。按照“稳性基本衡准”的要求，开航船舶的 h_{GM} 应保持在 0.3～0.5 m，h_{GM} 过小的船舶其稳性不好，h_{GM} 过大的船舶遭遇风浪时摇晃厉害。

结论：运木船不能片面追求满载，否则易造成船舶稳性的丧失。有时往往需要牺牲部分装载量，向压载舱注入部分压载水，使船舶重心下移，保持适当的船舶重心高度，以确保船舶的安全。

任务评价

任务内容涵盖交通运输部海事局海船船员 2011《船舶管理》考试大纲中“船舶适航性基

本知识、船舶浮性、船舶稳性”等相关知识点，并满足相关技能要求。

任务拓展

国际船舶载重线公约

1966 年 3 月 3 日—4 月 5 日，IMO 的前身——政府间海事协商组织在伦敦召开国际船舶载重线大会，根据不同航区和季节，勘划船舶载重线，规定各类船舶限额。这次大会通过的公约称为《1966 年国际船舶载重线公约》，于 1968 年 7 月 21 日生效。

一、载重线核定规则

载重线核定规则是根据不同航区和季节，针对不同类型的船舶，规定勘划船舶载重线的技术规则，同时针对船体强度、结构、密性、稳性等，规定相应技术标准。

船舶载重线是指船中两舷处，按照不同的船舶类型勘划的，船舶在不同区域和季节航行时装载吃水的限界线。这种对船舶装载吃水的限制是以“干舷”形式给出的。“干舷”是从船舶甲板线向下垂直量到相应载重线的距离。干舷不是随意确定的，对无限航区的船舶，只有在船舶的强度、稳性、抗沉性满足船级社规范要求的前提下，才能按照载重线公约核定和计算船舶干舷。

二、国际船舶载重线证书

根据《1966 年国际船舶载重线公约》的规定，对从事国际航行的船舶进行检验和勘划载重线标志后，由主管机关或主管机关授权的机构或个人签发，证明上述船舶的干舷和所勘划的载重线符合公约附则要求的一种船舶证书。为了获得《国际船舶载重线证书》并使其保持有效，船舶必须进行下列各种检验：

(1) 船舶投入营运以前的“初次检验”。此项检验包括对船舶结构和设备的全面检查，保证各种布置、材料和构件尺寸完全符合国际载重线公约的要求。

(2) 定期检验，其间隔期由主管机关决定，但不得超过 5 年，检验要求同初次检验。

(3) 年度检验，在证书有效期内应进行年度检验，检验周期为每周年日期前或后 3 个月内进行，以保证：①船体或上层建筑没有发生可以影响计算确定载重线位置的变化。②开口防护装置和设施、栏杆、排水舷口和船员舱室出入口的设施等保持在有效状态。③干舷标志正确和永久地标着。

如果国际载重线证书到期时，船舶不在拟进行检验的港口，主管机关可延长证书的有效期，使该船可以完成至进行检验的港口的航次，但这种延期不得超过 3 个月。

三、国际船舶载重线免除证书

主管机关或其授权机构在特殊情况下，可以对从事国际航行的某些船舶签发准予免除公约附则要求的证书。对在几个国家邻近港口间从事国际航行的船舶，如这些港口所在的各国政府认为，这些港口间的遮蔽性质或航行条件，使从事此类航行的船舶应用该公约的规定成为不合理或不切实可行时，主管机关可以免除其受该公约规定的约束。有两种情况：

(1) 对具有新型特点的任何船舶，如应用该公约的任何规定，可能严重妨碍发展这种特点的研究和采用到国际航行的船舶上时。

(2) 对通常不从事国际航行的船舶，而仅在特殊情况下需要进行一次国际航行时。

免除证书的有效期，第一种情况不应超过 5 年，并与载重线证书的有效期相同，第二种情况为单程一次航行。

四、证书的失效

(1) 如果取得证书的船舶存在下列任何一种情况，主管机关应吊销其船舶的国际载重线证书或证书失效：①船舶的船体或上层建筑已发生实质性变动，以致有必要增大干舷。②年度检查所述装置和设备未能保持有效状态。③证书上没有签署表明船舶已按规定进行年度检查。④船体结构强度降低到不安全的程度。

(2) 主管机关颁发的证书，在该船改悬另一国国旗时失效。

课后练习

1. 综述船舶适航性的意义，船舶适航性基本知识中包含哪些基本概念？

2. 综述直接影响船舶适航性能的因素，并列举加以改善的具体措施。

3. 简述重力与浮力的关系，并说明重力变化引起吃水如何变化；重心与浮心的关系，两者位置变化对船舶会有什么影响。

4. 综述船舶浮于水中的平衡条件和平衡状态分析。

5. 简述稳性概念、初稳性概念、静平衡与动平衡概念及对船舶安全性的影响。

6. 如何判断船舶是否具有稳性？哪些因素会影响船舶的稳性？有哪些措施可以改进？

7. 案例分析——某木材船，由于装载中心高，使 h_{GM} 值接近为 0，出港转弯时发生倾斜而不能恢复，如何处理？危害和教训各是什么？

任务 2　船舶抗沉性分析及堵漏操作

任务描述

船舶抗沉性是指船舱破损浸水后船舶仍能保持一定的浮性和稳性的性能。对于不同种类、不同大小和不同航区的船舶，其抗沉性要求是不一样的。影响船舶抗沉性的因素很多，主要有船体结构密性的要求、储备浮力的要求、分舱载重线的要求、渗透率的影响及船体破损浸水后有效堵漏和排水等。

通过本任务的训练，学生能够正确对船舶抗沉能力进行分析，能够根据船舶实际破损情况迅速进行进水量和排水量的估算，掌握船舶堵漏器材的选用，掌握排水的原则与方法。

本任务适用于操作级和管理级船员。

学习目标

- 掌握船舶抗沉性的基本概念，识读限界线、分舱载重线、渗透率、许可舱长与分舱因素的含义。
- 能够根据对影响船舶抗沉性因素的分析，正确估算进水量和排水量。
- 了解船体结构上开口的关闭装置的规定，掌握船舶堵漏的原则与方法，会正确使用各种堵漏工具。

相关知识

一、船体破损浸水

1. 浸水量为定值时的浸水

舱室顶部是水密的且位于水线以下，船体破损后整个舱内充满水，由于舱顶未破损，所以浸水量不随浸水后的舷外水线位置而变化，浸水量为一个定值。又因没有自由液面的影响，浸水的计算可作为装载固体质量来处理。此类浸水对船舶的浮态和稳性影响较小，如双层底等的浸水属于这一类，如图 2-2-1(a)所示。

2. 浸水量为变值，但与弦外水不通的浸水

舱室的顶部在水线以上，舱内与舷外水不相通，水未充满整个舱室，浸水量根据具体情况而定，存在自由液面的影响，浸水的计算可作为装载液体质量计算。此类浸水对船舶的稳性影响较大，如船体破损已被堵住，而舱内的浸水未被抽干，或因甲板开口漏水引起的舱内浸水等属于这一类，如图 2-2-1(b)所示。

3. 浸水量为变值，并与弦外水相通的浸水

舱室的顶部在水线以上，舱内水与舷外水相通，其浸水量是随着船舶的下沉及倾斜而变化的，舱内水面与舷外水面一致，且存在自由液面影响。这种浸水计算比较麻烦，需要进行逐次近似计算。通常水线以下的舷侧破损浸水属于这一类，如图 2-2-1(c)所示，它是船体破损最常见的情况，对船的危害最大。在抗沉性中所研究的主要是这种破舱浸水情况。

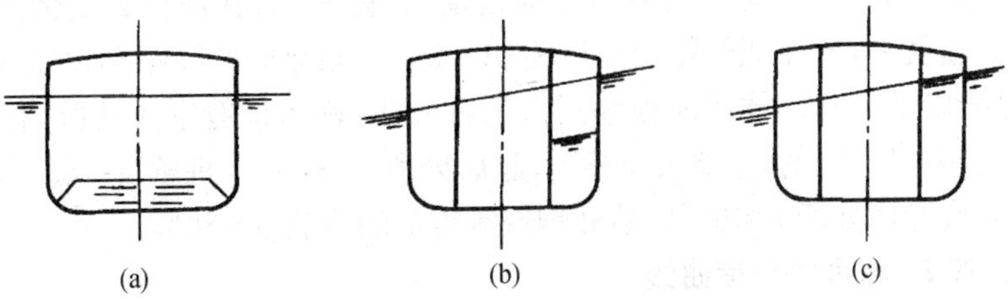

图 2-2-1　浸水的几种情况

二、船舶抗沉性的基本概念

1. 船舱浸水后的浮性和稳性标准

《1974 年国际海上人命安全公约》和我国《海船分舱和破舱稳性规范(1987)》中规定：船舶破损浸水后，船舶最终平衡状态的浮性和稳性，满足如下条件就认为是不沉的，或船舶达到抗沉性要求。

1）浮态

在任何情况下，船舶浸水终了阶段不得淹没限界线，即船体破损浸水后的最终平衡水线在限界线以下。

限界线是指沿着船舷由舱壁甲板上表面以下至少 76 mm 处所绘的线。

舱壁甲板是横向水密舱壁所达到的最高一层甲板。

2）稳性

在对称浸水情况下，当采用固定排水量法计算时，最终平衡状态的剩余稳心高度 $h_{GM} \geq$ 50 mm。在不对称浸水情况下，其总横倾角不得超过 7°，但在特殊情况下，可允许横倾角大于 7°，不过在任何情况下其最终横倾角不应超过 15°。

若船舶在任意一个舱破损浸水后，仍能达到抗沉性所要求的浮性和稳性，则该船称为一舱制船舶。若有任意相邻二舱或三舱浸水后船舶不沉，则称为二舱制船或三舱制船舶。对于不同业务性质、航行条件和大小的船舶，抗沉性的要求是不同的。客船一般要求达到二舱制，个别的可达到三舱制。货船因装货的要求，船舱不能过短，而往往达不到一舱制。但对远洋货船一般要求一舱制。军舰因作战需要，抗沉性要求比民用船高得多。

2. 船舶分舱

对于船舶抗沉性的要求，主要是通过船舶分舱来达到的，即沿着船长方向设置一定数量的水密横舱壁，将船体分隔成许多水密舱室，舱室的长度越短，则船舱破损浸水后浸水量越小，越容易达到公约或规范对破舱浸水后的浮态和稳性的要求。

3. 分舱载重线

船舶破损浸水后，船舶不沉所允许的最大浸水量，是与破舱前船舱的初始水线位置有关的，初始载重水线位置较低，船舶储备浮力大，破舱浸水量可以大些，或者说船舱水密舱壁间距可以长些。决定船舶分舱长度的初始载重水线称为分舱载重线，通常都用满载水线作为分舱载重线。

4. 渗透率 μ

船舱破损浸水后船舶不沉所允许的最大浸水量。它与船舱内各种设备所占据的体积和装载货物种类的不同有关。对于装载的货物密度大、体积小，在同样载重情况下占的舱容小，破舱后浸水量就大，要保证船舱浸水后船舶不沉，船舶分舱的间距必须短些。某一舱室或处所在限界线以下的理论体积能被水浸占的百分比，称为该舱室或处所的渗透率 μ。船舶各处所的渗透率是不同的，空舱 $\mu \approx 98\%$，起居处所 $\mu \approx 95\%$，机舱 $\mu \approx 85\%$，装载一般货物、煤或物品储藏专用处所 $\mu \approx 60\%$，装载钢铁等重货的货舱 $\mu \approx 80\%$。

5. 可浸长度 L_r 和可浸长度曲线

沿着船长方向以某一点 C_1 为中心的舱，在规定的分舱载重线和渗透率的情况下破舱浸水后，船舶下沉和纵倾后的最终平衡水线若刚好与限界线相切，则该舱的长度称为以 C_1 点为中心的可浸长度 L_r，如图 2-2-2 所示。意思是说，在规定的分舱载重线和渗透率的情况下，以 C_1 点为中心所作舱的长度，若大于该点可浸长度，则该舱浸水后船将沉没，船舶达不到抗沉性的要求。若实际舱长小于该点的可浸长度，则该舱浸水后船不会沉没，最终平衡水线至限界线还有一段距离，即还有一定的储备浮力。所以，以某一点为中心的可浸长度是满足船舶抗沉性要求的两水密舱壁间的最大长度。如图 2-2-2 所示，在船长方向某一点 C_1 的可浸长度为 L_{r1}，而 C_2 点的可浸长度为 L_{r2}，C_3 点可浸长度为 L_{r3} 等。在船舶的侧视图上，以船底纵向基线为横坐标，船长各点的可浸长度 L_r 为纵坐标，绘出如图 2-2-2 所示的曲线，即表示可浸长度沿着船长各点分布曲线，该曲线称为可浸长度曲线。

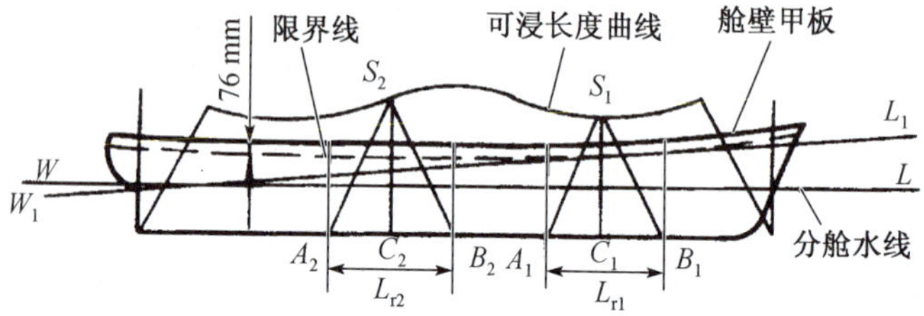

图 2-2-2　可浸长度曲线

从可浸长度曲线可看出，在船长方向的不同位置处，可浸长度是不同的。这是因为位于船中部的船舱浸水后，船几乎仅是平行下沉的，故浸水量可以大些，可浸长度会稍长一些。船中前后的舱室浸水后，船舶除了下沉之外同时还有纵倾，故允许的浸水量会小些，可浸长度相应地短些。位于艏艉部的舱室，因船体形状瘦削，故在允许浸水量下，可浸长度可长一些。

6. 许可舱长 L_p 与分舱因数 F

上面所述的可浸长度是在规定的分舱载重线和渗透率情况下的两水密横舱壁的最大长度。船舶实际上所允许的水密横舱壁间距，还要考虑到船舶的业务性质（或用途）和船舶长度。客船因载客而对船舶的航行安全要求较高，而货船因载货的需要，货舱的长度一般要大于可浸长度，因而满足不了抗沉性的要求。考虑到船舶业务性质和船长不同对船舶抗沉性的不同要求，用一个参数表示，称为分舱因数 F。分舱因数 F 是一个不大于 1 的数，F 随着船舶长度的增加逐渐地减小；当船长一定时，分舱因数 F 随着船舶业务性质而变，客舱容积占的比例大，载客量多，分舱因数小。

考虑到船长和船舶业务性质对抗沉性要求时所允许的实际舱长称为许可舱长 L_p，许可舱长为

$$L_p = F \cdot L_r$$

（1）当 $0.5 < F \leqslant 1.0$ 时，船舶任一舱破损浸水后的最终平衡水线不会淹没安全限界线，即为一舱制。同为一舱制船舶，其 F 值的大小是不同的。F 值较小的船（舱长度小）破舱后下沉和纵倾也较小，其剩余干舷高度较大，船舶比较安全。

（2）当 $0.33 < F \leqslant 0.5$ 时，任意相邻两舱浸水后的最终平衡水线不超过安全限界线，即为二舱制船舶。

（3）当 $0.25 < F \leqslant 0.33$ 时，任意相邻三舱浸水后的最终平衡水线不超过安全限界线，即为三舱制船舶。

根据规范要求计算的 F 值和 L_r 曲线，可求得沿船长任一位置的许可舱长，并绘出许可舱长曲线。

对于满足抗沉性要求（如一舱制或二舱制）的船舶，并非在任何装载情况下都满足一舱（或二舱）浸水不沉的要求。这是因为设计计算采用的渗透率是在规定的渗透率情况下进行的，当实际装载的渗透率大于规定值时，则破舱后很难满足对船舶的浮态和稳性的要求。另外，若船舶破舱浸水前的载重水线低于规定的分舱载重线，则船舶破舱浸水后所允许的浸水量比规定的更大些而船舶不会沉没。

三、船体结构密性

为了保证船体结构的水密性，在船壳外板、干舷甲板、水密舱壁、各种液舱的钢板接缝和开口关闭装置处，根据他们的位置和用途的不同，要求保持不同程度的密性。

1. 船体结构的密性

密性是指船体结构构件接缝、开口和关闭装置等，在规定的条件下，不渗漏气体、油、水等的性能。

1）水密

水密是在规定的水压下，船体结构构件接缝和开口等关闭装置不渗漏水的性能。在干舷甲板以下的船壳外板、水密舱壁、各种液舱、双层底、隔离空舱、海底阀箱、货舱舷门等构件的接缝和开口的关闭装置都要求水密。

2）风雨密

风雨密是指在任何风浪情况下水都不得渗漏入船内。风雨密的密性要求比水密的低一些。干舷甲板上及封闭的上层建筑和围蔽室等各种开口的关闭装置，要求保证风雨密。船体结构在制造的各个阶段和修船过程中，应检验焊缝和各种水密性开口关闭装置的密性。在试验之前，要求被检查的区域的船体结构应清洁，密性焊缝区域不得涂刷水泥和油漆或敷设绝热材料，开口关闭装置的橡胶垫料均装设完毕。

2. 开口的关闭装置

1）船体结构上开口关闭装置的种类

根据开口关闭装置的用途划分，主要有下列四种：货舱舱口盖、船用门、船用窗、人孔盖。

在这些开口关闭装置中，若按密性划分，又可分为水密型、油密型、风雨密型、非密型的开口关闭装置。

（1）船舶货舱舱口盖的种类很多，若按密性来划分，有三种基本类型。

A. 风雨密舱口盖装置在干舷甲板上的货舱口上。风雨密舱口盖的种类很多。老式船上使用的风雨密舱口盖是由若干块木板和活动梁组成的，上面盖着防水布，用封舱压条和楔形块紧固在舱口围板上。这种舱口盖开闭操作费时、劳动强度大，现在只在小型船上使用。现代船舶使用的风雨密舱口盖形式很多，但共同的特点都是钢质的盖板，在盖板的周边带有槽口，在槽口内装有橡皮垫料。当封舱时，舱盖板的橡皮垫料直接压在舱口围板的上边缘上，并用装在舱口四周围板上的夹扣螺栓将舱盖板压紧保持风雨密。风雨密舱口盖在船舶上应用广泛，主要有单拉滚翻式、铰接折叠式和滚动式几种，如图 2-2-3 至图 2-2-5 所示。

B. 非水密舱口盖用于下层甲板上的舱口上，无舱口围板，舱盖板与四周的甲板齐平。

C. 水密和油密的小型专用舱口盖用于油船的货油舱舱口上，这种舱口盖都是小型舱口盖，如图 2-2-6 所示。

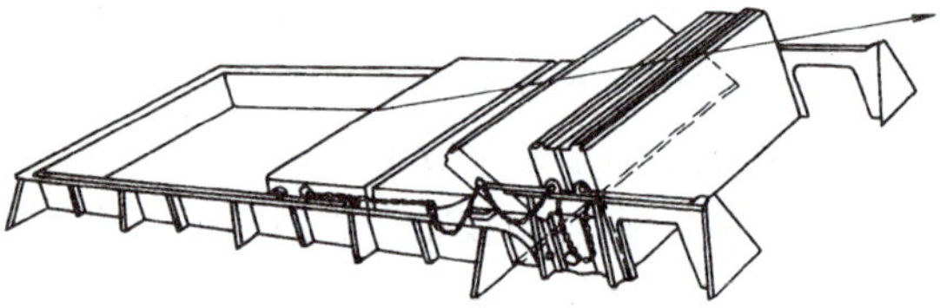

图 2-2-3　单拉滚翻式舱口盖

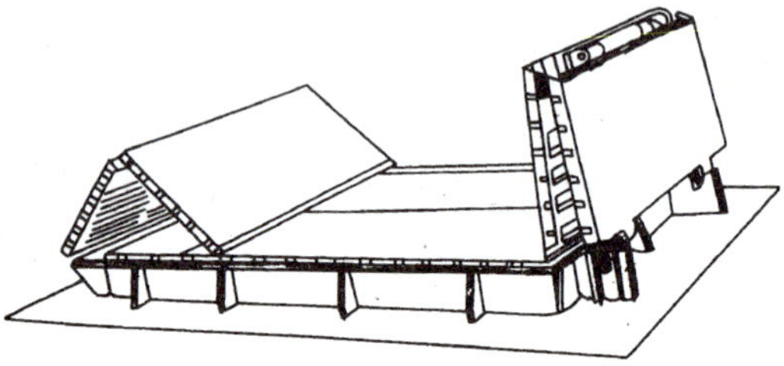

图 2-2-4　铰接折叠式舱口盖

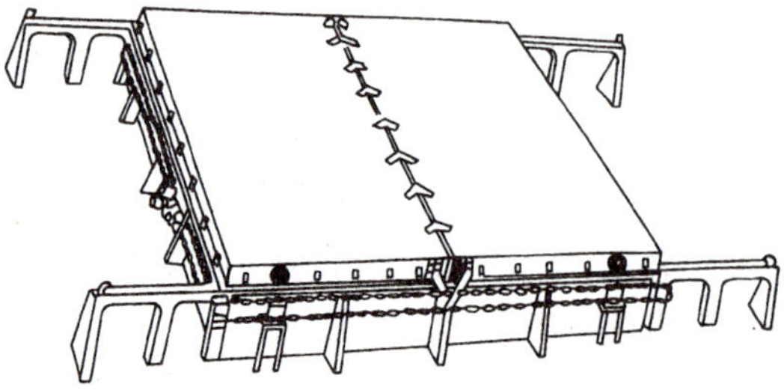

图 2-2-5　滚动式舱口盖

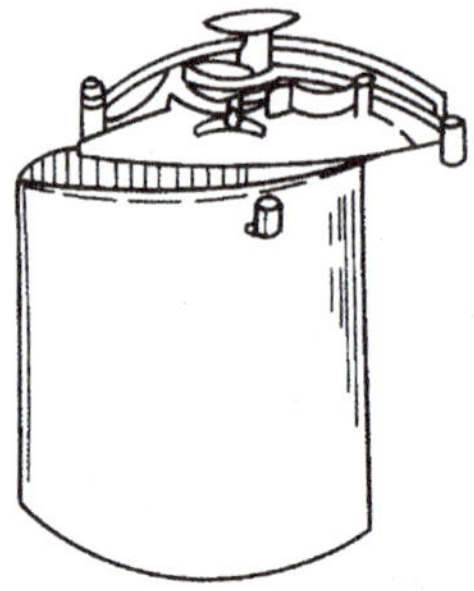

图 2-2-6　油舱舱口盖

(2) 船用门种类很多，若按门的密性划分，有下列几种形式。

① 水密门：船舶主管机关认可的船上使用的水密门有三级：一级铰链式水密门、二级手动滑动门、三级动力兼手动滑动门。任何水密门的操作装置，无论是否动力操作，均须在船舶向左或向右倾斜 15° 时能将门关闭。

A. 铰链式水密门(一级)的水密门板是由钢板制成的，门板周围的槽口装有橡胶封条，并用把手压紧在门框上，使其水密。水密门把手的数目一般为 6～8 个，要求在门的两面可以迅速地关闭，如图 2-2-7 所示。

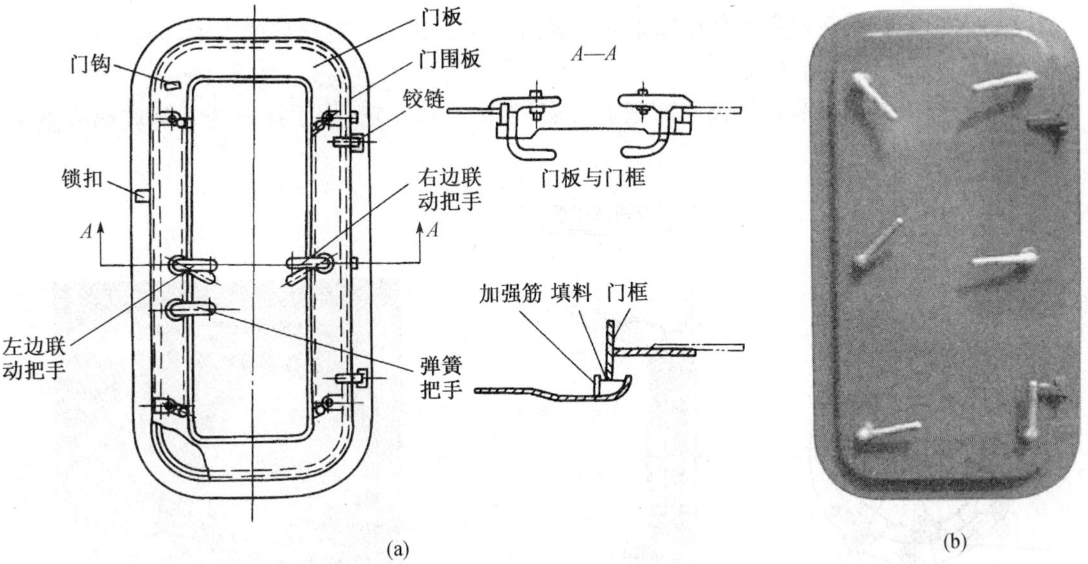

图 2-2-7　铰链式水密门

B. 手动滑动门(二级)分为横动式和竖动式两种。要求能在门的两侧可以关闭，并能在舱壁甲板上方可到达之处，转动手轮由齿轮和连杆传动，使水密门开启或关闭。当船舶在正浮位置时，用手动将门完全关闭所需的时间应不超过 90 s。

C. 动力滑动门(三级)分为竖动式和横动式。动力式滑动门还备有装置可在门两侧操作，并在舱壁甲板上方可到达之处用转动手轮由齿轮和连杆传动，使水密门(门上有音响信号装置)开启或关闭。当门开始关闭，继续移动，直至完全关闭，在整个期间均发出警报。若这种门采用液压操作，每一动力源都有一台能在 60 s 以内关闭所有门的泵。

② 风雨密门：在干舷甲板以上的封闭上层建筑两端壁的出入口处，要求装设风雨密门。钢制风雨密门结构上与钢制水密门相似，但门板较薄，门的把手数目较少，密性较差，要求在门的两面可以操作。

木质风雨密门门板是用橡木或柏木做的，装设在上层建筑甲板以上的甲板室敞露的出入口处。木质风雨密门分为铰接式和滑动式两种(密性都较差)。驾驶室两侧壁的门，因为在顶风的情况下铰接式门不易开闭，故都采用横向滑动式门。

③ 钢制轻便门：结构较轻，装设在无密性要求的储藏室、工作舱室、卫生处所等出入口。

④ 防火门：是一种用钢板制成门板和门框，镶嵌石棉等耐火材料的防火隔热门，装设在防火控制区的舱壁上，平时开启，当发生火灾时温度上升到一定高度门能自动关闭，或门上

装有磁性牵制器,断电以后门会自动关闭。防火门的启闭形式也有铰接式和横移式两种。

(3) 船用窗:在船上,为采光和通风,应装设各种类型的窗。

A. 舷窗是一种圆形窗,分为重型舷窗和轻型舷窗。重型舷窗装有铰链式抗风浪的舷窗盖。舷窗盖边上镶有橡胶封条并用螺栓压紧,以保证水密,如图 2-2-8 所示。轻型舷窗一般不带有风暴盖。

B. 方窗是各种方形窗,装设在上层建筑中的上层甲板室的围壁上。方窗的周边用橡胶条密封,关闭时用螺栓压紧,要求保证风雨密。根据所处的位置不同,可以向外、向内或上下开启。

C. 天窗是装设在舱室顶部用以采光和通风的窗。如机炉舱顶部的天窗,因位置较高采用机械传动或液压传动开闭。

D. 手摇窗主要是装在驾驶室前壁上的窗,类似于汽车窗,用手摇机构升降玻璃或整个窗扇进行开闭。

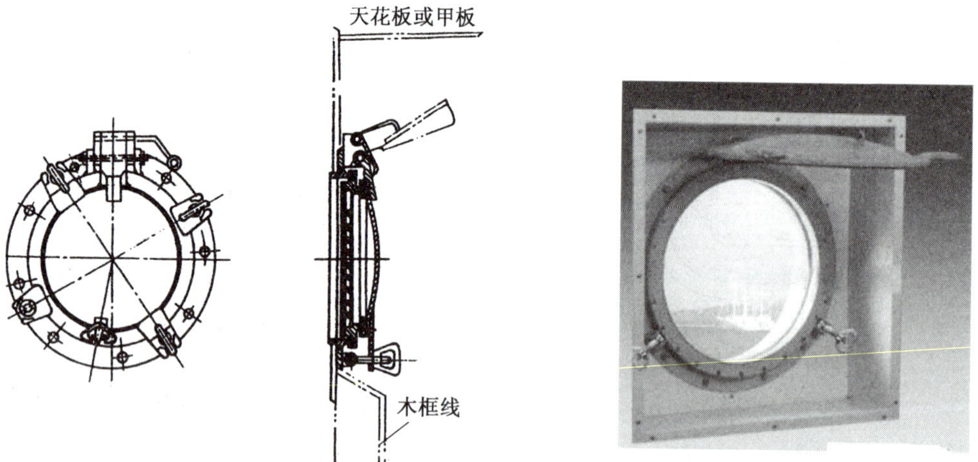

(a) (b) (c)

图 2-2-8 钢制重型舷窗

(4) 人孔盖:在船体结构的构件上为人员出入而开设的孔称为人孔,其中在液舱、隔离空舱等顶板或壁板上开的人孔必须装设人孔盖,并保证水密性。为了便于维修、逃生和通风,一般每个液舱或空舱在顶板或壁板上至少要开两个人孔,并成对角线布置。人孔通常有圆形或椭圆形两种。

2) 船体结构上开口关闭装置的规定

在《1974 年国际海上人命安全公约》和我国《海船分舱和破舱稳性规范(1987)》中,对于船体结构上开口的关闭装置的设置,主要有如下规定。

(1) 水密舱壁上开口的关闭装置:在限界线以下的水密舱壁上要求尽量减少开口的数量,对于开口要有船舶主管机关认可的关闭装置。

A. 在防撞舱壁上不准设门、人孔或出入口。一般仅可通过一根管子,且管子上装有在舱壁甲板以上可以操作的截止阀,其阀体装在艏尖舱内侧的舱壁上,以便艏尖舱破损时可以将它关闭。

B. 在甲板间舱内的水密舱壁上，可以装设一级或二级水密门。这种门在开航前关闭，航行中不得开启，且装有防止任意开启的装置。此类门在港内开启的时间和船舶离港前关闭的时间应记入航海日志。

C. 甲板的下缘在舷侧的最低点，高出最深分舱载重线 2.13 m 以上的甲板上的旅客、船员及工作的处所，可以设置一级水密门。

D. 从机舱通往轴隧的水密舱壁上的水密门，一般要求装设二级水密门。

E. 门槛在分舱载重线以下，航行中有时需要开启，且门的数目超过 5 扇；或在舱壁甲板以下设有旅客舱室，则舱壁上的门为三级水密门。

船上所有的水密门在航行中均应保持关闭，因船上工作而在航行中必须开启时，应做到随时可以关闭。

(2) 限界线以下船壳板上开口的关闭装置：要求在限界线以下的船壳外板上尽量减少开口数量，并根据开口的用途及位置均装设有效的关闭装置。

A. 在限界线以下船壳外板上的舷窗都是采用水密性和抗风浪的圆形窗(重型舷窗)，并设有内侧铰链式风暴窗盖。根据它距载重水线的高度不同有不同的关闭要求：一种为永久关闭的固定式舷窗；另一种为离港前关闭加锁，到港后才可以开启的，它的开闭时间应记入航海日志；还有一种是航行中由船长决定是否开启的。专供装货处所均不得装设舷窗。

B. 船壳外板上的排水孔、卫生排泄孔及其他类似开孔，要求越少越好，或采用一个排水孔供多种排泄管共用。在限界线以下穿过外板的每一个排水孔都设有一个自动止回阀，并在舱壁甲板以上设有能将其关闭的可靠装置；或装设两个止回阀，其中一个位于最深分舱载重线以上，使其可以随时进行检查，并且是经常关闭的。

C. 与机器连通的海水进水孔和排水孔，在管子与外板之间，或管子与装配在外板上的阀箱之间，设有随时可以接近的阀门，并在阀上标明有阀门开启或关闭的指示器。

(3) 限界线以上的船体结构开口关闭装置，在舱壁甲板以上，要求采取一切合理和可行的措施限制海水从舱壁甲板以上浸入舱内。

A. 舱壁甲板或其上一层甲板都要求是风雨密的，露天甲板上的所有开口均设有能迅速关闭的风雨密关闭装置。

B. 在限界线以上外板上的舷窗、舷门、装货门和装煤门以及关闭开口的其他装置应为风雨密的，且有足够的强度。

C. 在舱壁甲板以上第一层甲板以下处所内的所有舷窗应配有有效的内侧舷窗盖，且易于关闭成水密的。

D. 露天甲板上都设有排水口和流水孔，以便在任何天气情况下能迅速排除露天甲板上的积水。

四、对船舶抗沉能力的分析

首先应通过船上的资料了解船舶在设计时是否满足抗沉性的要求。对于有抗沉性要求的船，都是在规定的分舱载重线和渗透率的情况下，满足一舱、二舱或三舱浸水船舶不沉的。若破舱浸水时的载重水线低于分舱载重线，渗透率也小于规定的渗透值，则船舱进水最终平衡之后还会有一定的储备浮力。若渗透率大于分舱时规定的渗透值，而载重水线达到分舱载重线处，则船舱浸水之后若不及时堵漏、排水，船有可能沉没。

对于设计上达不到抗沉性要求的船，也要从船舱浸水时船舶载重线的高低、渗透率的大小、进水量的大小、排水设备的能力等方面分析船舶的抗沉能力，采取应急措施。

1. 舱底水泵的排水量估算

根据《1974 年国际海上人命安全公约》的规定，一般船舶要有 2 台舱底泵，客船要求至少装设 3 台动力舱底泵与总管相连接。每台动力舱底泵均能使流经排水总管的水流速度不小于 122 m/min。若按此流速计算，则每台动力舱底泵的排水量应不得小于下式

$$Q_{排} = 5.75\ d_1^2 \times 10^{-3}$$

式中：$Q_{排}$ 为每台舱底泵的排水量，m^3/h；d_1 为舱底水总管的内径，mm。

2. 船舱破损的进水量估算

水线以下破洞的浸水量与破洞位置距水线的垂直距离以及破洞面积的大小有关。计算公式为

$$Q_{进} = \mu F \sqrt{2gH}$$

式中：$Q_{进}$ 为破洞进水量，m^3/s；F 为破洞面积，m^2；μ 为流量系数，破洞面积较小或破洞中心距水面较近时，取 $\mu=0.6$；g 为重力加速度，以 9.81 m/s^2 计；H 为破洞中心在水线以下的深度，m。

当舱内水面超过破洞口位置时，则进水量为

$$Q_{进} = \mu F \sqrt{2g(H-h)}$$

式中：h 为破洞中心在舱内水面下的深度，m。

依据舱底水总管内径估算出舱底水泵单位时间排水量 $Q_{排}$；根据破洞位置估算出单位时间里的进水量 $Q_{进}$，比较 $Q_{排}$ 与 $Q_{进}$，从而可以正确判断是否需要采取其他措施。舱底泵一般只能排出小型破洞的进水或机械设备、管系等的泄漏水。对于大量的破舱进水，必须使用压载水泵和主机海水冷却泵将海水排出舷外。另外，还必须迅速采取堵漏措施以减小进水量。

五、船舶堵漏器材及其使用

根据船舶的大小、类型和航区等的不同，在船上要配备不同规格和数量的堵漏器材，主要有堵漏毯、堵漏板、堵漏箱、堵漏螺杆、堵漏柱、堵漏木塞、垫料、黄沙和水泥等。船舶堵漏方法有内堵和外堵两种，内堵操作相对简便，外堵效果相对好些。

1. 堵漏毯

堵漏毯也称为堵漏席，是一种大型的堵漏设备(外堵)，主要用来堵住船壳水线下部位的破洞进水，其规格有 2.0 m×2.0 m，2.5 m×2.5 m，3.0 m×3.0 m 等。堵漏毯分为重型堵漏毯和轻型堵漏毯两种。重型堵漏毯是用双层防水帆布中间铺有一层镀锌的钢丝网制成的。轻型堵漏毯是用双层防水帆布制成的，但在两层防水帆布中间铺设一层粗羊毛毯。由于轻型堵漏毯比较软，为了防止堵漏时被海水压入洞内，在毯的一面缝有几道管套，用时插

入几根镀锌钢管作为支撑。

在堵漏毯的四个角和每边的中部都装有套环，堵漏时将绳索系在套环上，用一根或两根绳索从船首端兜过船底，沿船舷拉到破洞处，根据破洞深度，固定好顶索的长度，并将堵漏毯从甲板上推下水，收紧其他绳索，直至堵漏毯贴紧破洞为止，如图 2-2-9 所示。

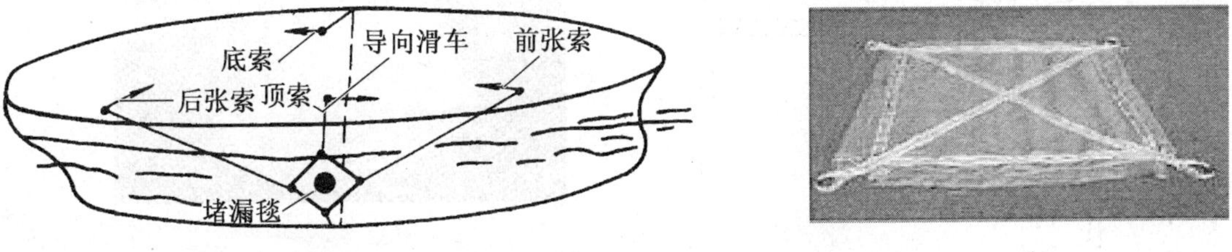

(a)　(b)

图 2-2-9　堵漏毯

2. 堵漏板

堵漏板是用铁板或木板制成的堵漏设备(外堵)。在铁板或木板上装有橡皮垫和固定堵漏板用的绳索或螺杆使堵漏板能紧贴在破洞处。堵漏板主要用来堵漏舷窗大小的中型破洞。有的堵漏板是用整块板做成的，有的是用两块板或三块板做成的，中间用铰链连接起来的折叠式。当使用整块板式的堵漏板时，在船内从破洞处将一根系有小木块的拉索推出船外，待木块上浮出水面后，从甲板上将木块捞起，并将拉索系在中央眼环上，用吊索将堵漏板放于水中，收紧拉索使堵漏板紧贴在破洞处的船壳板上，如图 2-2-10 所示。折叠式堵漏板在使用时将板先折叠起来，从破洞伸出舷外后再张开堵漏板，收紧拉索或旋紧螺杆，使堵漏板紧贴在破洞外的船壳板上，如图 2-2-11 所示。

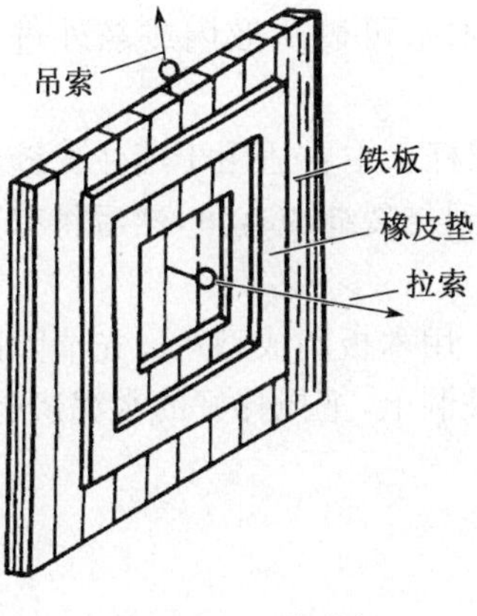

图 2-2-10　堵漏板

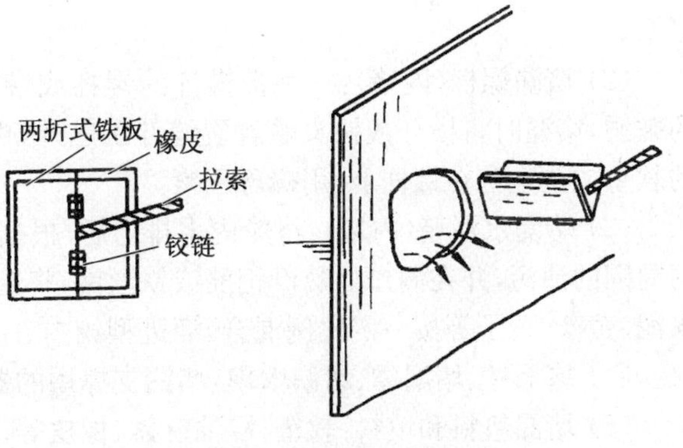

图 2-2-11　折叠式堵漏板

3. 堵漏箱

堵漏箱是用铁板制成的方箱(内堵)，在箱开口一面的四周镶有橡皮条，堵漏时在舷内用箱口压在破洞口的周围，再用支柱和木楔撑住方箱，如图 2-2-12 所示。

4. 其他堵漏器材

对于堵住小型破洞，常用的器材(如图 2-2-13 至图 2-2-15 所示)有：

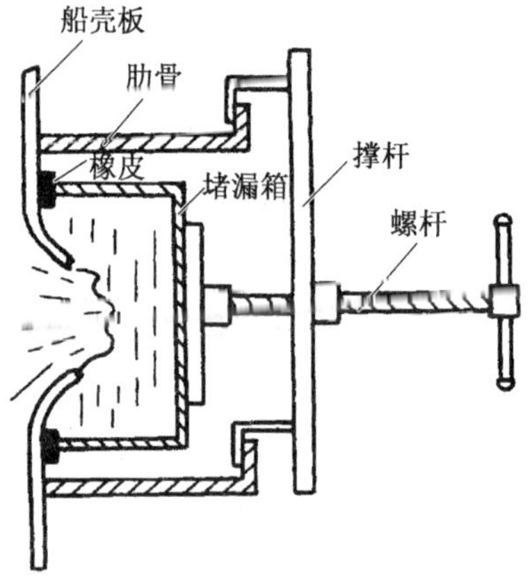

(a)

(b)

图 2-2-12 堵漏箱

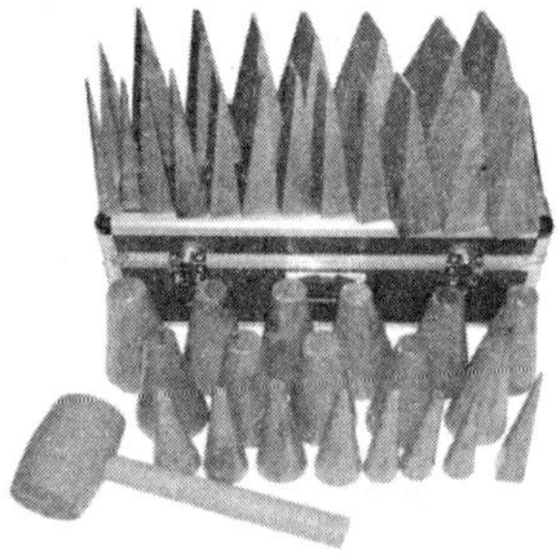
图 2-2-13 堵漏木塞

图 2-2-14 堵漏袋

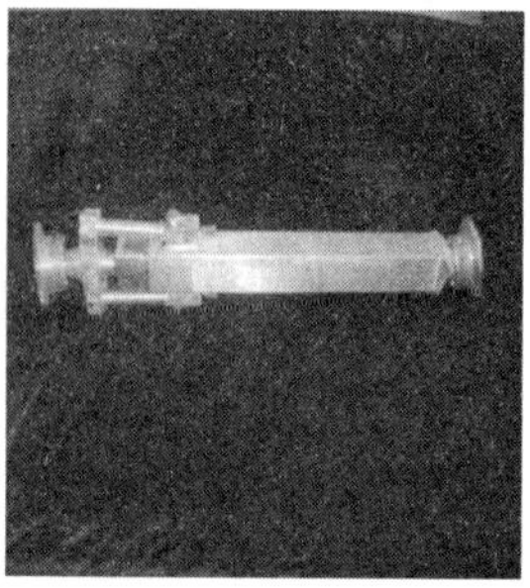
图 2-2-15 堵漏支撑

(1) 堵漏木塞(内堵或外堵):根据破洞的大小和位置,木塞可以从舷内或舷外进行堵塞。

(2) 堵漏螺杆(内堵):一种带横杆的螺杆或带有钩头的螺杆。主要适用于堵住长缝形的破洞,堵漏时将横杆或钩头顺着裂缝伸出舷外,再把横杆转到与裂缝成直角,然后将有孔的软垫或垫木套在螺杆上,用螺母压紧。

(3) 堵漏水泥箱(内堵):将舱内水排出后,根据破洞的大小用木板制成型箱。先清除破洞周围的油污,并在洞口处敷设钢筋或铁丝网,将型箱架设在破洞上,把搅拌好的水泥浆(将水泥、黄沙、石子等按一定比例混合)灌进型箱内。

(4) 堵漏柱、堵漏袋、堵漏木楔:堵漏支撑用的器材。

(5) 堵漏垫料和填料:软垫、浸油麻絮、橡皮等。

堵漏用的工具有锤子、锯子、电钻、扳手、钉子、螺钉、铁丝等。

船用堵漏器材、工具、材料都存放在水线以上的舱室内取用方便的处所,室外有明显标记。橡皮、黄沙等物料要保持清洁,不得涂漆或被油脂等污染。每半年检查一次各种堵漏器材有无损坏、短缺、变质等,不合格要及时更换、补充。

5. 舱壁支撑

船体的水密横舱壁的强度是不能满足舱内进水后的水压力作用的,舱内水位越高,压力越大。因此,需要在邻近的舱内用支柱、垫木和木楔等对舱壁进行支撑。支撑点的高度大约为舱内水位高度的 2/3。

六、防水与堵漏的组织措施

1. 破舱控制示意图

船上要布置固定的破舱控制示意图，清楚地表明各层甲板与货舱的水密舱室界限、界限上的开口及其关闭方法与控制位置，以及用于校正浸水倾斜装置的示意图，以供负责的高级船员参考。此外，应供给船上高级船员有关防水堵漏资料的小册子。

2. 防水检查

轮机人员要经常检查机舱内的水密情况，如轴隧的漏水情况等；排水管系的技术状况是否正常，如污水井盖要完整、清除井内污泥、防止堵塞过滤器等。

在航行中，木匠每天上、下午各探测 1 次水舱和污水井的水位，并将其结果告知大副，由大副记入航海日志。发现异常要及时找出原因，并采取相应措施。

水密舱壁上的水密门，不论是动力操作的还是手动的，凡在航行中使用的，应每天进行操作。其他的水密门及为使舱室水密必须关闭的一切阀等，在航行中都要定期检查，每周至少 1 次。

任务实施

船舶堵漏抗沉应变演习

【任务要求】

1. 能使用两个经验公式对船舶的抗沉能力进行正确分析。

2. 能熟练描述机舱堵漏演习的程序并掌握演习中本角色的内容和职责。

3. 熟悉各种堵漏器材的正确选用。

【任务准备】

1. 堵漏器材的准备(堵漏毯、堵漏板、堵漏箱、堵漏螺杆、堵漏柱、堵漏木塞、垫料等相关设备和工具的准备)。

2. 演习程序的准备。

3. 人员角色的有序、合理分工。

【任务操作】

参考程序

船长用通用报警和船上广播系统发布机舱堵漏警报：堵漏的警报信号是二长声一短声，连放 1 min。

除固定值班人员外，所有船员应在 2 min 内携带有关的堵漏器材在指定地点集合。现场指挥(轮机长)用对讲机迅速向船长报告：人员到齐。

船长指令现场指挥：查询船员堵漏职责；检查船员个人装备、携带的堵漏器材和急救器材是否齐全，要求现场指挥根据机舱进水情况拟定抢救方案。

现场指挥在完成查询和检查后，根据机舱进水情况向船长报告：查询职责完毕，要求使用堵漏毯堵漏。

船长指令大副带领人员展开堵漏毯，从船头放下，逐步向机舱破洞处移动。

船长指令现场指挥：立即启动应急排水程序。

轮机长亲自带领人员迅速打开机舱应急吸口，同时起动与之相连的最大排量的海水泵紧急向外排水。

轮机长命令大管轮带领人员用棉被、毛毯、木板等堵漏属具封堵洞口，以减缓机舱的进水量。

轮机长命令电机员起动应急发电机，带领电工保护好机舱电气设备，防止被海水淋湿。

轮机长命令二管轮做好抢险记录。

现场指挥向船长报告：人员各就各位，整个抢险过程全面而有序地开展。

大副向船长报告：堵漏毯已成功从船舷外覆盖住洞口。

现场指挥向船长报告：机舱进水已全部排出。

船长指令现场指挥：演习结束，将所有使用的器材归位。驾驶台发布演习解除警报：一长声。

人员集中，船长讲评。

教师对演习中暴露的不足应及时指出和纠正。

任务评价

任务内容涵盖交通运输部海事局海船船员 2011《船舶管理》考试大纲中“船舶抗沉性、船舶摇荡性、船舶操纵性”等相关知识点，并满足评估大纲中相关技能要求。

任务拓展

一、船舶摇荡性与减摇装置

船舶因某种外力的作用使其围绕原平衡位置所作的往复性（或周期性）的运动，称为船舶摇荡运动。船舶摇荡运动是一种有害的运动，剧烈的摇荡会引起严重的后果。在诸多摇荡形式中，以船在波浪中的横摇与谐摇危害最大。因此，现代运输船舶一般装有不同形式的减摇装置。

1. 船舶摇荡的危害

船舶摇荡运动共有横摇（船舶绕纵轴作周期性的角位移运动）、纵摇（船舶绕横轴作周期性的角位移运动）、艏摇（船舶绕垂向轴作周期性的角位移运动）、垂荡（船舶沿垂向轴作周期性的上下平移运动）、纵荡（船舶沿纵向轴作周期性的前后平移运动）和横荡（船舶沿横向轴作周期性的前后平移运动）等 6 种运动方式，如图 2-2-16 所示。在这 6 种摇荡方式中，横摇摆幅比较大，对船舶的性能影响最大，因此对船舶的横摇应该给予更多的关注。

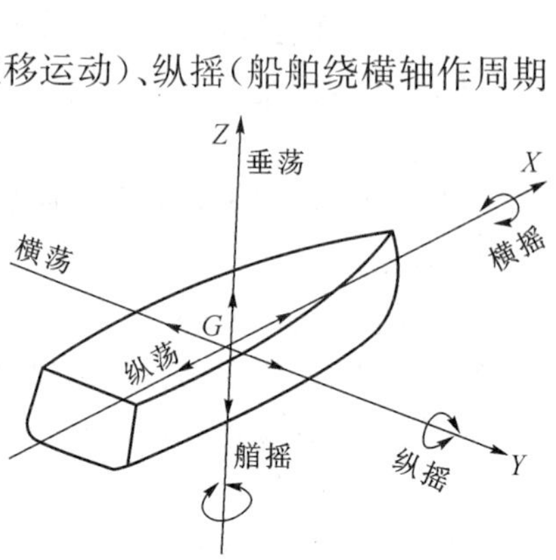

图 2-2-16　船舶摇荡形式

过大的横摇会导致：

(1) 可能使船舶失去稳性而倾覆。

（2）使船体结构和设备受到损坏。

（3）引起货物移动从而使船舶重心移动危及船舶安全。

（4）机器和仪表的运转失常。

（5）使螺旋桨的效率降低，船舶阻力增加，船速下降。

（6）使工作和生活条件恶化，甲板上浪等。

2. 横摇与谐摇

1）船在静水中的横摇

船舶在静水中的横摇特性对船在波浪中的横摇特性有很大影响。一般而言，水的阻力作用对船的横摇周期的影响是非常微小的。就船员来讲，总是希望船舶摇摆得平静、舒缓些，因此要增加摇摆时间。增加横摇周期的有效方法是减小初稳心高度值，这一点与稳性的要求是相矛盾的。合理的解决办法是，根据船舶的用途和航区，在满足稳性要求的前提下，取尽可能小的 h_{GM} 值(稳性规范中规定不小于 0.15 m，远洋船舶一般取值 0.3～0.5 m)。因此，在制订配积载方案、确定重心位置及初稳心高度时，既要考虑对稳性的影响，也要考虑对摇摆的影响，不能偏废任何一方。

为简便计算，一般都用近似公式估算船舶横摇固有周期，公式为

$$T_\theta = \frac{C \cdot B}{\sqrt{h_{GM}}} \quad 或 \quad T_\theta = 0.58\sqrt{\frac{B^2 + 4Z_G^2}{h_{GM}}}$$

式中：B 为船宽，m；Z_G 为船舶重心纵坐标，m；h_{GM} 为初稳心高度，m；C 为系数，随船舶的类型而变，可按母型船的试验资料计算，一般在 0.76～0.85，粗估时可取 $C=0.8$。

横摇固有周期是船舶横摇的重要指标，并与船舶在波浪上的摇摆运动密切相关。横摇固有周期越大，船舶在波浪上的摇摆越缓和。万吨级货船的横摇固有周期一般在 8～13 s。有些情况下横摇固有周期在 13 s 以上，千吨至万吨级的客船的横摇固有周期一般在 10～16 s，渔船等小型船舶的横摇固有周期往往在 4～8 s。

2）船在波浪中的横摇与谐摇

船在波浪中航行时，船的航向经常与波浪传来的方向有一个波舷角，由于船和浪作相对运动，船体周围波形的变化周期已经不是波浪周期。从第一个波峰由船上某一点过去至第二个波峰又到达这一波峰点的时间间隔，称为波浪遭遇周期 τ。如 $\tau=T_\theta$，此时将发生强烈的横摇，称为谐摇。谐摇对船的安全有严重威胁，必须尽量避免。为安全起见通常取一个范围称为谐摇区，船舶在波浪中航行波峰应尽量避开谐摇区。

波浪遭遇周期 τ 的大小随船的航向和/或航速而变化。因此，当船舶处于谐摇区时，只要适当改变船的航向和/或航速，就可以改变波浪遭遇周期使船避开谐摇区。

3. 船舶减摇装置

为减小船舶的摇荡，除在装载和操纵方面采取措施以外，在船舶设计与建造中，应装设必要的减摇装置。减摇装置是用来产生一种外加的稳定力矩，使船舶的摇摆减缓。根据工作原理，减摇装置可以分成 3 类：第一类是利用流体的重力作用以产生对船舶摇摆的稳定力矩(如减摇水舱)；第二类是利用流体的动力作用以产生稳定力矩(如舭龙骨、减摇鳍)；第三类所获得的稳定力矩则是由回转力产生的(如减摇回转仪)。

目前采用的减摇装置有下列几种。

1）舭龙骨

舭龙骨是装设在舭部外侧，沿着水流方向的一块长条板，如图 2-2-17 所示。舭龙骨的作用是减小船舶横摇。由于减摇效果较好，制造简单，几乎所有的船舶均装设舭龙骨。

舭龙骨板的长度为 1/4～1/3 船长，宽度为 200～600 mm（大型船更大些），近似垂直于舭部列板，其外缘不超出船的半宽线与船底基线所围的范围，以免触到码头和海底而碰损，如图 2-2-17 所示。在结构形式上，舭龙骨有连续式和间断式 2 种结构。连续式结构简单，适用于航速不很高的船；间断式结构适用于高速船，其优点是对船舶的航行阻力较小，一般不会超过船舶基本阻力的 2%～3%，对横摇阻力较大，能减小船舶摇摆幅度的 20%～25%。为防止舭龙骨损坏时使船体外板受损，舭龙骨一般不直接焊接在舭部外板上，而用一块覆板将两者连接起来。

舭龙骨虽然装设在船中部很长的一段范围内，但在结构上它不参与船舶的总纵弯曲，仅承受船舶横摇时的水动压力。

图 2-2-18 是一条船装设舭龙骨和无舭龙骨时的横摇角曲线，由图中可明显看出舭龙骨的减摇效果，而且船在航行时舭龙骨的减摇效果更好一些。

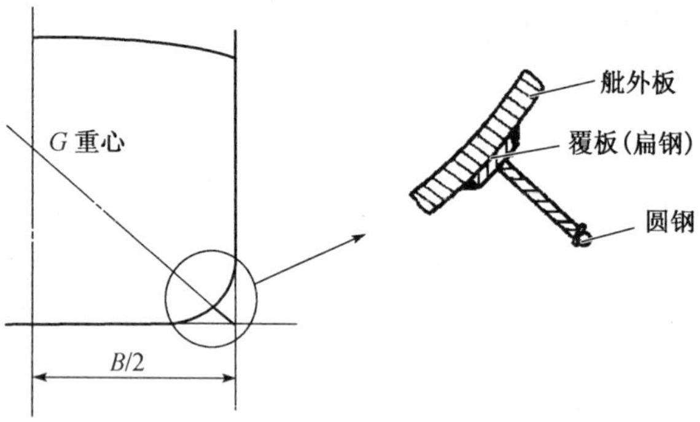

图 2-2-17　舭龙骨

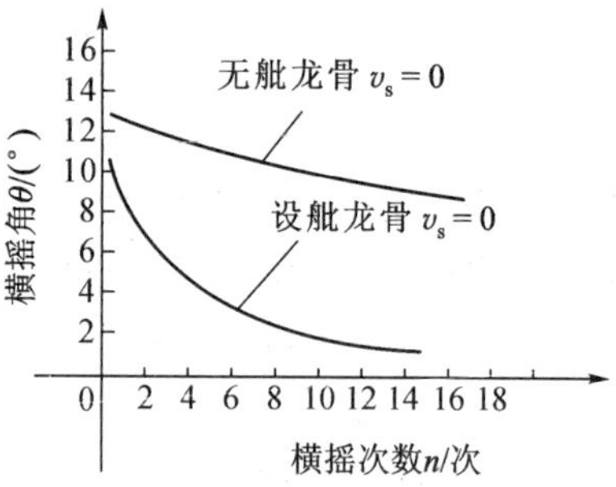

图 2-2-18　舭龙骨减摇效果

2）减摇鳍

如图 2-2-19 所示，减摇鳍一般是一个长约为 3.0 m，宽约为 1.5 m 的长方体，剖面为机翼形，安装在船中央附近两舷的舭部。在船内设置操作机构，根据需要可将减摇鳍收进船内或伸出舷外，并且可调整机翼剖面相对于水流的攻角，使两舷的减摇鳍所产生的升力形成一个阻碍船舶横摇的力偶矩，并使力偶矩方向的改变与船舶横摇同步，这样可有效地减小船舶横摇。因减摇鳍需要有自动操作系统，其造价高，目前只有在大型豪华客船上或军舰上才设置。

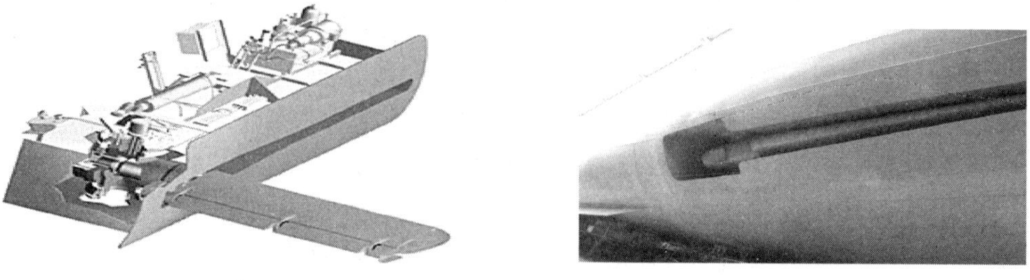

(a)　(b)

图 2-2-19　减摇鳍

3）减摇水舱

在船内横向设置“U”字形水舱，当船在横摇时，使水舱内的水位移动与船的横摇之间有一个相位差。这样水的重力所形成的力矩可减小船舶的横摇。

上述“U”字形减摇水舱内的水与舷外水不连通时，如图 2-2-20(b)所示，称闭式减摇水舱。若减摇水舱内的水与舷外水相通时，则称开式减摇水舱。水舱内的水的流动是可以控制的，称主动式减摇水舱；不能控制水的流动的，称被动式减摇水舱。

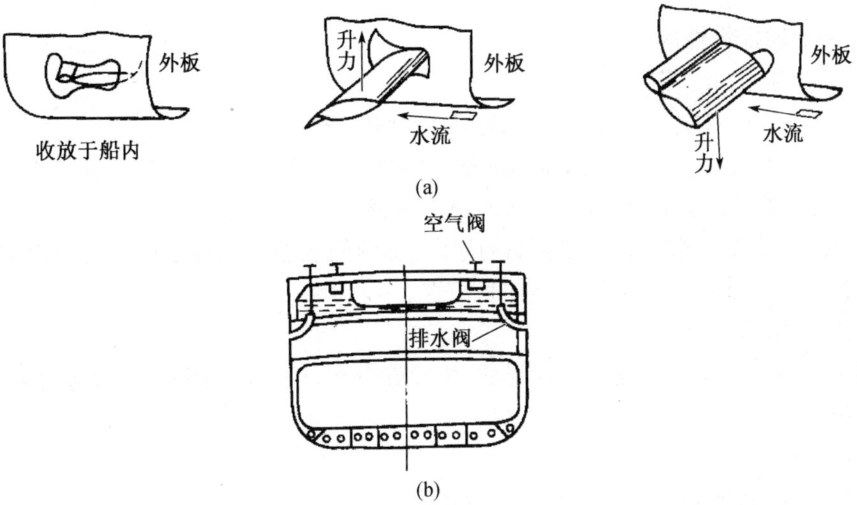

图 2-2-20　减摇水舱

4）减摇回转仪（回转稳定减摇装置）

回转仪（又称陀螺仪）的特性是当它在高速旋转时，如受到外力发生倾斜，其产生的旋转力矩具有使其回复原位置的能力。利用该原理制成的减摇陀螺仪具有减缓船舶摇摆的能力。此种装置造价昂贵，占用船舱体积大，在现代商船上已经基本没有。

二、船舶操纵性能分析

1. 船舶操纵性的基本概念

船舶能保持或改变航向、航速和位置的性能，称为船舶操纵性。船舶在航行过程中，是通过操舵实现保持或改变航行方向的。船舶操纵性主要包括航向稳定性、回转性和改向性。

航向稳定性是指船舶保持直线航行的性能，如船舶在外力干扰下不易改变原直线航向，或在外力干扰下偏离原直线航向，但通过不断地操舵就能很快地回到原来航向的性能。一般操舵频率每分钟为 4～6 次，平均转舵角为 3°～5°，即认为船舶的航向稳定性是符合要求的。

回转性是指船舶经操舵后改变原航向作圆弧运动的性能。通常用旋回直径的大小表示回转性能的好坏。旋回直径越小，回转性能越好。

改向性是指船舶回转初期对舵的反应能力。转舵后船能很快地进入新的航向，或偏离航向经操舵后能很快地回到原来航向，则认为改向性好。

改向性好的船舶不一定旋回直径小。所以，改向性和回转性两者是有区别的。从船舶操纵性的观点，要求船舶既要转向快，又要旋回直径小。航向稳定性好的船舶，它的回转性和改向性能较差；回转性和改向性好的船，航向稳定性较差。对于同一条船，难以同时满足航向稳定性、回转性和改向性都很好的要求。

对于远洋运输船舶，由于长时间远洋航行，进出港的时间较短，要求有较好的航向稳定性。这样，船舶可用较少的操舵保持航向、航线直，从而节约燃料。经常进出港以及在狭小道航行的船舶，要求具有良好的回转性和改向性，这样可以减小与来往船舶的碰撞机会，增加安全性。

2. 影响船舶操纵性的因素

1）船型和浮态

船体形状和大小对船舶操纵性能的好坏有着重要的影响。

（1）船舶的长宽比 L/B 越大，航向的稳定性越好，回转性较差。

（2）方形系数 C_B 越小的船，其航向的稳定性越好，回转性则较差。

（3）水线下的船体侧面形状和船舶的浮态：艉倾的船舶航向稳定性较好，艏倾的船舶则航向稳定性较差。装设艉鳍可提高航向稳定性。

2）船舶受风力情况

船舶水线以上及其上层建筑侧面形状、大小和分布，风力作用中心位置等对船舶操纵性能有重要影响。

3）船舶速度

船舶速度越快，舵效越高，航向稳定性越好。

4）舵与桨的作用

（1）舵的位置要对称于船体中纵剖面或在中纵剖面内，才能保持良好的航向稳定性；舵叶面积比越大，则船舶操纵性越好。

（2）螺旋桨的推力作用线要在中纵剖面内，推力的大小及桨的数目等对操纵性都有很大影响。

课后练习

1. 简述船舶抗沉性的基本概念，对船体几种破损浸水情况进行分析。
2. 简述船体结构密性概念，船体结构上开口关闭装置的种类、要求和规定。
3. 简述船体破损排水、堵漏的原则与方法。
4. 何为船舶抗沉性？简述船舶浸水后的浮性和稳性标准。
5. 简述可浸长度与许可舱长的区别。
6. 船上常用的堵漏工具有哪些？如何使用？
7. 船舶采用的减摇装置有哪些形式？各有什么特点？
8. 简述横摇和谐摇的危害及预防措施。

项目三
船舶防污染管理

项目描述

随着世界经济的快速发展，世界航运货运量越来越大，船舶数量也随之大幅度增加，对海洋的污染日趋严重，因操作不当或事故性原因造成船舶大量有害物质进入海洋，使海洋环境遭受破坏，影响生态平衡和水文气象，危害人类健康。为了当代人类健康，也为了给子孙后代创造一个良好的生存环境，使人类社会可持续发展，必须严格控制船舶对海洋的污染。为此，本项目从船舶污油、污水的处理，垃圾的处理，生活污水的处理，油类的记录和海上污染事故的处理等任务出发，经循序渐进的教学和系统的训练，使学生熟悉国际公约对船舶防污染的要求，掌握防污染设备的操作和维护保养，以及油类的记录和溢油操作，做到严格控制和预防船舶各种有害物质的排放和意外泄漏，维持海洋的清洁。

任务1　国际防污染公约的解读与应用

任务描述

为了保护海洋环境，一系列国际性、区域性关于防止船舶污染海洋的公约、协议和法规相继制定、生效和实施。营运中的船舶必须取得规定的船舶防污染文书，这些文书的填写必须满足防污染公约的要求。本任务通过对国际防污染公约解读、防污染文书分类以及油类记录簿填写的要求，使学生了解船舶防污染公约的要求及防污染文书的种类，获得防污染文书记载内容、填写格式的知识，掌握船舶油类记录簿填写有关要求，并在老师的指导下规范填写船舶油类记录簿。

本任务适用于操作级和管理级船员。

学习目标

- 能识记国际防污染公约的要求。
- 能正确区分和使用防污染文书。
- 能识记油类记录簿填写要求并能正确规范地填写油类记录簿。

相关知识

由于航运的国际性，使得海洋油类污染成为国际性的危害。海洋污染状况引起国际社会的普遍关注，世界各国为保护海洋环境，防止污染，召开一系列的国际性、区域性和各沿海国关于防止船舶污染海洋会议，制定一系列国际性、区域性及各国的有关防污染法律和法规，并且不断地修订，使其日渐完善、日渐严格。

一、《国际防止船舶造成污染公约》(《MARPOL 73/78公约》)

《MARPOL 73/78公约》有6个附则。

(1) 附则Ⅰ——防止油污染规则。

(2) 附则Ⅱ——防止散装有毒液体物质污染规则。

(3) 附则Ⅲ——防止海运包装有害物质污染规则。

(4) 附则Ⅳ——防止船舶生活污水污染规则。

(5) 附则Ⅴ——防止船舶垃圾污染规则。

(6) 附则Ⅵ——防止船舶造成大气污染规则。

1. 附则Ⅰ——防止油污染规则

《MARPOL 73/78公约》附则Ⅰ共有7章39条和3个附录：第1章总则、第2章检验和发证、第 3 章对所有船舶机器处所的要求、第 4 章对油船货物区域的要求、第 5 章防止油污事故造成的污染、第 6 章接收设备、第 7 章对固定或浮动平台的特殊要求；附录 I 油类清单、附录 II IOPP 证书和附件格式、附录 III“油类记录簿”格式。

除另有明文规定外，本附则的规定适用于所有船舶。

1）定义

油类：系指包括原油、燃油、油泥、油渣和炼制品在内的任何形式的石油（本公约附则 II 所规定的石油化学品除外）。

含油混合物：系指含有任何油类的混合物。

油船：系指建造为或改造为在其装货处所主要装运散装油类的船舶，并包括全部或部分装运散装货油的兼装船，本公约附则 II 中所定义的任何“NLS 液货船”和经修订的《SOLAS 公约》第 II-1/3.20 条中所定义的任何气体运输船。

原油油船：系指从事原油运输业务的油船。

成品油油船：系指从事除原油以外的油类运输业务的油船。

最近陆地：系指最近的按照国际法划定的领海基线。

特殊区域：系指由于海洋学和生态学及其运输的特殊性质等方面公认的技术原因，需要采取防止海洋污染的特殊强制办法的海域。本附则规定的特殊区域有 10 个：地中海区域、波罗的海区域、黑海区域、红海区域、海湾区域、亚丁湾区域、南极区域、西北欧水域、阿拉伯海的阿曼区域、南部南非区域。其中西北欧水域包括北海及其近海水域，爱尔兰海及其近海水域，克尔特海、英吉利海峡及其临近水域和紧接爱尔兰西部的东北大西洋部分水域。

油量瞬间排放率：系指任何一瞬间每小时排油量（L/h）除以同一瞬间的船速（n mile/h），其单位为（L/n mile）。

舱柜：系指由船舶的永久结构所形成的，并设计为装运散装液体的围蔽处所。

污油水舱：系指专用于收集舱柜的排出物、洗舱水和其他含油混合物的舱柜。

清洁压载水：系指这样一个舱内的压载水，该舱自上次装油后，已清洗到倘若在晴天从一静态船舶将该舱中的排出物排入清洁而平静的水中，不会在水面或邻近的岸线上产生明显的痕迹，或形成油泥乳化物沉积于水面以下或邻近的岸线上。如果压载水是通过经主管机关认可的排油监控系统排出的，根据这一系统的测定查明该排出物的含油量不超过 15 ppm，那么尽管出现有明显的痕迹，仍应确定该压载水是清洁的。

专用压载水：系指装入这样一个舱内的压载水，即该舱与货油及燃油系统完全隔绝并固定用于装载压载水，或固定用于装载本公约各附则中所指各种油类或有毒物质以外的压载水或货物。

百万分比（ppm）：系指按体积的百万分比计算的油污水的含油率。

2）对所有船舶机器处所操作性排油的要求

对 150 总吨及以上的油船油性混合物的排放规定：①不在特殊保护区域内排放；②距最近陆地 50 n mile 以上；③正在航行途中排放，瞬时排放率小于 30 L/n mile；④航次排油总量不得超过本航次所载货油量的 1/30 000；⑤油船所装设的经主管机关批准的排油监控系统和污油水舱，排放时正在运转。

对 400 总吨及以上的非油船和油船机舱舱底水排放规定：①船舶不在特殊区域内；②舱底水中未混有货油残油；③船舶正在航行途中；④未经稀释的排出物的含油量不超过

15 ppm；⑤船上安装的经主管机关批准的舱底水排油监控系统、油水分离设备、过滤设备或其他装置等，正在运转中。

任何油船和 400 总吨及以上的非油船，当其航行在特殊区域内时，禁止将油类或油类混合物排放入海中。对于经处理的机舱舱底污水，只有满足下列所有条件才可排放：①舱底污水不是来自货油泵舱的舱底；②舱底污水未混有货油残油；③船舶正在航行途中；④未经稀释排出物的含油量不超过 15 ppm；⑤具有油水分离设备和有效的过滤系统并正在运转；⑥当排出物的含油量超过 15 ppm 时，该装置能确保自动停止排放。

当发生下述情况时，可以不受规则规定的排放控制的限制：①将油类或含油混合物排放入海是为保证船舶安全或救护海上人命所必需者；②将油类或含油混合物排放入海是由于船舶或其设备遭到损坏的缘故。

对排油监控系统和滤油设备的要求：①凡 400 总吨及以上但小于 10 000 总吨的任何船舶，应装设经主管机关认可的滤油设备，且应保证通过该设备排放入海的含油混合物的含油量不超过 15 ppm；②凡 10 000 总吨及以上的任何船舶，除应装设同上述①一样的滤油设备外，还应装设当排出物含油量超过 15 ppm 时报警并自动停止排放的装置；③对专门从事在特殊区域内航行的船舶，当船舶设有能够容纳留存在船上的全部含油舱底水的储存柜，而且港口有接收设备时，应保证含油舱底水留存在船上，到港后排入接收设备，这样的船舶可不设滤油设备和警报装置；④小于 400 总吨的船舶，主管机关应保证尽可能设有将油类或含油类混合物留存在船上的设备。

2. 附则 II——防止散装有毒液体物质污染规则

1）有毒液体物质污染分类系统

IMO MEPC(52)通过修正案，将原来的有毒液体物质污染分类系统，从“5 类”系统[A, B, C, D 和附录 III(其他液体物质)]，改为新的“4 类”系统[X, Y, Z 和 OS(其他物质)]，并于 2007 年 1 月 1 日起实施。新的分类系统如下：

X 类：此类有毒液体物质，如果从洗舱和排放压载水作业中排入海中，将会对海洋资源人类健康造成严重危害，因此，有必要严禁将此类物质排入海洋环境。

Y 类：此类有毒液体物质，如果从洗舱和排放压载水作业中排入海中，将会对海洋资源或人类健康造成严重危害，或对舒适性或其他合法利用海洋造成损害，因此，有必要对排入海洋环境的此类物质的质量加以限制。

Z 类：此类有毒液体物质，如果从洗舱和排放压载水作业中排入海中，似乎对海洋资源或人类健康造成较小的危害，因此，有必要对排入海洋环境的此类物质的质量加以限制。

OS(其他物质)：应评估作为《国际散装化学品规则》第 18 章污染类栏中所示的物质 OS 并且发现这些物质并不属于 X 类、Y 类或 Z 类，如果从洗舱和排放压载水作业中排入海中，似乎不会对海洋资源或人类健康造成危害，或不会对舒适性或其他合法利用海洋造成损害，因此，排放含有其他物质的舱底污水、压载水其他残余物不受本附则要求的约束。

2）船上有毒液体物质海上污染应急计划

《MARPOL 73/78 公约》MEPC 78(43)修正案于 2001 年 1 月 1 日生效，要求不迟于 2003 年 1 月 1 日 150 总吨及以上的运载散装有毒液体物质的船舶配有一份经认可的船上有毒液体物质海上污染应急计划。或者，可将附则 I 第 26 条要求的“船上油污染应急计划”与“船上有毒液体物质海上污染应急计划”合并。在这种情况下，合并的计划名称为“船上海上污染应急计划”。

3）有毒液体物质的排放规定

（1）应禁止把X，Y，Z类物质的残余物或临时归类的类似残余物或压载水、洗舱水或含有此类物质的其他混合物排放入海，除非此类排放完全符合本附则所含的适用操作要求。

（2）在根据本条进行的任何预洗或排放程序前，相关货舱应根据手册中所规定的程序最大限度地被排空。

（3）禁止装载未经分类、临时归类或禁止装载压载水、洗舱水或含有此类残余物的其他混合物，同时禁止此类物质排放入海。

4）有毒液体物质的排放标准

如果本条规定允许把X，Y，Z类物质的残余物或临时归类的类似残余物或压载水、洗舱水或含有此类物质的其他混合物排放入海，应符合下列排放标准：

（1）船舶在海上航行，自航船航速大于等于7 kn，非自航船航速大于等于4 kn。

（2）在水线以下通过水下排放口进行排放，且不超过水下排放口的最高设置速度。

（3）距最近陆地大于等于12 n mile，水深大于等于25 m处。

（4）X类物质的残余物排放。已被卸完X类物质货物的货舱，在船舶离开卸货港之前，应予以预洗。清洗的残余物其浓度重量处于或低于0.1%之前应被排入接收设备。其浓度指标，由检查员从排入接收设备的残余物中提取样品进行分析后确定。当浓度达到要求后，应把舱内剩余的洗舱水继续排入接收设备，直到把该舱排空。这些作业应记入“货物记录簿”。预洗后输入舱内的任何水均可按排放标准排放入海。

（5）Y和Z类物质的残余物的排放：①Y和Z类物质的残余物的排放应符合排放规定和标准；②Y类高黏度或固化物质的排放，预洗产生的残余物/水混合物应被排入接收设备，直至货舱排空，接着输入舱内的任何水可按排放标准排放入海；③压载水应按排放标准排放，假如船舶离最近陆地不到12 n mile，其所在位置水深不到25 m，而已被清洗的液货舱所输入的压载水含有不到1 ppm的前载物质，则该压载水可不考虑排放速度、船舶航速及排放口位置。

5）南极区域

南极区域（南纬60°以南海域）禁止任何有毒液体物质或含有此类物质的混合物排放入海。

3. 附则III——防止海运包装有害物质污染规则

1）定义

“海运包装有害物质”指在《国际海运危险货物规则（国际危规）》中确定为“海洋污染物”的物质。符合下列任何一种识别标准的均为有害物质，见表3-1-1。

表3-1-1　GESAMP有害物质的分类

《MARPOL 73/78公约》附则III　GESAMP毒性标准				
A	B	C	D	E
+				
Z				
T	4			

A栏内“+”类物质系指能在生物体内聚积至一定程度并且对水生物或人类健康有害的物质。

A栏内“Z”类物质系指能在生物体内聚积并对水生物或人类健康有附带危险但其滞留期为1周或不足2周的物质。

A栏内“T”类物质系指会污染海产食品的物质。

B栏内“4”类物质系指按低于1 ppm TLM/96 h标准确定的对水生物有高毒性的物质。

符合上述标准的所有物质都被认为是海洋污染物，应满足《国际危规》和《MARPOL 73/78公约》附则III的所有要求。

2）适用范围

除另有明文规定者外，本附则适用于所有装运包装的有害物质的船舶。

3）包装

根据其所装的特殊物质，包装件应能使其对海洋环境的危害减到最低限度。

4）标志和标记

盛装有害物质的包装件应耐久地标以正确的技术名称（不应只使用商品名称），并应加上耐久的标志和标记以指明该物质为海洋污染物。标志和标记应保证包装件在海水中至少浸泡3个月仍保持内容清晰可辨。

5）单证

应使用正确的技术名称，并标明为“海洋污染物”。单证应包括附以签字的证明书，说明交付运输的货物业已妥善地包装、标志或标记，并处于适合装运状况，对环境的危害已减到最低限度。每艘装运有害物质的船舶应有一份特别舱单或清单，列明船上所装的有害物质及其位置，也可以是一份标明船上所装有害物质的详细积载图。

船舶所有人或其他代表也应在岸上持有这些单据的副本，直至将这些有害物质卸下船为止。

6）积载

应正确积载和加固，将污染危害减至最小，且不损害船舶和船上人员的安全。

7）限量

对某些有害物质，由于科学和技术的原因，可能禁止运输，或对任一船舶的装载数量加以限制。在限制数量时应考虑船舶的大小、结构和设备，同时还应考虑有害物质的包装和性质。

8）例外

禁止将以包装形式的有害物质抛弃入海，但为保障船舶安全或救护海上人命所必需者除外。

4. 附则IV——防止船舶生活污水污染规则

1）船舶生活污水的定义

（1）任何形式的厕所排出的粪便污水。

（2）从医务室排出的污水。

（3）装有活的动物处所的排出物。

（4）混有上述几种排出物的其他废水。

2）本附则的适用范围

(1) 400 总吨及以上的新船。

(2) 小于 400 总吨但经核定许可载运 15 人以上的新船。

3) 排放规定

(1) 未经处理的污水允许在离岸最近距离为 12 n mile 以上的地方排放。经过粉碎和消毒处理的污水,允许在离岸最近距离 4 n mile 以上的地方排放。以上不论哪一种情况,排放时船的航速不小于 4 kn。

(2) 船舶所设经批准的生活污水处理装置应正常运转,该装置应符合主管机关的规定,拟排放的生活污水废液在水中不应产生可见的漂浮固体,也不应使水变色。

(3) 各缔约国政府应保证在港口和装卸站等设置生活污水接收设备和备有标准排放接头,以满足到港船舶之需。标准排放接头应符合本规则之规定,见表 3-1-2。

表 3-1-2　生活污水接收设备标准排放接头

项目	尺　　寸
外径	210 mm
内径	管接外径,最大直径不大于 100 mm
螺栓圈直径	170 mm
法兰槽口	直径 16 mm 的 4 个孔等距离在螺栓圈上,槽口开至法兰外沿,槽口宽 18 mm
法兰厚度	16 mm
螺栓,数量,直径	4 个,每个直径 16 mm,长度适当
注:法兰以钢或其他同等材料制成,表面平整,连同一个适当的垫圈,应能承受 0.59 MPa 压力。	

4) 生活污水系统

每艘符合本附则适用范围的船舶应配备下列生活污水系统之一:

(1) 生活污水装置,该装置应为主管机关认可的一种形式,符合 IMO 制定的标准和试验方法。

(2) 主管机关认可的污水粉碎和消毒系统,该系统装有主管机关认为合格的设施,当船舶离陆地不足 4 n mile 时,用于临时储存生活污水。

(3) 主管机关认为容积足够储存所有生活污水的集污舱。

船舶生活污水处理装置排放标准见表 3-1-3。

表 3-1-3　船舶生活污水处理装置排放标准

排放指标	IMO 旧标准	IMO 新标准	USCG	Alaska
悬浮固体 SS/(mg/L)	50	35	150	30
生化耗氧量 BOD_5/(mg/L)	50	25	—	30
化学需氧量 COD/(mg/L)	—	125	—	—
大肠杆菌群/(个/100 mL)	250	100	200	20
pH 值	6～9	6～8.5	—	6～9
余氯/(mg/L)	尽可能低	<0.5	—	10
试验天数/d	10	16	10	30

5. 附则 V——防止船舶垃圾污染规则

《MARPOL 73/78 公约》附则 V——防止船舶垃圾污染规则共有 9 条和 1 个附录：第 1 条定义，第 2 条适用范围，第 3 条在特殊区域外处理垃圾，第 4 条对处理垃圾的特殊要求，第 5 条在特殊区域内处理垃圾，第 6 条例外，第 7 条接收设备，第 8 条关于操作要求的港口国控制，第 9 条告示、垃圾管理计划和垃圾记录保存；附录垃圾记录簿格式。

除另有明文规定者外，本附则适用于所有船舶。

1）定义

垃圾系指产生于船舶正常营运期间并需要持续或定期处理的各种食品、日常用品和工作用品的废弃物（不包括鲜鱼及其各部分），但本公约其他附则中所规定的或列出的物质除外。船舶垃圾分为以下 6 类：①塑料；②漂浮的垫舱物料、衬料和包装材料；③粉碎的纸制品、碎布、玻璃、金属、瓶子、陶器等；④货物残余的纸制品、碎布、玻璃、金属、瓶子、陶器等；⑤食品废弃物；⑥焚烧炉灰渣。

特殊区域系指由于海洋学和生态学以及其运输的特殊性质等方面公认的技术原因，需要采取防止海洋污染的特殊强制办法的海域。本附则规定的特殊区域包括地中海区域、波罗的海区域、黑海区域、红海区域、海湾区域、北海区域、南极区域以及包括墨西哥湾和加勒比海的泛加勒比海区域。

2）在特殊区域外处理垃圾

(1) 一切塑料制品，包括但不限于合成缆绳、合成渔网、塑料垃圾袋以及可能包含有毒或重金属残余的塑料制品的焚烧炉灰烬，均禁止处理入海。

(2) 对于下述垃圾，应尽可能远离最近陆地处理入海，但在任何情况下均禁止：①在距最近陆地不足 25 n mile 将漂浮的垫舱物料、衬料和包装材料处理入海；②在距最近陆地不足 12 n mile 将食品废弃物和一切其他垃圾，包括纸制品、碎布、玻璃、金属、瓶子、陶器及类似的废弃物处理入海。

(3) 如果上述(2)中的垃圾，在经粉碎机或磨碎机粉碎或磨碎后，且能通过网眼不大于 25 mm 的粗筛，则可允许尽可能远离最近陆地处理入海，但在任何情况下禁止在距最近陆地不到 3 n mile 处理入海。

(4) 如果垃圾与具有不同处理或排放要求的其他排放物混在一起，则应适用其中较为严格的要求。

3）在特殊区域内处理垃圾

(1) 除本附则规定的“例外”情况外，禁止将下述垃圾处理入海：①一切塑料制品，包括但不限于合成缆绳、合成渔网、塑料垃圾袋以及可能包含有毒金属残余的塑料制品的焚烧炉灰烬；②一切其他垃圾，包括纸制品、破布、玻璃、金属、瓶子、陶器、垫舱物料、衬料和包装材料。

(2) 除本款的规定以外，废弃食物处理入海应尽可能远离陆地，在任何情况下，应离最近陆地不少于 12 n mile。

(3) 在泛加勒比海区域将已经过粉碎机或磨碎机处理的食品废弃物处理入海，应尽可能远离陆地，但在任何情况下，离最近陆地不应少于 3 n mile。这种经粉碎或磨碎的食品废弃物应能通过网眼不大于 25 mm 的粗筛。

(4) 如果垃圾与具有不同处理或排放要求的其他排放物混在一起，则应适用其中较为严格的要求。

6. 附则VI——防止船舶造成大气污染规则

《MARPOL 73/78公约》附则VI于2005年5月19日生效，我国于2006年3月15日加入，2006年8月23日对我国生效。附则VI生效表明《MARPOL 73/78公约》6个附则已全部生效，并对我国已全部生效。

附则VI共有3章19条和5个附录：第I章总则，第II章检验、发证和控制手段，第III章船舶排放控制要求；附录I国际防止大气污染证书，附录II试验循环和加权因数，附录III指定SO_x排放控制区的标准和程序，附录IV船上焚烧炉的型式认可和操作限制，附录V加油记录单中包括的资料。

除另有明文规定者外，本附则适用所有船舶。

二、美国《1990年油污法》

美国《1990年油污法》于1990年8月施行，这是美国为防止其海域受到污染损害而制定的又一部防止海洋污染的法规。由于它对船舶所有人、经营人等规定的油污赔偿责任比其他的防污法规更高，对油船及其他液货舱的防污结构和设备的要求更严格，因此，尽管美国《1990年油污法》不是一部国际性的防污公约，但凡是进出美国港口和水域的船舶都必须遵守和满足该法的要求，这无疑会极大地增加各国船舶所有人、经营人的经营成本和风险。现将美国《1990年油污法》的特点进行概括。

1. 大幅度提高船舶所有人、经营人的油污赔偿限额

(1) 该法规定，责任方的赔偿包括两个方面：清除污染费用和造成的损害。油污赔偿总额不超过下面规定的范围：①3 000总吨及以上的液货船，每总吨1 200美元或总额1 000万美元，取大者；②3 000总吨以下的液货船，每总吨1 200美元或总额200万美元，取大者；③其他船舶每总吨600美元或总额50万美元，取大者。

就液货船而言，船舶所有人赔偿责任限额由原来规定的每总吨150美元提高至《1990年油污法》规定的每总吨1 200美元，是原规定的8倍。

(2) 无限额赔偿责任。该法规定，如果油污事故是由于责任方或其代理人、雇员等的下列行为造成的，责任方将被取消享受赔偿限额的权利，即承担无限额的赔偿责任：①重大过失或故意不当行为；②违反了联邦安全、构造或操作规程。

(3) 船舶必须具有财务责任能力证书。为了确保责任方能真正支付规定的赔偿数额，使油污受害者得到应有赔偿，《1990年油污法》要求建立财务责任制，颁发统一的“财务责任能力证书”。去美国的300总吨以上的船舶在享受赔偿责任限额的情况下，应按规定持有“财务责任能力证书”，以证明该船舶具有足以偿付最大数额赔偿的能力。对不具备证书的船舶，可拒绝其进入美国港口或通航水域，已进入美国港口或通航水域的船舶，有权予以就地扣留。

美国《1990年油污法》要求从每桶石油中征收5美分的费用，以便筹集10亿美元的基金，用以支付清除油污的开支和受害者因得不到责任方的充分赔偿时的补偿金。

2. 对船员的要求

(1) 采取强制措施处罚船员的酗酒和吸毒行为。滥用酒精和毒品将遭到滞留和吊销证书的处罚。

（2）美国船上尤其是油船上的船员必须接受美国主管机关的考核，达到规定的发证标准，其他国家船舶的船员发证标准至少应相当于美国或它所接受的国际标准的规定，否则将禁止该船进港。

3. 对油船构造和货油系统的要求

（1）油船必须建造成双层壳体。

（2）货油舱必须设置液位和舱内压力检测装置、相高液位报警装置。

（3）设置舱内油气回收装置，保证油气不放入大气。

4. 进入美国水域的液货船必须满足安全航行的有关规定

（1）应配有足够完善的航行设备和系统。

（2）制定符合规定的航行计划和船长常规命令。

（3）配有船旗国官方文字和英文书写的船舶管理规章制度。

（4）执行船位报告制度。

（5）在美国威廉王子湾、华盛顿的罗萨里欧海峡和普夫特海峡等水域，强制雇用拖船护航制度。

三、《国际船舶压载水和沉积物控制与管理公约》

1. 公约构成

公约由正文和附则组成。正文22条，主要包括：定义，一般义务，适用范围，控制有害水生物和病原体通过船舶压载水和沉积物转移，沉积物接收设备，科学技术研究和检测，检验和发证，违犯事件，船舶检查，对违犯事件的侦查和对船舶的监督，技术援助、合作与区域合作，信息交流，争端解决，与国际法和其他协议的关系，签署、批准、接受、核准和加入，生效，修正，退出，保存人，文字等。公约附则分A部分（总则），B部分（船舶的管理和控制要求），C部分（某些区域的特殊要求），D部分（压载水管理标准），E部分（压载水管理的检验和发证要求）等5部分，共24条。

2. 公约主要内容

1）压载水管理计划

每一船舶均应在船上携带并实施压载水管理计划。此种计划应由主管机关批准并考虑到本组织制定的指南。压载水管理计划是各船特定的并应至少详述与本公约要求的压载水管理有关的该船舶和船员的安全程序，详述实施本公约中所载的压载水管理要求和补充性的压载水管理实践所应采取的行动，详述沉积物的海上处置程序和岸上处置程序（包括与将在其水域中进行海上排放的国家当局协调的船上海上排放压载水管理程序），指定在船上负责确保计划得到正确实施的高级船员，包含本公约规定的船舶报告要求（以船舶的工作语言写成，如果使用的语言不是英文、法文或西班牙文，则应包括其中之一的译文）。

2）压载水记录簿

每一艘船舶均应在船上备有至少载有本公约附录II规定信息的压载水记录簿。该记录簿可以是一种电子记录系统，或可以被合并到其他记录簿或系统中。压载水记录簿的记录事项应在完成最后一项记录后保留在船上至少两年，此后应在至少三年的期限内由公司控制。压载水记录簿应在所有合理时间随时可供检查；对于被拖带的无人船舶，可放在拖船上保存。每一压载水作业均应及时在压载水记录簿中作出完整记录。每一记录均应由负责有关作业的高级船员签字，每一页填写完毕均应由船长签字。压载水记录簿中的记录事项应以该船的工作语言填写。如果该语言不是英文、法文或西班牙文，则该记录事项应载有其中一种语言的译文。当填写的记录事项使用船舶有权悬挂其国旗的国家的官方语言时，在发生争端或有不一致时，应以此种语言填写的记录事项为准。经当事国正式授权的官员，当船舶在该当事国的港口或离岸码头时，可在本条适用的任何船上检查压载水记录簿，并可制作任何记录事项的副本和要求船长证明该副本是真实副本。经此种证明的任何副本应在任何诉讼中被允许作为记录事项中所述事实的证据。压载水记录簿的检查和被证明的副本的制作应从速进行，不应造成船舶不适当的延误。

3）压载水更换

（1）为符合本公约第 D-1 条的标准而进行压载水更换的船舶。凡可能时，均应在距最近陆地至少 200 n mile，水深至少为 200 m 的地方进行此种压载水更换并应考虑本组织制定的指南。

当船舶不能按本公约第 1.1 款进行压载水更换时，应考虑第 1.1 款所述指南，在尽可能远离最近陆地的地方，并在所有情况下距最近陆地至少 50 n mile，水深至少为 200 m 的地方进行此种压载水更换。

（2）在距最近陆地的距离或水深不符合本公约第 1.1 或 1.2 款中所述参数的海区中，经视情与邻近或其他国家协商并考虑到第 1.1 款所述指南，港口国可指定船舶进行压载水更换的区域。

（3）不应为符合本公约第 1 条的任何特定要求而要求船舶偏离其预定航线或推迟航行。

（4）如船长合理地确定：由于恶劣天气、船舶设计或应力、设备失灵或任何其他异常状况，压载水更换会威胁船舶的安全或稳性、其船员或乘客，则应视情不要求进行压载水更换。

（5）当船舶被要求进行压载水更换但却未按本条这样做时，其理由应在压载水记录簿中作记录。

4）船舶沉积物管理

所有船舶应按本船的压载水管理计划的规定清除和处置被指定承载压载水的处所中的沉积物。

5）高级和普通船员的职责

高级和普通船员应熟知其在供职船舶实施其具体压载水管理方面的职责并应熟知与其职责相应的船舶压载水管理计划。

6）压载水管理标准

（1）压载水更换标准。船舶按本条进行压载水更换，其压载水容积更换率应至少为 95%。对于使用泵入-排出方法交换压载水的船舶，泵入-排出 3 倍于每一压载水舱容积应视为达到第 1 条所述标准。泵入-排出少于压载舱容积 3 倍，如船舶能证明达到至少 95%容积的更换，则也可被接受。

（2）压载水性能标准见表 3-1-4。

表 3-1-4　压载水性能标准

有害物种	排　放　标　准
可存活水生物	尺寸 50 μm 以上小于 10 个/m^3
可存活水生物	尺寸 10～50 μm 小于 10 个/mL
有毒霍乱弧菌	少于 1 个 cfu/100 mL，或少于 1 个 cfu/g（湿重）浮游动物样品
大肠杆菌	少于 250 个 cfu/100 mL
肠道球菌	少于 100 个 cfu/100 mL
注：cfu 为菌落形成单位。	

7）压载水管理的检验和发证

本公约适用的 400 总吨及以上的船舶，应接受初次检验、换证检验、中间检验、年度检验和附加检验。证书应按主管机关规定的、不超过 5 年的期限颁发，以颁证国的官方文字写成。如使用的文字不是英文、法文或西班牙文，则文本应包括其中一种语言的译文。

四、《国际防止油污证书》（IOPP 证书）

1. 证书的格式

表 3-1-5 为《国际防止油污证书》的格式，其后附有一份《船舶结构和设备记录》。这种附页有两种格式，即格式 A 和格式 B，格式 A 适用于非油船，格式 B 适用于油船或设有货油舱的非油船。

表 3-1-5　《国际防止油污证书》的格式

船名	船舶编号或呼号	船籍港	总吨位

附页上记载的是该船的船舶资料及排污设备情况、残油的处理措施、标准排放接头和油污应急计划等经主管机关检验认可的记录，并永久附于 IOPP 证书之后。

证书应用发证国的官方文字写成。如所用文字既非英文又非法文，则该文本中还应有英文或法文的译文。

2. 证书的签发

船舶首次取得 IOPP 证书，应在投入营运之前或首次签发证书之前，向主管机关申请初次检验。

初次检验是按国际公约的要求，对船舶防污结构、防污设备、各种系统、附件和材料进行全面的检验，其范围包括：

（1）审查船舶防油污结构与设备是否有船检部门签发的型式试验认可证书及产品检验证书。

（2）对油水分离装置和过滤装置作内部检查。

（3）检查分离器泵、舱底水管系和残油舱管系。

（4）各排放阀的检查，检查手动和自动停止舷外排放装置。

（5）对排油监控系统和报警装置进行检查和试验。

(6) 观察排放监测器和记录器的工作是否正常。

(7) 检查燃油系统和压载系统的分隔情况。

(8) 检查机舱残油舱及其排放装置。

(9) 如在燃油舱中装载压载水，应检查压载水排入接收设备的装置。

(10) 检查标准排放接头是否符合规范要求。

(11) 检查是否备有经主管机关批准的“船上油污应急计划”。

(12) 检查防污设备用的消耗品备件是否足够。

(13) 核实机舱内是否在易见处设有写明“禁止排放油污”的布告牌。

当检验合格后，由主管机关或经主管机关正式授权的个人或组织签发 IOPP 证书。但对非缔约国船舶不发此证。对国内沿海航行及港口船舶，签发的应是《防止油污证书》。

3. 证书的期限

IOPP 证书的有效期自签发之日起为 5 年，不得展期。

为保持 IOPP 证书的有效性，必须按规定进行年度检验和期间检验，检验后验船师应在证书上签注。

1) 年度检验

对船舶防止油污结构和设备的年度检验应在《国际防止油污证书》每周年前后 3 个月内进行。

2) 期间检验

期间检验安排在证书有效期期中之日前后 6 个月内进行，即可与第二次年度检验或第三次年度检验结合进行，并可代替年度检验。期间检验除按规定进行年度检验的项目外，还应对防污设备进行一些内部检查和试验。国内船舶的《防止油污证书》的有效期也是 5 年，在有效期内只进行年度检验。

IOPP 证书 5 年到期时，应进行定期检验，其检验范围与期间检验范围相当。定期检验合格后，验船师签发新的 IOPP 证书。

4. 证书的失效

IOPP 证书在下列情况下失效：

(1) 未按规定申请进行期间检验或证书有效期届满未继续申请定期检验。

(2) 未经主管机关许可，对所要求的结构、设备、各种系统、附件、布置和材料作重大的改变。

(3) 发现有使设备失效的缺陷而又不能按主管机关要求进行必要的修理。

(4) 船舶改挂另一国的国旗(如果变更船旗系在两个缔约国之间进行，则另有规定)。

5. 油类记录簿(ORB)

根据《MARPOL 73/78 公约》的规定，凡 150 总吨及以上的油船、400 总吨及以上的非油船，均应设立油类记录簿，如图 3-1-1所示。油船应备有两种记录簿：一种用于记录机器处所的操作，由轮机部保管；一种用于记录货油的操作，由大副保管。

图 3-1-1　油类记录簿

1）油类记录簿的效力

油类记录簿目前已作为船上重要的、享有法律效力的船舶防污文书。油类记录簿的记载应使用船旗国的官方文字。对于持有 IOPP 证书的船舶，则还需有英文或法文的记录，遇有争议或不相一致的情况时，以船旗国官方文字的记录为准。

缔约国政府的主管当局可在其港口或近海装卸站对规定的任何船舶检查油类记录簿，并可将该记录簿中任何记录制成副本，要求船长证明该副本是该项记录的正确副本。这样制成的副本，经船长证明为船上油类记录簿中某项记录的正确副本者，可在任何法律诉讼中作为该项记录中所述事实的证据。主管当局对油类记录簿的检查和制作正确无误的副本应尽快进行，以不致造成船舶的不当迟延。

油类记录簿应存放在随时可取来检查的地方，应在进行最后一项记录后，在船上保留3年。

2）油类记录簿的内容

每当船舶进行下列任何一项作业时，均应填写油类记录簿。

（1）机器处所的作业（所有船舶）：

A. 燃油舱的压载或清洗。

B. 燃油舱的压载水或洗舱水的排放。

C. 残油（油泥）的处理。

D. 机器处所积存的舱底水向舷外的排放或处理。

E. 排油监控系统状况。

F. 在港期间加装燃油或散装润滑油。

G. 意外或其他特殊情况下的排放。

（2）货油/压载的作业（油船）：

A. 货油的装卸。

B. 航行中货油的内部转驳。

C. 货油的卸载。

D. 货油舱和清洁压载舱的压载。

E. 货油舱的清洗（包括原油洗舱）。

F. 污压舱内水的排放（但从专用压载舱排放者除外）。

G. 污油水舱水的排放。

H. 污油水舱排放作业后所使用的阀门或类似装置的关闭。

I. 污油水舱排放作业后，为清洁压载舱与货油和扫舱管路隔离所需阀门的关闭。

J. 残油的处理。

为方便所有船舶机舱处所油类记录簿记载及识别，油类记录簿记载细目一览表是按作业项目编排的，每项作业均由一个字母表示。以下为油类记录簿记载细目一览表。

油类记录簿记载细目一览表

（A）燃油舱的压载或清洗

1. 压载燃油舱的编号。
2. 从上次装油后是否已清洗，如未清洗，说明上次所装的油类。

续表

3. 清洗过程：
1）清洗开始和结束的船位和时间。
2）注明采用哪种方法清洗油舱（用化学品清洗、蒸汽清洗、水涮；使用的化学品种类和数量，以 m^3 计）。
3）注明洗舱水驳入的油舱编号。
4. 压载：
1）压载开始和结束时的船位和时间。
2）压载水的数量（如果油舱未予清洗）。
(B) 从(A)项所述燃油舱排放污压载水或洗舱水
5. 燃油舱的编号。
6. 开始排放时的船位。
7. 终止排放时的船位。
8. 排放期间的船速。
9. 排放的方法：
1）通过 15 ppm 设备。
2）排入接收设备。
10. 排放的数量。
(C) 残油（油泥）的收集和处理
11. 残油的收集。
留存在船上的残油（油泥或其他油渣）的数量。这个数量应每周记录一次（编者注，仅指在 IOPP 证书附录格式 A 和格式 B 中第 3.1 项所列的油舱），系指这个数量必须每周记录一次，无论该航次持续时间是否超过一周。
1）注明油舱的编号。
2）油舱的舱容以 m^3 计。
3）留存残油的总量以 m^3 计。
4）通过人工方式收集残油的数量以 m^3 计。
12. 残油的处理方法。
注明处理的残油数量，同时注明从油舱中排出和留存在油舱中的数量，以 m^3 计。
1）排入接收设备（注明港口）。
2）驳入另一（或其他）油舱（注明油舱编号及油舱总容量）。
3）已焚烧（注明焚烧作业的全部时间）。
4）其他方法（具体说明）。
(D) 机器处所积存的舱底水非自动方式排出舷外或其他方法处理
13. 排放或处理的数量，以 m^3 计。
14. 排放或处理的时间（开始和结束）。
15. 排放或处理的方法。
1）通过 15 ppm 设备（说明开始和结束时的船位）。
2）排入接收设备（注明港口）。
3）驳入污油水舱或储存柜（编者注：指在 IOPP 证书附录格式 A 和格式 B 中第 3.3 项所列的污水舱）注明油舱编号；注明留存在舱柜内的总量，以 m^3 计。
(E) 机器处所积存的舱底水自动方式排出舷外或其他方法的处理
16. 通过 15 ppm 设备，将该系统定为自动向舷外排放方式时的时间和船位。
17. 将该系统定为自动将舱底水输入储存柜（注明柜号）的作业方式时的时间。
18. 将该系统定为手动作业方式时的时间。
(F) 排油监控系统的状况
19. 系统失效时间。
20. 系统已修复运转时间。
21. 故障原因。

续表

(G) 意外或其他异常的排油
22. 发生的时间。
23. 发生时船舶所在地点或船位。
24. 油的种类和大概数量。
25. 排放或溢漏的情况、原因和一般说明。
(H) 加装燃油或散装润滑油
26. 装油:
1) 加油的地点。
2) 加油的时间。
3) 燃油的种类和数量以及油舱的编号(说明加油的数量和油舱的总存量,以 t 计)。
4) 润滑油的种类和数量以及油舱的编号(说明加油的数量和油舱的总存量,以 t 计)。
(I) 补充的作业程序和一般说明

3) 填写格式与注意事项

(1) 应在油类记录簿指定页上描绘本船油水舱柜布置图,并填写各油水舱柜的容积。

(2) 油类记录簿中每页的船名、登记号或呼号应记住填写,不得遗漏。

(3) 非油船应将每页之首的货油/压载作业(油船)的字样划线删除。

(4) 填写油类记录簿,应采用记载细目表中规定的项号和序号,即除地点、方法用文字写明外,其余一律使用项号和序号。

(5) 油类记录簿应逐行、逐页使用,不得留有空白间隔。所要求的记载细节,应按年、月、日顺序记入空栏内。

(6) 对(C)项记录的特别注意之处:(C)项是最重要的一项,即残油的收集和处理。一艘船上每天产生多少残油,这是很难准确计算的。所以,在记录一个单航次残油的收集和处理时应考虑以下几点:①上一港留存的残油量;②本航次产生的残油量;③本船残油柜的容量及存量;④本船焚烧炉的最大容量及使用时间。

总之,油类记录簿上记载的抵港时的残油存量应与实际的残油柜存量基本吻合。这是检查人员重点检查的内容。

(7) 如记载出现错误,应在错误部分划一条直线(但还要能清楚看出划去部分的文字),并在下面或后面予以改正同时签名、注明日期。

(8) 每次操作完后,直接操作负责人(轮机员或轮机长)签字。

(9) 每页使用完后应速交船长审阅、签章。

(10) 机器处所作业的油类记录簿由轮机部门保管;油船的货油操作油类记录簿由大副保管。

五、防止垃圾污染文书

1. 垃圾管理计划

1995 年 9 月 IMO MEPC 65(37)号决议通过《MARPOL 73/78 公约》附则 V 修正案,新增第 9 条,该修正案已于 1997 年 7 月 1 日生效,对于在此日期之前建造的船舶于 1998 年 7 月 1 日起适用。该条主要规定:

(1) 总长为 12 m 及以上的船舶均应张贴告示以使船员和乘客知晓本附则关于垃圾处理的规定。告示应以船上人员的工作语言书写,对航行于其他缔约国政府管辖权范围内的港口或近海装卸站的船舶，告示还应以英文、法文或西班牙文书写。

(2) 所有400总吨及其以上的船舶经核定可载运15人及以上的船舶，应备有一份按IMO制定的导则编制的垃圾管理计划(Garbage Management Plan)，航行前往其他缔约国所管辖的港口或装卸站的船舶还要有按附则V中规定的统一格式的垃圾记录簿(Garbage Record Book)。

(3) 垃圾管理计划应用本船船员工作语言编写，其内容应包括垃圾收集、存放、加工和处理程序，船上垃圾加工处理设备管理、使用要求、计划实施、各类人员职责等。

2. 垃圾记录簿

(1) 每当进行下述各项工作时均应记录在垃圾记录簿中：①向海里排放垃圾时；②向港口接收设施排放垃圾时；③在船上焚烧垃圾时；④意外地或在其他特殊情况下排放垃圾时。

(2) 垃圾记录簿每项记录应由负责的高级船员签字，记录内容应用船旗国官方语言和英文、法文或西班牙文书写。每记完一页应由船长签字。

(3) 垃圾记录簿应放在船上随时可取来检查的地方，垃圾记录簿最后一项记完后应在船上保留2年。

(4) 向港口垃圾接收设施排放垃圾时，船长须从接收设施管理人员处得到一份写明垃圾估计转移量的收据。

六、防止大气污染文书

1. 证书的签发

初次检验或换证检验完成后，《国际防止大气污染证书》(IAPP证书)应签发给：

(1) 从事前往其他缔约国港口或离岸码头航行的400总吨及以上船舶。

(2) 从事前往其他1997年议定书缔约国主权或管辖水域航行的平台和钻井装置。

A. IAPP证书由主管机关或经主管机关正式授权的任何个人或组织签发或签注，但在任何情况下，主管机关对证书负有全部责任。

B. IAPP证书格式应符合附则VI附录I的规定，且至少使用英文、法文或西班牙文写成。如果还使用发证国的官方语言，出现争议或不相一致时，应以发证国官方语言为准。

C. IAPP证书的有效期应由发证主管机关作出规定，但不得超过5年。

D. IAPP证书在下列任何一种情况下将不再有效：①如果在本附则规定的期限内没有完成相关的检验。②如果证书未按照本附则的要求签注。③当船舶改挂另一国国旗时。若转换船旗是在两个缔约国之间进行的，则如果在转换船旗后3个月内提出请求，船舶原先悬挂其国旗的缔约国政府应尽快将变更船旗前该船持有的证书副本连同有关的检验报告副本(如有)转交主管机关。

2. 证书的检验

凡400总吨及以上的船舶与所有固定式和移动式钻井平台以及其他平台应接受下列规定的检验。

(1) 初次检验：在船舶投入营运或在首次签发本附则规定的证书前进行。该检验应确保其设备、系统、装置、布置和材料完全符合本附则中适用的要求。

(2) 换证检验：在主管机关规定的间隔期进行，但不可超过5年。该换证检验应确保其设备、系统、装置、布置和材料完全符合本附则中适用的要求。

(3) 中期检验：在证书的第二或第三个周年日前/后3个月内进行，它应代替1次年度检验。该中期检验应确保船舶的设备和布置完全符合本附则中适用的要求，并处于良好的工作状态。中期检验应在签发的证书上签注。

(4) 年度检验：在证书签发的每个周年日前/后3个月内进行，包括对相关的船舶设备、系统、配件、装置及材料的全面检查，以确保其按要求进行维护并使其保持在令人满意的服务状态。年度检验应在签发的证书上签注。

(5) 附加检验：在调查所引起的总体或部分修理后，或在做过重大修理或换新后根据情况进行。这种检验应为确保必要的修理或换新的有效性，修理或换新所用的材料和工艺在各方面都能令人满意而且船舶在各方面都符合本附则的要求。

3. 消耗臭氧物质的操作记录

(1) 每艘按规定须持有IAPP证书的船舶须保存含消耗臭氧物质的设备清单。

(2) 按规定须持有IAPP证书并具有含消耗臭氧物质的再充注系统的船舶须保存一份消耗臭氧物质记录簿。经主管机关批准，该记录簿可以是现有航海日志或电子记录系统的一部分。

(3) 消耗臭氧物质记录簿中的登记，须按物质的质量(kg)，就含消耗臭氧物质的设备的全部或部分重新充注、设备的修理或维护、消耗臭氧物质向大气中故意或非故意排放、消耗臭氧物质向陆基接收设施的排放以及向船舶供给的消耗臭氧物质情况及时记录。

任务实施

规范填写油类记录簿

【任务要求】

正确识读油类记录簿的格式；能根据所给的案例，规范填写油类记录簿。

【任务准备】

油类记录簿记载实例如下。

船名：　　　　　　　　　　　　　船舶呼号：

Name of Ship: ___________　　　　Distinctive Letters: ___________

机器处所操作用(所有船舶)

Machinery Space Operations(All Ships)

日期 Date	操作代号 Code	项目编号 Item	操作记录/负责处理的高级船员签字 Record of operations/Signature of officer in charge
M/D/Y	H	26.1	Hong Kong.
		26.2	Started at 06:00 and Stopped at 10:00.
		26.3	No. 1C,　FO　151.28 M/T, Total 172.56 M/T.
			No. 2C,　FO　249.32 M/T, Total 266.78 M/T.
			No. 4P,　DO　40.76 M/T, Total 49.40 M/T.
			No. 4S,　DO　38.68 M/T, Total 52.95 M/T.

续表

日期 Date	操作代号 Code	项目编号 Item	操作记录/负责处理的高级船员签字 Record of operations/Signature of officer in charge
			Total Bunker FO 400. 60 M/T, DO 79. 44 M/T.
			签字 Signature
M/D/Y	D	13	About 5. 2 m^3 From E/R Bilge Wells .
		14	Started at 08:00 and Stopped at 09:20.
		15. 3	Transferred into bilge water Collecting TK .
			Total Quantity Retained 7. 4 m^3.
		13	About 4. 5 m^3 From Bilge Water Collecting TK .
		14	Started at 09:30 and Stopped at 11:00.
		15. 1	Through 15 ppm Equipment .
			32°00′. 7N　　123°48′. 2E .
			32°17′. 3N　　123°53′. 8E.
			签字 Signature
M / D / Y	C	11. 2	Sludge TK Maximum Capacity 14. 0 m^3. .
		11. 3	Total Quantity Retained 8. 9 m^3.
			签字 Signature
M/D/Y	C	12. 1	About 12 m^3. Sludge Transferred From Sludge TK.
			Total Quantity Retained 0. 3 m^3.
			At Dalian port .
			签字 Signature
M/D/Y	C	12. 3	About 3 m^3 sludge Incinerated From Sludge TK.
			Total Quantity Retained 2. 1 m^3.
			Total About 96 Hrs.
			签字 Signature
M/D/Y	I		RENEWED COALESCER OF O. W. S
			签字 Signature

船长签字：
Signature of Master ____________

上述油类记录簿记载实例说明：

油料加装是船舶常遇的油类操作项目，也是油类记录簿最常用的记载项目。例如，我船于×年×月×日 0600—1000 时在香港加装重油 400 t(实装 400. 60 t，分别装于中 1 与中 2 双层底)，轻油 80 t(实装 79. 44 t，分别装于左 4 与右 4 双层底)，油类记录簿的记载为表中 H 项所示。

机舱舱底水处理或排放也是船舶常遇的油类操作项目和油类记录薄最常用的记载项目。需注意的是舱底水排放不可在港区靠泊时进行，一定要在航行时排放，航行时亦注意船舶不在特殊保护区域内。因此，机舱作业前一定要得到值班驾驶员的许可，并记下开始操作与结束操作时的船位。例如，我船于×年×月×日0800—0920时从舱底污水井泵入污水约5.2 m^3 至污水柜，并于当天上午0920(船位北纬32°00′.7，东经123°48′.2)至1100(船位北纬32°17′.3，东经123°53′.8)通过油水分离器，从污水柜排放约4.5 m^3 污水至舷外，油类记录簿应记载为表中D项所示。

机舱内残油的处理不仅是油类记录簿最常用的记载项目，而且也是各港口国PSC检查官重点检查项目。一般情况机舱内残油的收集应每星期记录一次。其残油数量与上次记录的数量相累计，例如，我船于×年×月×日测得污油柜内残油总量为8.9 m^3，油类记录簿应记载为表中第一C项所示。

如果船上没有焚烧设备，污油柜中残油会日渐增多，绝对不可以处理入海，应定期在方便港口通过污油泵排入港口接收设备，例如，×年×月×日我船在大连港排出12 m^3 残油至岸上接收设备，油类记录簿应记载为表中第二C项所示，同时应注意必须取得"残油接受证明"，并得到当地港监部门的盖章认可，贴于油类记录簿中，以便于各港口国PSC检查官检查、核实。

如果船上有焚烧设备，应注意在船舶航行中焚烧，尽量远离陆地，以避免造成沿海国大气污染。例如，我船于×年×月×日经过焚烧炉运行约96 h，共焚烧约3 m^3 残油，并测得污油柜内残油量为2.1 m^3，油类记录簿应记载为表中第三C项所示。

【任务操作】

油类操作案例

某船，34 560总吨，散货船，航线为中国上海—新加坡。

2012年5月13日，开航，船上的污油舱包括油渣柜，货舱容积为12.45 m^3，现存2.50 m^3，污油柜，货舱容积为11.34 m^3，现存3.30 m^3，焚烧炉废油柜，货舱容积为1.00 m^3，现存0.10 m^3，当晚一号辅机油底壳收集0.70 m^3 的污油驳至污油柜，污油柜存4.00 m^3。5月14日，三管轮从污油柜驳出0.8 m^3 污油到焚烧炉废油柜，开蒸汽阀加热，污油柜存3.20 m^3，焚烧炉废油柜存0.9 m^3。5月15日，焚烧炉废油水分被挥发，存0.55 m^3，启用焚烧炉燃烧17.5 h，焚烧废油0.50 m^3，剩余0.05 m^3。5月16日，三管轮从油渣柜驳出2.45 m^3污油到污油柜，油渣柜存1.3 m^3，污油柜存5.65 m^3。5月17日，三管轮于0915时(船位北纬18°50′，东经115°24′)至1130时(船位北纬18°23′，东经115°17′)通过15 ppm油水分离器，从污水柜排放5.60 m^3 污水至船外，污水柜货舱容积为29.45 m^3，还剩0.7 m^3，5月18日，三管轮从污油柜驳出0.8 m^3 污油到焚烧炉废油柜，开蒸汽阀加热，污油柜存4.85 m^3，焚烧炉废油柜存0.85 m^3。5月19日，焚烧炉废油水分被挥发，存0.55 m^3，启用焚烧炉燃烧15 h，焚烧废油0.45 m^3，剩余0.10 m^3。5月21日1600时到达新加坡港，1800时新加坡污油船到达，共接收船舶污油7.50 m^3，其中污油柜驳出4.80 m^3，剩0.05 m^3，油渣柜驳出2.70 m^3，还剩0.10 m^3，2200时加油船到达，2300时开始加油。5月22日0700时，加油结束，共加得380 cSt燃油820.35 t，分别加入1号左燃油舱421.23 t，1号右燃油舱399.12 t，1号左燃油舱存427.45 t，1号右燃油舱存404.23 t。

根据油类记录簿记载细目一览表，并参照油类记录簿记载实例，按上述案例，学生每人规范地填写一份油类记录簿。

任务评价

任务内容涵盖交通运输部海事局海船船员 2011《船舶管理》考试大纲中“船舶防污染文书、油类记录簿的规范填写”等相关知识点，并满足评估大纲中相关技能要求。

评估要素：

1. 正确识读油类记录薄填写项目；
2. 油类记录薄填写格式和内容正确性。

任务拓展

中华人民共和国防污染法规

一、中华人民共和国海洋环境保护法

本法(以下简称《海洋环保法》)于 1999 年由全国人民代表大会常务委员会通过，自 2000 年 4 月 1 日起施行，是一部为保护海洋环境及资源、防止污染损害，保护生态平衡，保障人体健康，促进海洋事业发展的国家法律。本法共 10 章 98 条(原 1982 年 8 月 23 日通过的海洋环境保护法共 8 章 48 条废止)，概况如下所述。

1. 适用范围与主管机关

该法适用于中华人民共和国的内水、领海、毗连区、专属经济区、大陆架以及中华人民共和国管辖的一切其他海域。在中华人民共和国管辖海域内从事航行、勘探、开发、生产、旅游、科学研究及其他活动，或者在沿海陆域内从事影响海洋环境活动的任何单位和个人，都必须遵守本法。在中华人民共和国管辖海域以外，造成中华人民共和国管辖海域污染的，也适用本法。

国务院环境保护行政主管部门作为对全国海洋环境保护工作统一监督管理的部门，对全国海洋环境保护工作实施指导、协调和监督，并负责全国防治陆源污染、海岸工程项目对海洋污染损害的工作。

国家海洋行政管理部门负责海洋环境的监督管理，组织海洋环境的调查、监测、监视、评价和科学研究。负责全国海洋工程建设项目和海洋倾倒废弃物对海洋污染损害的环境保护工作。

国家海事行政主管部门负责所辖港区内非军事船舶和港区水域外非渔业、非军事船舶污染海洋环境的监督管理，并负责污染事故的调查处理。对中华人民共和国管辖海域航行、停泊和作业的外国籍船舶造成的污染事故登轮检查处理。船舶污染事故给渔业造成损害的，应当吸收渔业行政主管部门参与调查处理。

国家渔业行政主管部门负责渔港水域内非军事船舶和渔港水域渔业船舶污染海洋的监督管理，负责保护渔业水域生态环境工作，并调查处理前款规定的污染事故以外的渔业污染事故。军队环境保护部门负责军事船舶污染海洋环境的监督管理及污染事故的调查处理。

2. 防止船舶及有关作业活动对海洋环境损害的主要规定

(1) 在中华人民共和国管辖海域，任何船舶及相关作业，不得违反规定向海洋排放污染

物、废弃物和压载水、船舶垃圾及其他有害物质。从事船舶污染物、废弃物、船舶垃圾接收、船舶清舱、洗舱作业活动的，必须具备相应接收处理能力。

(2) 船舶必须按照有关规定持有防止海洋环境污染的证书与文书，在进行涉及污染物排放及操作时，应当如实记录。

(3) 船舶必须配置相应的防污设备和器材。

(4) 国家完善并实施船舶油污损害民事赔偿责任制度，建立船舶油污保险、油污损害赔偿基金制度。

(5) 载运具有污染危害性货物进出港口的船舶，必须事先向海事行政主管部门申报。

(6) 港口、码头、装卸站和船舶修造厂必须备有足够的用于处理船舶污染物、废弃物的接收设备。装卸油类的港口、码头、装卸站和船舶必须编制溢油污染应急计划，配备相应的溢油污染应急设备和器材。

(7) 船舶在港区水域内使用焚烧炉、洗舱、清舱、驱气、排放压载水、残油及含油污水接收、舷外油漆、冲洗有毒有害物质的甲板作业等。船舶、码头、设施使用化学消油剂，从事船舶水上拆解、打捞、修造和其他水上、水下船舶施工作业等活动时，均需事先按有关规定报请有关部门批准或者核准。

(8) 船舶发生海难事故造成或者可能造成海洋环境重大污染损害的，国家海事行政主管部门有权强制采取避免或者减少污染损害的措施。

(9) 所有船舶均有监视海上污染的义务，在发现海上污染事故或者违反海洋环境保护法规定的行为时，必须立即向就近的海洋环境监督管理部门报告。

3. 法律责任方面的主要规定

(1) 对违反《海洋环保法》有关规定的各类行为，海洋环境监督管理部门依据违法程度，有权予以警告、责令限期改正、停止生产或施工、吊销许可证等行政处罚和罚款，罚款额度最少为 2 万元，最高为 100 万元。

(2) 造成海洋环境污染损害的责任者应当排除危害，并赔偿损失。完全是由于第三者的故意或者过失，造成海洋环境污染损害的，由第三者排除危害，并承担赔偿责任。对破坏海洋生态、海洋水产资源、海洋保护区，给国家造成重大损失者，由海洋环境监督管理部门代表国家对责任者提出赔偿要求。

(3) 对违反《海洋环保法》规定，造成海洋环境污染事故的单位，由海洋环境监督管理部门处以罚款，按其直接损失的 30%计算，但最高不得超过 30 万元，负有直接责任的主管人员和其他直接责任人员属于国家工作人员的，依法给予行政处分。对造成重大海洋环境污染事故，致使公、私财产遭受重大损失或者人身伤亡严重后果的，依法追究刑事责任。

(4) 海洋环境监督管理人员滥用职权、玩忽职守、徇私舞弊，造成海洋环境污染损害的，依法给予行政处分。构成犯罪的则依法追究刑事责任。

二、中华人民共和国防治船舶污染海洋环境管理条例

为了防治船舶及其有关作业活动污染海洋环境，依据《海洋环保法》，制定本条例，经国务院批准，自 2010 年 3 月 1 日起施行，1983 年 12 月 29 日国务院发布的《中华人民共和国防止船舶污染海域管理条例》同时废止。该条例共 9 章 78 条：第一章总则、第二章防治船舶及其有关作业活动污染海洋环境的一般规定、第三章船舶污染物的排放和接收、第四章船舶有

关作业活动的污染防治、第五章船舶污染事故应急处置、第六章船舶污染事故调查处理、第七章船舶污染事故损害赔偿、第八章法律责任、第九章附则。

1. 适用范围和主管机关

防治船舶及其有关作业活动污染中华人民共和国管辖海域适用本条例。

国务院交通运输主管部门主管所辖港区水域内非军事船舶和港区水域外非渔业、非军事船舶污染海洋环境的防治工作。

海事管理机构依照本条例规定具体负责防治船舶及其有关作业活动污染海洋环境的监督管理。

2. 船舶污染物的排放和接收

（1）船舶在中华人民共和国管辖海域向海洋排放的船舶垃圾、生活污水、含油污水、含有毒有害物质污水、废气等污染物以及压载水，应当符合法律、行政法规、中华人民共和国缔结或者参加的国际条约以及相关标准的要求。

船舶应当将不符合前款规定的排放要求的污染物排入港口接收设施或者由船舶污染物接收单位接收。

船舶不得向依法划定的海洋自然保护区、海滨风景名胜区、重要渔业水域以及其他需要特别保护的海域排放船舶污染物。

（2）船舶处置污染物，应当在相应的记录簿内如实记录。

船舶应当将使用完毕的船舶垃圾记录簿在船舶上保留 2 年，将使用完毕的含油污水、含有毒有害物质污水记录簿在船舶上保留 3 年。

（3）船舶污染物接收单位从事船舶垃圾、残油、含油污水、含有毒有害物质污水接收作业，应当依法经海事管理机构批准。

（4）船舶污染物接收单位接收船舶污染物，应当向船舶出具污染物接收单证，并由船长签字确认。

船舶凭污染物接收单证向海事管理机构办理污染物接收证明，并将污染物接收证明保存在相应的记录簿中。

（5）船舶污染物接收单位应当按照国家有关污染物处理的规定处理接收的船舶污染物，并每月将船舶污染物的接收和处理情况报海事管理机构备案。

3. 船舶污染事故应急处置

（1）本条例所称船舶污染事故，是指船舶及其有关作业活动发生油类、油性混合物和其他有毒有害物质泄漏造成的海洋环境污染事故。

（2）船舶污染事故分为以下等级：①特别重大船舶污染事故是指船舶溢油 1 000 t 以上，或者造成直接经济损失 2 亿元以上的船舶污染事故。②重大船舶污染事故是指船舶溢油 500 t 以上不足 1 000 t，或者造成直接经济损失 1 亿元以上不足 2 亿元的船舶污染事故。③较大船舶污染事故是指船舶溢油 100 t 以上不足 500 t，或者造成直接经济损失 5 000 万元以上不足 1 亿元的船舶污染事故。④一般船舶污染事故是指船舶溢油不足 100 t，或者造成直接经济损失不足 50 万元的船舶污染事故。

（3）船舶在中华人民共和国管辖海域发生污染事故，或者在中华人民共和国管辖海域外发生污染事故造成或者可能造成中华人民共和国管辖海域污染的，应当立即启动相应的应急预案，采取措施控制和消除污染，并就近向有关海事管理机构报告。

发现船舶及其有关作业活动可能对海洋环境造成污染的，船舶、码头、装卸站应当立即采取相应的应急处置措施，并就近向有关海事管理机构报告。

接到报告的海事管理机构应当立即核实有关情况，并向上级海事管理机构或者国务院交通运输主管部门报告，同时报告有关沿海地区的市级以上地方人民政府。

（4）船舶污染事故报告应当包括下列内容：①船舶的名称、国籍、呼号或者编号；②船舶所有人、经营人或者管理人的名称、地址；③发生事故的时间、地点以及相关气象和水文情况；④事故原因或者事故原因的初步判断；⑤船舶上污染物的种类、数量、装载位置等概况；⑥污染程度；⑦已经采取或者准备采取的污染控制、清除措施和污染控制情况以及救助要求；⑧国务院交通运输主管部门规定应当报告的其他事项；⑨作出船舶污染事故报告后出现新情况的，船舶、有关单位应当及时补报。

（5）船舶发生事故有沉没危险，船员离船前，应当尽可能关闭所有货舱、油舱管系的阀门、堵塞货舱、油舱通气孔。

船舶沉没的，船舶所有人、经营人或者管理人应当及时向海事管理机构报告船舶燃油、污染危害性货物以及其他污染物的性质、数量、种类、装载位置等情况，并及时采取措施予以清除。

（6）发生船舶污染事故或者船舶沉没，可能造成中华人民共和国管辖海域污染的，有关沿海地区的市级以上地方人民政府、海事管理机构根据应急处置的需要，可以征用有关单位或者个人的船舶和防治污染设施、设备、器材以及其他物资，有关单位和个人应当予以配合。

被征用的船舶和防治污染设施、设备、器材以及其他物资使用完毕或者应集处置工作结束，应当及时返还。船舶和防治污染设施、设备、器材以及其他物资被征用或者征用后毁损、损失的，应当给予补偿。

（7）发生船舶污染事故，海事管理机构可以采取清除、打捞、拖航、引航、过驳等必要措施，减轻污染损害。相关费用由造成海洋环境污染的船舶、有关作业单位承担。需要承担前款规定费用的船舶，应当在开航前缴清相关费用或者提供相应的财务担保。

（8）处置船舶污染事故使用的消油剂应当符合国家有关标准。

海事管理机构应当及时将符合国家有关标准的消油剂名录向社会公布。

船舶、有关单位使用消油剂处置船舶污染事故的，应当依照《中华人民共和国海洋环境保护法》有关规定执行。

4. 船舶污染事故调查处理

（1）船舶污染事故的调查处理依照下列规定进行：①特别重大船舶污染事故由国务院或者国务院授权国务院交通运输主管部门等部门组织事故调查处理。②重大船舶污染事故由国家海事管理机构组织事故调查处理。③较大船舶污染事故和一般船舶污染事故由事故发生地的海事管理机构组织事故调查处理。④船舶污染事故给渔业造成损害的，应当吸收渔业主管部门参与调查处理；给军事港口水域造成损害的，应当吸收军队有关主管部门参与调查处理。

（2）发生船舶污染事故，组织事故调查处理的机关或者海事管理机构应当及时、客观、公正地开展事故调查，勘验事故现场，检查相关船舶，询问相关人员，收集证据，查明事故原因。

（3）组织事故调查处理的机关或者海事管理机构，根据事故调查处理的需要，可以暂扣相应的证书、文书、资料;必要时,可以禁止船舶驶离港口,或者责令停航、改航、停止作业直至暂扣船舶。

(4) 组织事故调查处理的机关或者海事管理机构开展事故调查时,船舶污染事故的当事人和其他有关人员应当如实反映情况和提供资料,不得伪造、隐匿、毁灭证据或者以其他方式妨碍调查取证。

(5) 组织事故调查处理的机关或者海事管理机构应当自事故调查结束之起 20 个工作日内制作事故认定书,并送达当事人。

5. 船舶污染事故损害赔偿

(1) 造成海洋环境污染损害的责任者,应当排除危害,并赔偿损失;完全由于第三者的故意或者过失,造成海洋环境污染损害的,有第三者排除危害,并承担赔偿责任。

(2) 完全属于下列情形之一,经过及时采取合理措施,仍然不能避免对海洋环境造成污染损害的,免予承担责任:①战争;②不可抗拒的自然灾害;③负责灯塔或者其他助航设备的主管部门,在执行职责时的疏忽,或者其他过失行为。

(3) 对船舶污染事故损害赔偿的争议,当事人可以请求海事管理机构调解,也可以向仲裁机构申请仲裁或者向人民法院提起民事诉讼。

三、中华人民共和国船舶及其有关作业活动污染海洋环境防治管理规定

《中华人民共和国船舶及其有关作业活动污染海洋环境防治管理规定》已于 2010 年 10 月 8 日由交通运输部颁布,自 2011 年 2 月 1 日起施行。全文共 7 章 62 条。

1. 总则

为了防治船舶及其有关作业活动污染海洋环境,根据《海洋环保法》《中华人民共和国防治船舶污染海洋环境管理条例》和中华人民共和国缔结或者加入的国际条约制定本规定。

防治船舶及其有关作业活动污染中华人民共和国管辖海域适用本规定。

本规定所称有关作业活动,是指船舶装卸、过驳、清舱、洗舱、油料供受、修造、打捞、拆解、污染危害性货物装箱、充罐、污染清除以及其他水上水下船艇施工等活动。

2. 一般规定

船舶的结构、设备、器材应当符合国家有关防治船舶污染海洋环境的船舶检验规范以及中华人民共和国缔结或者加入的国际条约的要求,并按照国家规定取得相应的合格证书。船员应当具有相应的防治船舶污染海洋环境的专业知识和技能,并按照有关法律、行政法规、规章的规定参加相应的培训、考试,持有有效的适任证书或者相应的培训合格证明。

船舶从事下列作业活动,应当按照《中华人民共和国海事行政许可条件规定》的规定,取得海事管理机构的许可,并遵守相关操作规程,落实安全防污染措施:

(1) 在沿海港口进行舷外拷铲、油漆作业或者使用焚烧炉的。

(2) 在港区水域内洗舱、清舱、驱气或者以及排放压载水的。

(3) 冲洗沾有污染物、有毒有害物质的甲板的。

(4) 进行船舶水上拆解、打捞、修造和其他水上水下船舶施工作业的。

3. 船舶污染物的排放与接收

在中华人民共和国管辖海域航行、停泊、作业的船舶排放垃圾、生活污水、含油污水、含有毒有害物质污水、废气等污染物以及压载水,应当符合法律、行政法规、有关标准以及中华

人民共和国缔结或者加入的国际条约的规定。

船舶应当将不符合规定排放要求以及依法禁止向海域排放的污染物排入具备相应接收能力的港口接收设施或者委托具备相应接收能力的船舶污染物接收单位接收。

国际航行船舶在驶离国内港口前应当将船上污染物清理干净，并在办理出口岸手续时向海事管理机构出示有效的污染物接收证明。

船舶进行涉及污染物处置的作业应当在相应的记录簿内规范填写，如实记录，真实反映船舶运行过程中产生的污染物数量、处置过程和去向。按照法律、行政法规、国务院交通运输主管部门的规定以及中华人民共和国缔结或者加入的国际条约的要求，不需要配备记录簿的，应当将有关情况在作业当日的航海日志或者轮机日志中如实记载。

船舶应当配备有盖、不渗漏、不外溢的垃圾储存容器，或者对垃圾实行袋装。船舶应当对垃圾进行分类收集和存放，对含有有毒有害物质或者其他危险成分的垃圾应当单独存放。船舶将含有有毒有害物质或者其他危险成分的垃圾排入港口接收设施或者委托船舶污染物接收单位接收的，应当向对方说明此类垃圾所含物质的名称、性质和数量等情况。

船舶应当按照国家有关规定以及中华人民共和国缔结或者加入的国际条约的要求，设置与生活污水产生量相适应的处理装置或者储存容器。

4. 船舶载运污染危害性货物及其有关作业

本规定所称污染危害性货物是指直接或者间接进入水体，会损害水体质量和环境质量，从而产生损害生物资源、危害人体健康等有害影响的货物。国家海事管理机构应当向社会公布污染危害性货物的名录，并根据需要及时更新。

四、中华人民共和国海上船舶污染事故调查处理规定

《中华人民共和国海上船舶污染事故调查处理规定》已于2011年9月22日经第10次交通运输部会议通过，自2012年2月1日起施行。全文共7章42条。

1. 总则

为了规范船舶污染事故调查处理工作，依据《海洋环保法》《中华人民共和国防治船舶污染海洋环境管理条例》等规定制定本规定。

本规定适用于造成中华人民共和国管辖海域污染的船舶污染事故的调查处理。国务院交通运输主管部门主管船舶污染事故调查处理工作；国家海事管理机构负责指导、管理和实施船舶污染事故调查处理工作；各级海事管理机构依照各自职责负责具体开展船舶污染事故调查处理工作。

船舶污染事故调查处理应当遵循及时、客观、公平、公正的原则，查明事故原因，认定事故责任。

2. 事故报告

(1) 发现船舶及其有关水上交通事故、作业活动造成或者可能造成海洋环境污染的单位和个人，应当立即将有关情况向就近的海事管理机构报告。海事管理机构接到报告后，应当按照应急预案的要求进行报告和通报。

(2) 发生污染事故的船舶、有关作业单位，应当在采取应急措施的同时及时、妥善地保存相关事故信息，立即向就近的海事管理机构报告以下事项：①船舶的名称、国籍、呼号、识别号或者编号；②船舶所有人、经营人或者管理人、污染损害赔偿责任保险人的名称、地址和

联系方式;③相关水文和气象情况;④污染物的种类、基本特性、数量、装载位置等情况;⑤事故原因或者事故原因的初步判断;⑥事故污染情况;⑦已经采取或者准备采取的污染控制、清除措施以及救助要求;⑧签订船舶污染清除协议的,还应当报告船舶污染清除单位的名称和联系方式;⑨船舶、有关作业单位认为需要报告的其他事项。

(3) 船舶、有关作业单位向海事管理机构报告后,经核实发现报告内容与事实情况不符的,应当立即对报告内容予以更正。

(4) 发生污染事故的船舶、有关作业单位,应当在事故发生后 24 h 内向就近的海事管理机构提交船舶污染事故报告书。因特殊情况不能在规定时间内提交船舶污染事故报告书的,经海事管理机构同意后可予适当延迟,但最长不得超过 48 h。

船舶污染事故报告书至少应当包括以下内容:①船舶及船舶所有人、经营人或者管理人的有关情况;②污染事故概况;③应急处置情况;④污染损害赔偿责任保险情况;⑤其他与事故有关的事项。

(5) 中国籍船舶在中华人民共和国管辖海域外发生的船舶污染事故,其所有人或经营人应当立即向船籍港所在地直属海事管理机构报告,并在 48 h 内提交船舶污染事故报告书,船舶应当在到达国内第一港口之前提前 24 h 向船籍港直属海事管理机构报告,并接受调查处理。

(6) 船舶污染事故报告后出现的新情况及污染事故的处置进展情况,船舶、有关单位应当及时补充报告。

3. 事故调查

(1) 船舶污染事故调查处理依照下列规定组织实施:①特别重大船舶污染事故由国务院或者国务院授权国务院交通运输主管部门等部门组织事故调查处理;②重大船舶污染事故由国家海事管理机构组织事故调查处理;③较大船舶污染事故由事故发生地直属海事管理机构负责调查处理;④一般船舶污染事故由事故发生地海事管理机构负责事故调查处理。

(2) 船舶污染事故发生地不明的,由事故发现地海事管理机构负责调查处理。事故发生地或者事故发现地跨管辖区域或者相关海事管理机构对管辖权有争议的,由共同的上级海事管理机构确定调查处理机构。

(3) 在中华人民共和国管辖海域外发生的船舶污染事故,造成中华人民共和国管辖海域污染的,调查处理机构由国家海事管理机构指定。

(4) 中国籍船舶在中华人民共和国管辖海域外发生重大及以上船舶污染事故造成或者可能造成严重影响的,国家海事管理机构可派员开展事故调查。

(5) 船舶污染事故给渔业造成损害的,应当吸收渔业主管部门参与调查处理;给军事港口水域造成损害的,应当吸收军队有关主管部门参与调查处理。

(6) 船舶因发生海上交通事故造成海洋环境污染的,海事管理机构对船舶污染事故的调查应当与船舶交通事故的调查同时进行。

(7) 海事管理机构接到船舶污染事故报告后,应当及时进行核查取证,开展现场调查工作。经核实不属于船舶污染事故的,及时通报相关部门处理。

(8) 船舶污染事故调查应当由至少两名船舶污染事故调查人员实施。

(9) 船舶污染事故调查人员应当经过国家海事管理机构组织的培训,具有相应的船舶污染事故调查处理能力。

(10) 当发生下列情况时，船舶污染事故调查处理机构可以组织开展国际、国内船舶污染事故协查：①污染事故肇事船舶逃逸的；②污染事故嫌疑船舶已经开航离港的；③辖区发生污染事故但暂时无法确认污染来源，经分析可能为过往船舶所为的；④其他需要组织协查的情况。

国际间的船舶污染事故协查，由国家海事管理机构统一组织协调。

(11) 船舶污染事故调查处理机构调查船舶污染事故，应当勘验事故现场，检查相关船舶，询问相关人员，收集证据，查明事故原因。

下列材料可以作为船舶污染事故调查的证据：① 书证、物证、视听资料；② 证人证言；③当事人陈述；④鉴定结论；⑤勘验笔录、调查笔录、现场笔录；⑥其他可以证明事实的证据。

(12) 船舶污染事故的当事人和其他有关人员应当配合调查，如实反映情况和提供资料，不得伪造、隐匿、毁灭证据或者以其他方式妨碍调查取证。

船舶污染事故的当事人和其他有关人员提供的书证、物证、视听资料应当是原件原物，提供抄录件、复印件、照片等非原件原物的，应当签字确认。拒绝确认的，事故调查人员应当注明有关情况。

船舶污染事故调查处理机构根据调查处理工作的需要可以行使以下职权：①责令船舶污染事故当事人提供相关技术鉴定或者检验、检测报告；②暂扣相应的证书、文书、资料；③禁止船舶驶离港口或者责令停航、改航、驶往指定地点、停止作业、暂扣船舶。

4. 事故处理

(1) 船舶污染事故调查处理机构应当根据船舶污染事故现场勘验、检查、调查情况和有关的技术鉴定、检验、检测报告，完成船舶污染事故调查。

(2) 船舶污染事故调查处理机构应当自事故调查结束之日起 20 个工作日内制作《船舶污染事故认定书》，并送达当事人。

《船舶污染事故认定书》应当载明事故基本情况、事故原因和事故责任。

海事管理机构在接到船舶污染事故报告或者发现船舶污染事故之日起 6 个月内无法查明污染源或者无法找到造成污染船舶的，经船舶污染事故调查处理机构负责人批准可以终止事故调查，并在《船舶污染事故认定书》中注明终止调查的原因。

(3) 船舶污染事故当事人对事故认定不服的，可以在收到《船舶污染事故认定书》之日起 15 日内，向船舶污染事故调查处理机构或者其上级机构申请一次重新认定。

(4) 造成海洋环境污染的船舶应当在开航前缴清海事管理机构为减轻污染损害而采取的清除、打捞、拖航、引航过驳等应急处置措施的相关费用或者提供相应的财务担保。财务担保应当是现金担保、由境内银行或者境内保险机构提供的信用担保。

(5) 重大以上船舶污染事故的调查处理报告应当向国务院交通运输主管部门备案。其中重大以上船舶海上溢油事故的调查处理情况，国务院交通运输主管部门应当向国家海上溢油应急处置部门联席会议通报。

(6) 海上船舶污染事故调查处理的信息发布应当及时、准确。海上船舶污染事故调查处理信息，由负责组织调查处理工作的机构审核后按照新闻发布的相关规定发布。参与事故调查处理的单位或者个人不得擅自发布相关信息。

(7) 船舶污染事故引起的污染损害赔偿争议，当事人可以向海事管理机构申请调解，海事管理机构也可以主动调解。当事人一方拒绝调解的，海事管理机构不得调解。征得所有当事人同意后，调解可以邀请其他利害关系人参加。

(8) 调解人员应当按照有关法律、法规的规定，对船舶污染损害赔偿争议进行调解。调解成功的，由各方当事人共同签署《船舶污染事故民事纠纷调解协议书》。

《船舶污染事故民事纠纷调解协议书》由当事人各执一份，调查处理机构留存一份。

(9) 在调解过程中，当事人向人民法院提起诉讼或者申请仲裁的，应当及时通知海事管理机构，调解自动终止。

当事人中途退出调解的，应当向海事管理机构提交退出调解的书面申请，海事管理机构应当终止调解，并及时通知其他当事人。

海事管理机构调解不成，或者在 3 个月内未达成调解协议的，应当终止调解。

课后练习

1.《MARPOL 73/78 公约》6 个附则中我国生效几个？
2. 简述《MARPOL 73/78 公约》各附则中规定的排放要求。
3. 试述油类记录簿的记录内容及记录注意事项。
4. 试述垃圾管理计划的主要内容。
5.《国际船舶压载水和沉积物控制与管理公约》主要内容有哪些？
6. 我国防污染法规主要有哪些？

任务 2　船舶油水分离器的操作与管理

任务描述

根据《MARPOL 73/78 公约》及 1992 年修正案，凡 400 总吨及以上的任何船舶，应装有经主管机关批准的油水分离设备或滤油系统，保证通过该设备或系统排放入海的含油混合物的含油量不超过 15 ppm。本任务通过对 ZYF-Z-1 型船用油水分离器的分析和训练，使学生了解船用油水分离器的基本结构组成、工作原理、操作和维护保养，能胜任船用油水分离器日常操作和维护保养管理工作。

本任务适用于操作级和管理级船员。

学习目标

- 能熟练描述油水分离器的工作原理。
- 能熟练描述油水分离器基本结构组成。
- 能根据操作规程操作油水分离器。
- 能根据要求对油水分离器进行维护保养，确保油水分离器及其系统处于良好的工作状态。

相关知识

根据《MARPOL 73/78 公约》及 1992 年修正案规定，凡 400 总吨及以上的任何船舶，应装有经主管机关批准的油水分离设备或装有滤油系统，如图 3-2-1 所示，保证通过该设备或系统排放入海的含油混合物的含油量不超过 15 ppm。此系统应装有报警装置，在不能保证这一标准时发出警报。凡 10 000 总吨及以上的任何船舶，还应装有经主管机关批准的排油监控系统。每当污油水排放时，监控系统即应开始工作并能提供含油量的连续记录，一旦排出物的含油量超过标准，便自动停止排放。该规定从 1998 年 7 月 6 日起适用于所有船舶。

图 3-2-1　船用油水分离器

一、油水分离的工作原理

油水分离的方法很多，但基本上可分为物

理分离法、化学分离法和电气分离法 3 种。在船上油水分离多采用物理分离法，物理分离法包括重力分离、过滤分离、吸附分离、离心分离、气浮分离和超声波分离等。

1. 重力分离

利用油和水的密度差使油滴上浮进行分离。按工作方式可分为静置分离和机械分离(流道分离)。

静置分离是将含油污水储存在污油水舱柜中，在重力作用下，经沉淀，油滴上浮而分离。机械分离是利用含油污水流经几何形状变化的流道，使之产生旋流、转折和碰撞，使微小油粒聚积变大而上浮。油滴的上浮速度与下列因素有关：与油滴直径的平方成正比，与水和油的密度差成正比。流道高度越低，长度越长，水流平均速度越小，分离性能越好，另外适当的加温有利分离。

2. 过滤聚合分离(多孔介质分离)

过滤一般指滤器，指油污水通过多孔性过滤元件时将油挡住，让水通过，使油水得以分离。

聚合是含油污水通过多孔性介质，油粒及悬浮物被截留，细微的油滴聚合增大，使油滴与介质之间的水膜变薄，水膜破裂，油滴附着在介质表面。在连续截留和附着的过程中，油滴在介质上不断地附着与展开，聚合到一定程度，在浮力、流体压差等力的作用下，油滴被推到多孔性介质的出口端，并在流体推力大于油水介面张力时，油滴长大并从端面剥离，上浮与水分离。这种能使油滴聚合增大的元件称聚合元件或粗粒化元件。

3. 吸附分离

吸附分离是利用多孔性吸附材料直接吸咐含油污水中的油滴，达到分离目的。常用的吸附材料有多孔的活性碳、焦炭和砂等。但这些材料易饱和，必须更新或再生，再生处理又很复杂，很少单独应用。

二、典型结构

1. ZYF-Z-1 舱底水分离器

1) 结构特征

设备主要由上、下壳体、盖板组成。柱塞泵、电控箱、电磁阀、止回阀等配套件及管路均与壳体组成整体，见图 3-2-2。内腔由斜板组及过滤层、滤料层组成。在设备顶部装有液位电极，通过电气控制箱控制系统使设备进入正常的舱底水处理过程。当处理水超标时，设备自动进入反冲洗，反冲洗水返回舱底。壳体上有液位计，便于观察壳体内液面状况。壳体装有电加热器，有温度计自动控制，工作温度调节范围 5～40 ℃。设备具有自动、手动反冲洗功能，具有自动、手动排油功能。

图 3-2-2 ZYF-Z-1 型舱底水分离器

2) 工作原理

设备管路安装就位后，接通电源，起动设备，反冲水进口的电磁阀自动打开。反冲水进入主壳体，直至设备充满清水。

（1）设备充满清水后，设备自动进入分离工况：柱塞泵起动，排放水电磁阀打开，其余电磁阀关闭，舱底水经滤器泵入设备，进行舱底水的粗分离；由于油水比重不同，大油滴逐渐地浮至设备顶部；含有小颗粒油的舱底水向下进入特制的斜板组，在内部进行聚集分离，形成较大的油滴浮至顶部；含有细小颗粒油的舱底水继续向下进入有聚丙烯颗粒组成的过滤层；然后再进入有两组多层滤料包组成处理罐，进行舱底水聚集分离净化，经处理后符合排放标准的水排至舷外，如图 3-2-3 所示。

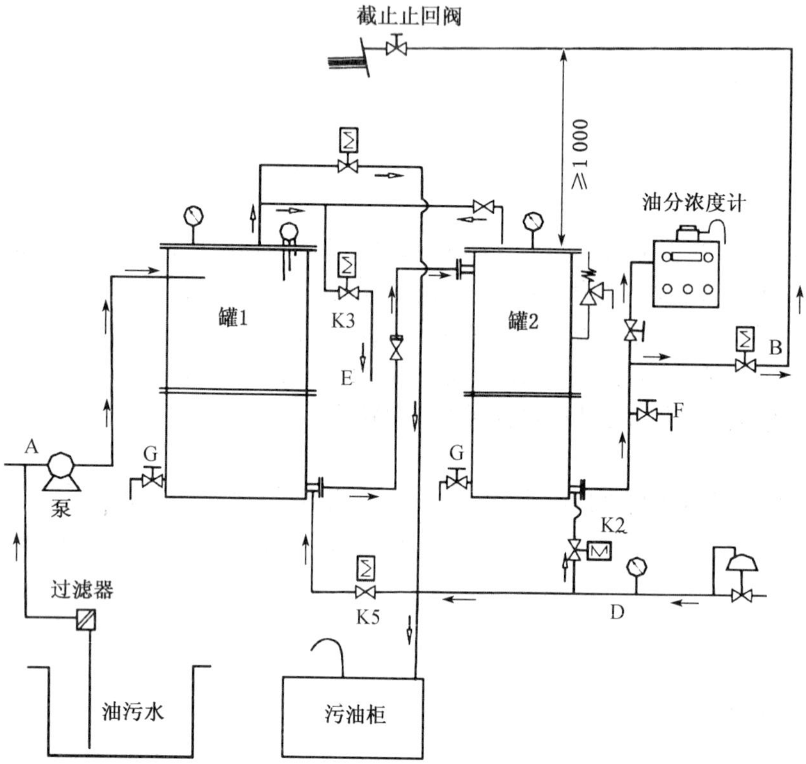

序号	管路名称
A	油污水进口
B	处理后合格水排放
C	污油出口
D	反冲水进口
E	反冲洗水出口
F	取样用考克
G	放泄口截止阀

图 3-2-3　ZYF-Z-1 型舱底水分离器流程

（2）当分离出的污油在设备顶部聚集到一定高度（液位）时，设备自动进入排油工况：柱塞泵停止运转，排放水电磁阀关闭，处理后的排放水停止排放；反冲水电磁阀及排油电磁阀打开，反冲水进入腔体，使油层上浮；污油在反冲水向上压的过程中，从设备顶部排出壳体，流入集油柜；当污油层排完后，设备自动进入分离工况。

（3）当排放水超标，舱底水报警装置（油分浓度计）报警时，设备自动进入反冲洗工况；这时柱塞泵停止运转，反冲水进口电磁阀及反冲洗排放水电磁阀打开，其余电磁阀关闭；反冲水对主壳体及相应管路进行冲洗，反冲洗水自动返回舱底；反冲洗时间有时间继电器控制，反冲洗时间到达设定的时间，并且排放水达标，设备自动进入分离工况。

（4）设备的排油功能及反冲洗功能均具有自动和手动两种控制转换形式。

2. 油分浓度监测装置（15 ppm 报警装置）

公约规定，船舶油水分离器必须在有油分浓度监测装置时才能使用，以便对排放水的含油浓度、排放总量及瞬时排放率进行测定、记录和控制。若排放水中含油浓度超过规定的标准，检测器就发出声光报警，并自动切断舷外排放。轮机人员应立即检查舱底水处理系统的工作情况，并排除故障，直到水中含油浓度符合标准为止。舱底水报警装置如图 3-2-4 所示。

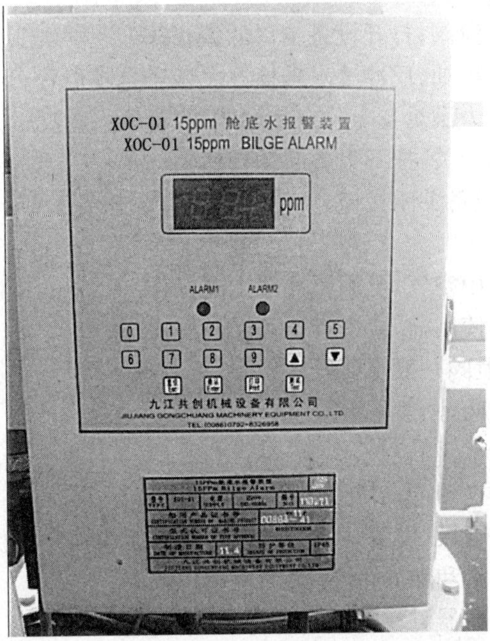

图 3-2-4　XOC-01 型舱底水报警装置

目前，常用光学方法来检测水中含油浓度，它又分为光学浊度法、红外线吸收法、紫外线吸收法和荧光法。

任务实施

油水分离器操作

【任务要求】

根据油水分离器的操作要求，正确起动、停止油水分离器，并能合理对油水分离器进行维护与保养。

【任务准备】

1. 污水柜水位正常。

2. 电力充足，电路无损害。

3. 报警装置正常。

4. 泵、仪表等配套件完好。

【任务操作】

1. 使用前的准备、检查

(1) 设备在使用前，应仔细阅读操作规程，并了解和熟悉本设备的基本结构和各配套件的位置和作用。

(2) 检查设备管路连接是否正确，有无渗漏。
(3) 检查电制与设备是否一致，电器接线是否正确。
(4) 检查泵、仪器、仪表等配套件是否正常完好。

2. 操作程序

(1) 关闭设备上的放泄阀；打开设备出口的截止阀。
(2) 将电控箱上的上排油、反冲洗水转换开关置于自动位置。
(3) 调整反冲洗水压力满足 0.15～0.2 MPa 的要求。建议压力调至 0.2 MPa。
(4) 打开设备的电源开关，按下设备起动按钮。
(5) 需停机时，按下设备关闭按钮，关闭设备的电源开关。

3. 注意事项

(1) 为尽快排尽设备中空气，可用反冲洗工况操作。
(2) 设备停机或暂不使用前，应进行手动反冲洗操作。
(3) 设备使用时，放泄阀一般不要开启。
(4) 设备停用一段时间，一般不需放空。

4. 维护与保养

1) 日常维护与保养
(1) 要定期清洗液位电极(设备暂停时进行)，每月至少清洗 1 次。
(2) 泵应定期进行润滑和保养，详见泵的使用说明书。
(3) 应定期清洗预过滤器。
2) 长期停放时的维护与保养

当设备长期停止工作时，应冲洗干净并放尽设备中的水，泵的运转部分注上润滑油。未油漆的金属表面用油封保护。每半年保养 1 次。

任务评价

任务内容涵盖交通运输部海事局海船船员 2011《船舶管理》考试大纲中“油水分离器工作原理、典型结构、操作、维护与保养”等相关知识点，并满足评估大纲中相关技能要求。

评估要素：
1. 正确进行油水分离器起动前检查；
2. 正确起动、运行、停止油水分离器；
3. 正确进行维护与保养。

课后练习

1. 试述船舶污油水的主要来源。
2. 如何检查油分浓度检测装置是否正常工作？
3. ZYF-Z-1 型舱底水分离器工作时油分浓度高报警，试分析可能的原因。
4. 就油水分离器而言，如何应对 PSC 检查？

任务3 船舶焚烧炉的操作与管理

任务描述

在船舶机舱正常操作过程中会产生许多污泥和油渣，在船员日常生活当中也产生许多垃圾，这些污泥、油渣和垃圾不允许被丢弃到海里。船上处理一般有两种办法，一种是到港口接收，另一种是船上焚烧。本任务通过对OG200CS型船用焚烧炉的分析和训练，使学生了解船用焚烧炉的基本结构组成、要求，操作和维护保养，能胜任船用焚烧炉日常操作和维护保养管理工作。

本任务适用于操作级和管理级船员。

学习目标

- 能熟练描述船用焚烧炉的要求。
- 能熟练描述船用焚烧炉基本结构。
- 能根据操作规程操作焚烧炉。
- 能根据要求对焚烧炉进行维护保养，确保焚烧炉处于良好的工作状态。

相关知识

船舶对垃圾处理所采用的设备一般有两种类型：一是粉碎储存装置，垃圾经粉碎后储存在船上，到港后送到岸上收集处理，或在可排放区域排放入海；二是使用焚烧装置，对垃圾进行焚烧处理，但燃烧废气容易对大气造成二次污染。因此，在一个国家的领海水域或在港焚烧垃圾须经当地海事管理机构的同意。

因焚烧炉不仅可以焚烧垃圾，同时也能够焚烧污油、油泥、污水及生活污水中的固体残渣，以下就焚烧炉的要求、结构及管理作简单的介绍。

一、对船用焚烧炉的要求

(1) 装置须是通用性的，能够燃烧液体垃圾、固体垃圾。

(2) 排气含灰量要低，通常含灰量不超过4 g/m^3。

(3) 排气温度必须在250～350 ℃之间。

(4) 不能有气味外泄。

(5) 必须能够在不停炉状态下安全地清除灰渣和不能燃烧物体。

(6) 有充分的安全防护设施，保证操作者的安全。

(7) 焚烧炉尽可能自动化，要求当排烟温度过高、火焰故障、雾化压力过低、风机故障、燃烧器供给泵故障等情况时要给出报警,并停炉。

二、焚烧炉的结构

OG200CS 船用焚烧炉如图 3-3-1 所示,用于船上废油及固体废弃物的燃烧,它包括以下部分:带柴油燃烧器、污油泥燃烧器、柴油加热器和电控箱的燃烧室,烟气风机,烟气风门,带循环泵和加热器的污油泥柜。

图 3-3-1　OG200CS 船用焚烧炉

1. 燃烧室

燃烧室是一个圆形室,配有进料门,当焚烧炉没有处于燃烧状态时,门可开启。在冷却设置温度到达之前,控制系统将防止门开启。通过燃烧器将垃圾点燃。

烟气出口位于燃烧室顶部,最充分利用了火焰,螺旋型火焰流向底部,然后在燃烧室中央继续旋转向上。烟气中的残余物质被燃烧器中和以保证生态安全。当烟气离开燃烧室时,来自底部的冷却气体从烟气风门吸出,在被烟囱吹出之前,与烟气混合将温度降至约 340 ℃。

燃烧过程由 PLC 控制并由光电阻器监视。温度也由 PLC 控制系统自动监控。进料门处配有一可视玻璃,操作者可由此观看燃烧室中垃圾数量和系统功能。

燃烧室为钢结构,炉膛由特殊设计的耐火砖砌成,外加 50 mm 绝热层,这种耐火材料由低石灰/高铝制成,这种成分具有抗渣性和较好的抗热抗震性。带双层钢质冷却夹套,形成燃烧室的外部,燃烧室配有一个一级柴油燃烧器和一污油泥雾化喷嘴。在同一壁上,安装有一个污油泥燃烧装置。

柴油燃烧器为一级,由 PLC 自动调节。此外,污油泥燃烧使用蒸汽或压缩空气雾化为第二级,污油泥燃烧器允许 4 mm 颗粒物通过由 PLC 监控的风扇和柴油泵组成的燃油器。电控箱安装在焚烧炉之上,它包括熔丝、启动器、PLC 和操作板,操作面板型号为 MAC E300,是由一个 240 mm×64 mm 的 LCD 图文显示屏和一个 26 键的键盘组成的,如图 3-3-2 所示。控制面板直接与"MELSEC FX2N" PLC 相连。控制面板的功能:选择燃烧器模式，设置所有参数比，如温度和时间等，显示运行条件、温度、压力、燃油耗量、时间等。

功能键内容如下：

(1) 显示运行状态的 LED。

(2) LED 的说明文字标签。

(3) 显示屏是一个 240 mm×64 mm 的 LCD 图文显示屏，带有明亮背景。

(4) 功能键的说明文字标签。

(5) 显示功能键状态的 LED。

(6) 功能键选定各种燃烧器模式。

(7) 数字键(0～9) 用于输入数值。

(8) LIST 用于显示报警表。

(9) PREV 用于返回上一分段(菜单)。

(10) ACK 用于确认列表中的一项报警记录。

(11) 方向键用于在菜单或对话框中移动光标。

(12) MAIN 用于返回主菜单。

(13) ENTER 用于确认设定值和下一行/层。

(14) CLEAR 用于删除光标左边的字符。

当发生报警时，其内部声音报警装置动作，报警信号传递到船上的报警器，操作面板如图 3-3-3 所示，将显示“ALARM”，并在第 4 行显示报警原因。红色的 LED 灯将一直闪烁，直到外接报警信号激活，按“LIST”键显示报警目录，移动光标至报警内容栏，并按“ACK”报警消除，公共报警接触器重新设定，内部蜂鸣停止，上下移动光标，可显示已记录的报警，按“LIST”键移回上一级菜单。

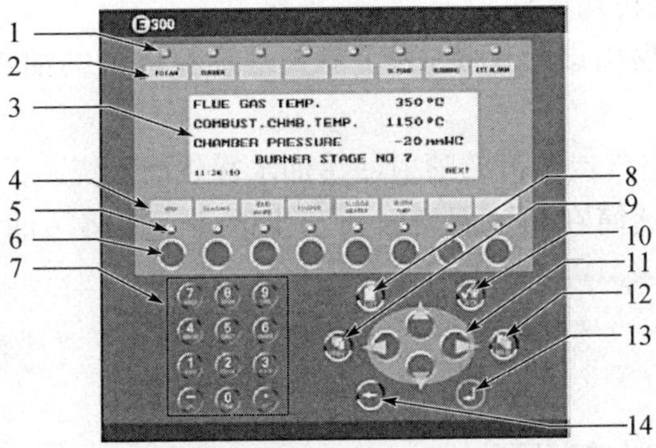

图 3-3-2 操作面板

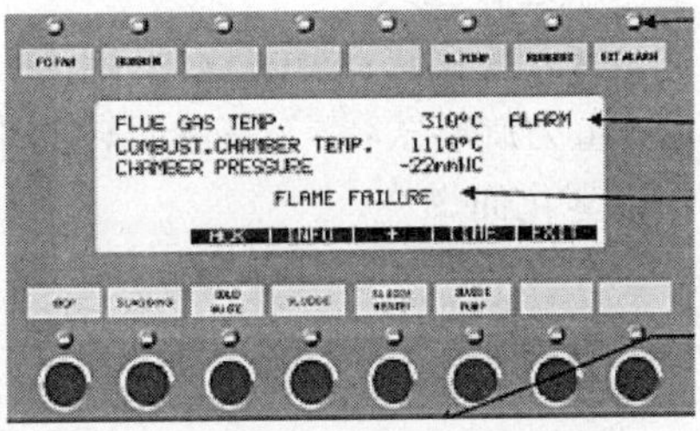

图 3-3-3 报警操作面板

2. 烟气风机

自动烟气风机用于从燃烧室传送烟气，风机产生炉内负压。该风机通过燃烧室上的冷却套吸入周围气体。炉内的热气体被燃烧室上烟气出口处的冷却空气所稀释，以便把温度降至约 340 ℃，如图 3-3-4 所示。

3. 烟气风门

自动烟气风门调节烟气中的烟气流量，受电控箱控制，电控箱上可同时读出炉内负压并调节压力到设定状态。

4. 带蒸汽加热器的污油泥柜

污油泥柜(图 3-3-5)具有日常收集污油泥的功能。输送泵用来为污油泥柜加料,连接到"高位"开关上,当污油泥柜满时,开关可使泵停止。恒温器控制的加热器,将保持污油泥温度在设定点(60～90 ℃)(温度达到 60 ℃以上,污油泥柜要求绝热或被金属隔栏保护),2 个排水阀(取样点)装于污油泥柜上以检查污油泥柜中污油泥液位,最低的一个用于排尽水。循环泵装于污油泥柜上,此泵将污油泥送于焚烧炉中,再返回到所提供的污油泥柜中,保证污油泥和水较好的混合。污油泥柜上一低液位开关将使循环泵停止,当温度达到最低点时进行加热。

图 3-3-4 排气风机

图 3-3-5 污油泥柜

焚烧炉的关键部件是燃烧器,它的好坏直接影响燃烧性能。依照所用燃烧器的不同,焚烧炉可分为旋转喷嘴式、压力雾化式、重力旋转式 3 种。

(1) 旋转喷嘴式:只要有油经旋转喷嘴喷出即可燃烧,为了能处理颗粒较大的油污泥,船上多采用这种型式。

(2) 压力雾化式:利用具有一定压力的空气或蒸汽的喷射使污油水雾化而燃烧。

(3) 重力旋转式:靠一高速回转的中央圆筒在高速回转时所产生的离心力将污油柜输入的污油雾化而燃烧。

任务实施

船用焚烧炉操作

【任务要求】

根据 OG200CS 型船用焚烧炉操作规程,能正确进行除渣、垃圾焚烧、污油焚烧、停炉等操作,并能了解焚烧炉操作注意事项和维护保养事项。

【任务准备】

1. 燃油柜的油位要充足。

2. 污油柜油位要充足。

3. 固体垃圾要充足。

4. 污油的温度要大于 80 ℃。

5. 电力充足，电路无损害。

6. 泵、仪表等配套件完好。

【任务操作】

1. 起动

打开主电源开关到“ON”的位置，控制箱通电，主电源开关仅用于紧急停炉。起动后 5 min 内，燃烧腔内的温度将达到 600 ℃。

2. 除渣

起动前倘若炉膛温度低于 170 ℃，应清除炉膛内的灰渣按下“SLAGGING”按钮并打开除渣门除渣。

3. 固体垃圾焚烧

(1) 按下“SOLIDWASTE”按钮，等待温度到 700 ℃；绿色指示灯亮。

(2) 按下绿色指示灯按钮打开加料斗门，将垃圾袋提到加料车内，关闭加料斗门。

(3) 旋转加料斗把手将垃圾倒入炉膛内，将加料斗恢复原位。

(4) 3 min 后指示灯亮，可以继续加料。

(5) 垃圾烧成灰烬后，按下“STOP”按钮。

4. 污油焚烧

(1) 检查污油的温度，必须超过 80 ℃。

(2) 尽可能多地泄放污油泥柜中的水分。

(3) 检查燃油、污油及空气管路上阀门开启是否正确。

(4) 按下“SLUDGE”按钮。

(5) 利用污油泥柜的调节阀调节污油泥的压力在 0.2 bar。

(6) 当污油泥柜中的污油泥燃烧完毕或需要停止时，改用燃油冲洗污油管路。

(7) 按下“STOP”按钮时，燃烧炉自动停止。

5. 应急停止

(1) 在焚烧炉炉膛上将控制箱上的主开关转到“OFF”位置。

(2) 起动应急停止(此开关通常手动设置)。

6. 操作注意事项

(1) 当燃烧垃圾时，温度超过 1 050 ℃，应停止加入垃圾。

(2) 当燃烧污油泥时不能往污油泥柜中加料。

(3) 焚烧污油时要先放掉油柜中污水，并加温至 80～100 ℃。

(4) 停炉前应燃烧柴油，以冲洗污油管路。

(5) 每次处理污油和垃圾时，应记入油类记录簿或垃圾记录簿。

7. 维护与保养

(1) 在冷态下清除炉内垃圾。

(2) 经常清洁燃烧器，保证油路畅通和点火有效。

(3) 定期检查炉门，对铰链要清洁后注油防锈，必要时更换炉门的石棉密封填料。

(4) 如发现炉内耐火砖损坏应及时修理。

(5) 每日定期检查和试验自动控制和报警装置，保证其工作有效。

任务评价

任务内容涵盖交通运输部海事局海船船员 2011《船舶管理》考试大纲中"焚烧炉工作原理、典型结构、操作、维护与保养"等相关知识点,并满足评估大纲中相关技能要求。

评估要素:

1. 正确起动焚烧炉;
2. 正确进行除渣操作;
3. 正确进行污油燃烧操作;
4. 正确进行固体燃烧操作;
5. 正确进行焚烧炉的维护与保养。

课后练习

1. 简述机舱的污油主要来源。
2. 试述旋转喷嘴式、压力雾化式、重力旋转式 3 种喷嘴的优缺点。
3. 简述 OG200CS 型船用焚烧炉工作时突然熄火可能的原因。
4. 就 OG200CS 型船用焚烧炉而言,如何应对 PSC 检查?

任务 4　船舶生活污水处理装置的操作与管理

任务描述

根据《MARPOL 73/78 公约》附则 V 的要求，生活污水在港口不能直接排放入海，为满足排放标准，船舶必须设有污水处理装置，以便对生活污水进行处理，目前船上采用的处理设备基本分两种：一种是收集、储存、集中排放的设备；一种是船上处理后直接排出的设备。本任务通过对船舶污水处理装置的分析，经循序渐进的教学和系统训练，使学生了解船舶污水处理装置的基本结构组成、工作原理、操作和维护保养，能胜任船舶污水处理装置日常操作和维护保养管理工作。

本任务适用于操作级和管理级船员。

学习目标

- 能熟练描述船舶污水处理装置的基本结构组成和工作原理。
- 能根据操作规程操作船舶污水处理装置。
- 能根据要求对船舶污水处理装置进行维护保养，确保船舶污水处理装置处于良好的工作状态。

相关知识

船舶生活污水可分为两类：一类为厨房、盥洗室、医务室等排放的污水，称为灰水，对于灰水只要过滤出固体物质再经消毒杀菌处理后，即可排放舷外；另一类主要指含有粪便的厕所冲洗水，也称黑水，对于黑水，需要严格的处理。生活污水的处理主要是针对这类污水而言的，须经处理达到排放标准后才能排放。

为满足排放标准，船舶必须设有污水处理装置，以便对生活污水进行处理，目前船上采用的处理设备基本分两种：一种是收集、储存、集中排放的设备；一种是船上处理后直接排出的设备。

一、收集、储存、排出方式

船舶装设生活污水储存柜，在禁止排放区域内，将生活污水全部暂时存入储存柜中，当船舶航行到允许排放海域时再排光，或排至港口接收设备。该方法设备简单，造价低，也容易管理和操作。但如果船舶在禁排区内时间过长，污水储存量受到限制，处理将发生困难。

图 3-4-1 为收集储存装置工作原理，该系统由集污舱、污水泵、粉碎机、污水管、冲洗管

等组成，集污舱与外界保持密封，排放时通过防浪阀排出舷外，或经通岸接头排出。

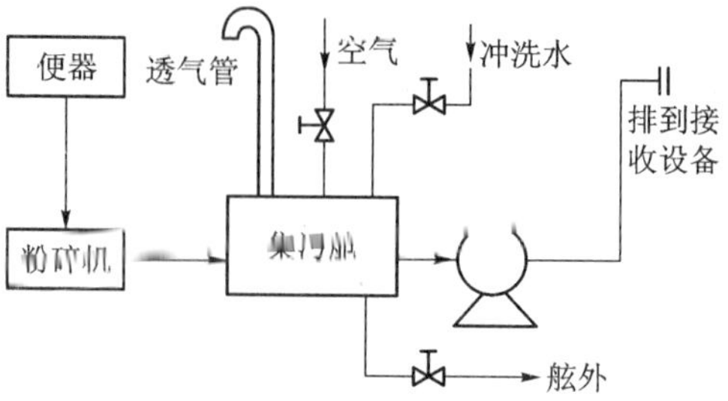

图 3-4-1 收集储存装置工作原理

二、生物处理装置系统

ST/STB 系列生物处理装置是利用好氧菌为主的活性污泥对污水中有机物质进行分解处理的装置，如图 3-4-2 所示。

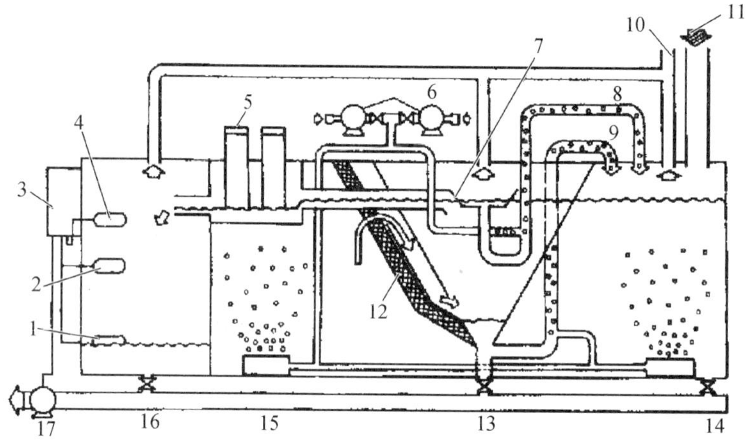

1—低水位浮子开关；2—高水位浮子开关；3—控制箱；4—反常高水位浮子开关；
5—氯化器；6—空气压缩机；7—漂清器；8—送回浮渣；9—送回污泥；10—通气管；
11—污水进口；12—滤网；13—沉淀室；14,15—曝气室；16—杀菌室；17—排出泵

图 3-4-2 污水处理装置示意

该设备分为 3 个部分：在曝气室中生活污水由顶部进口送入，压缩空气经安装在室内底部的几个扩散器供入污水中，搅拌污水使进入池内的污水与活性污泥充分混合完全接触，保证好氧菌生存所需氧气。经过曝气后污水中有机物通过好氧菌新陈代谢分解转化成 CO_2 和 H_2O，同所产生的新的活性污泥水和污泥一起流入沉淀池，CO_2 通过排气系统排出。

在沉淀池中，混合液沉淀，水和污泥分离，净化后水溢流至消毒池。污泥一部分通过空气提升器回流到曝气室，另一部分定期排出，从而保持曝气室内活性污泥的浓度一定。

其处理流程是粉粹、曝气分解、沉淀、杀菌消毒到集水室，然后排放。污水经过滤网进入曝气室，由于有空气的吹入，好氧菌在有氧的情况下其作用更加活化，对污水中的有机物进行吸附和分解，从中吸收自身繁殖的养分，这一过程称为曝气，即生物接触氧化。

污水经过曝气后，有机物分解成 H_2O 和 CO_2，CO_2 经透气管逸出，H_2O 进入沉淀室，由

于该室设有空气吹送，活性污泥形成团状沉淀到室底，并由回送管送回曝气室，以保持该室活性污泥的浓度。

经沉淀后的处理水流经消毒杀菌室，通过加氯溶解器中的次氯化钙药片对处理水消毒杀菌，然后流入集水室。

三、STC 系列船用污水处理装置

STC 系列船用污水处理装置采用膜生物反应器污水处理技术，主要由生物反应器和膜组件组成，通过生物反应器的生物降解和膜组件的高效固液分离作用处理船上生活污水，处理后的水符合 IMO MEPC 159(55)以及各国最新污水排放标准，如图 3-4-3 所示。

图 3-4-3　STC 船用污水处理装置

1. 工作原理

船用生活污水处理装置采用传统活性污泥处理工艺，因其固液分离效率不高(尤其在船舶工况)、容积负荷低，难以满足越来越严格的污水排放标准。通过在曝气箱中投入一定数量的多孔悬浮填料，可大大提高反应器中的生物量，改进处理效能、防止污泥膨胀、增强系统运行稳定性及对冲击负荷的抵御能力。型式试验检测结果的分析表明，总悬浮固体 TSS，五日生化需氧量 BOD_5 两个指标经二极生化处理后可达到要求。

另一方面，采用复合式膜生物反应器污水处理技术，对污染物的去除效率高(一般大于 90%)，所需水力停留时间短、容积负荷高、抗冲击负荷能力强，同时由于膜的截留作用使得出水水质得到保证。对于细菌的去除，传统的生活污水处理出水必须经过加氯或其他的消毒工艺，如紫外线消毒。使用膜生物反应器，经过膜组件的截留，可有效去除水中的细菌，MBR 被称为消毒工艺中的一项绿色技术。本系列装置采用陶瓷膜组件(错流分离方式)，其耐腐蚀性强，非对称膜机构清洗再生容易，在很大程度上改善膜的污染状况。

2. 工作流程

设备在正常运行状态下，通过底部的曝气装置可使填料在箱体中呈流化态。充氧的污水浸没全部填料，并以一定的流速流经填料，通过需氧细菌和微生物进行分解。经接触氧化处理后进入沉淀箱进行初步分离后进入初级处理水箱。

通过循环泵的抽吸，经二级生化处理的处理水进入膜组件进行高效的固液分离，固形物、大分子物质等返回曝气箱内，澄清水进入处理水箱，通过液位开关的控制排出舷外，处理后的水达到排放标准。

3. 结构特征

设备箱体采用长方体钢结构，气泵、排放泵、循环泵、电控箱、阀件、膜组件等通过管路与箱体组成整体，结构紧凑。箱体分为曝气箱、沉淀箱、处理水箱。污水处理工作流程见图3-4-4。

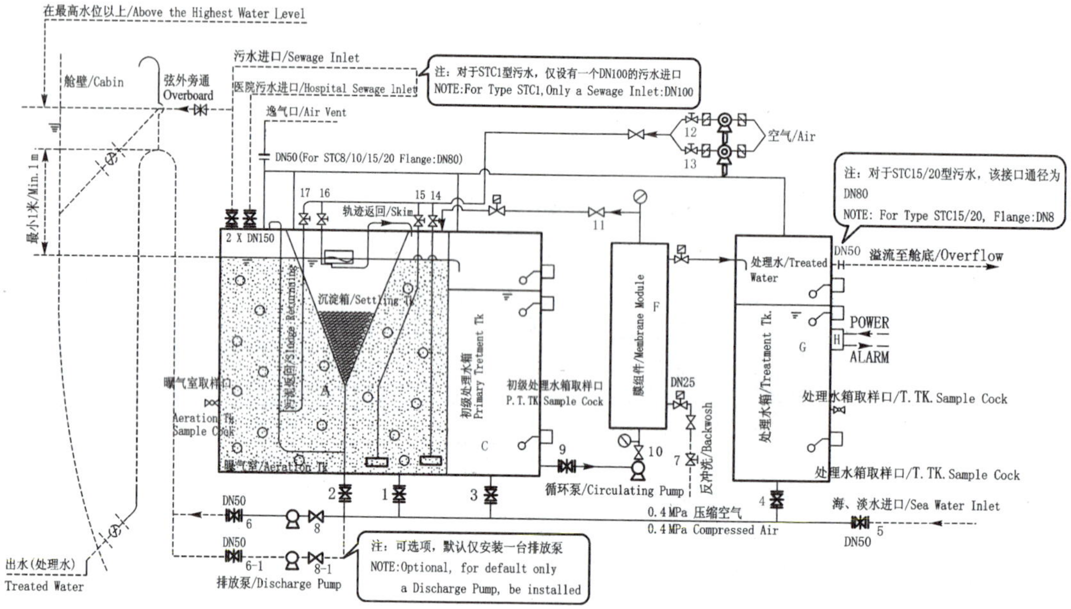

图 3-4-4　污水处理工作流程

1）曝气箱

曝气箱内设有曝气装置和填料。曝气装置装在箱体的底部，可通过箱体侧板上的人孔进行维修。空气不仅提供细菌氧气，而且也把刚进入装置的污水和箱内的污水有效地混合起来。

2）沉淀箱

沉淀箱呈斗形，表面撇渣和污泥回流采用空气提升器。漏斗型辐流式沉淀箱可防止沉淀污泥堆积，并且可直接进入空气提升管的吸入口。细菌（活性污泥）在沉淀箱内沉淀下来，并通过空气提升管返回到曝气箱，可通过透明返送管观察污泥返送情况。

3）膜分离装置

膜组件通过循环泵和管路与初级处理水箱、处理水箱及曝气箱相连接，经二级生化处理的处理水由泵增压后进入膜组件，在压力的作用下通过膜滤液，成为系统处理出水，活性污泥、悬浮物等则被膜截留，并返送至初级处理水箱，或在特定的时间内同时返送至曝气箱。膜组件采用分置式、错流、低压，混合液沿着膜表面流动，对膜表面有一定的剪切作用，降低膜表面的层流层的厚度，防止污泥在膜表面的沉积，减缓膜污染。装置膜组件具有自动反冲洗功能，由控制箱控制。反冲洗介质采取 0.4 MPa 的压缩空气。

4）处理水箱

处理水箱用于暂时存储处理水，达到一定量时便由排放泵将合格处理水排至舷外。处理水箱装有溢流口。灰水如接进处理水箱，用户须选用紫外线消毒器对灰水进行消毒处理。

5）排放泵

船用 50CPW-10-15 型无堵塞排放泵是一种直接与电机轴相连的非自吸式离心泵，其排出压力为 0.15 MPa，10 m^3/h，可手动/自动操作。当自动操作时，通过处理水箱上的液位开关进行控制。高位起动泵，低位停泵。

6）空气泵

装置随机安装 2 台转叶片空气压缩机，1 台工作，1 台备用，手动切换。

7）循环泵

可手动/自动操作。当自动操作时，通过初级处理水箱上的液位开关进行控制。高位起动泵，低位停泵。

8）液位开关

初级处理水箱上高高、高、低 3 个位置分别装有 1 个液位开关，通过电缆与控制箱相连。其中高高液位用于报警；高液位用于起动循环泵；低液位用于停循环泵。处理水箱上高高、高、低 3 个位置分别装有 1 个液位开关，通过电缆与控制箱相连。其中高高液位用于报警；高液位用于起动排放泵；低液位用于停排放泵。

任务实施

船舶生活污水处理装置操作与管理

【任务要求】

根据 STC 型船用生活污水处理装置操作规程，能正确进行操作前的检查、起动运行及管理、活性污泥的培养、维护保养等事项。

【任务准备】

1. 电力充足，电路无损害。
2. 污水准备。
3. 控制空气准备。
4. 泵、仪表等配套件完好。

【任务操作】

1. 操作前的准备、检查

设备在操作使用前，应仔细阅读随机使用说明书，了解、熟悉设备的基本结构及各附件、仪表、阀门的作用和位置。检查管路连接，确保正确安装、不渗漏。

2. 操作程序

(1) 接通电源，指示灯亮。将排放泵起动按钮放在“手动”和“停止”。

(2) 打开阀 2, 5，注入清水，使液位升到处理水箱高液位浮球位置以上。

(3) 关闭阀2，5。

(4) 打开阀4，6，8。

(5) 将控制箱上排放泵起动按钮放在“自动”位置。

(6) 当排放泵控制开关处于“手动”位置起动泵，泵运转，排出箱体内液体，直至将开关拨到“停止”。

(7) 关闭阀门13，打开阀门12，14，15，起动压缩机D，压力表读数为0.015～0.054 MPa。

(8) 关闭阀门12，打开阀门13，14，15，起动压缩机E，压力表读数为0.015～0.054 MPa。

(9) 调整阀门16，17，可调节污泥返送空气提升器的空气量，阀门开度一般在制造厂已调整好，不需再重新调整。

(10) 打开污水进口阀，装置进入运行状态。

3. 活性污泥培养

在污水处理装置进入稳定运行之前，须经过活性污泥培养初期及试运行两阶段。

(1) 活性污泥培养初期。将由粪便、便纸和厕所冲洗水组成的新鲜污水加入装置至曝气箱容积的3/4左右，关闭污泥回流阀，起动气泵连续曝气2～3 d，曝气箱内出现模糊的活性污泥絮绒，按正常处理量的40%添加污水，5 d后开启污泥回流阀使沉淀箱内污泥回流至曝气箱，约2 d活性污泥培养成熟进入试运行。

(2) 试运行阶段。控制污水量由正常处理量的40%逐渐加大至正常处理量，此过程约3 d时间，设备进入稳定运行。

4. 维护保养

1) 每周

(1) 检查空气压缩机的压力表读数应为0.015～0.054 MPa。

(2) 检查污泥返送管内污泥返送情况。

2) 每月

(1) 转换使用备用的空气压缩机，在开关转换备用压缩机前，应确保已打开备用压缩机的出口阀，然后再关闭已停止工作的压缩机出口阀。

(2) 利用随机供应的量筒，检查生化反应器活性污泥量，在量筒内灌注100 mL水样，静止30 min，假如沉淀污泥高度已超过60 mL，装置必须部分排放污泥。每2～3个月：曝气箱部分除泥，停机半小时，让其沉淀，打开阀门2，关闭阀1，3，5，将曝气箱和排放泵接通，关闭再循环管路阀，打开舷外排放泵，起动泵，水位接近75%，再停泵。

打开曝气箱顶板上相关观察孔盖，检查滤网是否清洁。打开沉淀箱顶部的人孔盖，检查沉淀箱内部是否清洁，有必要的话，用淡水进行冲洗。

3) 每6个月

检查压缩机的滤桶是否堵塞，并进行调换或清洗。检查供给空气管路上的止回阀是否完好。

4) 每年

排空并清洗所有的箱体，检查排放泵、循环泵和压缩机的磨损情况。如压力表空气压力上升到0.054 MPa，就要更换压缩机滤桶或空气扩散元件。

任务评价

任务内容涵盖交通运输部海事局海船船员2011《船舶管理》考试大纲中“生活污水处理装置工作原理、典型结构、操作、维护与保养”等相关知识点，并满足评估大纲中相关技能要求。

评估要素：

1. 正确进行操作前的检查。
2. 熟练操作污水处理装置。
3. 正确进行活性污泥的培养。
4. 正确进行维护保养。

课后练习

1. 试述船舶污水的主要来源。
2. 试述国际防污染公约对船舶生活污水排放的要求。
3. 就生活污水处理装置而言，如何应对PSC检查？

任务5 船舶发生海上污染事故的处理

任务描述

船舶污染事故会直接或间接把物质或能量引入水环境，导致损害生物资源、危害人体健康、损害水资源等。本任务涉及对海上发生溢油时所采用的措施及溢油的处理方法，经循序渐进的教学和系统的训练，使学生了解船舶发生溢油时应先采取的措施、回收方法和无法回收油的处理等，掌握如何正确及时地处理溢油事件，并在老师的指导下进行溢油演习。

本任务适用于操作级和管理级船员。

学习目标

- 能识记船上油污应急计划主要内容。
- 能掌握防止溢油扩散的方法。
- 能掌握溢油回收方法。
- 能根据溢油演习程序进行演习。

相关知识

一、船上油污应急计划

《MARPOL 73/78 公约》附则 I 第 26 条规定：150 总吨及以上的油船和 400 总吨及以上的非油船，均应备有经主管机关批准的船上油污应急计划（Shipboard Oil Pollution Emergency Plan, SOPEP）。为便于主管机关编制船上油污应急计划，海上环境保护委员会第 32 届会议于 1992 年 3 月 6 日通过了《船上油污应急计划编制指南》的 MEPC 54(32)决议。该指南要求：《MARPOL 73/78 公约》成员国采取必要步骤，以确保有权悬挂其国旗的每一艘船舶，应备有按《船上油污应急计划编制指南》要求编写并经主管机关批准的船上油污应急计划。

编制船上油污应急计划主要用于帮助船员处理意外的排油。其目的是采取必要措施，以控制或减少排放或减轻其危害，有效地在结构、逻辑和及时程度上采取必要的措施。在任何排油的应急情况下，为船长的有效指挥提供指导，从而不会因混乱延误处理时机，导致船舶及船员面临更大的危险和环境损害。

船上油污应急计划的编制必须做到确切、实用、便于操作；在编制时还应与公司的共同计划涉及油污应急计划的内容联系在一起，使岸上人员和船舶管理者都能理解，定期进行评估、检查和修改。

船上油污应急计划主要由强制性规定、非强制性规定和附录 3 个部分组成。

1. 强制性规定

"强制性规定"这部分内容是为了确保公约附则Ⅰ第26条的实施，主要有4个部分，即油污事故报告程序、需要联系当局或人员名单、船上人员采取减少或控制油类排放的详细描述、为使船上与国家及地方当局协同行动需取得联系的程序。

1）油污事故报告程序

船长或负责管理该船的其他人员应按照IMO A648(16)决议通过的《船舶报告制度及船舶报告要求总则》(包括危险货物、有害物质和/或海洋污染事故报告指南)的要求报告，报告包括以下内容。

(1) 何时报告。①实际发生的排放。②可能发生的排放。尽管尚未发生排放，但可能发生的排放，也需要报告。

(2) 报告程序。①初始报告：在实际发生或可能排放的开始按规定格式立即报告。②补充报告：当发出初始报告后，以适当的间隔进一步报告油污事态发展和处理的情况，报告的格式同初始报告。③附加报告：与初始报告同时或稍后向沿岸国家和船舶所有人或船舶经营人报告船损及要求或建议，报告的格式同初始报告。

2）油污事故中需联系的当局或人员名单

船舶发生污染事故需要进行通信联系的应包括：沿岸国联系人、港口联系人、与船舶有关的重要联系人。这些人的单位、姓名、地址、电话、电传、传真号码等列入附录的表中，而且随着人员更换和电话号码等的变动更新这些信息。

3）控制排放的措施

控制排放的措施应明确地指导船长如何在各种情况下减轻损害。计划不仅要制定拟采取的措施，而且还要明确船上各类人员的责任，以避免在应急反应中出现混乱。对不同类型的船舶，拟采取措施的侧重面也不同，但至少在以下几个方面应能向船长提供指导。

(1) 操作性溢油。计划应制定清除溢油和甲板积油应急反应程序，并对下述3种泄漏制定具体防止措施和应急反应程序。①管系泄漏：防止管系泄漏措施和应急反应程序。②舱柜溢油：处置舱柜溢油的应急反应程序、控制货油或燃油溢出的方法、驳至空舱或未满舱操作程序、将舱内多余油转驳至岸上或他船的程序。③船体泄漏：对可能发生船体泄漏所造成溢油应急反应程序、控制舱内货油或燃油溢出量的措施、船内转驳或卸至岸上或他船的操作程序、无法确定某一舱发生泄漏时的处置程序、实施修复过程船体应力和稳性影响。

(2) 海损事故溢油。计划应制定发生事故溢油时船上的应急反应程序，并将搁浅、火灾/爆炸、碰撞、船壳破损、严重横倾等事故作为独立部分，分别制定防止措施和应急反应程序。计划还应就优先措施、稳性、应力影响及减载等方面提出要求。①优先措施。对事故的反应，最优先考虑的应是保证船舶和人员安全，并采取措施防止事故升级。②稳性和应力影响。在海损事故应急反应中，采取措施减缓溢油或使船舶脱险时，应特别谨慎地考虑船体稳性和应力，船内转驳只有在充分考虑可能影响船舶整体稳性和应力之后才能进行。③减载。船舶结构受损严重时，可能有必要将全部或部分货物驳到另一艘船上，因此计划应制定船与船过驳的安全措施和操作程序。

4）国家和地方协作

发生溢油事故，船舶与沿岸国或其他有关部门快速、有效地协作，对减少污染事故的危害至关重要，因此实施控制措施之前，有必要与沿岸国取得联系，以得到核准。计划应提供与沿岸国或地方当局联系请求协作的方式、注意事项和有关应急反应队伍资料。

2. 非强制性规定

除《MARPOL 73/78公约》附则Ⅰ第36条规定的上述强制部分外，计划应有地方或船公司要求提供的指导，如图表和图纸、应急反应设备、公关事务、记录保存、计划检查及演练等。

（1）图表和图纸：除强制部分规定的图表和图纸外，其他有关船舶设计和构造的详细资料应附在计划后面，并注明所在位置。

（2）应急反应设备：计划应列出应急反应设备的存货清单，应对安全的使用方法提供指导，还应建立这些设备使用、管理和维护人员的职责。为保证安全有效地使用这些设备，计划应提出操作人员的培训要求。计划还应指明未经沿海国批准，不得使用消油剂，就是使用围控和回收设备时也应得到其核准。

（3）公关事务：为减轻忙于处理眼前应急事务的船员的负担，计划应提供有关向新闻媒介发布信息时的规定和注意事项。

（4）保存记录：由于任何事故最后都将涉及责任、赔偿和补偿问题，所以计划要求保存污染事故的相应记录。记录除采取的措施外，还应包括与外部机构、船舶所有人和其他部门通信联系，以及来往的决定和信息。

（5）计划的检查：非强制性规定要求对计划要进行定期检查和事故检查。

A. 定期检查：至少每年对计划进行一次检查。应使用信息反馈系统以便尽快地收集变化的资料，如地方法律或政策、联系人姓名和编号、船的特性或公司政策方面的变化等，以保证计划中的资料是现时的。

B. 事故检查：污染事故发生，使用应急反应计划后应对计划的有效性进行一次评估，并作出相应的修改。

（6）计划的演练：为保证船员熟悉计划，在应急时能作出正确的反应，应定期进行演练，这种演习可以同船上其他演习合并进行，演习和训练都应作好记录。通过演习，应急状态中的安全性和有效性将得到增强。

3. 附录

（1）船上油污应急计划规定应具备下列附件：①沿海国联系人一览表；②港口相关联系人一览表；③船舶重要联系人一览表；④船舶资料及图纸。

（2）船上油污应急计划规定应备有下列资料：①适用于张贴在船舱壁上的简明流程图；②有关国家和地方主管当局的资料；③其他参考资料。

二、防止溢油扩散的方法

一旦发现溢油，应遏制浮油，防止溢油扩散，以便最后回收或从敏感区转移出去。防止溢油扩散的方法有围油栏和化学凝聚2种。

1. 围油栏

常用的围油栏有浮子式、充气式、气幕式3种类型，它是防止溢油扩散最常用也是较为有效的设备。在使用围油栏时必须考虑风、潮、流等因素的影响，如图3-5-1，3-5-2所示。

2. 化学凝聚

利用一种比溢油的扩散力大的化学药剂，它在水面扩散并压缩油膜，使油膜面积大大缩小，从而阻止溢油扩散。撒布化学凝聚剂的作业比铺设围油栏容易且迅速，对防止煤油、柴油等轻油和重油的扩散是行之有效的方法。

图 3-5-1　浮子式围油栏

图 3-5-2　充气式围油栏

三、溢油回收的方法

将遏制住的油迅速回收以预防溢油漏出污染其他区域，这是清除海面溢油较理想的办法，既可避免溢油对环境的进一步危害，又能回收能源。回收方法包括人工打捞、机械回收和吸油材料吸附回收，如使用图 3-5-3 所示的吸油毡。

四、溢油海上处理

当海上溢油无法回收时，可采用化学分散剂、燃烧、沉降和生物降解法，在海上直接处理掉。

1. 化学分散剂

用由表面活性剂溶剂和少量添加剂组成的乳化分散型油处理剂，喷撒在水面浮油上，使浮油迅速分散成微小油滴溶于水中，在水面以下一定深度处形成乳浊液。油被分散成微小粒子后，易被生物降解，可加速水的自然净化过程。一般在外海及开阔水域中使用会有显著效果，在半封闭海域或交换条件不良海面，不宜采用。油分散剂会造成二次污染，因此，使用前须得到港口当局的批准，而且选用经主管机关认可的产品，如图 3-5-4 所示。

图 3-5-3　吸油毡

图 3-5-4　化学分散剂

2. 燃烧

在远离陆地及船舶航道的海面大规模溢油，又由于海上气候条件恶劣无法用机械方法回收溢油时，可将溢入海中的油品点燃处理掉。但随之会带来大气污染，若在港区或沿岸水域，还有可能引起陆上火灾。

3. 沉降

用相对密度大的亲油性物质，撒布在溢油表面上，并与油一起沉降到海底。由于沉降处理会污染海底生物，许多国家禁止使用。一般只能在特定海域采用，大多数国家规定在距陆地 50 n mile 以内不准使用。

4. 生物降解

溢油生物降解是将溢油中的有害、有机成分通过微生物降解和体内新陈代谢成为无害的无机物（CO_2，H_2O 等）。为提高生物降解速率需保证环境中有足够的氧和营养剂组分，以维持生物良好的生长环境，氧可由大气提供，营养剂则可通过外部投加方式进行。生物降解技术最大的优点是不会产生二次污染。

任务实施

溢油演习

【任务要求】

根据船上油污应急计划简明流程图以及溢油应急部署表中各职务的职责，熟练使用溢油回收工具，并能参加溢油演习。

【任务准备】

1. 防污染器材准备。
2. 通信设备通畅。
3. 溢油演习部署表准备。

溢油演习部署表

职务	负责部位	职　　责
船长	驾驶台/现场	总指挥对外联系
政委	溢油现场	副总指挥动员组织人员回收清除溢油
大副	溢油现场	协助轮机长做好溢油现场指挥工作
二副	驾驶台/现场	驾驶台值班，采取应急措施，做好现场记录
三副	溢油现场	提供并携带防污器材，回收清除溢油，艇长指挥放艇
报务员	无线电台/现场	负责对外通信，回收清除溢油
水手长	溢油现场	提供并携带防污器材，协助指挥回收清除溢油，放艇
木匠	溢油现场	检查甲板排水孔，关闭有关通道，回收清除溢油
部分水手	溢油现场	艇员协助放艇，随艇下，回收清除溢油
轮机长	机舱/溢油现场	现场指挥，组织人员回收清除溢油

续表

职务	负责部位	职　　责
大管轮	机舱/现场	管理机舱设备/回收清除溢油
二管轮	溢油现场	控制有关阀门,防止溢油扩散,做好现场记录
三管轮	溢油现场	协助放艇,随艇下,操纵艇电机,回收清除溢油
电机员	机舱/现场	管理电站/现场回收清除溢油
机工长	溢油现场	提供并携带应急工具和防污器材,现场回收清除溢油
部分机工	溢油现场	艇员协助放艇,随艇下,回收清除溢油
管事	生活区/现场	检查居住区火情,关闭有关通道/现场回收清除溢油
大厨	厨房/现场	检查厨房火情,关闭有关通道/现场回收清除溢油
二厨	溢油现场	回收清除溢油
医生	溢油现场	携带医疗急救器械和药品
其余船员	溢油现场	(携带防污器材)回收清除溢油

4. 根据本船实际,拟定溢油演习程序。

【任务操作】

(1) 根据溢油演习部署表的要求合理分工。

(2) 根据溢油演习程序进行演习。

演习参考程序

值班人员报告驾驶员加油过程中油管破裂,燃油大量溢出,值班驾驶员通过全船广播系统发出船舶溢油演习警报“·——·”并通知船长,船长上驾驶台并亲自操纵船舶,同时模拟电告公司船舶发生溢油,并模拟向船舶所在海区的主管机关报告,二副上驾驶台值班并做好现场记录。

全体船员携带防污器材到达指定位置,现场指挥轮机长点名,检查个人装备及规定携带防污器材。

二管轮:报告轮机长,驳油现场已停止驳油作业,油路及阀门已关闭。

轮机长:报告船长,全体船员已到齐,驳油现场已停止驳油作业,油路及阀门已关闭。

船长:组织人员查清油污范围。

轮机长带领人员检查油污范围,检查完毕。

轮机长:报告船长,右舷加油站及主甲板被污染,少量流入海中。

船长:组织人员清理加油站及主甲板油污。

现场人员在轮机长指挥下进行清除加油站及主甲板油污。

船长模拟向主管机关报告,请求使用消油剂(使用牌号和数量)。

船长:准备释放救生艇。

轮机长:三副,准备放艇。

三副指挥放艇的准备工作。

三副:报告轮机长,释放救生艇工作已准备完成。

轮机长:报告船长,释放救生艇工作已准备完成。

同时船舶收到主管机关指令:不同意使用消油剂。

船长:释放救生艇,用人工清除海面油污。

轮机长:三副,释放救生艇,用人工清除海面油污。

三副指挥救生艇到水面,二副、二管轮登艇,两名水手随艇下。二副操纵救生艇,水手模拟回收海上溢油。

轮机长:报告船长,救生艇已下水,正在清除海面油污,加油站及甲板上的溢油已清除完毕。

二副:报告船长,海上溢油已基本清除,请示救生艇返回。

船长:同意返回。

船长:轮机长,收回救生艇。

轮机长:三副,收回救生艇。三副带人收回救生艇。

三副:报告轮机长,救生艇已收回。

轮机长:报告船长,救生艇已收回。

船长:等待讲评。

船长模拟向主管机关和公司报告,溢油清除完毕,等待接受指示。船舶准备油污染事故的书面报告、海事声明,接受海事部门的调查处理。

船长讲评,并宣布演习结束,发布演习解除警报。

(3) 教师讲评,对演习中的不足及时指出和纠正。

任务评价

任务内容涵盖和满足交通运输部海事局海船船员 2011《船舶管理》考试大纲中“船舶发生海上污染事故处理”的相关知识点和评估大纲中相关技能要求。

评估要素:

1. 正确使用防污染器材。
2. 正确使用通信设备。
3. 演习的程序应顺畅。

课后练习

1. 简述围油栏和化学凝聚的优缺点。
2. 简述化学分散剂、燃烧、沉降和生物降解法的优缺点。
3. 简述溢油演习的注意事项。

项目四 船舶营运安全管理

项目描述

为确保船舶海上交通运输安全，各国政府及IMO制定了一系列与船舶安全有关的法律、规章和国际公约，各国海事主管机关依据相关的法律、法规、规范以及公约，对到港的船舶实施监督检查，确定船舶、船员是否具有规定的有效证书以及船舶的技术状况是否符合有关规定的要求，并就检查中发现的缺陷提出处理意见，督促船方及时予以纠正。本项目从相关法规及公约的学习、船舶安全项目的自查、PSC检查等任务出发，经循序渐进的教学做系统的学习和训练，使学生熟悉国际法规、公约对船舶营运安全的要求，掌握船舶营运安全项目的自查工作，了解如何迎接PSC检查等，切实提高学生的安全意识和管理水平。

任务 1　船舶安全公约解读与应用

任务描述

自 20 世纪以来，船舶海上交通事故频繁发生，严重危害人命安全，IMO 制定了一系列的安全公约，目的是提供船舶构造安全、设备安全和操作安全的最低标准。本任务通过各个安全公约的学习，使学生了解国际安全公约对船舶、船员操作性、船舶管理、公司管理等的要求，旨在提高其安全意识及管理水平，使学生做到遵纪守法，按章操作，自觉地维护和遵守海上交通秩序，保证航行安全，防止水域污染并减少船舶滞留次数。

本任务适用于操作级和管理级船员。

学习目标

- 能识记《SOLAS 公约》的主要内容。
- 能识记《FFS 规则》《LSA 规则》《ISM 规则》《ISPS 规则》的主要内容。
- 能根据消防演习和弃船演习的流程进行演习。

相关知识

一、《SOLAS 公约》的构成及主要内容

1912 年 4 月英国建造的豪华客船“泰坦尼克”号在处女航中与冰山相撞(图 4-1-1 和 4-1-2)，在北大西洋沉没。由于船舶材料、舱室结构以及救生设备等方面的问题，造成 1 500 余人丧生的历史上空前惨痛的海难事故。事故发生后，英国政府主持召开了第一次国际海上人命安全会议，并于 1914 年 1 月 20 日签订了第一个安全公约——《国际海上人命安全公约》(International Convention for the Safety of Life at Sea，SOLAS 公约)。该公约规定，各

图 4-1-1　“泰坦尼克”号

图 4-1-2　“泰坦尼克”号螺旋桨

缔约国政府所属船舶必须经登记国政府官员或登记国政府认可的组织或指定的验船师检验，符合公约附则要求，取得合格证书后，才能从事国际航行。

公约正文有 13 个条款，包括：第 1 条“公约的一般义务”，第 2 条“适用范围”，第 3 条“法律规则”，第 4 条“不可抗力情况”，第 5 条“紧急情况下载运人员”，第 6 条“以前的条约和公约”，第 7 条“经协议订立的特殊规则”，第 8 条“修正”，第 9 条“签字批准接受认可和加入”，第 10 条“生效”，第 11 条“退出”，第 12 条“保存和登记”，第 13 条“文字”。公约的附则是公约的主体，包括以下内容。

1. 第 I 章　总则

其中最重要的内容是有关各种类型船舶进行检验和发证以证明这些船舶符合安全公约要求。该章中还包括对其他缔约国港口的船舶进行港口国监督的条款。

2. 第 II-1 章　构造——结构、分舱与稳性、机电设备

本章共分为 A，B，C，D，E 5 个部分：A 部分——通则（适用范围、定义、船舶结构）；B 部分——分舱与稳性；C 部分——机器设备；D 部分——电气装置；E 部分——周期性无人值班机器处所的附加要求。其主要内容包括：

(1) 规定了客船分舱的水密程度应能保证船舶在假定船壳破损的情况下保持正浮和稳性的要求，还规定了客船水密完整性和污水泵系统布置的要求以及客船和货船的稳性要求。

(2) 分舱等级——由两个相邻舱壁之间最大许可长度决定的分舱等级因船舶长度以及船舶的营运业务的不同而有所不同，客船的分舱等级最高。

(3) 机器和电气装置——在各种紧急情况下，机电设备的设计和安装应能保持工作，以确保船舶、旅客和船员的安全。

3. 第 II-2 章　构造——防火、探火和灭火

本章的主要内容包括适用范围，消防安全目标和功能要求，名词定义，火灾和爆炸的防止，火灾的抑制、脱险，操作性要求，并规定了防火、探火、灭火系统与设备的安装要求以及对客船、货船、液货船在构造方面的防火措施和在设备方面的灭火措施。

这些条款有以下原则：用耐热和结构性限界面将船舶划分为若干主竖区，用耐热和结构性限界面将起居处所与船舶其他处所隔开，限制可燃材料的使用，探知火源区的任何火灾，抑制和扑灭火源区的任何火灾，保护脱险通道或灭火通道，保证灭火设备的随时可用性，将易燃货物蒸发气体着火的可能性降至最低程度。

公约 2000 年 12 月修正案将有关消防设备、消防布置的技术标准从公约中分离出来，成为独立的强制性规则——《国际消防系统安全规则》（《FSS 规则》）。

4. 第 III 章　救生设备与装置

本章规定了对通用救生设备与装置的要求以及专用于客船、货船上的救生设备与装置的要求。

本章分为 A 和 B 两部分。

A 部分——关于适用范围、免除、定义、救生设备和装置的鉴定、试验与认可以及生产试验的一般性规定。

B 部分——关于船舶和救生设备的要求，共有 5 节：①客船与货船（通信，个人救生设备，应变部署表与应变须知，操作须知，救生艇筏的配员与监督、集合与登乘布置、存放、降落与回收装置，海上撤离系统的存放，救助艇的登乘、降落与回收装置，应急培训与演习和使用准备状态，维护保养与检查等）。②客船附加要求（救生艇筏与救助艇，个人救生设备，救生艇筏与救助艇的登乘布置，救生艇筏的存放，集合站，客滚船的附加要求，乘客资料，直升机降落和搭乘区域，客船船长决策支持系统，演习）。③货船附加要求（救生艇筏与救助艇，个人救生设备，救生艇筏的登乘与降落布置）。④救生设备和装置的要求。⑤其他事项（培训手册和船上培训教具，船上维护保养须知，应变部署表与应变须知）。

5. 第 IV 章　无线电通信设备

本章在 1988 年进行了全面修改，将标题“无线电报和无线电话”改为“无线电通信设备”并引入了全球海上遇险和安全系统（Global Maritime Distress and Safety System，GMDSS）。

除另有明文规定者外，本章适用于本规则所适用的所有船舶和 300 总吨及以上的货船。

6. 第 V 章　航行安全

本章规定了由缔约国政府提供一定的航行安全服务。除另有明文规定外，本章涉及的安全操作规则适用于一切航线上的所有船舶，而公约附则的其他章节只适用于国际航行业务的一定等级的船舶。

7. 第 VI 章　货物装运

本章内容涉及因对船舶或船上人员的特别危害而须采取特别预防措施的货物的装运（散装液体、散装气体和其他章内已作出装运规定的除外），分为 A，B 和 C 3 部分：A 部分为一般规定，包括适用范围、货物资料、氧气分析和气体探测设备、船上使用杀虫剂、堆装和系固；B 部分为谷物以外的散装货物的特别规定，包括装运的可接受性、散装货物的装卸和堆装等内容；C 部分为谷物装运，包括定义和货船装运谷物的要求。

8. 第 VII 章　危险货物装运

本章包括包装形式、散装固体形式、散装化学液体和液化气体危险货物的分类、包装、标志和积载的条款。

海运危险品的分类沿用了联合国用于所有形式运输的分类系统。海运界的规定在某些方面更为严格。

在运输危险品方面，缔约国政府被要求颁布国家级水准的细则。为了协助缔约国，IMO 制定了《国际海运危险品规则》（《国际危规》，IMDG）。《国际危规》被不断修改以增补新的危险品条目并补充或修改现有条款。

9. 第 VIII 章　核动力船舶

本章规定了基本要求，主要是关于放射性危害，1981 年 IMO 大会通过了一个详细的、综合性的核动力商船安全规则，该规则是本章的不可分割的补充。

主管机关应采取措施，确保在海上或港内不使船员、乘客或公众，或水道或食物或水源受到不当的辐射或其他的核能危害。核反应堆装置的设计、构造以及检查和装配的标准均应经主管机关认可和满意，并应考虑因辐射而使检验所受到的限制。

10. 第 IX 章　船舶安全营运管理

本章是安全公约新的一章，新的第 IX 章使 IMO 于 1993 年 11 月以大会第 A. 741(18) 号决议通过的《国际安全管理规则》具有强制性。该修正案于 1998 年 7 月 1 日通过默认接受程序生效。新的第 IX 章从 1998 年 7 月 1 日起适用于客船和油船，并从 2002 年 7 月 1 日起适用于 500 总吨及以上的货船和移动钻井装置。

规则建立的安全管理目标：规定船舶营运的安全做法和安全的工作环境，针对已确定的风险制订防范措施，继续改进人员的安全管理技能，其中包括应对紧急情况的技能。

11. 第 X 章　高速船安全措施

本章是安全公约的另一新的章节，此新章节的公约修正案使得在同一次海安会通过的《高速船国际安全规则》具有强制性。

12. 第 XI-1 章　加强海上安全的特别措施

本章的主要内容有 5 条：对被认可组织的授权、加强检验、船舶识别号、关于操作要求的港口国控制以及连续概要记录。

13. 第 XI-2 章　加强海上保安的特别措施

2002 年 12 月 12 日，IMO 大会通过了安全公约新增的"第 XI-2 章——加强海上保安的特别措施"，即关于加强海上安全和保安的特别措施的修正案；会议通过了《国际船舶保安和港口设施保安规则》(《ISPS 规则》)。

本章的主要内容有：定义、适用范围、缔约国政府的保安义务、对公司和船舶的要求、公司的具体责任、船舶保安警报系统、对船舶的威胁、船长对船舶安全和保安的决定权、控制和符合措施、对港口设施的要求、替代保安协议、等效保安安排和资料的送交。

14. 第 XII 章　散货船的附加安全措施

本章是公约附则新增的一章，1997 年 11 月 27 日通过，1999 年 7 月 1 日生效。

本章主要涉及船长对 150 m 及以上的散货船的破损稳性要求，散货船的结构强度要求，货舱、压载舱和干燥处所水位探测器以及泵系的有效性。

近年来针对散货船附加安全措施方面通过的修正案较多，其中部分修正案还被推翻重来，主要介绍以下内容。

(1) 货舱、压载舱和干货舱处所水位探测装置。国际海事组织海上安全委员会(MSC)以 MSC. 105(73)决议对新船从 2004 年 7 月 1 日起，对现有散货船从 2004 年 7 月 1 日之后的第一次年度检验(期间检验或换新检验)起，要求所有货舱内都必须安装水位探测装置，同时，该水位探测装置应符合 IMDG 中规定的标准。

(2) 散货船双船舷侧处所和专用海水压载舱的涂层保护。MSC. 105(73)决议要求，对船长 150 m 及以上、2006 年 7 月 1 日及以后建造的散货船，双船舷侧处和海水压载舱的涂层应遵守《SOLAS 公约》第 II/3-2 条："所有专用海水压载舱应有一个有效的防腐系统，如硬保护涂层或等效物，这些涂层应宜为浅色，该防腐系统的选择、应用和维护方法应根据 IMO A. 798(19)决议《专用海水压载舱防腐系统的选择、应用和维护指南》经主管机关批准，如适合，也应采用牺牲阳极。"

二、《FSS 规则》

《FSS 规则》由前言和 15 章内容组成，内容包括：第 1 章"总则"，第 2 章"国际通岸接头"，第 3 章"人员保护"，第 4 章"灭火器"，第 5 章"固定式气体灭火系统"，第 6 章"固定式泡沫灭火系统"，第 7 章"固定式压力水雾和细水雾灭火系统"，第 8 章"自动喷水器、探火和失火报警系统"，第 9 章"固定式探火和失火报警系统"，第 10 章"取样探烟系统"，第 11 章"低位照明系统"，第 12 章"固定式应急消防泵"，第 13 章"脱险通道的布置"，第 14 章"固定式甲板泡沫系统"，第 15 章"惰性气体系统"。

前言指出，本规则的目的是为经修正的安全公约第 II-2 章所要求的消防安全系统提供具体工程规范的国际标准。在 2002 年 7 月 1 日或以后，本规则对于经修正的安全公约所要求的消防安全系统将具有强制性。本规则今后的任何修正案都必须按经修正的安全公约第 VIII 条规定的程序予以通过并生效，主要有以下内容。

1. 总则

1）适用范围

本规则适用于经修正的安全公约第 II-2 章所述的消防安全系统。除非另有明文规定，否则本规则适用于 2002 年 7 月 1 日或以后安放龙骨或处于类似建造阶段的船舶的消防安全系统。

2）定义

（1）主管机关系指船舶的船旗国政府。

（2）公约系指经修正的安全公约。

（3）规则系指经修正的安全公约第 II-2 章中定义的《FSS 规则》。

3）等效和现代技术的应用

为了给消防安全系统的现代技术和开发留有余地，如果能满足公约第 II-2 章 F 部分的要求，主管机关可以认可本规则中未予规定的消防安全系统。

4）毒性灭火剂的使用

如果主管机关认为，无论是本身还是在某种可能条件下，某灭火剂的使用会释放有毒气体、液体和其他物质，其数量会对人体造成危害，应禁止使用。

2. 国际通岸接头

1）标准尺寸（见表 4-1-1）

表 4-1-1　国际通岸接头法兰的标准尺寸

名称	尺　寸
外径	178 mm
内径	64 mm
螺栓圈直径	132 mm
法兰槽口	直径为 19 mm 的孔 4 个，等距离分布在上述直径的螺栓圈上，开槽口至法兰盘的外缘
法兰厚度	至少为 14.5 mm
螺栓和螺母	4 副，每副的直径为 16 mm，长度为 50 mm

2）材料和配件

国际通岸接头应用钢材或其他等效材料制成并设计成能承受 1.0 N/mm^2 的工作压力。法兰的一侧应为平面，另一侧应为永久附连于船上消防栓或消防水带的对接口，如图 4-1-3 所示。国际通岸接头应与适合承受 1.0 N/mm^2 工作压力的任何材料的垫片，连同直径为 16 mm，长度为 50 mm 的 4 个螺母和 8 个垫圈一起保存在船上。

图 4-1-3　国际通岸接头法兰

3. 人员保护

1）消防员装备

消防员装备包括一套个人设备和一副呼吸器。

个人配备应包括下列内容：

(1) 防护服，其材料应能保护皮肤不受火焰的热辐射及灼伤和蒸汽烫伤，其外表面应能防水。

(2) 长统靴，由橡胶或其他绝缘材料制成。

(3) 一顶能对撞击提供有效保护的硬头盔。

(4) 一盏认可型的安全电灯(手提灯)，其照明时间至少为 3 h。在液货船上使用的和拟用于危险区域的安全电灯应为防爆型。

(5) 能提供高压绝缘保护的带柄斧头。

呼吸器应为瓶内空气储存量至少为 1 200 L 的自给式压缩空气呼吸器，或可供使用至少 30 min 的其他自给式呼吸器。呼吸器的所有气瓶都应能够互换使用。每一呼吸器都应配有一根长度至少 30 m 的耐火救生绳。救生绳应能够成功通过 5 min 的 3.5 kN 静荷载认可试验而不失效。救生绳应能够用卡钩系在呼吸器的背带上，或系在一条单独的系带上，以防止在使用救生绳时呼吸器脱开。

2) 紧急脱险呼吸装置

(1) 总则。①紧急脱险呼吸装置(EEBD)是仅在逃离有毒气体舱室时使用的空气或氧气供应装置，应为认可型。②紧急脱险呼吸装置不应用于灭火、进入缺氧隔离空舱或舱室，或由消防员配带。在这些情况下，应使用专门适合这些用途的自给式呼吸器，如图 4-1-4 所示。

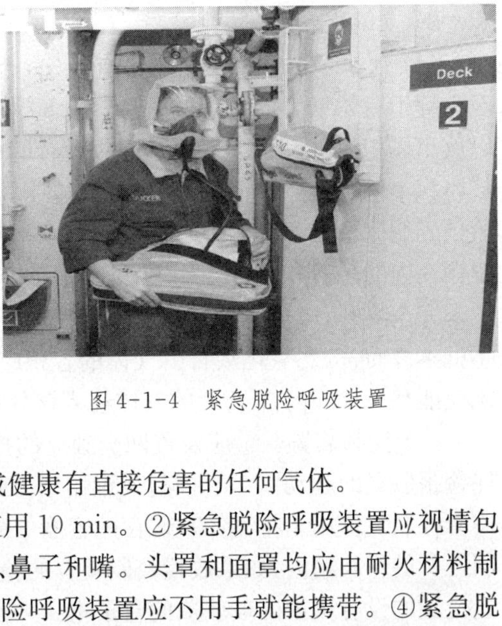

图 4-1-4　紧急脱险呼吸装置

(2) 定义。①面罩系指被设计成将眼睛、鼻子和嘴的周围全部封闭起来的面部遮盖物，并用适当的方式将其固定就位。②头罩系指能把头、颈完全覆盖起来，并可能覆盖到部分肩部的头部遮盖物。③有害气体系指对于生命或健康有直接危害的任何气体。

(3) 细节。①紧急脱险呼吸装置至少应能使用 10 min。②紧急脱险呼吸装置应视情包括一个头罩或全脸面罩，以便在逃生时保护眼睛、鼻子和嘴。头罩和面罩均应由耐火材料制成，并包括一个清晰的视窗。③未启用的紧急脱险呼吸装置应不用手就能携带。④紧急脱险呼吸装置应储存适当，以免受环境的影响。⑤必须在紧急脱险呼吸装置上清晰地印有简要的使用说明或清晰的图示。配戴程序应迅速且容易，以便在极短的时间就能安全摆脱有害气体。

(4) 标志。在每一个紧急脱险呼吸装置上应印有保养要求、厂家的商标和序列号、贮藏期限及生产日期，以及认可机关的名称。用于培训的紧急脱险呼吸装置必须清楚地标示。

4. 灭火器

1) 灭火器

每个干粉或二氧化碳灭火器的容量至少应为 5 kg，而每一泡沫灭火器的容量至少应为 9 L。所有手提式灭火器的质量应不超过 23 kg，而且必须有至少相当于一个 9 L 液体灭火器的灭火能力；主管机关应确定灭火器的等效品；只能使用经认可的灭火剂给相应灭火器填充。

2）便携式泡沫灭火器

便携式泡沫灭火器应包括一只能以消防水带连接于消防总管的感应式泡沫枪，连同一只至少能装 20 L 发泡液的可携式容器和一只备用发泡液体容器。泡沫枪每分钟应至少产生 1.5 m^2 适合于扑灭油类火灾的有效泡沫。

5. 固定式气体灭火系统

1）系统控制要求

（1）向被保护处所输送灭火剂所需的管路应装有控制阀，并在控制阀上清楚地标明该管路所通往的处所。

（2）应装有自动声响报警装置，在向滚装处所和通常有人工作或出入的其他处所释放灭火剂时能自动报警。

（3）固定式气体灭火系统的控制装置应能易于接近而且便于操作，并应成组地安装在尽可能少的不会被受保护处所的火灾所切断的位置。

（4）除非主管机关允许，不得使用灭火剂自动释放装置。

2）二氧化碳系统

（1）灭火剂的量。①除非另有规定，否则货物处所可用的二氧化碳量应足以放出体积至少等于该船最大的装货处所总容积 30％的自由气体。②机器处所可用的二氧化碳量应足以放出体积至少等于下列两者中较大者的自由气体：被保护的最大机器处所总容积的 40％，该容积不包括机舱棚上部，该部分从舱棚的一个水平面起算，该水平面的面积等于或小于从舱顶到舱棚最低部分的中点处的舱棚水平截面面积的 40％；或被保护的最大机器处所包括舱棚在内的总容积的 35％。③对于小于 2 000 总吨的货船，若有 2 个或 2 个以上的机器处所未完全隔开，应被视为一个处所，上述②段所述的 2 个百分数可分别减至 35％和 30％。④就本段而言，二氧化碳自由气体的容积应以 0.56 m^3/kg 计算。⑤机器处所的固定管路系统应能在 2 min 内将 85％的气体注入该处所。

（2）控制装置。①应设置两套独立的控制装置，以将二氧化碳释放至被保护处所，并确保警报装置的起动。一套控制装置用于开启将气体输送到被保护处所的管路上的阀门；另一套控制装置用于将气体从贮存的容器中放出。②两套控制装置应位于一个标明具体所控制处所的释放箱内，如果放置控制装置的箱子上加锁，则一把钥匙应放在位于控制箱附近明显位置的设有可击碎玻璃罩的盒子里。

3）蒸汽系统

供给蒸汽的一个或数个锅炉，每小时应能对最大一个被保护处所供给每 0.75 m^3 至少 1.0 kg 的蒸汽，除了要符合上述要求外，该系统在其他各方面应由主管机关确定并使主管机关满意。

6. 固定式泡沫灭火系统

1）总则

固定式泡沫灭火系统应产生适合于扑灭油火的泡沫。

2）固定式高倍泡沫灭火系统

（1）高倍泡沫灭火系统的泡沫液应由主管机关依据 IMO 制定的导则予以认可。

（2）机器处所所要求的固定式高倍泡沫灭火系统应能通过固定喷射口迅速喷出泡沫，

其数量足以每分钟向被保护处所中的最大者至少注入 1 m 深的泡沫。储备发泡液应足够产生 5 倍于被保护的最大处所的容积的泡沫。泡沫膨胀率应不超过 1 000∶1。

（3）如主管机关确信能取得同等的保护效果，则可以允许采用替代装置和相应的喷射率。

3）固定式低倍泡沫灭火系统

（1）低倍泡沫灭火系统的泡沫液应由主管机关依据 IMO 制定的导则予以认可。

（2）该系统应能在不超过 5 min 的时间内通过固定的喷射口喷出足以在燃油所能散布的最大单个面积上覆盖 150 mm 深的泡沫。泡沫膨胀率应不超过 12∶1。

7. 固定式压力水雾和细水雾灭火系统

1）固定式压力水雾灭火系统

（1）喷嘴和水泵。①在机器处所中所要求的任何固定式压力水雾灭火系统均应配有认可型水雾喷嘴。②喷嘴的数量和布置应使主管机关满意，并应确保每分钟每平方米有至少 5 L的水量，在其所保护的处所有效且均匀地分布。如果认为有必要增加喷水率，则应使主管机关满意。③应采取预防措施，防止喷嘴被水中的杂质或管系、喷嘴、阀和泵的腐蚀所阻塞。④水泵可以用独立的内燃机驱动，但如需要靠应急发电机供电，则要符合公约第 II-1 章第 42 条或第 43 条的规定，则该发电机应布置成在主电源失灵时自动启动，以便使所要求的水泵立即获得电力。由独立内燃机驱动的水泵的所在位置应在被保护处所失火时，不会影响对该机器的空气供应。

（2）安装要求。①在机器处所的污水沟、舱柜顶和燃油易于流散到的其他区域以及其他具有特殊失火危险处的上方，都应设置喷嘴。②该系统可以分成若干分区，其分配阀应能从被保护处所以外易于到达的部位进行操作，从而不致因被保护处所失火所切断。③水泵及其控制设备应装于被保护处所以外，而且不致因水雾系统所保护的处所失火而使该系统失去作用。

（3）系统控制要求。该系统应以必要的压力保持充水，而且当该系统内的压力下降时，水泵能自动向系统供水。

2）细水雾灭火系统

机器处所和货泵舱的细水雾灭火系统应由主管机关依据 IMO 制定的导则予以认可。

8. 自动喷水器、探火和失火警报系统

1）动力供应源

（1）客船。海水泵及自动警报和探火系统应有不少于 2 套动力供应源。若泵的动力源为电力，则动力源为一套主发电机及一套应急电源。泵的供电应一路来自主配电板，另一路来自通过专用独立馈线的应急配电板。报警和探火系统动力源中的一路应为应急电源。如果泵的动力源之一是内燃机，则除应符合的规定外，其所在位置应在任何被保护处所失火时不影响机器的空气供给。

（2）货船。海水泵及自动警报和探火系统应有不少于 2 套动力供应源。若泵为电力驱动，则应与主电源连接，该电源应由至少 2 台发动机供电。报警和探火系统动力源中的一路应为应急电源。如果泵的动力源之一是内燃机，则除应符合的规定外，其所在位置应在任何被保护处所失火时不影响机器的空气供给。

2）组件要求

（1）喷水器。喷水器应能耐海上大气腐蚀。在起居和服务处所中，喷水器应在 68 ℃至 79 ℃的温度范围内开始工作，但在如干燥室等可能出现较高环境温度的处所除外，在这些处所内，喷水器的动作温度可以增加至不超出舱室顶部最高温度 30 ℃。

（2）压力柜。应装有容积至少等于本款所规定充注水量 2 倍的压力柜。压力柜储存的常备充注淡水量应相当于水泵的 1 min 排量，并应设有能保持柜内空气压力的装置，当柜内常备充注淡水量被使用时，能确保柜内的压力不低于喷水器的工作压力加上所测得的柜底至系统中最高位置喷水器的水头压力。应装设于压力下补充空气和补充柜内淡水的适当设施。压力柜应装设显示柜内正确水位的玻璃水位表。应设有防止海水进入柜内的设施。

（3）喷水器水泵。应装有一台专供喷水器自动连续喷水的独立动力泵。该泵应在压力柜内常备淡水完全排干之前由于系统压力的降低而自动开始工作。在泵的出水一侧，应装有一个带有一根末端开口的排水短管的测试阀。阀和管子的有效截面积应足以放出对该泵要求的出水量，并同时在系统内保持规定的压力。

9. 固定式探火和失火报警系统

1）供电源

固定式探火和失火报警系统工作中使用的电气设备的供电源应不少于 2 套，其中一套为应急电源。应由专用的独立馈线来供给电力。这些馈线应接至位于或临近于探火系统配电板上的自动转换开关。

2）组件要求

（1）探测器应通过热、烟或其他燃烧产物、火焰或这些因素的任何组合而动作。主管机关可以考虑采用根据其他能指示初始火灾的因素而动作的探测器，但其灵敏度应不低于上述探测器。感烟探测器只能作为感烟或感温探测器的补充。

（2）所有梯道、走廊和起居处所内的脱险通道要求的感烟探测器应经过验证，在烟密度超过 12.5％每米减光率之前动作。但在烟密度超过 2％每米减光率之前不应动作。安装在其他处所的感烟探测器应在主管机关考虑到避免探测器不灵敏或过度灵敏的情况时认为满意的灵敏度极限内进行动作。

（3）感温探测器应经过验证，当温度以每分钟不超过 1 ℃的速率升高时、在温度超过 78 ℃之前动作，但在温度超过 54 ℃之前不应动作。当升温率更大时，感温探测器应在主管机关考虑到避免探测器不灵敏或过度灵敏的情况时认为满意的温度极限内动作。

（4）安装在干燥室和通常环境温度较高的类似处所的感温探测器的动作温度可以达到 130 ℃，在桑拿房可达到 140 ℃。

（5）所有探测器的型式均应能接受正确工作试验并且无需更换任何部件便能恢复到正常的监测状态。

3）探测器的定位

探测器应安装在能获得最佳性能的位置。靠近横梁和通风管道或气流会影响探测器性能的其他位置或有可能产生冲击或物理性损伤的位置都应予避开。位于顶部的探测器与舱壁的距离至少要有 0.5 m，但在走廊、贮藏间和梯道中除外。

10. 取样探烟系统

（1）该系统的设计、制造和安装应能防止任何有毒或可燃物质或灭火剂漏进任何起居处所和服务处所、控制站或机器处所。

(2) 该系统和设备应作适当设计，以能承受船上通常遇到的电压变化和瞬间波动、环境温度变化、振动、潮湿、冲击、碰撞及腐蚀，并避免可燃气体与空气混合物着火的可能性。

(3) 该系统的型式应能接受正确工作试验，并能在无需更换任何部件的情况下恢复到正常的监测状态。

(4) 应为该系统工作中所用的电气设备提供一套替代电源。

(5) 应装有双套取样风机。在正常通风条件下，风机应具有足够的容量在被保护区内工作，并且总响应时间应使主管机关满意。

(6) 控制板应允许在每一取样管上都可观察烟雾。

(7) 应装有通过取样管监测气流的装置，并设计成确保从每一个相互连接的集烟器中抽取的量尽可能相等。

(8) 取样管应配备一个用压缩空气定期驱烟的装置。

11. 低位照明系统

所要求的任何低位照明系统应由主管机关依据 IMO 制定的导则予以认可，或达到 IMO 可接受的国际标准。

12. 固定式应急消防泵

1) 应急消防泵

(1) 泵的排量。泵的排量应不低于公约第 II-2 章所要求的消防泵总排量的 40%，而且在任何情况下：对于小于 1 000 总吨的客船和 2 000 总吨及以上的货船，排量不低于 25 m^3/h；小于 2 000 总吨的货船，排量不低于 15 m^3/h。

(2) 消火栓压力。当泵按第(1)款的要求供水时，消火栓处的压力应不小于公约第 II-2 章所要求的最低压力。

(3) 泵吸水头。泵的总吸头和净正吸头的确定应考虑公约和本章有关泵的排量及在运行中可能遇到的各种横倾、纵倾、横摇和纵摇状态下消火栓的压力。船舶在进出干船坞时的压载状态不必视为营运状况。

2) 柴油机和燃油柜

(1) 柴油机的起动。泵的任何柴油驱动动力源应能在温度降至 0 ℃时的冷态下用人工(手摇)曲柄起动。如果这样不切实际，或如遇到更低的气温时，则可考虑主管机关可接受的加热安排，以确保随时起动。如人工(手摇)起动不可行，则主管机关可允许其他起动方式。这些方式应能够在 30 min 内使柴油驱动的动力源至少起动 6 次，并在前 10 min 内至少起动 2 次。

(2) 燃油柜容量。燃油供应柜所装盛的燃油应能使泵在全负荷下至少运行 3 h，同时在 A 类机器处所外应储备足够数量的燃油，能使该泵在全负荷下再运行 15 h。

13. 脱险通道的布置

1) 客船

(1) 梯道宽度的基本要求。梯道的净宽度应不小于 900 mm，对于超过 90 人的情况，每超过 1 人则梯道的净宽度应至少增加 10 mm。经由该梯道撤离的总人数应假定为该梯道所服务区域内船员和旅客总人数的 2/3。

(2) 梯道的细节。①扶手。梯道的两侧应安装扶手，扶手间的最大净宽度为 1 800 mm。

②梯道走向。所有尺度供 90 人以上使用的梯道应为艏艉向梯道。③竖向高度和倾斜度。不带楼梯平台的梯道的竖向高度不应超过 3.5 m,倾斜角不应大于 45°。④平台。除了服务于公共处所直接通向梯道围壁的梯道平台外,每一层甲板上的梯道平台的面积应不小于 2 m^2,如果使用该平台的人数超过 20 人,则每增加 10 人增加 1 m^2,但不必超过 16 m^2。

(3) 门厅和走廊。门厅和走廊以及脱险通道内的中间平台的尺度应与梯道作同样处理。通向集合站的梯道出口门的合计宽度应不小于为该层甲板服务的梯道总宽度。

(4) 通向登乘甲板的撤离路线。①集合站。应该认识到通向登乘甲板的撤离路线可能包括一个集合站。在这种情况下,应考虑防火要求及从梯道围壁到集合站和从集合站至登乘甲板的走廊和门的尺度,并注意到从集合站撤离人员至登乘位置将分成小的控制组进行。②从集合站到救生筏登乘位置的路线。如果旅客和船员被困在一个集合站,而该集合站却不在救生筏登乘位置,则从集合站到登乘位置的梯道和门的宽度应按控制组的人数计算。除非在通常情况下从这些处所撤离需要更大的尺度,否则梯道和门的尺度不必超过 1 500 mm。

(5) 脱险通道平面图。应备有标明下列内容的脱险通道平面图:①在所有通常有人的处所中船员和乘客的人数。②预计经由梯道并通过门厅、走廊和平台逃生的船员和乘客的人数。③集合站和救生筏登乘位置。④主要和次要的脱险通道。⑤梯道、门、走廊和平台区域宽度。脱险通道平面图应附有确定逃生梯道、门、走廊和平台区域宽度的详细计算情况。

2) 货船

用作脱险通道的梯道和走廊的净宽度应不小于 700 mm,而且应在一侧有扶手。净宽在 1 800 mm 及以上的梯道和走廊应在两侧都有扶手。"净宽"是指扶手与另一侧舱壁之间或两侧扶手之间的距离。梯道的倾斜角一般为 45°,但不大于 50°,在机器处所和小处所则不应大于 60°。通向梯道的门厅应与梯道宽度相同。

14. 固定式甲板泡沫系统

1) 泡沫溶液和泡沫浓缩剂

泡沫溶液的供给率不得小于下列数值中的最大值:

(1) 按液货甲板面积计算,每平方米每分钟 0.6 L,此处液货甲板面积系指船舶最大宽度乘以全部液货舱的纵向总长度;

(2) 按具有最大面积的单个液货舱的水平截面面积计算,每平方米每分钟为 6 L;

(3) 按最大泡沫喷射装置保护并完全位于该装置前方的面积计算,每平方米每分钟 3 L,但不少于每分钟 1 250 L。

2) 喷射装置和泡沫枪

(1) 来自固定式泡沫系统的泡沫应用喷射装置和泡沫枪来供应。每一喷射装置应至少供给所要求的泡沫溶液供给率的 50%。对小于 4 000 载重吨的液货船,主管机关可以不要求装设喷射装置,而只要求装设泡沫枪。但在这种情况下,每一泡沫枪的能力至少应是所要求的泡沫溶液供给率的 25%。

(2) 任一喷射装置应对所保护的、完全位于它前方的甲板区域以至少每平方米每分钟 3L 的能力喷射泡沫溶液,且该能力不得低于每分钟 1 250 L。

(3) 任一泡沫枪的能力应不小于每分钟 400 L,在静止空气中,其射程应不小于 15 m。

15. 惰性气体系统

1) 惰性气体的供应

(1) 惰性气体的来源可以是来自主锅炉或辅助锅炉的经过处理的烟道气体。主管机关也可以允许使用来自一个或多个各自独立的惰性气体发生器或其他来源或任何它们混合的烟道气体,但必须达到等效的安全标准。此种系统应尽可能符合本章要求。不准使用储备二氧化碳气体的系统,除非主管机关认为系统本身产生静电着火的危险已降至最低程度。

(2) 该系统应能以船舶最大卸货速率125%的速率(按体积计算)向液货舱输送惰性气体。

(3) 当该系统以任何所需的流速向液货舱输送惰性气体时,在惰性气体供气总管内的含氧量(按容积计算)应不超过5%。

(4) 惰性气体发生器应装有2台燃油泵。但如果在船上备有燃油泵及其原动机的足够备件,以使船员在燃油泵及其原动机发生故障时可以进行检修,主管机关可允许只装1台燃油泵。

2) 清洗器

(1) 应装设烟道气体清洗器,使其有效冷却上述第(2)(3)条所规定的全部气体并清除其中的固体颗粒和硫的燃烧产物。冷却水系统的布置应保证连续向惰性气体系统供应足量的冷却水而不妨碍船上任何其他重要用途的供水。此外还应有备用冷却水供水装置。

(2) 应装设过滤器或等效设施,以尽量减少被带到惰性气体鼓风机里的水量。

(3) 清洗器应位于所有液货舱、液货泵舱和将这些处所与A类机器处所隔开的隔离空舱的后方。

3) 鼓风机

(1) 应至少装设2台鼓风机,并应能至少向液货舱输送第1)部分第(2)(3)条要求的气体体积。如果带有气体发生器的系统能向被保护的液货舱输出第1)部分第(2)(3)条要求的气体总量,则主管机关可允许只安装1台鼓风机。但船上应备有鼓风机及其原动机的足够备件,以便船员在鼓风机及其原动机发生故障时可以进行检修。

(2) 惰性气体系统的设计应使其作用在任一液货舱的最大压力不超过该液货舱的试验压力。在每台鼓风机的进、排气连接管上应安装截止阀。应装设能使惰性气体设备的功能在开始卸货前达到稳定的装置。如果鼓风机将用于除气,则其空气进口应安装盲断装置。

(3) 鼓风机应位于所有液货舱、液货泵舱和将这些处所与A类机器处所隔开的隔离空舱的后方。

4) 水封

(1) 系统中的安全措施所述的水封应能由2台独立的泵供水,每台均能一直保持足够的供水量。

(2) 水封和它的附属装置的布置应能在各种工况下防止碳氢化合物气体倒流,并保证起到正常的密封作用。

(3) 应有防止水封被冰冻的措施,该措施不能因过热而损坏水封的完整性。

(4) 与水封有关的供水和排水管以及通往气体安全处所的透气管或压力传感管均应装设环流水管或其他认可的装置。应有防止此种环流水管被真空抽空的措施。

(5) 甲板水密封和环流装置应能防止碳氢化合物气体在其压力等于液货舱的试验压力

时发生回流。

(6) 关于声光报警装置部分，应使主管机关对于在所有时间维持充足水量以及在气流停止时维持装置的完整性以便能自动形成水封等方面感到满意。在得不到惰性气体供应时，水封水位低的声光报警应启动。

三、《国际救生设备规则》(《LSA 规则》)

《LSA 规则》共 7 章内容：第 1 章“通则”，第 2 章“个人救生设备”，第 3 章“视觉信号”，第 4 章“救生艇筏”，第 5 章“救助艇”，第 6 章“降落与登乘设备”，第 7 章“其他救生设备”。

1. 通则

1) 定义

(1) 公约：系指经修正的《SOLAS 公约》。

(2) 有效离开船舶：系指自由降落救生艇在自由降落后，不用其发动机而离开船舶的能力。

(3) 自由降落加速度：系指在自由降落救生艇降放期间登乘者所经受的速度变化率。

(4) 自由降落的核准高度：系指救生艇被批准的最大降落高度，从静水表面量至救生艇处在降放状态时救生艇的最低一点。

(5) 降落滑道角度：系指船舶处于正浮时，救生艇滑道与水平面形成的角度。

(6) 降落滑道长度：系指救生艇艉部至降落滑道底端的距离。

(7) 规则：系指包含在公约附则中的条款。

(8) 要求的自由降落高度：系指船舶处在其最轻航行状态时从静水表面量至救生艇处在降放状态时救生艇最低一点之间的最大距离。

(9) 逆向反光材料：系指能使射入光束向相反方向反射的材料。

(10) 入水角：系指在救生艇最初入水时，降落滑道与水平面形成的角度。

2) 救生设备的一般要求

(1) 以适当的工艺和材料制成。

(2) 在−30 ℃～+65 ℃的空气温度范围内存放而不致损坏。

(3) 如其在使用时可能浸没在海水中，则在−1 ℃～+30 ℃的海水温度范围内可用。

(4) 凡适用者，能防腐烂、耐腐蚀，并不受海水、原油或霉菌侵袭的过度影响。

(5) 如暴露在日光下，应能抗老化变质。

(6) 有利于探测的部位具有鲜明易见的颜色。

(7) 按 IMO 的建议，在有利于探测的位置张贴逆向反光材料。

(8) 如必须在风浪中使用，则能在该环境中令人满意地工作。

(9) 清晰地标示出批准的资料，包括批准的主管机关及任何操作限制。

(10) 如适用，提供短路电流保护以防损坏或受伤。

主管机关应确定容易老化变质的救生设备的使用期限。这类救生设备应标明使用年限或必须更换的日期。确立有效使用期的可取方法是永久性地标明过期日期。如果每年都更换电池或可充电电池(蓄电池)，若电介质的状态易被检测，则电池上不必标明过期日。

2. 个人救生设备

个人救生设备一般包括：救生圈、救生衣、救生服、抗暴露服等设备。

1）救生圈

（1）每只救生圈应具有不大于 800 mm 的外径及不少于 400 mm 的内径，如图 4-1-5 所示。

（2）采用自然浮力材料制成。

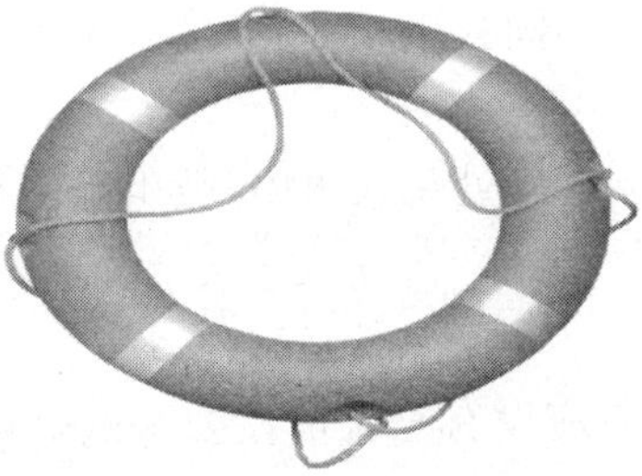

图 4-1-5　救生圈

（3）其浮力应不得依靠灯心草、软木刨片或软木粒、任何其他松散的粒状材料或任何依靠充气的空气室，并能在淡水中支承不少于 14.5 kg 的铁块达 24 h 并具有不少于 2.5 kg 的质量。

（4）在被火完全包围 2 s 后，不致燃烧或继续熔化。

（5）其构造应能经受从存放位置至最轻载航行水线的高度或 30 m 处（取其大者）投落水而不致损害救生圈或其附件。

（6）如救生圈配有自发烟雾信号及自亮灯配备的迅速抛投装置，则应具有足以操动此项迅速抛投装置的质量。

2）救生衣

（1）救生衣应在被火完全包围 2 s 后，不致燃烧或继续熔化。

（2）每件成人救生衣的结构应：能使至少 75% 完全不熟悉救生衣的人在无人帮助、指导或事先示范的情况下能在 1 min 内正确地穿好救生衣，救生衣如图 4-1-6 所示。

图 4-1-6　救生衣

（3）经示范后，每一个人能在无人帮助情况下在1 min 内正确地穿好救生衣；明显地只能用一种穿着方式或尽可能不致被错误地穿着。

（4）穿着舒服，允许穿着者从至少 4.5 m 高度处跳入水中不致受伤，而且救生衣不移位也不损坏。

（5）每件成人救生衣在平静淡水中应具有足够的浮力和稳性。

（6）每件成人救生衣应使穿着的人员可作短距离的游泳，并登上救生艇筏。

（7）在浸入淡水中 24 h 后，每件救生衣应具有的浮力不得降低 5% 以上。每件救生衣应备有用细索系牢的哨笛。

3）救生服

（1）救生服（图 4-1-7）应采用防水材料制成，并在无帮助情况下，能在 2 min 内将它打开并穿好，如救生服必须连同救生衣一起穿着，则要考虑到任何有关联的衣服和救生衣。

(2) 在被火完全包围 2 s 后，不致燃烧或继续熔化；遮盖除脸部以外整个身体，双手也应遮盖，配有永久性附连的手套者除外。

(3) 备有限制或减少救生服裤腿内自由空气的设施；从不少于 4.5 m 高度处跳进水中后，不致有过多的水进入救生服。

(4) 穿着救生服应能再加穿救生衣，如救生服必须连同救生衣一起穿着，人员还能爬上并爬下长度至少为 5 m 的垂直梯子。

(5) 在弃船时能执行正常的任务；从不少于 4.5 m 高度处跳入水中，救生服不损坏或不移位，或人员不受伤。

(6) 能在水中作短距离游泳并能登上救生艇筏。

(7) 具有浮力，且设计为不须加穿救生衣的救生服应设有符合前段要求的灯以及前段所规定的笛哨。

(8) 如救生服必须连同救生衣一起穿着，救生衣应穿在救生服外面。穿着救生服的人员应能在无帮助的情况下穿上救生衣。

图 4-1-7　救生服

图 4-1-8　抗暴露服

4) 抗暴露服

(1) 遮盖除脸部和手部以外整个身体，如果主管机关允许，则应配有鞋、手套及一防护罩，连同抗暴露服一起使用，如图 4-1-8 所示。

(2) 在无帮助情况下，能在 2 min 之内打开并穿好；在被火完全包围 2 s 后，不致燃烧或继续熔化。

(3) 抗暴露服应使穿着人员能爬上并爬下长度至少为 5 m 的垂直梯子。

(4) 从不少于 4.5 m 高度跳下由足先入水，救生服不损坏或不移位，或人员不受伤。

(5) 能在水中游泳至少 25 m 并登上救生艇筏；能在无帮助情况下穿好救生衣。

(6) 执行与弃船有关联的任务，帮助其他人及操作救助艇。

(7) 每套抗暴露服应备有符合前文要求的灯和前文所规定的笛哨。

3. 视觉信号

1) 火箭降落伞火焰信号

(1) 火箭降落伞火焰信号应装在防水外壳内。

(2) 在外壳上，印有清楚阐明火箭降落伞火焰信号用法的简明须知或图解。

(3) 具有整套装在一起的点燃装置,如图 4-1-9 所示。

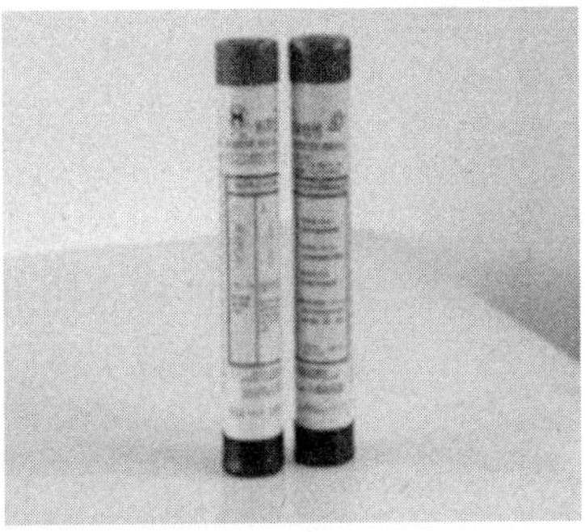
(a)

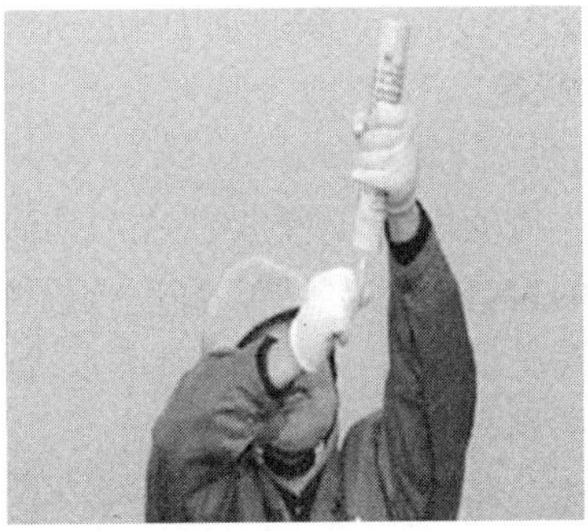
(b)

图 4-1-9　火箭降落伞火焰信号

(4) 当垂直发射时,火箭应达到不低于 300 m 的高度,在其弹道顶点处,或在接近其弹道顶点处,火箭射出降落伞火焰,该火焰应发出明亮红光。

(5) 具有不少于 40 s 的燃烧时间。

(6) 具有不大于 5 m/s 的降落伞速度。

(7) 在燃烧时不烧损降落伞或附件。

2) 手持火焰信号

(1) 手持火焰信号应装在防水外壳内,如图 4-1-10 所示。

(2) 在外壳上,印有清楚阐明手持火焰信号用法的简明须知或图解。

(3) 具有整套装在一起的点燃装置。

(4) 手持火焰信号应发出明亮红光。

(5) 具有不少于 1 min 的燃烧时间。

(6) 浸入 100 mm 深的水中历时 10 s 后,仍能继续燃烧。

3) 漂浮烟雾信号

(1) 漂浮烟雾信号应装在防水外壳内。

(2) 在按制造厂操作须知使用时,不会爆炸般地点燃。

(3) 在外壳上,印有清楚阐明漂浮烟雾信号用法的简明须知或图解。

(4) 漂浮烟雾信号在平静水面漂浮时,应匀速地喷出有鲜明易见颜色的烟雾。

(5) 持续时间不少于 3 min。

(6) 在整个喷出烟雾期间,不喷出任何火焰,如图 4-1-11 所示。

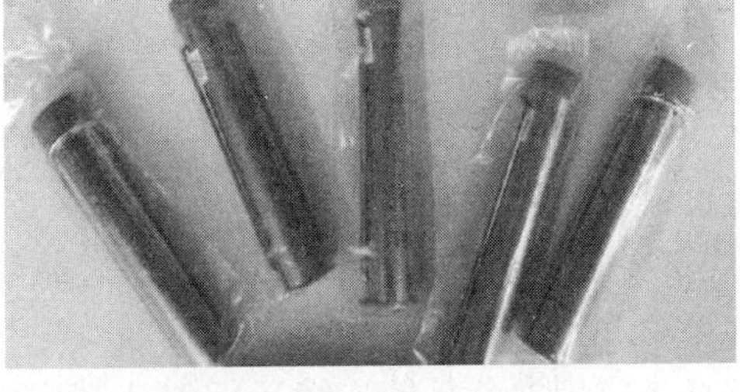
图 4-1-10　手持火焰信号

图 4-1-11　漂浮烟雾信号

(7) 在海浪中,不致淹没。

(8) 在浸入 100 mm 深的水中历时 10 s 后,仍能继续喷出烟雾。

4. 救生艇筏

1) 构造

每只救生筏的构造,应能经受在一切海况下暴露漂浮 30 天,如图 4-1-12 所示。

救生筏的构造应为从 18 m 高度处投落下水后,救生筏及其属具能符合使用要求。

如救生筏必须存放在最轻载航行水线以上超过 18 m 高度处,则该救生筏应进行从至少为此高度处的满意投落试验。

在顶篷撑起和未撑起的情况下,漂浮的救生筏应能经受从筏底以上至少 4.5 m 的高度重复多次蹬跳。

救生筏应设有保护乘员免受暴露的顶篷,该顶篷在救生筏降落过程中和到水面时能自动撑起,且应符合下列要求:

(1) 采用以空气间隙隔开的双层材料或其他等效设施来隔热和御寒。应设有防止水分聚集在空气间隙内的设施。

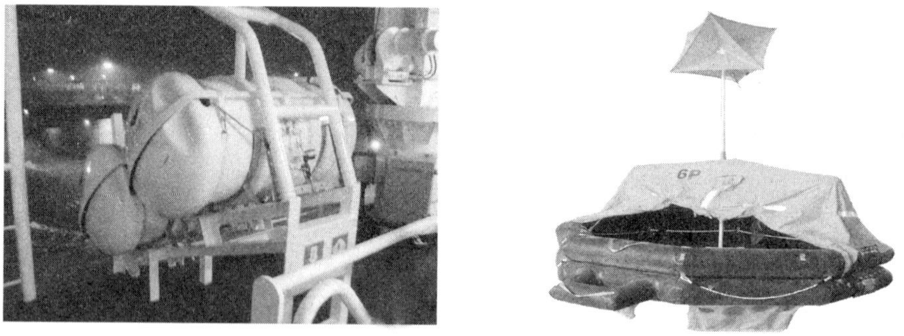

(a) (b)

图 4-1-12 救生筏

(2) 其内部的颜色应不致使乘员感到不舒服。

(3) 即使当进口处关闭时,顶篷无论何时都能通入足够乘员需要的空气。

(4) 坐在顶篷下面各处的乘员,应有足够的头顶空间。

(5) 设有不少于 1 扇的瞭望窗。

(6) 设有收集雨水的设施。

(7) 应提供离海面至少 1 m 以上安装救生艇筏雷达应答器的设施。

2) 救生筏的最小乘员定额与质量

救生筏的乘员定额不少于 6 人。

3) 救生筏舾装件

(1) 救生筏应沿筏体外围及内侧牢固地装设链环状把手索。

(2) 救生筏应设 1 根有效的艏缆,其长度应不少于 10 m 加上从存放处到最轻载航行水线距离或 15 m(两者取大者)。

(3) 救生筏顶篷上应装设人工控制灯。该灯光应为白色且能连续运行 12 h,但是,如果该灯为闪光灯,则在 12 h 运行期间内,闪光灯每分钟的闪光率为不少于 50 闪、不多于 70 闪,且为等效的光强。当顶篷竖好以后，该灯能自动点亮并能提供足够亮度供乘员阅读救生与设备须知。电池形式不应因存放位置的潮气或湿度而变质。

4）吊架降落救生筏

（1）除符合上述要求外，使用认可降落设备的救生筏，当救生筏载足全部乘员及属具后，能承受碰撞速度不小于 3.5 m/s 碰撞船舷的侧向撞击力，并还要从不小于 3 m 高度处投落水中，不得有影响其性能的损坏。应设置在登乘期间能可靠地将救生筏贴紧并系留在登乘甲板的装置。

（2）每艘客船的吊架降落救生筏的布置，应使救生筏的全部乘员能迅速地登上救生筏。

（3）每艘货船的吊架降落救生筏的布置，应使救生筏的全部乘员能在从发出登筏指示的时间起不超过 3 min 内登上救生筏。

5）救生筏自由漂浮装置

（1）艏缆系统。救生筏艏缆系统应在船舶与救生筏之间起连接作用，其布置应确使救生筏在脱开时，如为气胀式救生筏则在充气时，不致被下沉中的船舶拖沉没。

（2）薄弱环。如自由漂浮装置使用薄弱环者，则不会被从救生筏容器拉艏缆所需的力拉断；如适用，则有足够的强度使救生筏充气。

（3）静水压力释放器（图 4-1-13）。自由漂浮装置中使用静水压力释放器者，则该脱开装置应采用兼容的材料制成，以防止该装置发生故障。不得在静水压力释放器的部件上镀锌或采用其他形式的金属镀层。在水深不超过 4 m 处，自动脱开救生筏。设有在该装置处在正常位置时防止水分聚积在静水压力室内的泄水器，其结构为，当海浪拍击时，应不致脱开。在其外部应耐久性地标明出其型号与出厂号，该装置上应永久地标明或附有产品铭牌，说明其制造日期、型号与出厂号，以及该装置是否适用于容量 25 人以上的救生筏。每件连接艏缆系统的部件的强度应不小于对艏缆所要求的强度，如愿意，则可采用确定过期日期的方法代替前段所述的要求。

图 4-1-13　静水压力释放器

5. 救助艇

如果救生艇符合本节的所有要求，成功地完成所要求的救助艇试验，则船上的存放、降落和回收装置均符合救助艇的所有要求，则救生艇可予作为救助艇。救助艇的浮力材料可以装设于艇体的外部，只要它能适当地保护以防止损坏并且能经受规定的暴露。救助艇可以是刚性或充气结构，或两者的混合结构，并且：

（1）长度应不小于 3.8 m，不大于 8.5 m；

（2）应至少能乘载 5 名坐着的人员和 1 名躺在担架上的人员。

6. 降落与登乘设备

除自由降落救生艇的次要降落设备以外，每具降落设备的布置应能在纵倾达到 10°并向任何一舷横倾达到 20°的不良情况及下列条件下，安全降落它所配属的装备齐全的救生艇筏或救助艇。

（1）按公约规定的要求，满载全部乘员。

（2）不多于船上操作所需的船员。

按《MARPOL 73/78 公约》和 IMO 的建议(如适用)计算的最后横倾角超过 20°的油船、化学品液货船和气体运输船所配备的救生艇降落设备,应在考虑船舶最终破损水线后在该船舶处于最后横倾角的情况下,在船舶的较低一舷进行操作。

降落设备不得依靠除重力或不依赖船舶动力的任何储存机械动力以外的任何方式,来降落其所配属的处于满载、装备齐全状态和轻载状态的救生艇筏或救助艇。

每具降落设备的构造,应仅需要最少的日常维护量。一切需要船员进行定期维护的部件,应容易接近和容易维护。

降落设备及其附属设备的强度,除绞车制动器外,应足以经受不少于 2.2 倍最大工作负荷的静负荷试验。

每具降落设备应尽实际可能在结冰情况下保持有效。救生艇降落设备应能收回载有艇员的救生艇。每艘救助艇降落设备都应装设一台绞车马达,具有能把载足全部乘员和设备的救助艇从水面以不小于 0.3 m/s 的速率升起的动力驱动。降落设备的布置应能使人员安全地登上符合要求的救生艇筏。

7. 其他救生设备

1) 抛绳设备

(1) 每具抛绳设备应能相当准确地将绳抛射出;包括不少于 4 个抛绳体,每个能在无风天气中将绳抛射至少 230 m;包括不少于 4 根抛射绳,每根抛射绳具有的破断力不少于 2 kN。备有简要说明书或图解阐明抛绳设备的用法,如图 4-1-14 所示。

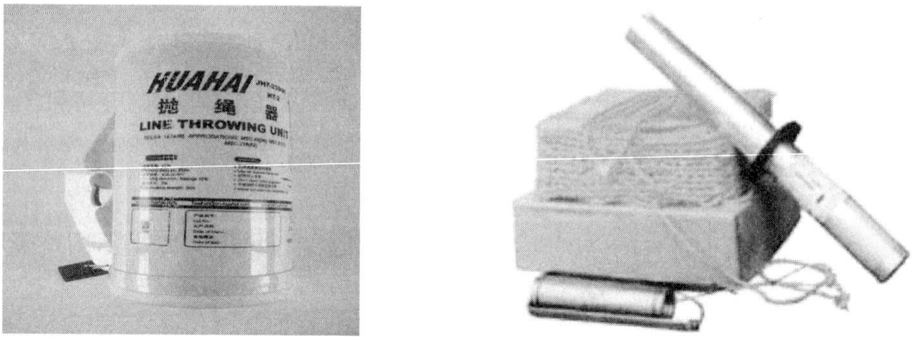

(a) (b)

图 4-1-14 抛绳设备

(2) 手枪发射的火箭,或火箭与抛射绳组成整体的组件,应装在防水的外壳内。此外,对于手枪发射的火箭、抛射绳与火箭以及引燃器材,应储存在抗风雨的容器内。

2) 通用应急报警和有线广播系统

(1) 通用应急报警系统应能发出通用报警信号,该信号由船舶号笛或汽笛以及附加电铃或小型振膜电警笛或其他等效报警系统发出,由 7 个或以上的短声继以一长声组成,而后者由船舶主电源及所要求的应急电源供电。除了船舶号笛外,该系统应能自船舶驾驶室和其他要害位置进行操作。全船所有起居处所及正常船员工作处所均应能听到该系统的报警。该报警系统在启动后能连续发出直至被人工关闭或被一有线广播系统的信息所暂时打断。

(2) 有线广播系统应为一扬声器装置,能向船员或乘客,或两者通常出现的所有地方广播信息,并通向集合地点。它应能允许从驾驶室和主管机关认为必要的船上其他地方广播消息。它应受到保护以免不经许可的使用。

四、《国际安全管理规则》(《ISM 规则》)

1.《ISM 规则》的主要内容

《ISM 规则》是 International Safety Management Code(《国际安全管理规则》)的简写,全称为 International Management Code for the Safe Operation of Ships and for Pollution Prevention(《国际船舶安全营运和防止污染管理规则》),由 IMO A. 741(18)号决议通过。

《ISM 规则》由《SOLAS 公约》第 IX 章赋予强制效力。公约规定,从事商业目的的下述国际航行船舶,都不得迟于相应日期适用《ISM 规则》:客船(包括载客高速艇)、500 总吨以上的油船、化学品船、气体运输船、散货船和载货高速船,不迟于 1998 年 7 月 1 日;500 总吨及以上的其他货船和移动式近海钻井装置,不迟于 2002 年 7 月 1 日。

主管机关(船旗国政府)应当向符合《ISM 规则》要求的公司签发(或授权签发)一份"符合证明"(Document of Compliance, DOC),对持有 DOC 的公司所属船舶,经审核确认是按照经认可的安全管理体系(Safety Management System, SMS)运行的,应签发(或授权签发)一份"安全管理证书"(Safety Management Certificate, SMC)。船舶应保存 DOC 副本以备查验。IMO A. 788(19)号决议进一步明确:DOC 须经 5 年一次的换证审核和每年一次的年度审核,SMC 须经 5 年一次的换证审核和至少一次的中间审核,以确认其 SMS 的符合性和有效性。

《ISM 规则》包括前言和 13 节正文。A 部分:总则;安全和环境保护方针;公司的责任和权力;指定人员;船长的责任和权力;资源和人员;船上操作方案的制定;应急准备;不符合规定的情况、事故和险情的报告和分析;船舶和设备的维护;文件;公司审核、复查和评价。B 部分:发证、审核和监督。

前言指出,《ISM 规则》旨在提供船舶安全管理、安全营运和防止污染的国际标准,要求各国政府采取必要措施保证船长正当履行其安全职责,要求有适当的管理组织以满足船上高标准的安全需要。在此简单介绍《ISM 规则》的 13 节规定。

1) 总则

"公司"系指船舶所有人,或已承担船舶所有人的船舶营运责任并在承担此种责任时同意承担本规则的所有责任和义务的任何机构或个人,如管理人或光船承租人。"主管机关"系指船旗国政府。

本规则的目标是保证海上安全,防止人员伤亡,避免对环境,特别是海洋环境造成危害以及对财产造成损失。

公司的安全管理目标尤其应该是提供船舶营运的安全做法和安全工作环境。针对已认定的所有风险,制订防范措施。不断提高岸上及船上人员的安全管理技能,包括安全及环境保护方面的应急准备。

SMS 应当保证:符合强制性规定及规则,并对 IMO、主管机关、船级社和海运行业组织所建议的适用的规则指南和标准予以考虑。本规则的要求可适用于所有船舶。

每个公司均应建立、实施并保持满足以下功能要求的 SMS:

（1）安全和环境保护方针。

（2）确保船舶的安全营运和环境保护符合有关的国际和船旗国立法的指令和程序。

（3）船、岸人员的权限和相互间的联系渠道。

（4）事故和不符合规则规定情况的报告程序。

（5）对紧急情况的准备和反应程序。

（6）内部评审和管理性复查程序。

2）安全和环境保护方针

公司应当制订安全和环境保护方针，说明如何实现公司的安全管理目标。公司应当保证船、岸各级机构均能执行和保持此方针。

3）公司的责任和权利

对管理、从事和审核与安全和防止污染工作相关的所有人员，公司应当明确并用文件形式规定其责任、权力及相互关系。

公司应当负责保证向指定的人员提供足够的资源和岸上的支持，以便使其能够履行各自的职责。

4）指定人员

为保证各船的安全营运和提供公司与船上之间的联系渠道，公司应当根据情况指定一名或数名能直接与最高管理层联系的岸上人员。被指定人员的责任和权力应包括对各船的安全营运和防止污染方面进行监控，并确保按需要提供足够的资源和岸上的支持。

5）船长的责任和权力

公司应当以文件形式明确规定船长的下列责任：

（1）执行公司的安全和环境保护方针。

（2）激励船员遵守该方针。

（3）以简明方式发布相应的命令和指令。

（4）审核具体要求的遵守情况。

（5）复查 SMS 并向岸上管理部门报告其不足之处。

公司应当保证在船上实施的 SMS 中包含一个强调船长权力的明确声明。公司应当在 SMS 中确立船长的绝对权威和责任，以便作出关于安全和防止污染事务的决定并在必要时要求公司给予协助。

6）资源和人员

（1）公司应当保证船长具有适当的指挥资格，完全熟悉公司的 SMS，并得到必要的支持，以便可靠地履行其职责。

（2）公司应当保证根据本国和国际有关规定，为每艘船舶配备合格、持证并健康的船员。

（3）公司应当建立有关程序，以便保证涉及安全和环境保护工作的新聘人员和新调至该岗位人员适当熟悉其职责。凡需在开航前做出的指令均应当标明并以文件形式下达。

（4）公司应当保证与其 SMS 有关的所有人员对有关规定、规则和指南有充分的理解。

（5）公司应当建立并保持有关程序，一般标明为支持 SMS 可能需要的任何培训，并保证向所有相关人员提供这种培训。

(6) 公司应当建立有关程序，使船上人员借此能够获得以一种工作语言或他们懂得的其他语言书写的有关 SMS 的信息。

(7) 公司应当保证船上人员在履行其涉及 SMS 的职责时能够有效地交流。

7) 船上操作方案的制订

对涉及船舶安全和防止污染的关键性的船上操作，公司应当建立制订有关方案和须知的程序。与之有关的各项工作，应当明确规定并分配给适任人员。

8) 应急准备

对船上可能出现的紧急情况，公司应当建立标明、阐述和反应的程序。公司应当制订应急行动的训练和演习计划。SMS 应提供措施，确保公司有关机构能在任何时候对涉及其船舶的危险、事故和紧急情况作出反应。

9) 不符合规定的情况、事故和险情的报告和分析

SMS 应当包括确保不符合规定的情况、事故和险情得到报告(至公司)、调查和分析的程序，以便改进安全和防止污染工作。公司应当建立实施纠正措施的程序。

10) 船舶和设备的维护

公司应当建立有关程序，以便保证船舶按照有关规定、规则以及公司可能制订的任何附加要求进行维护。

为满足此需求，公司应当保证：

(1) 按照适当的间隔期进行检查。

(2) 报告已知的不符合规定的情况并附可能的原因。

(3) 采取适当的纠正措施。

(4) 保存这些活动的记录。

公司应当在 SMS 中制订有关程序，以标明那些会因突发性运行故障而导致险情的设备和技术系统。SMS 应当提供提高这些设备和系统可靠性的具体措施。

11) 文件

公司应当建立并保持与 SMS 有关的所有文件和资料的程序。公司应当保证：

(1) 各有关部门均能够获得有效的文件。

(2) 文件的更改须经授权人的审查批准。

(3) 被废止的文件应及时清除。

用于阐述和实施 SMS 的文件可称为“安全管理手册”。文件应当以公司认为最有效的方式予以保存。每艘船应当备有与之有关的全部文件。

12) 公司审核、复查和评价

公司应当开展内部安全评审，以审核安全及防止污染活动是否符合 SMS 的要求。公司应当定期评价 SMS 的有效性，必要时还应当根据公司建立的有关程序对 SMS 进行复查。

13) 发证、审核和监督

船舶应当由持有与该船相关的 DOC 的公司营运。

DOC 应当由主管机关、主管机关认可的机构或公司选定从事营运活动的国家的政府代表主管机关签发给符合本规则要求的每个公司。该证明应当被视为该公司能够符合本规则有关要求的证据。

该证明的一份副本应当保存在船上，以便船长在被要求时出示给主管机关或主管机关

认可的机构查验。

主管机关或主管机关认可的机构应当向船舶签发 SMC。在签发该证书时，主管机关应当审核该公司及其船上的管理是否按照经认可的 SMS 运作。

主管机关或主管机关认可的机构应当定期审核经认可的船舶的 SMS 是否正常运作。

2. SMS

根据《ISM 规则》的要求，凡从事国际航行的船舶及经营国际航运的公司，应建立、实施和保持一个 SMS，并经主管机关或其授权的机构进行认证审核。凡审核合格的公司将取得 DOC，其所属船舶在具有公司 DOC 副本的情况下，经审核合格，可取得船舶 SMC。

1）SMS 的基本概念

所谓 SMS 系指能使公司人员和船上人员有效地实施公司和船舶的安全与防污染方针的一种结构化和文件化的管理体系。该体系由组织机构、人员责任、工作程序、活动过程和人力财力资源等五大要素构成。

根据《ISM 规则》要求，每个公司建立的 SMS 应遵循以下基本原则。

（1）安全和环境保护方针及其实施策略。安全与环境保护方针是公司安全管理的行动纲领。方针的内容包含《ISM 规则》的目标，公司的目标和 SMS 目标，以及方针口号和原则性措施。方针以总经理声明的形式签发生效。方针口号：简单的有“健康—安全—环保”，又如“提高素质、保护环境、安全优质、高效创业”，再如“预防为主、保证安全、保护环境、保持健康、适任适航、优质服务”。

（2）明确规定岸上和船上各部门和岗位人员的责任、权力以及相互间的关系，不能存在责任、权力的交叉或空白和关系含糊不清的现象。

（3）达到和保持安全和防污染的高标准。SMS 必须符合《ISM 规则》《SOLAS 公约》《MARPOL 73/78 公约》《LL66 公约》《STCW 78 公约》等国际国内的强制性规定，同时还要对国际组织、国内主管机关及船级社和有关海运行业组织所建议适用的规则、指南、标准予以充分考虑。

2）SMS 的文件体系

SMS 文件体系是描述 SMS 的一整套文件，是公司开展安全管理活动和环境保护活动的法定依据，是达到安全管理目标的最好、最切实际的方法和途径，也是防止、消除和减少事故的工具和保证。

SMS 文件体系的构成可分为两个方面、三个层次。两个方面指公司和船舶；三个层次指体系文件、程序文件和运行记录。

（1）SMS 文件体系的结构。①公司文件体系的构成。第一部分：公司的方针目标，即公司在安全管理方面想要做什么。第二部分：体系，即公司对安全和防污染管理的组织控制要达到什么样的目标。第三部分：程序，即说明安全和防污染管理工作由谁做、何时做、何处做、做什么。第四部分：须知和相关记录，即在安全和防污染管理上怎么做的文件以及做了以后留下的记录。②船舶文件体系的构成。船舶文件体系结构与公司文件相同，但体现船舶安全和防污染管理特点及对公司体系文件作补充的操作性文件。船舶文件体系与公司文件体系的原则要一致，不应存在矛盾和抵触，而应确定界面、消除重叠、合理接口、形成统一。

（2）SMS 文件体系的层次。①第一层次：安全管理手册。安全管理手册中包括最高领导层的政策声明、方针目标及落实《ISM 规则》的各项具体要求等，其具体内容有目标与方针、组织结构、职责分工、安全与防污染的管理、人员与配备、资格与培训、文件管理、行政管理与计划、应变部署等项。②第二层次：程序文件（或称专业手册/安全管理程序手册）。程序文件基于安全管理手册，是后者的支持性文件，即把安全管理手册所规定的要求按部门分工具体化，同时明确各部门间的相互关系。③第三层次：须知文件（或称操作手册）。包括操作须知、设备使用说明、保养维修规定等指导文件，是具体说明如何进行每一项工作的文件。

SMS 文件体系的三个层次既独立又有联系，其中“安全管理手册”等通用性文件，公司和船舶都须配置。

3）SMS 的若干要点

《ISM 规则》第七条“船上操作方案的制定”中规定：对涉及船舶安全和防污染的关键性的船上操作，公司应建立制定有关方案和须知的程序。

根据对船舶安全和防污染的影响程度，关键性操作可分为关键操作和特殊操作。

（1）关键操作（又称临界操作）：系指其任何过失都可能立即造成船舶碰撞、船体损伤、水域污染或人员伤亡等严重事故或产生直接威胁人命安全、船舶安全或环境保护的危险局面的所有操作。关键操作应严格按照须知进行，并应密切监督操作是否符合要求。公司应对从事船上关键操作的船员的资格予以规定，并予以监督。

关键操作至少包括：在限制水域或交通密集区域航行，在接近陆地水域或交通密集水域内可能造成突然失去操纵能力的操作，在视线不良条件下的航行，在恶劣气象条件下的航行，危险货物和有毒有害物质的装卸和积载，海上加油和驳油，液化气体运输船、化学品船和油船的货物操作，关键性机器/设备的操作。

（2）特殊操作：系指那些仅在险情已产生或事故已发生时，其过失才会明显看出的操作。特殊操作具有过失显露的滞后性，往往在发生事故或出现险情时，才显示出操作中的不当或错误行为。因此，船上特殊操作的程序和须知应强调预防和检查，旨在事故发生前纠正不正确的做法。

特殊操作至少包括：保证水密完整性，航行安全，包括海图和有关出版物的改正，影响航行安全设备（如舵机等）及其有关的备用设备可靠性的试验操作、维护保养操作，港内加油操作及驳油作业，保持稳性、防止超载和应力集中，集装箱、货物及其他物品的绑固，船舶保安、防暴力和海盗行为。

《ISM 规则》第八条“应急准备”中规定，对船上可能出现的紧急情况，公司应建立标明、阐述和反应的程序。

（1）SMS 文件体系应制定应急文件。应急文件包括船岸应急程序（组织、职责、通信联络和报告、请求援助、应对媒体等）和反应计划（应变部署）。

（2）船上紧急情况可分为 4 类。①火灾与海损类：有火灾/爆炸，船舶碰撞，搁浅/触礁，船舶破损、进水，天气损害，弃船等。②机损与污染类：有主机故障，舵机失灵，电源故障，机舱事故，油污染等。③货物损害类：有货物移动，海难自救抛货，危险货物事故等。④治安与人员伤亡类：有严重伤病，进入封闭场所，人员落水，搜寻和救助，海盗和暴力行为，战区遇险，直升飞机操作等。

（3）SMS 应对可能出现的船上紧急情况制订相应的处理程序，以便船上一旦发生紧急情况，岸上和船上人员能及时有效地处理。

(4) 应变部署程序应至少包括：消防和救生演习、应急设备的使用、应急发电机操作、舵机失灵时操作、机舱进水、应急救援和疏散、限制区域的救助、危险物质的清除、意外事故、消防设备、救生设备和人员防护设备的维护管理等。

《ISM 规则》第九条是指“不符合规定的情况、事故和险情的报告和分析”。

(1) “不符合规定的情况”系指客观证据表明不满足某一具体规定要求的可见情况，例如，未执行相应的体系文件要求等。“重大不符合规定情况”系指对人员或船舶安全构成严重威胁或对环境构成严重危险，并需要立即采取纠正措施的情况，包括未能有效和系统地实施本规则的要求。“事故”系指造成人员伤亡、环境污染、船舶和货物损害的事件，如工伤、溢油、碰撞、失火等。“险情”系指危及人身、损害船货事故的前兆。

(2) SMS 应建立并执行不符合规定的情况、事故和险情的报告分析制度，以便公司相应管理部门及时进行审议、评估并采取纠正措施，同时，船舶应制订并实施预防措施和纠正措施。预防措施和纠正措施应采用恰当的信息来源，如港口国监督检查、船旗国安全检查所发现的缺陷，船舶法定检验和船级检验时所发现的缺陷，体系内审时发现的缺陷以及本船各类事故和不符合规定的情况等。在实施过程中，首先应对上述缺陷和事故查明原因、损害和后果，并对操作过程的各个环节作明确详细记录，以便作为 SMS 复查的依据。

3. 发证、审核和监督

根据《SOLAS 公约》第 IX 章规定，由缔约国主管机关负责审核公司与《ISM 规则》要求的符合性，并向符合要求的公司颁发 DOC 以及向船舶颁发 SMC；也可由主管机关认可的组织或应主管机关请求的另一缔约国政府颁发 DOC，由主管机关认可的组织颁发 SMC，如主管机关认可的船级社等组织。

我国政府规定，中国船级社(CCS)为实施《国际安全管理规则》的所有船舶的发证机构，海事局作为主管机关对发证工作负责监督。船公司的“符合证明”由交通运输部签发。

船公司为获得 DOC 的签发和保持 DOC 的有效性应进行初次审核、年度审核、换证审核和附加审核。船舶为获得 SMC 的签发和保持 SMC 的有效性应进行初次审核、中间审核、换证审核和附加审核。

1) 公司的各种审核和 DOC 的签发

(1) 初次审核。在公司向主管机关提出外部审核的申请后，主管机关将根据《船舶安全管理体系认证规范》的要求，审核公司实施《ISM 规则》的情况。公司 SMS 的初次审核是验证公司 SMS 与《ISM 规则》要求的符合性。公司 SMS 的初次审核包括文件评审和公司现场审核，在必要时，可安排预访问。

公司 SMS 已至少运行 3 个月。公司管理的每种船型中，各有一艘船舶的 SMS 已至少运行 3 个月。公司已进行的岸基地包括分支机构和船上的内部安全管理审核的记录，至少检查和验证公司管理的每一种船型的各一艘船舶的法定和船级记录的正确性。

公司的初次审核应验证所有 SMS 的要素，及其符合《ISM 规则》要求的有效性。现场审核应在公司的总部进行。如公司的组织机构设有分支机构并指派了 SMS 职责时，现场审核应覆盖代表性的分支机构。

(2) 年度审核。DOC 的年度审核应在 DOC 签发之日的每周年日前或后 3 个月内进行，满意地完成年度审核，审核机构对 DOC 进行签证，以证明受审核公司的 SMS 仍有效地实施和保持并持续符合《ISM 规则》和相关的要求，并保持 DOC 的有效性。

①年度审核应至少验证下列方面：SMS 的有效运行，SMS 的可能修改符合《ISM 规则》要求，纠正措施已实施，法定和船级证书保持有效且没有逾期的检验项目，公司管理的船舶类型。②公司的年度审核应验证所有 SMS 的要素，及其符合《ISM 规则》要求的有效性。③至少应对在 DOC 上标示的每种船型和各一艘船舶进行法定和船级证书的验证。④如在年度审核中有客观证据表明公司未管理 DOC 上所列的某一船型的船舶持续超过 1 年，DOC 上标示的该船型应予以取消。⑤应包括对上一次公司和船舶审核所报告的不合格的评审。审核员应对不合格进行抽查，验证公司是否按《ISM 规则》的要求对不合格进行调查、分析和处理。⑥年度审核应包括对总部和分支机构的审核。如在 DOC 有效期内，公司在其 SMS 内新增分支机构，则应在下一次的年度审核时对其进行审核，在签署 DOC 时，应将其新增分支机构在 DOC 上标示。

(3) 换证审核。DOC 的有效期为 5 年。DOC 到期之日前 6 个月内，公司应接受换证审核，并在 DOC 到期之日前完成换证审核。

公司在申请换证审核时，应声明其 SMS 的变更情况。如果 SMS 已进行修改，则应按初次审核的规定进行文件评审。在换证审核时，公司的现场审核范围和程度应与初次审核相同。换证审核应包括对上一次公司和船舶审核所报告的不合格的评审。审核员应对不合格进行抽查，验证公司是否按《ISM 规则》要求对不合格进行调查、分析和处理。当换证审核的结果证明公司的 SMS 仍有效地保持并符合规定时换发新的 DOC，新 DOC 起算日即为原 DOC 到期日。

(4) 附加审核。当出现下列情况之一时，公司应申请 DOC 的附加审核。①当 DOC 覆盖的船舶发生重大船舶安全事故、重大船上人员伤亡事故和水域污染事件时，根据公司的报告，认为必要时。②当公司的 SMS 发生更改时，根据公司报告的 SMS 变更性质，认为必要时。③当 DOC 覆盖的船舶发生 PSC 滞留，并认为 PSC 滞留与 SMS 实施有关时。④当SMS 申请增加具有附加要求的船旗或船型，所涉及船舶临时 DOC 转发为 DOC 时。⑤当 DOC 撤销后，重新申请签发 DOC 时。⑥当需要跟踪针对不合格的纠正措施的有效性时。

附加审核的项目、范围和程度由船级社根据附加审核的性质确定。

(5) DOC 的签发。在满意地完成初次审核或换证审核后，应向公司签发 DOC。公司应将 DOC 副本送至每一有关的岸基地及公司船队的每一艘船上。DOC 应指明公司 SMS 所管理的船舶类型。在所有严重不合格消除前(即未完成纠正并由审核员验证)，不得签发 DOC。在其他的不合格消除前，可签发 DOC，但必须由公司和审核员均同意在 3 个月内完成纠正措施的计划。

(6) 临时 DOC 的签发。在更换船旗国或公司时，应根据规定作出专门的过渡性安排，对新建公司或持有 DOC 但需新增船型的公司，为便于《ISM 规则》的初始实施，可签发临时 DOC；在证明公司满足《ISM 规则》的目标后，可签发有效期不超过 12 个月的临时 DOC。公司应提供在临时 DOC 有效期内实施满足《ISM 规则》全部要求的 SMS 的计划。

2) 船舶的各种审核和 SMC 的签发

(1) 初次审核。公司的 SMS 审核满意地完成之后，可开始安排/计划公司所属船舶的初次审核。船舶SMS初次审核是验证公司及其船舶管理操作与批准的公司SMS的符合性和满足《ISM规则》适用要求的有效性。船舶SMS的初次审核包括必要的文件核查和船上审核。

A. 文件核查。在船上审核实施之前，应验证公司DOC的有效性，以及与该船舶船型的相关性，船上是否配备了有效的SMS文件。如果与该船舶有关的公司DOC不是由CCS签发，CCS可要求公司在审核实施前向CCS提交已批准的船舶SMS文件备查。如果与该船舶有关的公司DOC是由CCS签发的审核员根据具体情况，在船上审核时或之前对船舶SMS文件进行核查。

B. 船上审核。船上审核至少应收集下列方面的客观证据：SMS的有效运行、SMS在该船舶上至少已运行3个月、由公司进行的该船舶内部安全管理审核的记录。船上初次审核应验证所有船舶适用的SMS要素及符合《ISM规则》要求的有效性。在所有严重不合格未消除前，不得签发SMC。在其他不合格消除前，可签发SMC，但必须具有公司和审核员均同意的3个月内完成纠正措施的计划。满意地完成审核后，应向船舶签发SMC，其副本送至公司。SMC的有效期为5年。

（2）中间审核。所有持有CCS签发的SMC的船舶，在其SMC有效期内应接受1次中间审核，中间审核应在SMC的第2个和第3个周年日之间进行。根据SMS实施状况，必要时可增加中间审核的频次。

中间审核应至少验证下列方面：SMS的有效运行、SMS的修改符合《ISM规则》要求、纠正措施已得到实施、法定和船级证书保持有效且没有一项检验项目逾期。

船上中间审核应验证所有船舶适用的SMS要素及符合《ISM规则》要求的有效性。满意地完成中间审核后，船级社签证SMC，以证明受审核的船舶持续保持SMS的有效性，并符合《ISM规则》的相关要求。

（3）换证审核。换证审核应在SMC到期日的前6个月内完成。公司在申请换证审核时，应声明其SMS的变更情况。如果SMS已进行修改，则应按规定进行文件评审。在换证审核时，船上审核范围和程度应与初次审核相同。

（4）附加审核。当出现下列情况之一时，公司应申请进行船舶附加审核，以证实其符合本规范的要求，并确认SMC的有效性。

①当船舶发生重大船舶安全事故、重大船上人员伤亡事故和水域污染事件时，根据公司的报告，认为必要时。②船舶发生PSC滞留，并认为PSC滞留与SMS实施有关时。③当船舶的船级定期检验或临时检验、法定检验、PSC和船旗国检查及其他检验的验船师报告并经CCS业务主管部门判定认为必要时。④当船舶SMS认证从其他IACS成员船级社转移到CCS时。⑤当SMS中增加具有附加要求的船旗或船型，所涉及船舶临时SMC转发为SMC时。⑥当持有SMC的非公约船舶转为公约船舶时。⑦当船舶搁置3个月以上，重新投入营运时。⑧当SMC撤销后，重新申请签发SMC时。⑨当CCS需要跟踪针对不合格的纠正措施的有效性时。

（5）临时SMC的签发。下列情况之一的公司，可申请签发临时SMC的临时审核，以对实施《ISM规则》作出专门的过渡性安排。①交付的新造船或经改建导致船舶种类改变的船舶在首次投入营运时。②公司新管理的船舶。③船舶更换船旗时。

五、《国际船舶保安和港口设施保安规则》

自美国发生“9·11”事件(图 4-1-15)后，IMO 认识到反恐的重要性，在这样的背景下，出台了一系列海上保安强化措施，其中包括于 2002 年 12 月 12 日海上保安外交大会通过的《SOLAS 公约》附则修正案及《ISPS 规则》，规则于 2004 年 7 月 1 日生效。

“9·11”事件后，美国为了将国际恐怖分子拒之于国门之外，采取了一系列措施，其中最重要的是“海关—贸易伙伴反恐”和“集装箱安全倡议”2 个协议。

(a)　　(b)　　(c)

图 4-1-15　美国“9·11”事件

“海关—贸易伙伴反恐”就是海关与从事物流活动的各方合作，采取安全措施，确保供应链各个环节的安全可靠，以保证美国边境的安全和商业活动的顺畅，其宗旨在于要求每一个贸易伙伴保证其采取安全保障措施，并向其业务伙伴提出采取安全措施的要求。

“集装箱安全倡议”的主要内容是，建立识别高风险集装箱的安全标准，对已经识别为高风险的集装箱在到达美国港口之前进行预检，开发和使用智能化安全集装箱，快速通关，减少突发事件的风险。

《ISPS 规则》由 3 个部分构成：序言、A 部分(强制性要求)、B 部分(指导性建议)。

实施《ISPS 规则》，其目的就是加强海上保安，建立一个由缔约国政府、政府部门、地方行政机关和航运业以及港方进行合作的国际框架。确立缔约国政府、政府部门、地方行政机关和航运业以及港方各自在确保海上保安中的作用和责任，确保及时有效地收集和交流与保安有关的信息。提供一套用于海上保安评估的方法，建立、实施和保持一个有效的保安管理体系，保证对准备充分和恰当的海上保安措施抱有信心。

1. 缔约国政府的责任

(1) 规定适当的保安等级。考虑因素包括：威胁信息的可信程度、威胁信息得已佐证的程度、威胁信息的具体或紧迫程度、该保安事件的潜在后果。

(2) 批准船舶保安计划。

(3) 验证船舶符合《SOLAS 公约》第 XI-2 章和本规则 A 部分规定的情况，并向船舶签发国际船舶保安证书。

(4) 确定其管辖的港口设施需要指定一名港口设施保安员，并负责港口设施保安计划的编制。

(5) 确保港口设施保安评估和对以前所批准的评估的任何后续修订得以完成并得到批准。

(6) 批准港口设施保安计划和对以前所批准计划的任何后续修订。

(7) 采取控制和符合措施。

(8) 试行已批准的计划。

(9) 向 IMO 及航运业和港口业通报信息。

2. 对公司和船舶的基本要求

(1) 相应船舶的公司应指定一名公司保安员(CSO),并为其每一艘船舶指定一名船舶保安员(SSO)。

(2) 相应船舶均需配备经主管机关或其认可机构批准的船舶保安计划,并根据该计划来操作,见图 4-1-16。

(3) 船上须携带证明其符合《SOLAS 公约》第 XI-2 章和本规则 A 部分要求的国际船舶保安证书。

3. 对港口设施的基本要求

(1) 相应的港口设施必须指定港口设施保安员(PFSO)。

(2) 相应的港口设施必须具有经有关缔约国或指定当局批准的港口设施保安计划。

(a)

(b)

图 4-1-16 国际船舶保安和港口设施保安演习

4. 保安等级定义

(1) 保安等级 1 系指应始终保持的适当最低保护性保安措施的等级。

(2) 保安等级 2 系指由于保安事件危险性升高而应在一段时间内保持适当的附加保护性保安措施的等级。

(3) 保安等级 3 系指当保安事件可能或即将发生(尽管可能尚无法确定具体目标)时应在一段有限时间内保持进一步的特殊保护性保安措施的等级。

5. 适用范围

《ISPS 规则》适用于从事国际航行的客船(包括高速客船)、500 总吨及以上的货船(包括高速货船)、移动式海上钻井装置、服务国际航行船舶的港口设施;不适用于军舰、海军辅助船,以及由缔约国拥有或经营的并仅用于政府非商业性服务的其他船舶。

任务实施

模块1 机舱消防演习

【任务要求】

根据机舱消防演习的程序，熟练、顺畅地进行机舱消防演习。

【任务准备】

1. 消防器材的准备：消防服、消防头盔、干粉灭火器、二氧化碳灭火器、固定二氧化碳灭火系统、消防水带、水枪、测氧仪、测爆仪、探火服、呼吸器；

2. 警铃的准备；

3. 识读消防应变部署表；

4. 根据本船实际情况，拟定机舱消防演习程序。

消防应变部署表		
1. 前部失火乱钟 1 min 后敲一响或连放短声汽笛后一长声； 2. 中部失火乱钟 1 min 后敲二响或连放短声汽笛后二长声； 3. 后部失火乱钟 1 min 后敲三响或连放短声汽笛后三长声； 4. 机舱失火乱钟 1 min 后敲四响或连放短声汽笛后四长声； 5. 上层建筑失火乱钟 1 min 后敲五响或连续放短声汽笛后五长声。 集合地点：主甲板		
编号	执行人	任　　务
01	船长	驾驶台总指挥，负责通信联络、组织施救
02	政委	救护队队长，对受伤人员进行救护
03	大副	现场指挥，协助轮机长指挥（机舱、舵机舱着火）
04	二副	驾驶台协助船长，对外联系，采取应急措施，做好记录
05	三副	消防队队长，协助探火组
06	水手长	隔离组成员，控制有关阀门，切断有关电路，关闭风机、防火门窗、舱口、孔道、通风筒
07	水手一	探火队成员，穿消防装备探火
08	水手二	探火队成员，协助穿消防装备队员探火
09	水手三	水龙组成员，使用消防水龙灭火
10	水手四	水龙组成员，使用消防水龙灭火
11	轮机长	火灾现场/机舱总负责，现场指挥/机舱指挥（非机舱、舵机舱等舱室），确保车舵功能，使用消防器材或启动消防设施
12	大管轮	机舱/火灾现场管理机舱设备，启动应急消防泵，听指令释放固定灭火系统
13	二管轮	隔离组组长，火灾现场采取应急措施，控制有关阀门，切断有关电路，关闭风机、防火门窗、舱口、孔道、通风筒
14	三管轮	水龙组成员，使用消防水龙灭火

续表

编号	执行人	任务
15	机工一	机舱值班，协助大管轮管理机舱设备
16	机工二	探火队成员，穿消防装备探火（机舱、舵机舱）
17	机工三	探火队成员，协助穿消防装备队员探火
18	机工四	水龙组成员，使用消防水龙灭火
19	厨帅	救护队成员，抬担架进行救护
20	甲板实习生	灭火器组成员，携带灭火器
21	机舱实习生	灭火器组成员，携带灭火器

【任务操作】

1. 根据消防演习部署表要求分工。

2. 根据机舱消防演习程序要求进行演习。

参考程序：

值班人员报告驾驶员机舱失火，驾驶员拉响警铃，短声 1 min 后跟 4 长声，船长立刻上驾驶台指挥灭火，二副上驾驶台值班。

各队人员集合清点人数，报告现场指挥（轮机长）。

三副：报告轮机长，消防队人员到齐。

二管轮：报告轮机长，隔离队人员到齐。

政委：报告轮机长，救护队人员到齐。

轮机长：报告船长，人员到齐。

船长：机舱失火，现场组织人员灭火。

轮机长：消防队现场灭火，水龙组外围降温。

轮机长：隔离队现场隔离，关闭通风，清除易燃易爆物品。

轮机长：救护队现场待命。

二管轮：报告轮机长，通风已关闭。

三副：报告轮机长，机舱火势太大无法控制。

轮机长：报告船长，机舱火势太大无法控制，请求释放固定二氧化碳。

船长：人员全部撤离，准备释放固定二氧化碳。

（驾驶台全船广播“人员全部撤离，准备释放二氧化碳”）

轮机长：三副准备释放二氧化碳。

（准备完毕）

三副：报告轮机长，二氧化碳准备完毕。

轮机长：各队清点人数。

（各队队长清点人数并报告轮机长“××队人员到齐”）

大管轮：机舱值班人员到齐。

轮机长：报告船长，所有人员已撤离。

船长：封舱。

轮机长：隔离队封舱。

二管轮：报告轮机长，封舱完毕。

轮机长：报告船长，封舱完毕，固定二氧化碳准备完毕。

船长：释放二氧化碳。

轮机长：三副立即释放二氧化碳。

（释放完毕）

三副：报告轮机长，二氧化碳释放完毕。

轮机长：报告船长，二氧化碳释放完毕。

船长：检查外围温度和封舱情况。

轮机长：消防队继续机舱外围降温，注意机舱外围温度变化。

轮机长：隔离队检查封舱情况。

二管轮：报告轮机长，封舱良好。

轮机长：继续观察。

（半小时后）

三副：报告轮机长，机舱外围温度明显下降。

轮机长：继续观察。

轮机长：报告船长，机舱外围温度明显下降，估计火已扑灭。

船长：探火员下舱探火。

轮机长：探火员下舱探火。

（探火完毕）

探火员：报告轮机长，机舱火已扑灭，无复燃可能。

轮机长：报告船长，机舱火已扑灭，无复燃可能。

船长：开舱通风。

轮机长：隔离队开舱通风。

（通风完毕）

二管轮：报告轮机长，通风已全部打开。

（半小时后）

轮机长：报告船长，开舱通风已半小时，请指示。

船长：探火员进舱测氧。

轮机长：探火员下舱测氧。

（测氧完毕）

探火员：报告轮机长，机舱氧气含量正常。

轮机长：报告船长，机舱氧气含量正常。

船长：清理现场，检查机舱受损情况。

轮机长：全部人员开始清理现场，检查机舱受损情况。

（清理完毕）

轮机长：报告船长现场清理完毕，无设备受损。

船长：器材归位，演习结束。

全体集合，船长讲评。

3. 教师讲评，对演习中暴露的不足应及时指出和纠正。

模块2 弃船演习

【任务要求】

根据弃船演习的程序，熟练顺畅地进行弃船演习，并能正确检查艇机及救生艇的释放要求，见图4-1-16和图4-1-17。

【任务准备】

1. 救生艇艇机能正常起动；
2. 重力释放装置无锈蚀卡阻；
3. 电力充足，电路无损害；
4. 识读弃船演习部署表；
5. 根据本船实际情况，制订弃船演习程序。

弃船演习部署表

编号	职务	艇号	任务
01	船长	1	在驾驶台指挥所有操作，发布命令
02	大副	2	艇长，负责放2号救生艇
03	二副	2	电台操作员，携带航海日志、国旗
04	三副	1	艇长，负责放1号救生艇
05	水手长	2	为放艇作准备，操纵放艇缆机
06	一水	2	为放艇作准备，操纵放艇缆机
07	一水	1	携带雷达应答器、应急无线电示位标、双向甚高频无线电话
08	一水	2	随艇下，塞船底塞，脱艇钩
09	二水	1	随艇下，塞船底塞，脱艇钩
10	甲板实习生	2	移开救生艇前的保险销
11	机舱实习生	1	移开救生艇前的保险销
12	轮机长	1	检查、操纵救生艇发动机
13	大管轮	2	检查、操纵救生艇发动机
14	二管轮	1	放救生艇登乘梯
15	三管轮	2	带救生艇艏缆
16	机工	1	带救生艇艉缆
17	机工	2	带救生艇艉缆
18	机工	1	带救生艇艏缆
19	大厨	2	带食品、毛毯、饮用水
20	服务生	1	带食品、毛毯、饮用水

图 4-1-16　释放救生艇营救落水者

图 4-1-17　弃船演习

【任务操作】

1. 根据弃船演习部署表要求分组。

2. 根据弃船演习程序表要求进行演习。

3. 教师讲评，对演习中暴露的不足应及时指出和纠正。

参考程序：

船长用通用报警和船上广播系统发布弃船警报：……——（七短声一长声），重复连放 1 min。指令值驾负责记录。

全体船员集合于指定地点救生艇甲板（一般要求 2 min 内）。艇长（大副或/和三副）点名后向船长报告：人员到齐，请指示。

船长：关闭所有水密门窗和货舱道门；关闭所有机舱、机器处所的燃、滑油管及油舱空气管。

大副：水手长带人关闭所有水密门窗和货舱道门，二管轮关闭所有机舱、机器处所的燃、滑油管及油舱空气管。

水手长：报告大副，所有水密门窗和货舱道门已经关闭。

二管轮：报告大副，所有机舱、机器处所的燃、滑油管及油舱空气管已经关闭。

大副：报告船长，所有水密门窗和货舱道门已经关闭，所有机舱、机器处所的燃、滑油管及油舱空气管已经关闭。

船长：检查艇甲板应急照明情况。

大副：电机员检查艇甲板应急照明情况。

（检查完毕）

电机员：报告大副，应急照明正常。

大副：报告船长，应急照明正常。

船长：检查船员的穿戴是否正确以及携带物品是否齐全。

（大副检查船员的穿戴以及携带物品，检查完毕）

大副：报告船长，查询职责完毕。

船长：准备放艇。

大副指挥人员按应变部署职责分工，准备放艇，操作如下：

(1) 人工用手摇柄转动滚筒，使救生艇重量集中在吊艇索上，随后取下手摇柄；

(2) 打开稳索，松放救生索，堵好艇底塞，传下艏艉缆；

(3) 将登乘梯送到水面并固定好,并观察舷外有无障碍物;
(4) 检查机器,摘除吊艇架的安全销。
(准备完毕)
大副:报告船长,救生艇准备完毕。
船长:放艇。
开始放艇,操作如下:
(1) 缓慢抬起刹车手柄,艇及吊架靠自身重量下降滑至舷外,其后艇在吊艇索的牵引下开始下降,直到止荡索完全受力将艇拉向舷边位置时刹住停止放艇;
(2) 将收紧索的两端分别固定于艇艏艉处羊角上,收紧艇使艇缘紧靠大船,解除止荡索,人员依次登艇,发动艇机,挂空挡;
(3) 慢慢松开收紧索,直到艇索垂直水面时,由船上人员协助解除收紧索;
(4) 人员抬起刹车,直到将艇放到水面;
(5) 迅速脱钩;
(6) 艇长及操作吊艇机人员沿登乘梯登艇,解除艏艉缆后操作艇机离开难船。
大副:报告船长,放艇操练完毕。
船长:将艇收回。
大副按收艇程序将艇收回。
大副:报告船长,收艇完毕。
船长:进行讲评。
(大副进行讲评)
大副:报告船长,讲评完毕。
船长:演习结束,器材复位。
驾驶台发布演习解除警报:——(长声)。

任务评价

任务内容涵盖交通运输部海事局海船船员 2011《船舶管理》考试大纲中《LSA 规则》的相关知识点,并满足评估大纲中相关技能要求。

评估要素:
1. 消防器材的正确使用;
2. 通信设备的正确使用;
3. 机舱消防演习程序顺畅;
4. 救生艇释放设备使用熟练;
5. 弃船演习程序顺畅。

任务拓展

我国海上交通管理法规

我国是一个世界公认的航运大国,也是 IMO 的会员国和 A 类理事国。我国现有航运公司1 000多家，船队总吨位已跻身世界十大船队之列，对如此庞大的船队和船员队伍，用专门的法律来规范其行为，保证海上交通安全，规定各有关方面的权利和义务，促使各方有法可依，是非常重要的。《中华人民共和国海上交通安全法》(简称《海上交通安全法》)由我国第六届人民代表大会常务委员会第二次会议于1983年9月2日通过，并于1984年1月1日起施行。

一、中华人民共和国海上交通安全法

《海上交通安全法》共有12章53条，内容包括：总则，船舶检验和登记，船舶、设施上的人员，航行、停泊和作业，安全保障，危险货物运输，海难救助，打捞清除，交通事故的调查处理，法律责任，特别规定及附则。

1. 总则

(1) 为加强海上交通管理，保障船舶、设施和人命财产的安全，维护国家权益，特制定本法。

(2) 本法适用于在中华人民共和国沿海水域航行、停泊和作业的一切船舶、设施和人员以及船舶、设施的所有人、经营人。

(3) 中华人民共和国港务监督机构，是对沿海水域的交通安全实施统一监督管理的主管机关。

2. 船舶检验和登记

(1) 船舶和船上有关航行安全的重要设备必须具有船舶检验部门签发的有效技术证书。

(2) 船舶必须持有船舶国籍证书，或船舶登记证书，或船舶执照。

3. 船舶、设施上的人员

(1) 船舶应当按照标准定额配备足以保证船舶安全的合格船员。

(2) 船长、轮机长、驾驶员、轮机员以及水上飞机、潜水器的相应人员，必须持有合格的职务证书。其他船员必须经过相应的专业技术训练。

(3) 设施应当按照国家规定，配备掌握避碰、信号、通信、消防、救生等专业技能的人员。

(4) 船舶、设施上的人员必须遵守有关海上交通安全的规章制度和操作规程，保障船舶、设施航行、停泊和作业的安全。

4. 航行、停泊和作业

(1) 船舶、设施航行、停泊和作业，必须遵守中华人民共和国的有关法律、行政法规和规章。

(2) 外国籍非军用船舶，未经主管机关批准，不得进入中华人民共和国的内水和港口。但是，因人员病急、机件故障、遇难、避风等意外情况，未及获得批准，可以在进入的同时向主管机关紧急报告，并听从指挥。

外国籍军用船舶，未经中华人民共和国政府批准，不得进入中华人民共和国领海。

(3) 国际航行船舶进出中华人民共和国港口，必须接受主管机关的检查。本国籍国内航行船舶进出港口，必须办理进出港签证。

(4) 外国籍船舶进出中华人民共和国港口或者在港内航行、移泊以及靠离港外系泊点、装卸站等，必须由主管机关指派引航员引航。

(5) 船舶进出港口或者通过交通管制区、通航密集区和航行条件受到限制的区域时,必须遵守中华人民共和国政府或主管机关公布的特别规定。

(6) 除经主管机关特别许可外,禁止船舶进入或穿越禁航区。

(7) 大型设施和移动式平台的海上拖带,必须经船舶检验部门进行拖航检验,并报主管机关核准。

(8) 主管机关发现船舶的实际状况同证书所载不相符合时,有权责成其申请重新检验或者通知其所有人、经营人采取有效的安全措施。

(9) 主管机关认为船舶对港口安全具有威胁时,有权禁止其进港或令其离港。

(10) 船舶、设施有下列情况之一的,主管机关有权禁止其离港,或令其停航、改航、停止作业:①违反中华人民共和国有关的法律、行政法规或规章;②处于不适航或不适拖状态;③发生交通事故,手续未清;④未向主管机关或有关部门交付应承担的费用,也未提供适当的担保;⑤主管机关认为有其他妨害或者可能妨害海上交通安全的情况。

5. 安全保障

(1) 在沿海水域进行水上水下施工以及划定相应的安全作业区,必须报经主管机关核准公告。无关的船舶不得进入安全作业区。施工单位不得擅自扩大安全作业区的范围。

在港区内使用岸线或者进行水上水下施工包括架空施工,还必须附图报经主管机关审核同意。

(2) 在沿海水域划定禁航区,必须经国务院或主管机关批准。但是,为军事需要划定禁航区,可以由国家军事主管部门批准。

禁航区由主管机关公布。

(3) 未经主管机关批准,不得在港区、锚地、航道、通航密集区以及主管机关公布的航路内设置、构筑设施或者进行其他有碍航行安全的活动。

对在上述区域内擅自设置、构筑的设施,主管机关有权责令其所有人限期搬迁或拆除。

(4) 禁止损坏助航标志和导航设施。损坏助航标志或导航设施的,应当立即向主管机关报告,并承担赔偿责任。

(5) 船舶、设施发现下列情况,应当迅速报告主管机关:①助航标志或导航设施变异、失常;②有妨碍航行安全的障碍物、漂流物;③其他有碍航行安全的异常情况。

(6) 航标周围不得建造或设置影响其工作效能的障碍物。航标和航道附近有碍航行安全的灯光,应当妥善遮蔽。

(7) 设施的搬迁、拆除,沉船沉物的打捞清除。

水下工程的善后处理,都不得遗留有碍航行和作业安全的隐患。在未妥善处理前,其所有人或经营人必须负责设置规定的标志,并将碍航物的名称、形状、尺寸、位置和深度准确地报告主管机关。

(8) 港口码头、港外系泊点、装卸站和船闸,应当加强安全管理,保持良好状态。

(9) 主管机关根据海上交通安全的需要,确定、调整交通管制区和港口锚地。港外锚地的划定,由主管机关报上级机关批准后公告。

(10) 主管机关按照国家规定,负责统一发布航行警告和航行通告。

(11) 为保障航行、停泊和作业的安全,有关部门应当保持通信联络畅通,保持助航标志、导航设施明显有效,及时提供海洋气象预报和必要的航海图书资料。

(12) 船舶、设施发生事故，对交通安全造成或者可能造成危害时，主管机关有权采取必要的强制性处置措施。

6. 危险货物运输

(1) 船舶或设施储存、装卸、运输危险货物，必须具备安全可靠的设备和条件，遵守国家关于危险货物管理和运输的规定。

(2) 船舶装运危险货物，必须向主管机关办理申报手续，经批准后，方可进出港口或装卸。

7. 海难救助

(1) 船舶、设施或飞机遇难时，除发出呼救信号外，还应当以最迅速的方式将出事时间、地点、受损情况、救助要求以及发生事故的原因，向主管机关报告。

(2) 遇难船舶、设施或飞机及其所有人、经营人应当采取一切有效措施组织自救。

(3) 事故现场附近的船舶、设施，收到求救信号或发现有人遭遇生命危险时，在不严重危及自身安全的情况下，应当尽力救助遇难人员，并迅速向主管机关报告现场情况和本船舶、设施的名称、呼号和位置。

(4) 发生碰撞事故的船舶、设施，应当互通名称、国籍和登记港，并尽一切可能救助遇难人员。在不严重危及自身安全的情况下，当事船舶不得擅自离开事故现场。

(5) 主管机关接到求救报告后，应当立即组织救助。有关单位和在事故现场附近的船舶、设施，必须听从主管机关的统一指挥。

(6) 外国派遣船舶或飞机进入中华人民共和国领海或领海上空搜寻救助遇难的船舶或人员，必须经主管机关批准。

8. 打捞清除

(1) 对影响安全航行、航道整治以及有潜在爆炸危险的沉没物、漂浮物，其所有人、经营人应当在主管机关限定的时间内打捞清除。否则，主管机关有权采取措施强制打捞清除，其全部费用由沉没物、漂浮物的所有人、经营人承担。

本条规定不影响沉没物、漂浮物的所有人、经营人向第三方索赔权利。

(2) 未经主管机关批准，不得擅自打捞或拆除沿海水域内的沉船沉物。

9. 交通事故的调查处理

(1) 船舶、设施发生交通事故，应当向主管机关递交事故报告书和有关资料，并接受调查处理。事故的当事人和有关人员，在接受主管机关调查时，必须如实提供现场情况和与事故有关的情节。

(2) 船舶、设施发生的交通事故，由主管机关查明原因，判明责任。

10. 法律责任

(1) 对违反本法的，主管机关可视情节，给予下列一种或几种处罚：①警告；②扣留或吊销职务证书；③罚款。

(2) 当事人对主管机关给予的罚款、吊销职务证书处罚不服的，可以在接到处罚通知之日起十五天内，向人民法院起诉；期满不起诉又不履行的，由主管机关申请人民法院强制执行。

(3) 因海上交通事故引起的民事纠纷，可以由主管机关调解处理，不愿意调解或调解不成的，当事人可以向人民法院起诉；涉外案件的当事人，还可以根据书面协议提交仲裁机构仲裁。

(4) 对违反本法构成犯罪的人员，由司法机关依法追究刑事责任。

11. 特别规定

国家渔政渔港监督管理机构，在以渔业为主的渔港水域内，行使本法规定的主管机关的职权，负责交通安全的监督管理，并负责沿海水域渔业船舶之间的交通事故的调查处理。具体实施办法由国务院另行规定。

二、中华人民共和国海上交通事故调查处理条例

1. 总则

(1) 为了加强海上交通安全管理，及时调查处理海上交通事故，根据《中华人民共和国海上交通安全法》的有关规定，制定本条例。

(2) 中华人民共和国海事局是本条例的实施机关。

(3) 本条例适用于船舶、设施在中华人民共和国沿海水域内发生的海上交通事故。以渔业为主的渔港水域内发生的海上交通事故和沿海水域内渔业船舶之间、军用船舶之间发生的海上交通事故的调查处理，国家法律、行政法规另有专门规定的，从其规定。

(4) 本条例所称海上交通事故是指船舶、设施发生的下列事故：①碰撞、触碰或浪损；②触礁或搁浅；③火灾或爆炸；④沉没；⑤在航行中发生影响适航性能的机件或重要属具的损坏或灭失；⑥其他引起财产损失和人身伤亡的海上交通事故。

2. 报告

(1) 船舶、设施发生海上交通事故，必须立即用甚高频电话、无线电报或其他有效手段向就近港口的港务监督报告。报告的内容应当包括：船舶或设施的名称、呼号、国籍、起迄港，船舶或设施的所有人或经营人名称，事故发生的时间、地点、海况以及船舶、设施的损害程度、救助要求等。

(2) 船舶、设施发生海上交通事故，除应按第五条规定立即提出扼要报告外，还必须按下列规定向海事部门提交《海上交通事故报告书》和必要的文书资料：①船舶、设施在港区水域内发生海上交通事故，必须在事故发生后 24 小时内向当地海事部门提交。②船舶、设施在港区水域以外的沿海水域发生海上交通事故，船舶必须在到达中华人民共和国的第一个港口后 48 小时内向海事部门提交；设施必须在事故发生后 48 小时内用电报向就近港口的海事部门报告《海上交通事故报告书》要求的内容。③引航员在引领船舶的过程中发生海上交通事故，应当在返港后 24 小时内向当地海事部门提交《海上交通事故报告书》。

前款①②项因特殊情况不能按规定时间提交《海上交通事故报告书》的，在征得海事部门同意后可予以适当延迟。

(3)《海上交通事故报告书》应当如实写明下列情况：①船舶、设施概况和主要性能数据；②船舶、设施所有人或经营人的名称、地址；③事故发生的时间和地点；④事故发生时的气象和海况；⑤事故发生的详细经过(碰撞事故应附相对运动示意图)；⑥损害情况(附船舶、设施受损部位简图；难以在规定时间内查清的，应于检验后补报)；⑦船舶、设施沉没的，其沉没概位；⑧与事故有关的其他情况。

(4) 海上交通事故报告必须真实，不得隐瞒或捏造。

(5) 因海上交通事故致使船舶、设施发生损害，船长、设施负责人应申请中国当地或船

舶第一到达港地的检验部门进行检验或鉴定，并应将检验报告副本送交海事部门备案。

前款检验、鉴定事项，海事部门可委托有关单位或部门进行，其费用由船舶、设施所有人或经营人承担。

船舶、设施发生火灾、爆炸等事故，船长、设施负责人必须申请公安消防监督机关鉴定，并将鉴定书副本送交海事部门备案。

3. 调查

(1) 在港区水域内发生的海上交通事故，由港区地的海事部门进行调查。

在港区水域外发生的海上交通事故，由就近港口的海事部门或船舶到达的中华人民共和国的第一个港口的海事部门进行调查。必要时，由中华人民共和国海事局指定的海事部门进行调查。

海事部门认为必要时，可以通知有关机关和社会组织参加事故调查。

(2) 海事部门在接到事故报告后，应及时进行调查。调查应客观、全面，不受事故当事人提供材料的限制。根据调查工作的需要，海事部门有权：①询问有关人员；②要求被调查人员提供书面材料和证明；③ 要求有关当事人提供航海日志、轮机日志、车钟记录、报务日志、航向记录、海图、船舶资料、航行设备仪器的性能以及其他必要的原始文书资料；④检查船舶、设施及有关设备的证书、人员证书和核实事故发生前船舶的适航状态、设施的技术状态；⑤检查船舶、设施及其货物的损害情况和人员伤亡情况；⑥勘查事故现场，搜集有关物证。

海事部门在调查中，可以使用录音、照相、录相等设备，并可采取法律允许的其他调查手段。

(3) 被调查人必须接受调查，如实陈述事故的有关情节，并提供真实的文书资料。

海事部门人员在执行调查任务时，应当向被调查人员出示证件。

(4) 海事部门因调查海上交通事故的需要，可以令当事船舶驶抵指定地点接受调查。当事船舶在不危及自身安全的情况下，未经海事部门同意，不得离开指定地点。

(5) 海事部门的海上交通事故调查材料，公安机关、国家安全机关、监察机关、检察机关、审判机关和海事仲裁委员会及法律规定的其他机关和人员因办案需要可以查阅、摘录或复制，审判机关确因开庭需要可以借用。

4. 处理

(1) 海事部门应当根据对海上交通事故的调查，做出《海上交通事故调查报告书》，查明事故发生的原因，判明当事人的责任；构成重大事故的，通报当地检察机关。

(2)《海上交通事故调查报告书》应包括以下内容：①船舶、设施的概况和主要数据；②船舶、设施所有人或经营人的名称和地址；③事故发生的时间、地点、过程、气象海况、损害情况等；④事故发生的原因及依据；⑤当事人各方的责任及依据；⑥其他有关情况。

(3) 对海上交通事故的发生负有责任的人员，海事部门可根据其责任的性质和程度依法给予下列处罚：①对中国籍船员、引航员或设施上的工作人员，可以给予警告、罚款或扣留、吊销职务证书；②对外国籍船员或设施上的工作人员，可以给予警告、罚款或将其过失通报其所属国家的主管机关。

(4) 对海上交通事故的发生负有责任的人员及船舶、设施的所有人或经营人，需要追究其行政责任的，由海事部门提交其主管机关或行政监察机关处理。构成犯罪的，由司法机关依法追究刑事责任。

(5) 根据海上交通事故发生的原因，海事部门可责令有关船舶、设施的所有人、经营人限期加强对所属船舶、设施的安全管理。对拒不加强安全管理或在限期内达到安全要求的，海事部门有权责令其停航、改航、停止作业，并可采取其他必要的强制性处置措施。

5. 调解

(1) 对船舶、设施发生海上交通事故引起的民事侵权赔偿纠纷，当事人可以申请海事部门调解。

调解必须遵循自愿、公平的原则，不得强迫。

(2) 前条民事纠纷，凡已向海事法院起诉或申请海事仲裁机构仲裁的，当事人不得再申请海事部门调解。

(3) 调解由当事人各方在事故发生之日起 30 日内向负责该事故调查的海事部门提交书面申请。海事部门要求提供担保的，当事人应附经济赔偿担保证明文件。

(4) 经调解达成协议的，海事部门应制作调解书。调解书应当写明当事人的姓名或名称、住所、法定代表人或代理人的姓名及职务、纠纷的主要事实、当事人的责任、协议的内容、调解费的承担、调解协议履行的期限。调解书由当事人各方共同签字，并经海事部门盖印确认。调解书应交当事方各持一份，海事部门留存一份。

(5) 调解达成协议的，当事人各方应当自动履行。达成协议后当事人翻悔的或逾期不履行协议的，视为调解不成。

(6) 凡向海事部门申请调解的民事纠纷，当事人中途不愿调解的，应当向海事部门递交撤销调解的书面申请，并通知对方当事人。

(7) 海事部门自收到调解申请书之日起 3 个月内未能使当事人各方达成调解协议的，可以宣布调解不成。

(8) 不愿意调解或调解不成的，当事人可以向海事法院起诉或申请海事仲裁机构仲裁。

(9) 凡申请海事部门调解的，应向海事部门缴纳调解费。调解的收费标准，由交通运输部会同国家物价局、财政部制定。

经调解达成协议的，调解费用按当事人过失比例或约定的数额分摊，调解不成的，由当事人各方平均分摊。

6. 罚则

(1) 违反本条例规定，有下列行为一的，海事部门可视情节对有关当事人(自然人)处以警告或者 200 元以下罚款；对船舶所有人、经营人处以警告或者 5 000 元以下罚款：①未按规定的时间向海事部门报告事故或提交《海上交通事故报告书》或本条例第三十二条要求的判决书、裁决书、调解书的副本的；②未按海事部门要求驶往指定地点，或在未出现危及船舶安全的情况下未经海事部门同意擅自驶离指定地点的；③事故报告或《海上交通事故报告书》的内容不符合规定要求或不真实，影响调查工作进行或给有关部门造成损失的；④违反第九条规定，影响事故调查的；⑤拒绝接受调查或无理阻挠、干扰海事部门进行调查的；⑥在受调查时故意隐瞒事实或提供虚假证明的。

前款第⑤⑥项行为构成犯罪的，由司法机关依法追究刑事责任。

(2) 对违反本条例规定，玩忽职守、滥用职权、营私舞弊、索贿受贿的海事部门人员，由行政监察机关或其所在单位给予行政处分；构成犯罪的，由司法机关依法追究刑事责任。

（3）当事人对海事部门依据本条例给予的处罚不服的，可以依法向人民法院提起行政诉讼。

7. 特别规定

（1）中国籍船舶在中华人民共和国沿海水域以外发生的海上交通事故，其所有人或经营人应当向船籍港的海事部门报告，并于事故发生之日起 60 日内提交《海上交通事故报告书》。如果事故在国外诉讼、仲裁或调解，船舶所有人或经营人应在诉讼、仲裁或调解结束 60 日内将判决书、裁决书或调解书的副本或影印件报船籍港的海事部门备案。

（2）派往外国籍船任职的持有中华人民共和国船员证书的中国籍船员对海上交通事故的发生负有责任的，其派出单位应在事故发生之日起 60 日内向签发该职务证书的港务监督提交《海上交通事故报告书》。本条第一款和第三十二条的海上交通事故的调查处理，按本条例的有关规定办理。

8. 附则

（1）对违反海上交通安全管理法规进行违章操作，虽未造成直接的交通事故，但构成重大潜在事故隐患的，海事部门可以依据本条例进行调查和处罚。

（2）因海上交通事故产生的海洋环境污染，按照我国海洋环境保护的有关法律、法规处理。

（3）本条例由交通运输部负责解释。

课后练习

1.《SOLAS 公约》经过几次修改？

2. 就船舶消防设备而言，如何应对 PSC 检查？

3. 就船舶救生设备而言，如何应对 PSC 检查？

4. 如何应对公司内审？

5. 就船舶保安方面而言，如何应对 PSC 检查？

任务2　船 舶 检 验

任务描述

船舶检验是船舶检验机构(验船机构)对船舶技术状态进行鉴定和监督的过程,其目的是促进海上人命和财产的安全与保护海洋环境。验船机构对船舶及船用材料、机械设备进行检验,使其处于良好的技术状态,符合国际公约、国家规定和船舶检验机构的各项要求,以确保船舶安全航行和防止海洋污染。本任务主要通过对船舶检验类别、船级检验和船级处理的介绍,使学生了解船舶检验的种类及相关内容,掌握如何应对船级检验,并在老师的指导下进行机舱设备的年检工作。

本任务适用于操作级和管理级船员。

学习目标

- 能识记船舶检验的种类。
- 能识记船级检验的相关内容。
- 能根据船舶检验技术规程对机舱设备进行安全自查工作。

相关知识

海运在国际贸易中举足轻重,世界上90%以上的货物是靠船舶来运输的。船级社在控制船舶质量标准方面发挥着重要作用,对船舶在海上安全航行起着保障作用。

一、船舶检验机构

目前,验船机构在性质上分为2种:一种是国家的船舶安全监督和检验机构,另一种是民间性质的船级社。我国验船机构成立于1956年8月1日,当时称“中华人民共和国船舶登记局”。1958年6月1日更名为“中华人民共和国船舶检验局”(简称“ZC”)。1986年1月1日,为了方便国际间交往和与国际接轨,又成立了民间性质的组织——中国船级社,其标识如图4-2-1所示。1993年将原使用的简称“ZC”改为“CCS”(China Classification Society),保留“中华人民共和国船舶检验局”的简称“ZC”。

目前,船舶检验局的职能归属于中华人民共和国海事局,CCS成为独立的民间组织。1988年CCS被接纳为国际船级社协会(IACS)正式会员,使我国验船机构走向世界,并进入国际先 进验船机构行列。

发达国家的船级社成立的时间较早,历史较长,政府验船机构与船级社各自独立。通常,政府验船机构执行法定检验,船级社执行船级检验和公证检验,但对其他行业的检验也

(a)　　(b)

图 4-2-1　中国船级社

具有权威性，如英国、美国、挪威等国的船级社，其标识如图 4-2-2 至图 4-2-4 所示。发展中国家的船级社成立较晚，历史较短，船级社隶属政府领导，受政府的保护，政府的法定检验基本授权船级社进行，所以船级社与政府验船机构关系密切，如韩国、印度等。目前，世界上约有 40 多家船级社，并且一个国家只允许有一个船级社，其中主要船级社情况见表 4-2-1。

表 4-2-1　世界主要船级社

序号	缩写	全　称	译　名	成立时间
1	AB(S)	American Bureau of Shipping	美国船舶局	1862 年
2	BV	Bureau Veritas	法国船级社	1828 年
3	CCS	China Classification Society	中国船级社	1956 年
4	DNV	Det Norske Veritas	挪威船级社	1864 年
5	GL	Germanischer Lloyd	德国劳氏船级社	1867 年
6	HRS	Hellenic Register of Shipping	希腊船级社	1919 年
7	KR	Korean Register of Shipping	韩国船级社	1960 年
8	LR	Lloyd's Register of Shipping	英国劳氏船级社	1760 年
9	NK(K)	Nippon Kaiji Kyokai	日本海事协会	1899 年
10	PRS	Polski Register Statkow	波兰船舶登记局	1946 年
11	RS	Russian Register of Shipping	俄罗斯船舶登记局	1932 年
12	RINA	Reistro Italiano Navale	意大利船级社	1861 年

图 4-2-2　挪威船级社

图 4-2-3　意大利船级社

图 4-2-4　美国船舶局

二、船舶检验的类别

船舶检验的种类分为法定检验、船级检验、公证检验和临时检验。

1. 法定检验

法定检验是一种强制性检验，是船旗国政府规定的对船舶执行国家法令、法规的一种检验与监督。法定检验由政府主管机关设置的验船机构、政府指定的验船师或授权的组织和个人执行检验，但大多授权船级社检验。法定检验的依据是船旗国政府承认、批准、接受或加入的有关国际公约、规则和规定的要求，以及船旗国政府的法律、条例和规范等。法定检验依据国际公约和国家法规的性质不同，分为安全检验（SOLAS 公约）、防污检验（MARPOL 73/78 公约）、载重线检验（LL 66 公约）和吨位丈量检验（ITC 69）等。为了获得相应证书和保持证书有效，法定检验又可进一步依次细分为初次检验、年度检验、期间检验、换证检验和附加检验等。上述不同性质和类别的法定检验合格后，验船机构签发或签署相应的法定证书。

2. 船级检验

船级检验是船舶所有人为了使船舶获得某种船级自愿申请的一种技术检验。船级社根据船舶的用途、技术状况和航行区域等，按照船级社的有关规范和规则对船舶进行技术检验，合格后授予相应的船级证书、船级符号和附加标志，并载入船级社的《船舶录》。

船级是一种世界性评定船舶技术状态的通用形式。船级是按照船级社的规范对船舶结构的完整性和机械、设备等的可靠性以及其预定用途所必要的设施等所作出的评价。船级可以区别船舶的技术状态，促进船舶质量的提高，减少海损事故。船级可以保证海上安全和防止船舶污染海洋，是港口国、运河国对进入或过往船舶进行技术监督的依据，是船舶取得国际航行和营运的基本条件。船级还可以提高船舶所有人在国际海运市场中的竞争能力，当船舶发生意外，造成海损、机损、货损和人身伤亡时，可作为保险公司承保的条件，在船舶买卖、租赁中可作为评价船舶技术状态的重要依据，有利于出租和承租。所以，船级检验给船舶所有人带来诸多的利益，是船舶所有人自愿申请检验以使自己拥有的船舶获得船级的理由所在。

需特别指出，具有船级的船体和机械设备，所有国家主管机关均看作是满足某些法定检验要求的一种担保。近年来，船级社的各种入级规范或认证规范往往也包括了法定检验的内容，如新增加稳性、载重线、救生设备、航行安全及无线电通信等法定检验的内容。

船级检验有以下种类。

1）初次入级检验

初次入级检验系指船舶所有人按船级社规范的规定，初次申请某一船级符号和附加标志，而船级社按船舶所有人入级要求进行审图、检验并签发相应船级证书的全部工作。初次入级检验又可分为两种：新建船舶初次入级检验（又称建造中检验）和现有船舶初次入级检验。现有船舶初次入级检验一般是指未经船级社参加检验而建造的船舶，为换发该船级社规定的船级所进行的检验，通常又称为更换船级证书的检验。

2）保持船级检验（又称建造后检验）

保持船级检验系指已授予船级的船舶投入营运后，按规定的间隔期及检验内容进行检验，认为满意后签署或换发新的船级证书。

保持船级检验包括以下几种：

(1) 年度检验，每周年前/后 3 个月内进行，检验完成后在船级证书上签署。

(2) 特别检验(换证检验)，每 5 年进行一次，检验完成后换发新证书。

(3) 中间检验，在建造日期或特别检验日期的第 2 个或第 3 个周年日前/后 3 个月内进行，检验完成后在船级证书上签署。

(4) 坞内检验，与法定的船底外部检验相同，但后者范围更广泛。

(5) 水下检验，实际上是坞内检验的替代检验。

(6) 螺旋桨轴与艉管轴承检验，其检验间隔期根据船舶类型和航区以及螺旋桨轴与艉管轴承的结构形式的不同而不同。螺旋桨轴与艉管轴承具有连续衬套保护，或具有认可的油封装置，或由抗腐蚀的材料制成。检验间隔期：单螺旋桨轴为 3 年，多螺旋桨轴为 4 年。按水下检验进行，轴的抽出检查间隔期单螺旋桨轴和多螺旋桨轴可延长至 5 年。在所有其他情况下，轴的检验间隔期为 2 年半(加/减 6 个月)。

(7) 其他替代检验方法：主要指机电设备的特别检验项目，可采用循环检验、计划保养系统检验、状态监控系统检验等方法。后两者为近几年开展的不同于以往检验制度的检验。

如未进行保持船级的各种检验，或进行了影响船级的修理、改建改装而又未经船级社检验的，船级社有权取消或暂停所授予的船级。

3. 公证检验

公证检验是船级社应申请人(如保险人、被保险人、受益人、保险代理人、船舶所有人、承租人、货主等)的需要而办理的一种证明性或鉴定性的检验。公证检验应遵循合法、公正、独立的原则。船级社指派验船师对所申请项目进行一种证明实际存在的状况或原因的检验，检验后签发相应的检验报告，作为申请人在解决或处理问题时的凭证或依据。公证检验与法定检验和船级检验不同，它没有规定的检验间隔期，也没有固定的检验项目，更没有法令、规则和规范的强制性要求。

公证检验主要有以下几种。

(1) 损坏检验，又称海损检验，检验时应确定船舶损坏范围、程度、性质和原因，以及对安全航行的影响程度、修理要求和范围、修理费用等。最后签发检验报告，以便作为海损理赔计算和裁决的依据之一。

(2) 起租/退租检验，是根据起、退租约进行的，比较起、退租时的船舶技术状况，在退租时还应对船上油水存量进行确定。

(3) 索赔检验，是根据用户与制造厂的商业合同，用户对所购买的船舶、船用产品、机械设备、仪器和仪表等在规定的使用期内损坏，为了向制造厂提出索赔要求而申请进行的证明性的检验。检验目的是判定损坏程度、性质、范围和原因，并提出处理意见(进行修理、赔偿)，作为申请人索赔的依据。一般索赔检验仅指直接损坏。

(4) 船舶状况检验，是鉴定船舶的技术状况、设备的性能状况。一般是保险商、船舶经纪人在船舶进行承保、抵押、拍卖、作价等业务活动时，为了解船舶状况而向船级社申请对船舶的技术状况和设备状况等进行检验，并做出详尽和准确的技术鉴定，以便作为商业活动的有利凭证。同时提供详细资料，以便做出准确估计和判断。

(5) 货损检验，主要是应货主、货物保险人、货物承运人及船舶所有人的申请而进行的检验，包括货物损坏的数量、程度以及引起货物损坏的原因等，作为申请人进行保险理赔计算业务时的证明材料。目前,此项检验大多由商检部门进行,船级社通常是从专业角度对货损原因进行检验和分析。

4. 临时检验

临时检验是用船部门或其代理人临时向验船机构提出申请,涉及船级检验和法定检验范围的一种检验。

船舶在下列情况下,应申请临时检验:

(1) 更改船名、船籍港或船舶所有单位时。

(2) 遭受影响船级和船舶安全的海损或机损事故时。

(3) 改变航区或变更用途时。

(4) 涉及船级和船舶安全的任何修理或改装时。

(5) 船舶证书的有效期届满,要求展期时。

(6) 上次检验中准予展期检验的项目,或限期检验的项目的期限届满时。

(7) 船舶封存后启用时。

三、船级符号和附加标识

1. 不同船级社的船级符号

表 4-2-2 列出了部分国内外船级社的船级标识。

表 4-2-2 部分国内外船级社船级符号简表

船级社	船级符号			
	船体	机械设备	无人机舱	冷藏装置
英国劳氏船级社 LR	100A	LMC	UMS	RMC
德国劳氏船级社 GL	100A4	MC	Aut-h/24	KAZ
美国船舶局 AB(S)	A1	AMS	ACCU	RMC
法国船级社 BV	I		AUT	RMC
日本海事协会 NK(K)	NS	MNS	MO	RMC
挪威船级社 DNV	1A1	MV	EO	KMC
中国船级社 CCS	★CSA	★CSM	AUT－0	★CSR

2. CCS 的船级符号和附加标识

凡经 CCS 批准入级的船舶,其船体(包括设备)、轮机(包括电气设备)将根据不同情况分别授予不同的船级符号及附加标识。

1) 船级符号

(1) ★:表示船体(包括设备)、轮机(包括电气设备)和特殊设备在 CCS 检验下建造,符合 CCS 入级与建造规范的要求,并保持良好有效的技术状况,适宜于海上航行。

(2) $\underline{\bigstar}$:表示船体(包括设备)、轮机(包括电气设备)和特殊设备不在 CCS 检验下建造,但经 CCS 检验,认为符合 CCS 的入级要求,适宜于海上航行。

(3) CSA5/5:表示船体(包括设备)完全符合 CCS 规范的要求,且特别检验间隔期为

5年。

(4) ★CSM:表示轮机(包括电气)完全符合CCS规范的要求。

(5) ★̲CSM:表示船舶的推进机械及重要辅助机械不在CCS检验下进行建造、安装和试验,但经CCS检验、试验认为可以接受。

根据船舶的技术状态和保养情况,当CCS认为尚可给予船级,但有必要缩短其特别检验间隔期时,即上述船体分数5/5分别由4/5或3/5来代替,表示特别检验间隔期分别为4年或3年。

2) 轮机附加标识

凡经CCS批准入级的船舶机械(包括电气设备),将根据其具体条件在其船级符号后分别加注附加标识,如表4-2-3所示。

表4-2-3　轮机附加标识

序号	名　　称	附　加　标　识
1	由驾驶室控制站进行遥控运行的推进机械装置、机器处所集中控制站周期性无人值班	AUT－0
2	由机器处所集中控制站进行控制运行的推进机械装置	MCC
3	由驾驶室控制站进行遥控运行的推进机械装置,机器处所有人值班	BRC
4	惰性气体系统	IGS
5	船舶机械计划保养系统	PMS(Planned Maintenance System)
6	螺旋桨轴状态监控	SCM(Screwshaft Condition Monitoring)
7	轮机实行循环检验	CMS(Continuous Machinery Survey)
8	船舶柴油机滑油状态监控	Engine Lub-Oil Condition Monitoring

AUT－0:加注于能由驾驶室控制站进行遥控运行的推进机械装置,机器处所集中控制站周期性无人值班,其控制、报警和安全系统的布置、安装和试验符合规范或等效规定。

MCC:加注于能由机器处所集中控制站进行控制运行的推进机械装置,其控制、报警和安全系统的布置、安装和试验符合规范或等效规定。

BRC:加注于能由驾驶室控制站进行遥控运行的推进机械装置,机器处所有人值班,其控制、报警和安全系统的布置、安装和试验符合规范或等效规定。

IGS:加注于装有符合规范规定的惰性气体系统应用于从事装运散装油类或散装化学品的船舶。

PMS:加注于船舶机械有计划保养系统的船舶。

SCM:加注于有螺旋桨轴状况监控的船舶。

CMS:加注于轮机实行循环检验的船舶。

1998年起CCS不再授予"AUT－1"附加标识。对于已取得"AUT－1"附加标识的现有船舶,在最近一次换发轮机船级证书时,如按CCS规范规定增加必要的设备,并满足"AUT－0"自动化等级的要求,则CCS可授予"AUT－0"附加标识,否则,应以"BRC＋

MCC”附加标识代替“AUT－1”附加标识。

四、船级检验

船级是按照船级社的规范就船舶结构的完整性和机械、设备等的可靠性以及其预定用途所必要的设施等所作的评价。船级是通过船级社的船级检验来实现的。

船级检验(Classification Survey)，是船舶所有人为了使船舶获得某种船级自愿申请接受船级社的一种技术检验。船级社根据船舶的用途、技术状况和航行区域等，按照船级社的有关规范和规则对船舶进行技术检验，合格后授予相应的船级证书、船级符号和附加标志，并记入船级社的《船舶录》中，统称为船级检验。

船级检验是船舶所有人自愿接受船级社进行的技术检验。这种技术检验，保证了船舶质量和航行的安全，使船舶取得了国际航行和营运的资格，是船舶所有人提高其在国际海运中的竞争能力和在船舶买卖、租赁中评价船舶技术状态的重要依据；是当船舶发生意外，造成海损、机损、货损和人身伤亡时，保险公司进行承保的条件；也是港口国、运河国对进入或过往船舶进行技术监督的依据。所以，船级检验给船舶所有人带来丰厚的利益，这也是船舶所有人纷纷自愿申请检验以使自己拥有的船舶获得船级的原因。

船级社按其《钢质海船入级与建造规范》(以下简称《规范》)施行入级和保持入级的检验，签发入级证书和必要的文件，出版《船舶录》。

船级社验船师对拟在船级社入级的船舶进行入级检验和试验，合格后，按规定编写记录、报告等文件，由社长授予并签发相应的船体船级证书和轮机船级证书。船级社在未签发上述证书前，如确认船舶的船体和机械处于良好和有效状态，则可签发相应的临时船级证书(其期限不超过 6 个月)给申请船舶入级的单位或其代理人，以使船舶能及时投入营运。

已取得船级社船级的船舶，船级社验船师对其进行保持船级的各种检验，按规定核发新的船级证书或在船级证书上作相应的签署。

1. 船级检验的对象

根据《中华人民共和国船舶和海上设施检验条例》的规定，以下具有中国国籍的船舶均必须向 CCS 申请入级检验：

(1) 从事国际航行的船舶。

(2) 在海上航行的乘客定额在 100 人以上的船舶。

(3) 载重量在 1 000 t 以上的油船。

(4) 滚装船、液化气体运输船和散装化学品运输船。

(5) 船舶所有人或经营人要求入级的其他船舶。

2. 船舶入级条件

凡申请入级的船舶应在船体、船机和船舶稳性方面符合 CCS 的《钢质海船入级与建造规范》的要求，才有可能进行船级检验并获船级。船舶入级的条件如下：

(1) 凡船舶的船体(包括设备)和船舶机械(包括电气设备)符合规范或等效要求及以下规定，CCS 将授予船级，并载入《船舶录》。

(2) 国际航行的新船，其完整稳性符合船旗国主管机关的要求，如完整稳性已由船旗国主管机关批准，或无船旗国主管机关批准，但经 CCS 审核，认为船舶的完整稳性不低于 IMO 有关决议及其修正案的规定或 IMO 特殊船型(如适用时)的有关标准，CCS 将授予船级。

(3) 对分舱和破舱稳性符合 IMO 有关公约要求的国际航行的新船，如其分舱和破舱稳性已由船旗国主管机关批准，或无船旗国主管机关批准，但经 CCS 审核，认为船舶的分舱和破舱稳性不低于 IMO 有关公约及其修正案的规定或 IMO 特殊船型（如适用时）的有关标准，CCS 将授予船级。

(4) 当《船体船级证书》和《轮机船级证书》之一失效时，则另一证书也同时失效，即船舶必须同时具有船体和轮机的船级证书，船舶才具有船级。

3. 船级检验的种类

在《中华人民共和国船舶和海上设施检验条例》中规定，中国籍船舶的所有人或经营人根据船舶的不同情况向船舶检验机构申请不同的检验：

(1) 建造或改建船舶时，申请建造检验。

(2) 营运中的船舶，申请定期检验。

(3) 由外国籍船舶改为中国籍船舶的，申请初次检验。

与此相对应，CCS 将船舶的船级检验分为以下 4 种。

1) 入级检验(Classification Survey)

船舶所有人申请船舶入级，CCS 依规范对要求入级船舶的设计图纸进行审核，对船舶各种设施进行检验，合格后授予船级证书等的全部工作，称为入级检验。

船舶取得船级是基于船级社对船舶设计图纸的审查，确信所设计船舶符合规范的要求，通过验船师在船舶建造过程中的检验与试验，确信所建造的船舶符合规范和批准图纸的要求。船舶保持船级是基于船级社按规范规定的检验制度进行检验，确信船舶的技术状况符合规范要求，船舶所有人按照船级社授予的船舶证书、船级符号和附加标志的条件对船舶进行良好的维护与管理。船舶入级的程序如图 4-2-5 所示。

申请 ⟶ 图纸审查 ⟶ 检验 ⟶ 授予证书 ⟶ 记录船舶簿 ⟶ 保持船级检验

图 4-2-5　船舶入级程序

2) 保持船级检验(Maintenance of Classification Survey)

对已取得 CCS 船级的船舶，在投入营运后按规范要求进行各种定期的检验，以保证船舶技术状态符合船级要求。保持船级检验包括年度检验、中间检验、坞内检验、特别检验、螺旋桨轴/艉轴检验、锅炉和热油加热器检验、循环检验等。

上述各项检验到期不能进行检验时，CCS 将予以展期。船舶检验的展期仅是在船舶不具备检验条件时，考虑船舶所有人方便的特殊处理方法。

对年度检验和中间检验不允许展期。这是因为在规定中已经考虑了检验的宽限，即允许在到期日的前/后 3 个月内进行检验。

其他保持船级检验在合理、可行的情况下予以展期，但需经 CCS 总部同意，检验合格后给予展期。

特别检验展期最长不得超过 3 个月。当船舶没有在预定特别检验的港口，为其开往预定港口完成检验时给予展期。

坞内检验展期最长不超过 6 个月，但必须是船舶无水下部分缺陷。

螺旋桨轴/艉轴检验展期可延至其后的坞内检验时。

锅炉检验展期最长不超过 6 个月。

船级条件消除期限的展期。在日常检验中如发现不能立即解决的缺陷，一般来说，验船师认为对船舶航行安全不会造成重要影响时，提出船级条件，要求船舶所有人在 2 个月内消除缺陷，这时船舶的船级保持是有条件的保持。在船级条件消除期限内船舶所有人未能消除缺陷，将会导致船级自动暂停，对此不予展期，除非有充分的理由，如备件无法按期抵船等。

3）循环检验(Continuous Survey)

循环检验是特别检验的一种替代检验，是把特别检验项目由一次集中完成，改为按 CCS 批准的循环检验项目表在特别检验的间隔期内以轮流检验的方式进行检验。由于特别检验是一次全面的集中性的检验，在规定的最长不超过 12 个月内完成全部项目的检验，检验的项目多、任务重，需要集中较长的时间，造成船舶较长的非生产停泊。采用循环检验替代特别检验方便船舶所有人，使船上每年承担的特别检验项目减少，并可与船上的检修、航次修理和计划性进厂修理结合进行，节省人力和时间，为船舶所有人带来较大的经济效益。

实行循环检验的对象是船舶机械(电气设备)和除油船、散货船、滚装船以外的船舶的船体。实行循环检验时，将机械、船体的特别检验项目按年度平均分配在特别检验间隔期内，如 5 年、4 年或 3 年内。所有项目的检验方式为打开检查或打开并清洁后检查，如发现问题还要进一步打开检查。对控制、报警和安全系统，一般仅做动作试验或模拟试验。

(1) 船舶实施循环检验的条件。船舶所有人自愿申请和 CCS 同意，船舶的技术和生产管理质量好，船员素质较高，CCS 信赖并可授权轮机长代理验船师进行检验。

(2) 检验间隔期。循环检验的周期与特别检验间隔期相同。每一项目的检查周期，最长不得超过循环检验周期。对于实行 CCS 批准的有计划保养的船舶，其机械的循环检验可在 1 年内完成。

(3) CCS 授权。在海上或未设 CCS 办事处的港口，经 CCS 授权轮机长代理检查某些机械的循环检验项目。检查后，轮机长应将所检查的项目和情况记载于循环检验报告上，并在船舶抵达有 CCS 验船师的第一个港口时，申请确认检验和提交书面报告。应该指出，实行循环检验的船舶，其年度检验和中间检验应照常进行。

4）基于机械计划保养系统的检验

船舶机械计划保养体系(Planned Maintenance System，PMS)。它是通过制定科学的设备维修保养内容和要求使船舶机械保持良好技术状态的一整套管理制度。

根据 CCS 现行的《钢质海船入级与建造规范》的规定，一般情况下，船舶每 5 年要进行一次特别检验。特别检验是对船舶进行一次全面性的大检查，许多设备必须拆开检查和试验，并要花费很长时间。

CCS 为了把特别检验与船员的自修、保养结合起来，在 CCS 规范中提出了特别检验的其他替代检验方法，即轮机实行循环检验(Continuous Machinery Surveys，CMS)。验船部门将会同船舶所有人对轮机的特检项目作详细的划分，由船舶所有人结合船舶修理、船员自修等实际情况，一般每年安排 1/5 的特检项目。每 5 年一个循环完成全部的特检项目。这样船舶进坞、进厂修理进行特检时，因平时完成了大部分检验项目，大大缩短了坞修期，节省了费用，同时又减轻了船员的劳动量。

CCS 为了达到船检制度与国际接轨和我国航运界设备维修保养与国际接轨的双重目

的，在船舶维护保养体系（CWBT）及《规范》的基础上，又制定了轮机特别检验的另一种替代检验方法，即 PMS，并规定船舶按其计划进行维护保养的机械设备和装置（包括电气设备），由船舶所有人申请经 CCS 批准，可采用 PMS 检验代替轮机船级的特别检验。实行 PMS 的船舶，不能改变和取消其规范所规定的保持船级的其他定期检验，如锅炉检验、艉轴和螺旋桨的检验。对在 PMS 中没有包括的项目，仍按现行《规范》的规定进行检验。

PMS 是指船舶机械及电气设备根据 CCS 现行规范的有关要求和设备制造厂说明书的规定，由船舶所有人列出 PMS 清单，制订一套详细的周期维修保养计划和工作卡汇总表。通过该计划在船上的贯彻和实施，使船舶机械始终保持在良好的技术状态。规范中所规定的特别检验项目通过 PMS 检验来实施每 5 年中应拆检一次的项目（H 级）和每年应进行确认性检查的项目（F 级），并保证任何拆检的项目间隔期不得超过 5 年，实行定时检验的项目间隔期不超过设备说明书规定的最高检修期限。例如，船舶主机的气缸盖、活塞、连杆等重要零部件是 H 级，每 5 年应拆检一次。但主机的总体检查是 F 级，每年应进行确认性检查。船公司主管部门应提前 3 个月将月计划指令下发船上，如在 5 月初，应将 8 月到期的 PMS 项目指令下达到船上。对于 H 级项目，应在收到指令 3 个月（即到期日前 3 个月）内完成。对于 F 级项目，应在收到指令后 6 个月（即到期日前后 3 个月）内完成。船上每月底将本月完成情况报公司主管部门，主管部门负责汇总和管理。这种船舶机械采用周期性维修保养的计划管理称为 PMS。

船舶实施 PMS，船员可以对轮机（包括电气设备）的所有检验项目实施 PMS 的检验，PMS 检验项目可以覆盖所有 CMS 检验项目。所有的 PMS 检查项目验船师每年只进行年度确认性检查，以及 5 年一次 PMS 检验到期的确认性检查。年度确认性检查可以安排在船级年度检验时同时检查。这样看来，船舶实行 PMS，船公司和船员授权检验范围更大，时间更灵活，更容易结合船舶维护、保养、自修。实施 PMS 给船公司带来许多好处：一是减少船舶由于厂修、坞修的停航时间，节省维修费用；二是避免船员平时保养拆检过的项目重新拆开申请船检，减轻船员的劳动量，同时也避免了设备的二次损坏，提高了设备的使用率。

PMS 是轮机船级证书的附加标识（Class Notations）之一，PMS 适用于已实施船舶维修保养体系的船舶，由公司申请执行 PMS 并经 CCS 确认检查满意后，CCS 将签发新的轮机入级证书，并在轮机船级符号后加注“PMS”附加标识。PMS 的申请和实施可以替代船级换证检验。这是验船部门对保持轮机船级采取的一种新的检验方法。PMS 和 CWBT 的精神实质和管理原则是一致的，内容上也是相近的。CWBT 可以认为是属于 PMS 范畴的。

五、船级处理

船舶取得船级后，按照规范要求进行保持船级的各种检验，以使船舶保持良好的技术状态，继续保持船级。当保持船级的检验不合格或者存在其他影响船级的问题时，CCS 将对船舶进行处理，暂停船级或取消船级。在条件具备时，被暂停船级的船舶可以恢复船级，被取消船级的船舶也可以重新入级。

1. 暂停船级

为了保证船舶的安全，防止低于标准船舶的营运，IACS 的程序要求对船级自动暂停作了统一的规定。CCS 根据此要求编写了 133 号通函——《船级自动暂停的有关规定》，在 CCS 的规范中对暂停船级有如下规定：

(1) 船舶没有按照 CCS 规范规定的期限进行或完成有关检验，且未按规定举行展期时，将通知船舶所有人船级证书到期或无效，船级将自动暂停。

(2) 船舶的船体、设备和轮机、电气设备均受到影响船级的损坏而未及时申请检验时。

(3) 影响船级的修理、改建或改装未经 CCS 认可时。

(4) 当船舶的遗留项目或船级条件在规定的日期内未消除或达成展期协定时。

2. 取消船级

凡是经 CCS 批准已入级的船舶，如果具有以下情况则 CCS 将取消其船级：

(1) 船舶所有人申请取消船级时。

(2) 导致船舶的船级暂停的问题在规定时间内未予解决和改正时，即暂停船级 6 个月后仍未恢复时。

(3) 船舶在超出船级符号和附加标识规定的条件下航行时。

(4) 船舶转级时。

(5) 船舶灭失后。

(6) 船舶所有人未按时交纳船舶检验费时。

当船舶受到暂停船级或取消船级的处理后，CCS 将把对该船的处理情况在其《船舶录》中予以注明。

3. 恢复船级

被暂停船级的船舶在申请恢复船级时，CCS 将根据被暂停船级船舶的具体情况进行检验，如果查明船舶状态良好，CCS 将恢复其原授予的船级。船舶恢复船级的日期将记入《船舶录》，有关保持船级的各项检验到期日应按原证书日期进行。

4. 重新入级

被取消船级的船舶在申请重新入级时，CCS 将根据被取消船级船舶的船龄和其他具体情况进行检验，如果查明船舶状态良好，CCS 将重新授予其船级。船舶重新入级的日期将记入《船舶录》。

六、《海上营运船舶检验规程》的若干规定

为了便于实施具体的检验工作，主管机关制定了船舶检验技术规程，其中有关轮机检验的主要技术要求有以下几点。

1. 主柴油机

(1) 柴油机扫气箱防爆门的开启压力不超过最高扫气压力的 1.1 倍。

(2) 柴油机气缸盖、气缸和活塞的冷却水腔水压试验一般都为 0.7 MPa。

(3) 柴油机气缸安全阀校验开启压力为 1.4 倍最大燃烧压力。

(4) 废气涡轮增压器的叶轮做动平衡试验并应符合下列规定：①当 $n \leqslant 20\,000$ r/min 时，叶轮偏心距 $e \leqslant 0.002$ mm。②当 $n > 20\,000$ r/min 时，叶轮偏心距 $e \leqslant 0.001$ mm。

(5) 对涡轮增压器壳进行 $1.5p$(p—工作压力，MPa)但不少于 0.4 MPa 的水压试验，以检查有无裂纹。

(6) 中冷器应进行 $1.25p$ 水压试验(p—最大工作压力，MPa)。

(7) 柴油机机座紧配螺栓应不少于总数的 15%,且不少于 4 只。垫片厚度应在10~75 mm间,钢质垫块厚度不大于 25 mm,铸铁垫块厚度不少于 25 mm。

(8) 发电柴油机修理后的负荷试验应尽量达到标定值。如老旧船舶有困难,则可按船舶常用最大负荷但不低于标定值的 75%进行负荷试验,试验时间不少于 2 h。

(9) 经检修的锚机、舵机和起货设备,在效用试验前应进行不少于 30 min 的空转试验。

(10) 校验舵机液压系统上的溢流阀、安全阀,其开启压力应不大于 1.1 倍的最大工作压力。

(11) 空气压缩机总排量对空气起动系统应能从大气压力开始在 1 h 内充满所有主机起动用空气瓶。

(12) 空气瓶及管系的密封性试验从充气达到工作压力后起算 24 h 内压力下降不大于工作压力的 4%,或浸入水中 3 min 无漏气,即为合格。

(13) 空气瓶的安全阀应经校验,开启压力不超过 1.1 倍的工作压力,关闭压力一般不低于 85%的工作压力。

(14) 设置易熔塞的空气瓶,应结合内部检验检查易熔塞的技术状况是否正常。

(15) 动力管系一般按 1.5 倍工作压力做液压试验。管壁表面温度超过 60 ℃者一般应包扎绝热材料或保护层。

2. 电气设备

发电机或变换装置检修后,以在船舶各种使用工况中常用的最大负荷作为试验负荷,试验时间 1~2 h;发电机额定容量进行温升试验直至温升实际稳定为止,试验时间一般不少于 4 h,温升不应超过规范规定的温升限值。

发电机并联运行试验的负载应在总标定功率的 20%至机组并联运行常用的最大负荷内变化,应能稳定运行和负荷转移。

发电机的自动开关,应校核下列保护装置(包括脱扣器动作)的可靠性。

(1) 过载保护装置。过载 10%~50%之间,经少于 2 min 的延时开关应分断。建议可调定在发电机额定电流的 125% ~135%之间,延时 15~30 s 自动开关分断,也可按原调定值进行复核。

(2) 并联运行的发电机的逆功率(或逆电流)保护装置。调定为:①柴油发电机标定功率(电流)的 8%~15%;②汽轮发电机标定功率(电流)的 2%~6%;③交流发电机应延时 3~10 s 动作,直流发电机应瞬时或短暂延时(少于 1 s)动作,也可按原调定值复核。

(3) 并联运行的发电机的欠电压保护,应当在电压降低至额定电压的 35%~70%时,自动开关自动分断。

电动机检修后应在机械装置常用最大负荷下试验不少于 1 h,电动机应无敲击和过热及振动现象。

绕组经过拆绕的电动机,相应进行平衡、超速、耐电压及温升试验;以机械装置常用最大负荷进行温升试验,试验时间不少于 2 h。

3. 螺旋桨轴/艉轴

(1) 检查键与艉轴的键槽及桨毂键槽的紧配情况,一般应不能插入 0.05 mm 塞尺,允许沿键槽周长的 20%局部插入。

(2) 检查轴套的磨损，轴套减薄不应超过原厚度的50%，填料函处不应超过60%，轴和轴套的圆度和圆柱度不应超过规定值。

(3) 换新铜套应进行0.15 MPa的水压试验，5 min内不得渗漏。

(4) 检查艉轴承间隙，其安装及磨损极限不应超规定值。轴承下部应无间隙，测量位置一般以距艉管端100 mm处为准。铁梨木轴承如因修理需要偏心镗孔，则铁梨木厚度应不小于按正中心镗孔厚度的80%。

(5) 检查艉轴油润滑轴承的轴封装置，装复后应进行油压试验以检查密封性是否良好，试验压力为1.5倍的工作压力。如采用重力油柜润滑，则从泵至有回油时算起连续3 min内不应有任何泄漏。如属橡皮筒式端面密封，一般也不应漏油，但每分钟油滴不超过3滴时亦允许使用(试验时应间断正倒慢慢转车)。

4. 锅炉装置

(1) 火管锅炉烟管腐蚀，管壁减薄超过原壁厚的50%时应换新。检查水管锅炉的水管触火面管壁情况，如管壁起泡、裂纹、穿孔或管壁减薄超过原壁厚的40%时应予换新。

(2) 检查给水管、集合管和排污管、减温器等锅炉附件的腐蚀。管壁腐蚀超过原管壁厚度的30%时应予换新。

(3) 检查过热器、给水加热器管特别是弯头处有无起泡、裂纹、穿孔、弯形。管子挠曲变形超过原间距的50%或下垂超过1.5倍管径时应予换新。

(4) 主、副蒸汽管管壁减薄超过原厚度的30%时应予换新。

(5) 校核锅炉安全阀的开启压力，见表4-2-4。

表4-2-4 锅炉安全阀开启压力

安 全 阀	开 启 压 力/MPa
火管锅炉和工作压力小于1 MPa的其他锅炉	$\leqslant p+0.05$
水管锅炉	$\leqslant 1.05p$
过热器	$\leqslant 1.02p$
给水系统	$\leqslant p+0.2$

(6) 当锅炉设计不能进行内部检验，经较大修理或验船师认为必要时，应按表4-2-5规定的压力进行水压试验。

表4-2-5 锅炉水压试验压力

锅炉工作压力(p)	试验压力/MPa
$p\leqslant 1.0$	$p+0.25$
$1.0<p\leqslant 4.0$	$1.25p$
$p>4.0$	$1.2p+0.2$

(7) 锅炉附件、设备、主蒸汽管等需要进行水压试验时，应按表4-2-6规定的压力进行。

表 4-2-6　锅炉附件等水压试验压力

名　　称	试验压力/MPa
给水阀、过热蒸汽阀	$2.5p$
上、下排污阀	$2.5p$
其他锅炉阀件	$2p$
过热器、经济器	$1.5p$
主、副蒸汽管	$2p$

(8) 锅炉升压试验。安全阀更换，改变其排汽流通面积后或验船师认为有必要时，均应进行锅炉安全阀升压试验。试验时，锅炉给水，只需补水至足以保持安全水位的水量，在停汽阀等全部关闭的情况下充分燃烧，安全阀开启后，水管锅炉 7 min、火管锅炉 15 min，锅炉压力升高不得超过工作压力的 10%。试验后，如不能满足要求，应考虑改变安全阀的面积或排汽通流面积。《规范》规定，任何安全阀的直径应不大于 100 mm，但不小于 25 mm。

任务实施

配合验船师年检

【任务要求】

根据所学的知识，利用自动化机舱的设备，熟练配合验船师年检。

【任务准备】

1. 应急发电机组及其配电板检查与准备；
2. 船内通信和报警的检查与准备；
3. 照明与报警系统的检查与准备；
4. 风油切断的检查与准备；
5. 年检检查清单。

年检检查清单	
项目 1	应急发电机组及其配电板
项目 2	船内通信和报警
项目 3	舱底水高低报警
项目 4	风油切断
项目 5	报警系统
项目 6	防火措施

【任务操作】

根据年检清单上的项目，配合验船师检查。

参考操作：

1. 应急发电机组及其配电板的检查

对应急发电机组进行起动和供电效用试验，起动应包括手动起动和电起动。起动试验：断开主配电板向应急配电板供电的开关，应急发电机组应在 45 s 内自动起动，并完成自动合闸,向应急配电板供电。

2. 船内通信和报警的检查

1)车钟

对集控室、驾驶台、机旁三地车钟进行效用试验,检查三地车钟是否同步,是否有声光报警。

2)船内通信

检查驾驶台与集控室、驾驶台与舵机间、驾驶台与主机机旁控制台、集控室与主机机旁控制台之间的电话通信情况。

3. 舱底水高低报警的检查

检查舱底水系统的高位报警,可以用手动方法将浮球抬起,经过适当的延时后应发出声光报警。

4. 风油切断系统的检查

对机器处所外机舱风机、油泵遥控切断装置进行效用试验,在应急切断按钮动作以后,应确认下列设备可以立即停止运行:机舱风机,主辅机,燃油泵,柴油分油机,锅炉,柴油泵及风机。

5. 报警系统的检查

(1)使用报警面板上的试验按钮(包括声响报警试验和指示灯试验)对集控台、驾驶台的报警面板和各延伸报警的组合报警面板进行自检功能试验。

(2)模拟一个故障,检查其延伸报警是否正确,在某一时间内对这一模拟故障报警不予以答应,以检查轮机员自动呼叫装置。

6. 防火措施的检查

(1)对机器处所内的火灾探测系统进行效用试验。

(2)检查主副柴油机高压燃油管的金属护套的完整性,是否出现燃油泄漏。

(3)检查主副柴油机、锅炉排烟管、蒸汽管等热表面的绝缘是否有破损。

(4)对柴油机的油雾浓度高报警进行模拟试验。

任务评价

任务内容涵盖交通运输部海事局海船船员 2011《船舶管理》考试大纲中“船舶检验、《海上营运船舶检验规程》的若干规定、中华人民共和国海上交通管理法规”的相关知识点,并满足评估大纲中相关技能要求。

评估要素:

1. 机舱设备的正确检查;

2. 机舱设备的年检要求。

课后练习

1. 如何编写船舶维护保养体系?

2. 编写船舶维护保养体系包括哪些内容?

3. 公证检验和临时检验有什么区别?

任务3 港口国监督

任务描述

港口国监督(PSC)亦称港口国管理、港口国控制或港口国检查。它是港口国对抵港的外国船舶实施的,以船员、船舶技术状况和操作为检查对象(特别对船舶安全设备、防污染设备以及操作),以确保船舶和人命财产安全、防止海洋污染为宗旨的一种监督和控制。本任务通过对PSC检查的依据、PSC检查的程序以及结果的处理进行循序渐进的教学做系统的学习和训练,使学生了解PSC检查的主要程序,掌握PSC检查的主要内容,并在老师的指导下讨论应如何应对PSC检查。

本任务适用于操作级和管理级船员。

学习目标

- 能识记PSC检查的依据。
- 能识记PSC检查的程序。
- 能识记PSC检查结果的处理。
- 能根据PSC检查的要求提前对船舶进行自查和完善。

相关知识

一、PSC的依据及项目

1. 依据

开展PSC的依据主要是IMO和ILO制定并修正的有关国际公约:

(1)《1974年国际海上人命安全公约》(SOLAS 74公约)。

(2)《经1978年议定书修正的1973年国际防止船舶造成污染公约》(MARPOL 73/78公约)。

(3)《经1995、2010年修正的1978年海员培训、发证和值班标准国际公约》(STCW公约)。

(4)《1966年国际载重线公约》(LL 66公约)。

(5)《1969年国际船舶吨位丈量公约》(ITC 69)。

(6)《1972年国际海上避碰规则公约》(COLREGS 72公约)。

(7)《1976年商船运输(最低标准)公约》(ILO公约第147号)。

(8)《2006海事劳工公约》(MLC)。

2. 项目

根据上述公约要求,PSC的通常项目包括:

(1) 船舶证书、文件和手册。
(2) 船体、机器和设备状态。
(3) 有关机器、设备和仪器的使用和操作要求。
(4) 船员配备、劳动及生活条件。

二、世界主要 PSC 组织

1980 年 13 个欧洲国家,加上欧共体、IMO 和 ILO 在巴黎召开会议,一致同意共同采取措施,限制并继而消除低于标准船舶航行。在 1982 年召开的第 2 次会议上,通过了有 14 个欧洲国家签署的"港口国监督巴黎谅解备忘录"(简称"巴黎备忘录"或"Paris MOU"),并于 1982 年 7 月 1 日生效。该备忘录现有 18 个成员国。

由于"巴黎备忘录"组织在防止和减少低于标准船舶继续航行方面显得非常有效,IMO 在 1991 年召开的第 17 次大会上通过了关于"在船舶排放和控制方面加强地区合作"的决议。该决议要求在全球各地区建立与"巴黎备忘录"类似的 PSC 备忘录组织,并且各备忘录组织成员国以及实施 PSC 的其他国家应作出安排,相互合作,以期在世界范围内形成 PSC 网络。目前,世界上主要的区域性 PSC 协议组织除了"巴黎备忘录"外,还有拉美 PSC 协定(1992.11)、亚太地区 PSC 谅解备忘录(Tokyo MOU,1993.12)、加勒比地区 PSC 谅解备忘录(1996.2)和地中海地区 PSC 谅解备忘录(1997.7)。我国是 Tokyo MOU 的成员国。图 4-3-1 为海事机构组织 PSC 研讨、交流。

除区域性 PSC 组织外,国家性 PSC 组织也在不断发展和普及。发达国家利用其经济和科技上的优势,PSC 的程序越来越严,标准越来越高,范围越来越广。例如,美国的 PSC 机构是美国海岸警卫队(USCG),其总部设在华盛顿。澳大利亚的 PSC 机构是 Australian Maritime Safety Authority(AMSA),该机构在澳大利亚 15 个港口设有验船师办公室,负责对抵港外国船舶进行监督检查。AMSA 执行 PSC 条款较严格,当发现较大缺陷后,将滞留船舶在澳大利亚强制修理直至缺陷消除。

(a)

(b)

图 4-3-1 PSC 研讨、交流

三、港口国监督程序

1.《港口国监督程序》的构成

《港口国监督程序》由 6 章正文和 9 个附录构成。

1) 正文

第 1 章　总论

阐明该程序的目的、适用对象、执行、PSC 适用公约、非公约成员国和低于公约要求长度的船舶的不优惠政策以及有关定义。

第 2 章　港口国检查

阐明检查的一般要求、登船检查、需更详细检查的“明显理由(Clear Grounds)”、PSC 检查官的专业标准、资格和培训要求，给出 PSC 检查官的基本程序指南。

第 3 章　更详细的检查

阐明更详细检查的总原则，列出“明显理由”的例子，给出船舶构造和设备要求指南、《MARPOL 73/78 公约》附则 I 和 II 的排放要求指南、操作性要求的监督指南、最低配员标准要求以及有关《ISM 规则》的 PSC 监督指南。

第 4 章　违反与滞留

内容包括低于标准船舶的识别、缺陷资料的提交、针对低于标准船舶的港口国采取补救措施的责任、船舶滞留指南、检查的中止以及缺陷纠正与解除的程序。

第 5 章　报告的要求

内容包括港口国报告、船旗国报告、根据《MARPOL 73/78 公约》进行指控的报告。

第 6 章　审查程序

IMO 对有关缺陷和纠正措施报告的评价。

2) 附录

附录 1——船舶滞留指南。

附录 2——根据《MARPOL 73/78 公约》附则 I 进行调查和检查的指南。

附录 3——根据《MARPOL 73/78 公约》附则 II 进行调查和检查的指南。

附录 4——证书和文件清单。

附录 4A——根据《1969 年国际船舶吨位丈量公约》进行港口国监督的指南。

附录 5——符合 PSC 程序的检查报告格式。

附录 6——对缺陷未全部纠正或仅作临时性修理的报告格式。

附录 7——通知下一港口当局采取行动的报告格式。

附录 8——违反《MARPOL 73/78 公约》的 PSC 报告形式。

附录 9——船旗国对缺陷报告所作的评述。

2. 采取更详细检查的“明显理由”

(1) 缺少公约要求的主要设备或设施。

(2) 检查时，船舶证书或被发现一张或几张明显失效。

(3) 船舶未携带、未保持或不正确保持船舶各种日志、手册或公约要求的其他文件。

(4) 根据港口国监督检查官(PSCO)的总体印象和观察，发现船体或结构严重受损或存在重大缺陷，可能对船体结构、水密或风雨密的完整性构成危险。

(5) 由 PSCO 的总体印象和观察发现：船舶在安全、防污或航行设备方面存在严重缺陷。

(6) 船长或船员不熟悉与船舶安全或污染有关的船上基本操作、或这些操作未被执行的信息或证据。

(7) 有迹象表明主要船员之间或主要船员与船上其他人员之间不能够相互交流。

(8) 缺少最新的应变部署表、防火控制图和客船破损控制图。

(9) 错误遇险报警信号不能根据适当的取消程序停止发出。

(10) 收到的报告或投诉中含有船舶处在低于标准状态的信息。

3. 更详细的检查

如果船舶未携带有效证书，或者 PSCO 对船舶的总体印象或观察，有明显理由认为船舶或设备的状况与证书的细节有重大不符，或者船长不熟悉船上的主要操作程序，应进行更详细的检查。

"更详细检查"的内容分为五大部分：船舶构造和设备要求指南、操作性要求指南、《MARPOL 73/78 公约》附则 I 和附则 II 排放要求指南、最低配员标准和证书、与《ISM 规则》相关的 PSC 指南。这些指南用于指导 PSCO 的行动，也便于船员掌握"更详细检查"的重点，促使船方充分重视并改善船舶的安全管理状况。图 4-3-2 所示的是 PSCO 登船检查。

(a) (b)

图 4-3-2 PSCO 登船检查

1) "船舶构造和设备要求指南"中更详细检查的项目

(1) 结构。PSCO 对船体保养和甲板基本状况，以及梯道、栏杆、管路、盖板状况和腐蚀或麻点锈蚀区域等的印象，将影响其决定是否要对船舶结构进行最大可能的检查。重要区域的损害或腐蚀，或各层甲板和船体的板材及其相关的扶强材的点锈会影响船舶适航性或局部强度，可能导致船舶的滞留，也有可能需要检查船体水下部分。

当磨耗超出许可值时，PSCO 应根据船舶的适航性而非船龄作出决定。不影响适航性的损坏，或者为驶往永久性修理港口已对损害作了有效的临时性修理，都不应作为滞留船舶的依据。

PSCO 应特别注意散货船、货船或油船的结构完整性和适航性，并根据船舶检验报告对该类船舶的结构安全作出评估。该类检验报告应包括结构检验报告、状况评估报告(主管机关签署并译成英文)、测量报告和检验计划等文件。

如果检验报告显示有必要进行船舶结构的更详细报告或根本没有这样的报告，PSCO 应特别注意船体结构、货油舱或货船管路系、泵舱、空舱、管隧、货物区域的隔离舱和压载舱。

对于散货船，PSCO 应检查货舱主要结构是否存在明显未经允许的修理。

(2) 机器处所。PSCO 将对主辅机械和电气设备的状况(如能否为推进和辅助机械提供连续、足够的电力)进行评估。

在对机器处所的检查中，PSCO 将对保养状况形成印象。速闭阀拉线损坏或断开，延展控制杆或机械的脱扣装置未连接或无法使用,阀门手轮丢失,长期形成的蒸汽,水和油泄露的痕迹,舱面和污水井污染或机器底座过度锈蚀等,可作为系统维护工作管理不善的例证。大量临时性修理,包括管子的切断或水泥箱等均被视为不愿进行永久性修理。

尽管不做性能试验时无法确定机械的状况,但泵密封圈泄露、水位表玻璃不洁、压力表失灵、释放阀锈蚀、安全或控制装置未连接、柴油机扫气箱或曲轴箱释放阀反复动作的迹象、自动设备和报警系统装置工作失常或不工作、锅炉壳体或烟道等的一般缺陷,将导致对轮机日志的检查和对机器故障、事故记录的调查,并要求机器做运转试验。

如果一台发电机无法投入运作,PSCO 应调查供电量是否能维持主要设备和应急设备的工作,并应进行试验。图 4-3-3 所示的是 PSCO 登船检查轮机设备。

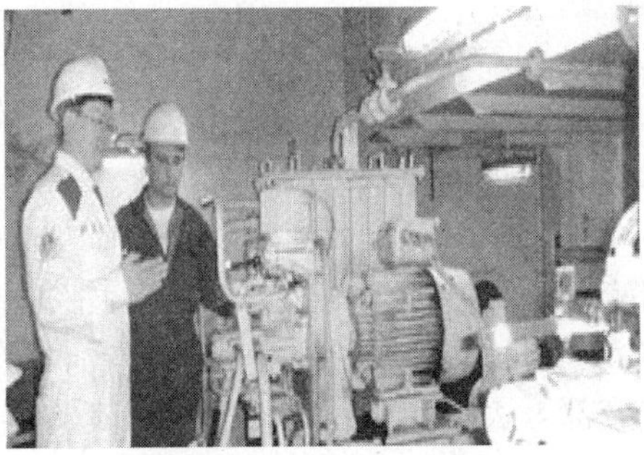

(a)

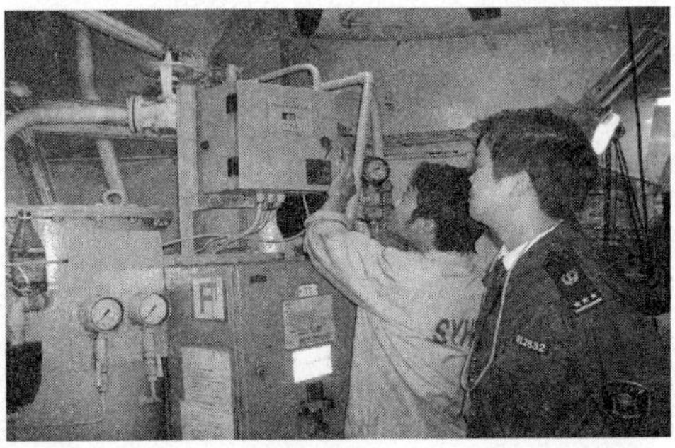

(b)

图 4-3-3　PSCO 检查轮机设备

如发现存在明显疏忽的证据,PSCO 应扩大调查范围,包括主辅机布置、舱机布置、超速切断、断路器等。

必须强调:以上一项或多项缺陷的出现,可作为低标准状况的线索,实际的综合状况应根据具体情况进行专门判断以便作出低标准结论。

(3) 载重线的核定条件。在 PSCO 作出不需要船体检查的结论后,也可根据甲板上观察到的如舱口盖关闭设备障碍、腐蚀的空气管和通风管壁等缺陷项目,仔细检查载重线的核定条件,并特别注意关闭装置、甲板排水设施及与船员保护有关的布置等。

(4) 救生设备。救生设备的有效性在很大程度上取决于良好的维护保养和在定期操练中的使用情况。除了未按公约要求配置设备或存在如救生艇破损等明显缺陷外,PSCO 还应查找是否存在救生艇阀释放装置废置(不使用)或障碍,包括油漆积聚、支点锈死、缺少润滑、艇筏错误捆绑、甲板货物的存放或捆绑妨碍艇筏降落装置等。

上述缺陷迹象,将成为 PSCO 决定对所有救生设备进行详细检查的依据。此检查可包括降落救生艇、救生筏的定期检查记录,救生衣和救生浮具的数量和状况,并确认烟火信号弹的有效期。该检查应重点集中在安全弃船方面,但在特殊情况下可进行船舶设备安全证书的全部检查。有效的外部照明的配备和完好性,船员和旅客的报警手段及通往集合地点、登艇位置路线的照明配备等,应是检查的重点。

(5) 防火安全。消防和甲板冲洗管路及龙头状况差、居住处所消防皮龙和灭火器丢失等,可能成为需要仔细检查所有防火安全设备的原因。除了应符合公约的要求外,PSCO 将查找比日常更易发生火灾的隐患,这常见于机器处所不清洁。这种迹象和固定或手提灭火器设备的严重缺陷可能导致船舶被定为低于标准船舶。

PSCO将检查船舶防火控制图，以了解船舶防火措施概况，并根据建造日期考虑其是否符合公约要求。

防火门不易操作会加速火势蔓延。PSCO将检查在主要区域舱壁上、封闭梯道及易失火区（如主要机器处所、厨房等）的防火门的操作性能和固定装置，并特别注意开敞位置的门。火情的另一威胁是通过通风系统蔓延的烟，可检查部分防火、阻抗挡板位置以确定其操作性。确认通风机能在总控站予以停止且通风系统的主进风口和主出风口装有关闭装置。

确保脱险通道的有效性，注意重要的门不得锁闭，通道和梯道不得堵塞。

（6）其他更详细检查的项目：海上避碰规则、货船构造安全证书、货船无线电安全证书，以及公约或船旗国要求以外的设备。

2）“操作性要求指南”中更详细检查的项目

（1）应变部署表。PSCO可查证船员是否清楚他们在应变部署表中的任务。PSCO可查证应变部署表是否张贴在全船，包括驾驶台、机舱和船员居住处等的明显位置。

在查证应变部署表是否符合规定时，PSCO可证实是否：①应变部署表指明了划分给不同船员的任务。②应变部署表指明了哪些高级船员负责对救生和消防设施进行维护，使其处于良好状态和随时可用。③考虑到不同紧急情况要求采取不同行动，应变部署表指明了某些关键船员一旦不能工作后的替代人员。④应变部署表指明了紧急情况下负责旅客的船员的任务。⑤船上所用的应变部署表已被认可。

PSCO可要求提供当前船员名单以查证应变部署表是否最新，其他如安全配备证明等也可作为依据。

PSCO可查证分派非救生艇、筏上指定船员的任务是否符合要求，并且查证每一救生艇、筏都有一位甲板部的高级船员或持证人员负责。然而，船旗国主管机关在充分考虑航线特点、船上人员数目和船舶特点之后，可允许救生筏的管理和操作人员代替上述人员负责救生筏。救生艇的第二指挥人必须指明。

PSCO可查验船员是否熟悉应变部署表中所分派的任务和执行各自任务时的地点。

（2）消防演习。PSCO可现场观看按应变部署表所分派相关任务的船员进行的演习。在与船长协商后，可以选择船上一个或多个位置模拟火灾，一个船员可派往上述位置启动火警系统或采用其他方式发出警报。图4-3-4所示的是PSCO登船检查消防演习。

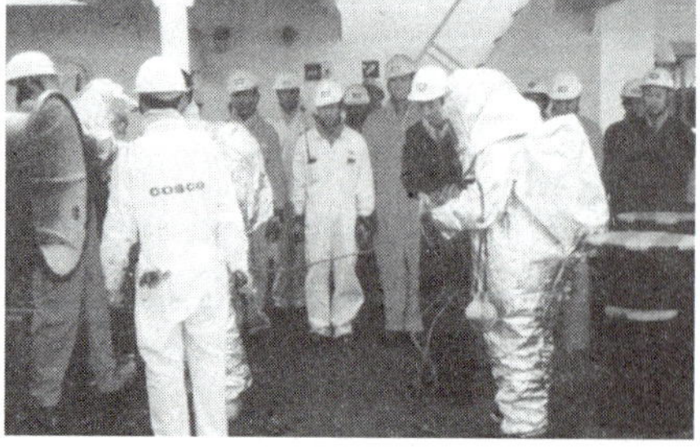

(a)

(b)

图4-3-4　PSCO检查消防演习

PSCO将观察灭火船员到达模拟火灾现场、操作设备和扑灭模拟火灾的情况；观察参加灭火船员是否能正确地穿戴和使用消防设备，并确信装置齐全。PSCO应通过选择一个船员作为模拟伤员，检查船员对人员伤害的反应，观察传话情况、担架和医疗队的响应，证实能正确救护伤员。

演习应尽可能按真实紧急情况进行。

被指派承担与消防演习有关的其他职责的船员，如位于应急发电机、二氧化碳室、喷水器和应急消防泵的船员，也应参与演习。要求这些船员解释他们的职责，如有可能演示其熟练性。

在客船上，应特别注意负责关闭手动门和挡火板的船员完成任务情况。负责协助旅客的船员应至少能够告知并指引旅客到正确的集合和登艇位置。

(3) 弃船演习。在与船长协商后，PSCO可以要求一只或多只救生艇、筏的弃船演习。演习应尽可能按真实紧急情况进行。

如果演习时降放的救生艇不是救助艇，也应降放救助艇，计算最短登乘和降放时间。每一救生艇筏均应以连续可用状态存放，以便两名船员可在不到5 min内做好登乘和降放准备。在客船上，要求所有救生艇和用吊架降放的所有救生筏能够在30 min内完成降落。在货船上，要求所有救生艇和用吊架降放的所有救生筏能够在10 min内完成降落。

(4) 机械操作。PSCO可查证船舶负责人员是否熟悉他们职责中与下列重要机械设备有关的操作：应急和备用电源、辅助舵机、舱底水泵和消防水泵、紧急情况下任何其他重要设备。

PSCO可查证船舶负责人员对以下内容是否特别熟悉。①应急发电机：起动原动机前的必要行动；依据起动动力源不同原动机可能有不同起动方式和原动机第一次起动失败后的程序。②备用发电机原动机：手动或自动起动备用原动机的可能性、全船断电程序和负载分配系统。

PSCO可查证船舶负责人员是否特别熟悉：①本船的辅助舵机是何种型号；②怎样表明哪台舵机正在工作；③怎样才能使辅助舵机投入运转。

PSCO可查证船舶负责人员对以下内容是否特别熟悉。①舱底水泵：船上舱底泵(包括应急舱底泵)的数量和位置、所有舱底泵的起动程序、适当的操作阀件、舱底泵运转故障的最可能的原因和可能的补救措施。②消防水泵：船上消防泵(包括应急消防泵)的数量和位置、所有消防水泵的起动程序、适当的操作阀件。

PSCO可查证船舶负责人员是否特别熟悉：①救生艇和/或救助艇发动机的起动和维护；②通常在驾驶台控制的系统的现场控制程序；③无线电设施的应急电源和完全独立电源的使用；④电瓶的维护程序；⑤应急停止装置、探火系统和报警系统的工作和水密门、防火门的操纵；⑥主、辅机冷却水系统和滑油系统从自动变为手动控制的切换。

(5) 机器处所的油和油类混合物。PSCO在考虑到下述因素的情况下，可查证是否符合《MARPOL 73/78公约》附则I的所有操作要求：产生的残油量、渣油和舱底污水储存柜的容量、油水分离器的处理能力。

应检查油类记录簿。PSCO可查证是否使用了接收设施和这些设施的使用情况的记录是否有不当之处。

PSCO可查证责任船员是否熟悉渣油和舱底水的处理。可查证污油柜剩余空间是否足以存储下一航程产生的污油。对于免除《MARPOL 73/78 公约》附则 I 第 16(1)和(2)条要求的船舶，PSCO 可核实所有的含油舱底水是否保持在船上并随后排放到岸上接收设施。

3)“《MARPOL 73/78 公约》附则 I 和附则 II 排放要求指南”中更详细检查的项目

(1) 附则 I 第 9 条和第 10 条规定禁止将油类排放入海，附则 II 第 5 条规定除符合明确规定的条件外禁止将有毒液体物质排放入海。此类操作应相应记录在适用的油类记录簿或货物记录簿中，记录应妥善保存已备随时查验。

(2) 根据上述规定，无论何时在船舶周围的水面或水下或其尾迹流中发现有油迹，缔约国应在尽可能合理可行的情况下迅速对事实进行调查，以核实是否存在违反上述排放规定的迹象。

(3) 允许有毒液体物质排放入海的条件包括数量、质量和船位限制，视物质种类和海区而定。

(4) 关于可能违反排放规定事件的情报可从以下几种来源获得，这些来源包括：①船长的报告，《MARPOL 73/78 公约》的第 8 条和议定书特别要求船舶的船长报告某些涉及排放或可能排放油类、油类混合物、有毒液体物质或含有此类物质混合物的事件。②官方机构的报告，《MARPOL 73/78 公约》的第 8 条进一步要求缔约国指示其海上检查船舶和飞机及其他相应的服务机构向其当局报告涉及排放或可能排放油类、油类混合物、有毒液体物质或含有此类物质混合物的事件。③其他缔约国的报告，《MARPOL 73/78 公约》的第 6 条规定，缔约国可请求另一缔约国对某船舶进行检查，提出请求的缔约国应提供充分的证据，证明该船已排放油类、油类混合物、有毒液体物质或含有此类物质混合物，或该船离开卸货港时带有的有毒液体物质残留物超出允许排放入海的限制。④其他方面的报告，将关于可能违反排放规定事件的情报来源毫无遗漏地一一列出是不可能的，各缔约国在决定对此类报告进行调查时应考虑到各种情况。

(5) 如果调查证明违反排放要求的事件发生在该港口国的管辖范围内，则该港口国应按照其法律提起诉讼，或将其所掌握的关于认定违章的全部证据和资料提供给船旗国。如果港口国提起诉讼，则港口国应通知船旗国。

(6) 调查证明污染可能是由于船舶或其设备损坏造成的。这可能表明船舶并不承担违反《MARPOL 73/78 公约》附则 I 和附则 II 排放要求的责任，但须在：发生损坏或发现排放后已采取一切合理的措施以防止或尽可能减少排放；并且船舶所有人或船长并非有意损坏。

(7) 对卸货、扫舱和预洗操作的检查。从原则上确保船舶在最大限度上卸空 A，B 或 C 类有毒液体物质，并且只有当船上该物质的残留物被减少到符合可以排放入海的标准时，方可允许出海。

4)“最低配员标准和证书”中更详细检查的项目

(1) 配员检查。如果船舶的配员符合船旗国签发的安全配员证明或等效证明的规定，PSCO 应承认船舶已安全配员。除非这种证明明显没有根据有关公约的原则签发。

如果实际船员数量或构成不符合配员证明的规定，港口国应要求船旗国对是否允许船舶在此船员数量或构成下航行一事提出意见。这样的要求和答复应采用适当方式并且任一方可要求书面形式沟通。如果实际船员数量或构成未符合安全配员证明的规定或船旗国未对船舶是否能够航行提出意见，可以考虑滞留该船。

如果船舶未携带安全配员证明或等效文件，港口国应要求船旗国指明要求的船员数及其构成并尽可能快地签发一份证明。

(2) 根据《STCW 95 公约》的规定进行的 PSC 检查。核查在船上服务应持有证书的所有船员具有适当的证书或有效免除，或提供书面证明其申请已提交船旗国主管机关。核查在船上服务的船员的数量和证书符合船旗国主管机关的安全配员要求。

如果由于发生了下列事件而有明显理由相信未符合该公约规定的值班标准，将对船上船员的能力进行评估：①船舶涉及碰撞、搁浅或触礁；②船舶在航行中、锚泊点或码头排放了违反国际公约的物质；③船舶以错误的或不安全的方式进行操纵，未遵循 IMO 通过的航线确定措施或安全航行操作规程和程序；④船舶操纵不当，以致对人员、财产或环境构成危险。

5) “与《ISM 规则》相关的 PSC 指南”中更详细检查的项目

(1) PSCO 应检查公司的 DOC 证书副本和 SMC，除非公司持有合法的 DOC 证书，否则船舶的 SMC 将被视为非法。PSCO 特别注意此船型是否包括在 DOC 证书中并且注意 DOC 和 SMC 中的公司详情是否一致。

(2) 在检查船舶证书文件时，PSCO 应意识到：当前有效的 DOC 证书是每年签署的，一般在所签发的公司保存，而保存在船上的 DOC 证书副本不一定能够反映出每年签署的情况。

如果船舶存在明显理由，将会执行对 SMS 的更详细检查。明显理由包括 ISM 证书的缺少或不准确，或者在其他方面的滞留缺陷(或多个非滞留缺陷)。

当执行更详细检查时，PSCO 可能会提出(但不限于此)以下问题(以下为《ISM 规则》的条款)以确定满足《ISM 规则》的要求。

A. 公司是否制定安全和环境保护政策，并且船员是否熟悉此政策？

B. 安全管理文件(手册)是否保存在船上？

C. 相关 SMS 文件是否是用工作语言或船员理解的语言？

D. 船上高级船员能否明确管理公司并且在 ISM 证书中说明相应的公司？

E. 船上高级船员能否明确“指定人员”？

F. 遇有紧急情况，是否建立和保持与岸上管理人员联系的程序？

G. 船上是否保存准备应急行动的演习和训练的程序？

H. 如果新船员刚刚上船，如何保证他们能够熟悉自己的职责和开航前的指示？

I. 船长能否提供文件形式的证据以说明其职责和权力，其中包括其越权处置的权力？

J. 是否将不合格报告给公司，并且采取适当的纠正措施？

K. 船舶是否进行日常保养并记录？

PSCO 应把 SMS 的缺陷记入检查报告。如有必要，港口国主管机关应将 SMS 的缺陷通知船旗国。若为严重不合格的 SMS 缺陷必须在开航前确认改正。

4. 低于标准船舶的识别

(1) 一般情况下，如果船舶的船体、机械、设备或操作安全性确实低于相应公约规定的标准，或其船员配备不符合船舶最低安全配员证明的要求，则该船被认定为低于标准船舶。例如：①缺少公约所要求的主要设备或布置；②设备或布置不符合公约的有关要求；③由于诸如管理维护不善造成的船舶或其设备的实质性受损；④船员操作技能欠缺或对主要操作程序不熟悉；⑤船员配备不足或船员证书不适当。

(2) 如果这些明显原因的总体或单个使船舶不适航和使船舶、船上人员的生命处于危险,或如果让船舶开航可能对海上环境构成过高的风险,则此船应认定为低于标准船舶。

(3) 根据相应公约的要求,缺少有效证书将是船舶低于标准的明显证据,是做出滞留船舶决定对其检查的依据。

四、优先检查与扩大范围检查

1. 优先检查

1) Paris MOU 优先检查的船舶

不论船舶目标因素值如何,以下船舶将被考虑为优先检查对象:

(1) 引水或港口当局报告,存在影响安全航行缺陷的船舶。

(2) 装载危险或污染货物时,未按要求进行报告的船舶。

(3) 被港口当局通报的船舶。

(4) 被相关方(船长、船员,任何与船舶安全有关的人或组织)就船上生活和工作环境或船舶防止污染进行投诉的船舶。

(5) 曾有下列情况的船舶:①在航行途中发生了碰撞、搁浅;②被控告违反了有害物质和污水排放的相关规定;③进行不安全方式的操纵,或未遵守安全航行程序的情况;④进行了其他的不当操作,以致威胁到人员、财产、环境;⑤在先前的 6 个月内,因安全原因船舶证书被其船级社暂停或取消。

(6)未在 SIReNaC 信息系统中出现的船舶。

2) Tokyo Mou 优先检查的船舶

不论船舶目标因素值如何,有下列情况的船舶将被作为优先检查的对象:

(1) 引水或港口当局报告,存在影响安全航行缺陷的船舶。

(2) 装载危险或污染货物时,未按要求进行报告的船舶。

(3) 被港口当局通报的船舶。

(4) 被相关方(船长、船员,任何与船舶安全有关的人或组织)就船上生活和工作环境或船舶防止污染进行投诉的船舶。

(5) 被要求在规定期限内消除缺陷的船舶。

(6) 船舶被滞留后,未得到港口国允许,擅自开航的船舶。

(7) PSC 委员会公布的优先检查的船舶类型。

2. Paris MOU 的扩大范围检查

(1) 扩大范围检查适用于下列船舶类型:①3 000 总吨以上且船龄 15 年以上的油船;②船龄 12 年以上的散货船;③船龄 15 年以上的客船;④船龄 10 年以上的化学品和气体运输船。

(2) 对于满足上述条件的船舶,应在抵达 Paris MOU 港口的 3 天前通知港口主管部门。若航程短于 3 天,则应在离开上一港口前通知。因 Paris MOU 各成员间的通知安排不一样,船舶所有人应向他们的港口代理进行核实。应该注意,如果未及时通知相关信息,则可能会导致船舶为了完成扩大检查而使船期被延误。

(3) 对于目标因素值为 7 或以上的船舶,在船舶离港前将被要求完成一次扩大检查。

若因船舶在港停靠时间短等原因，扩大检查将在 Paris MOU 的下一港口进行。

（4）对于目标因素值低于 7 的船舶，通常不需要接受扩大检查，但船舶应按照第（2）条的要求通知 Paris MOU 的港口，直到目标因素值达到 7 并完成了一次扩大检查。

（5）除了例行的检查项目外，扩大检查至少包含以下项目：①全船断电和应急发电机的起动；②检查应急照明；③应急消防泵连同连接在消防总管上的两个消火栓的操作；④舱底泵操作；⑤水密门的关闭；⑥一舷救生艇降落至水面；⑦锅炉、通风和燃油泵等的遥控应急切断装置的试验；⑧主、辅操舵装置的试验；⑨无线电设备的应急电源的试验；⑩油水分离器检查并尽实际可能进行试验。

（6）油船、散货船、化学品和气体运输船及客船：除基本项目外，还另有各自的附加检查项目。

3. PSC 检查缺陷纠正代码说明

1）Tokyo MOU

缺陷纠正代码说明见表 4-3-1。

2）Paris MOU

新代码自 2003 年 2 月 1 日起开始使用，公司和船舶应关注到这一变化，避免在检查和纠正缺陷中出现偏差，见表 4-3-2。

表 4-3-1　Tokyo MOU 缺陷纠正代码说明

缺陷纠正代码	具体要求	港口国监督代码	具体要求
10	缺陷已纠正	40	通知下一港
15	缺陷在下一港口纠正	45	在下一港纠正滞留缺陷
16	缺陷在 14 天内纠正	50	通知船旗国/领事机构
17	通知船长在开航前纠正	55	咨询船旗国
18	在 3 个月内纠正不符合项	70	通知认可组织
19	在开航前纠正严重不符合项	80	临时替代设备
30	滞留缺陷	85	调查违规排放
36	在跟踪滞留的前提下准予开航	95	签发警告信
99	其他（详细说明）	96	撤销警告信

表 4-3-2　Paris MOU 缺陷纠正代码说明

新代码	具体内容		对应的旧代码
A	滞留	滞留缺陷	30
B	纠正	缺陷已纠正	10
C	开航前	通知船长在开航前纠正	17
D	下一港口纠正	缺陷在下一港口纠正	15
E	14 天内纠正	缺陷在 14 天内纠正	16

续表

新代码	具体内容		对应的旧代码
F	船级条件	按同意的船级条件	70
G	3个月内纠正	在3个月内纠正不符合项	18
H	纠正严重不符合项	在开航前纠正严重不符合项	19
I	修理港	修理港消除(滞留缺陷)	
J	临时修理	临时修理	
K	通知船旗国	通知船旗国	55
L	签发警告信	签发警告信	95
M	撤销警告信	撤销警告信	96
N	操作中止		
O	临时替代		
P	其他		

任务实施

应对PSC检查

【任务要求】

1. 能识记PSC检查程序；
2. 能识记PSC检查的主要项目。

【任务准备】

1. 多媒体教室的准备；
2. 讨论、分析案例的准备：机舱部门如何应对PSC检查？

【任务操作】

分析导引：从管理方面和人员素质方面考虑。

1. 管理要规范，训练要有素

1）文件资料的管理

文件资料通常包括有船舶证书、有关法规、检验报告、法定台账记录和应急设备产品证书或说明书等资料。定期对各文件资料进行细致认真的检查，确保其时效性。

(1) 检查船舶应有之证书是否齐全及是否有效。

(2) 检查船上保存之有关法规、公约是否齐全，是否最新版本。

(3) 检查主要检验报告是否齐全及是否在有效期内。

(4) 检查船舶日志和有关记录是否完整和满足有关公约要求。

(5) 设备证书或维护和操作说明书等的管理。

2）船舶应急演练和消防、救生及各项应急设备的管理

船上应定期进行训练和逼真的演习，熟悉救生艇的吊放程序、艇机的起动方法、应急消

防泵等。

3）机舱为应对 PSC 检查的日常管理

保持机舱清洁整齐有序；各设备外表干净，铭牌清楚；各高热管绝缘完整干净无污染；无油水汽等泄露现象；舱底干净无油污、无污水；污水井尽量做到无污油；应急设备、应急通道正常，标识清楚；各设备操作现场张贴有操作程序说明；各电源操作屏前配备绝缘踏垫；机舱各设备的警报功能正常，如舱底水警报、15 ppm 油污警报、主机和辅机漏油警报等；各危险操作场所应张贴警示牌，如 440 V 高压危险；机舱垃圾分类清楚，分类标识清楚，各垃圾桶或箱需金属制并加盖等。

2. PSC 检查对人员素质的要求

1）对语言的要求

在 PSC 检查时，要求船员与 PSCO 能很好地用英语沟通交流，能充分理解并回答 PSCO 所提之问题，以期给 PSCO 在检查中留下良好印象。

2）对船员专业素质的要求

要求各职级的船员对负责之设备了如指掌，能熟练操作并解释其操作原理，能对 PSCO 提出的问题清楚正确地回答，及时解决。对各应急操作和演练熟练掌握，操控自如。

3）对船员接受检查的态度和仪表的要求

船舶在接到 PSC 检查通知后，要做好充分准备，尤其是要着装整齐，注意礼貌，并积极配合 PSCO 检查工作。最好在检查时船长全程陪同检查官，让其感到船上对其之重视和尊重。在检查机舱时，轮机长要带领各轮机员、电机员陪同检查，并携带适当的钳工工具。对检查官提出的一些问题，要毫无怨言地及时解决，不得拖延。在整个检查过程中，要体现出一丝不苟、严肃认真的工作作风。

任务评价

任务内容涵盖交通运输部海事局海船船员 2011《船舶管理》考试大纲中“港口国监督(PSC)、港口国监督程序、优先检查与扩大范围检查、《船旗国监督检查记录簿》和《港口国监督检查报告》使用规定”的相关知识点，并满足评估大纲中相关技能要求。

任务拓展

中华人民共和国船舶安全检查规则

为规范船舶安全检查活动，保障水上人命、财产安全，防止船舶造成水域污染，根据《中华人民共和国海上交通安全法》《中华人民共和国海洋环境保护法》《中华人民共和国内河交通安全管理条例》等法律、行政法规和我国缔结、加入的有关国际公约，制定《中华人民共和国船舶安全检查规则》。本规则已于 2009 年 10 月 29 日经第 10 次部务会议通过，自 2010 年 3 月 1 日起施行。

1. 总则

(1) 本规则适用于对中国籍船舶以及航行、停泊、作业于我国港口(包括海上系泊点)、内水和领海的外国籍船舶实施的安全检查活动。本规则不适用于军事船舶、公安船舶、渔业船舶和体育运动船艇。

(2) 本规则所称“船舶安全检查”是指海事管理机构按照本规则规定的程序，对船舶技术状况、船员配备及适任状况等进行监督检查，以督促船舶、船员、船舶所有人、经营人、管理人以及船舶检验机构、发证机构、认可组织等有效执行我国法律、行政法规、规章，船舶法定检验技术规范，以及我国缔结、加入的有关国际公约的规定。

(3) 船舶安全检查遵循依法、公正、诚信、便民的原则。

(4) 中华人民共和国海事局统一管理全国的船舶安全检查工作。其他各级海事管理机构按照职责开展船舶安全检查工作。

2. 船舶安全检查和处理

(1) 船舶安全检查分为船旗国监督检查和港口国监督检查。船旗国监督检查是指对中国籍船舶实施的船舶安全检查。港口国监督检查是指对航行、停泊、作业于我国港口(包括海上系泊点)、内水和领海的外国籍船舶实施的船舶安全检查。

(2) 船舶安全检查，应当由至少两名安全检查人员于船舶停泊或者作业期间实施。禁止对在航船舶进行安全检查，但法律、行政法规另有规定的除外。

(3) 从事船舶安全检查的人员应当具备必要的船舶安全检查知识和技能，并取得相应等级的船舶安全检查资格证书。海事管理机构应当配备足够、合格的船舶安全检查人员和必要的装备、资料等，以满足船舶安全检查工作的需要。

(4) 船舶安全检查的内容包括：①船舶配员；②船舶和船员有关证书、文书、文件、资料；③船舶结构、设施和设备；④载重线要求；⑤货物积载及其装卸设备；⑥船舶保安相关内容；⑦船员对与其岗位职责相关的设施、设备的实际操作能力以及中国籍船员所持适任证书所对应的适任能力；⑧船员人身安全、卫生健康条件；⑨船舶安全与防污染管理体系的运行有效性；⑩法律、行政法规、规章以及国际公约要求的其他检查内容。

(5) 海事管理机构应当根据中华人民共和国海事局制定的选船标准以及国际公约、区域性合作组织的规定，结合辖区实际情况，按照公平对等、便利公开、重点突出的原则，合理选择船舶实施安全检查。经海事管理机构检查的中国籍船舶或者经《亚太地区港口国监督谅解备忘录》成员当局检查的外国籍船舶，自检查完毕之日起 6 个月内不再进行检查，但下列船舶除外：①客船、油船、液化气船、散装化学品船；②发生水上交通事故或者污染事故的船舶；③被举报低于安全、防污染、保安、劳工条件等要求的船舶；④新发现存在若干缺陷的船舶；⑤依选船标准核算具有较高安全风险指数的船舶；⑥中华人民共和国海事局指定检查的船舶。

(6) 检查人员实施船舶安全检查，在登船后应当向船方出示有效证件，表明来意。先进行初步检查，对船舶进行巡视，核查船舶证书、文书和船员证书。

有下列情形之一的，检查人员应当对船舶实施详细检查，并告知船方进行详细检查的原因：①巡视或者核查过程中发现在安全、防污染、保安、劳工条件等方面明显存在缺陷或者隐患的；②被举报低于安全、防污染、保安、劳工条件等要求的；③2 年内未经海事管理机构详细检查的；④中华人民共和国海事局要求进行详细检查的。

(7) 检查人员在实施详细检查时，船长应当指派人员陪同。陪同人员应当如实回答检查人员提出的问题，并按照检查人员的要求测试和操纵船舶设施、设备。

(8) 检查人员应当运用专业知识对船舶存在的缺陷作出判断，并按照有关法律、行政法规或者国际公约的规定，提出下列一种或者几种处理意见：①开航前纠正缺陷；②在开航后限定的期限内纠正缺陷；③滞留；④禁止船舶进港；⑤限制船舶操作；⑥责令船舶驶向指定区域；⑦驱逐船舶出港；⑧法律、行政法规或者国际公约规定的其他措施。

(9) 船舶有权对海事管理机构实施船舶安全检查时提出的缺陷以及处理意见当场进行陈述和申辩。海事管理机构应当充分听取船方意见。

(10) 实施船旗国监督检查结束后，检查人员应当签发《船旗国监督检查记录簿》。实施港口国监督检查结束后，检查人员应当签发《港口国监督检查报告》。检查人员应当在《船旗国监督检查记录簿》或者《港口国监督检查报告》中标明缺陷及处理意见，签名并加盖船舶安全检查专用章。对于缺陷处理意见为滞留的，检查人员应当在《船旗国监督检查记录簿》或者《港口国监督检查报告》中注明理由。

(11) 海事管理机构采取本规则第(8)条第③④⑦项所列处理措施之一的，对于中国籍船舶应当通报船籍港海事管理机构，对于外国籍船舶应当通过中华人民共和国海事局通报其船旗国政府、国际海事组织。

(12) 导致滞留的缺陷如与船舶检验机构、发证机构或者认可组织有关的，还应当通报相关的船舶检验机构、发证机构或者认可组织。接到通报的船舶检验机构、发证机构或者认可组织应当核实和调查有关缺陷情况，采取相应的措施，并将相关情况及时反馈给发出通知的海事管理机构。

(13) 船舶以及相关人员应当按照海事管理机构签发的《船旗国监督检查记录簿》或者《港口国监督检查报告》的要求，对存在的缺陷进行纠正。中国籍船舶的船长或者履行船长职责的船员应当对缺陷纠正情况进行检查，并在航行日志中进行记录。

(14) 船舶在纠正导致海事管理机构采取本规则第(8)条第③④⑤⑦项所列处理措施之一的缺陷后，应当向海事管理机构申请复查。对其他缺陷纠正后，船舶可以自愿申请复查。海事管理机构接到自愿复查申请，决定不予复查的，应当及时通知申请人。

(15) 对已经纠正的缺陷，经复查或者跟踪检查合格后，检查人员应当在船舶安全检查报告中签名并加盖船舶安全检查复查合格章，海事管理机构应当及时解除相应的处理措施。

(16) 从事国际航行的中国籍船舶所有人、经营人或者管理人应当按照中华人民共和国海事局的规定，定期将船舶在境外接受检查和处罚的情况向船籍港海事管理机构报告。

(17) 对连续2年不能返回国内港口接受船旗国监督检查的船舶，经中华人民共和国海事局授权，船籍港海事管理机构可以到船舶所在地港口对船舶实施船旗国监督检查。

(18) 中国籍船舶在境外发生水上交通事故或者污染事故的，或者在境外被滞留、禁止进港(入境)、驱逐出港(境)的，船舶所有人、经营人或者管理人应当在船舶到达国内第一个港口前，将船舶在境外接受检查和处罚的情况向船籍港海事管理机构报告。

(19) 对发生第一款规定情况的船舶，中华人民共和国海事局可以根据事故或者缺陷的性质以及客观条件，指定有关船舶检验机构对其实施境外临时检验。

(20) 船舶存在可能影响水上人命、财产安全或者可能造成水域环境污染的缺陷和隐患的，船员及其他知情人员应当向海事管理机构举报。

(21) 海事管理机构应当为举报人保守秘密。

(22) 海事管理机构应当建立健全船舶安全检查信息公开制度，并接受社会公众和有关方面的咨询和监督。

(23) 船舶安全检查不免除船舶、船员及相关方在船舶安全、防污染和保安等方面应当履行的法定责任和义务。

3.《船旗国监督检查记录簿》和《港口国监督检查报告》使用规定

(1) 中国籍船舶应当随船携带《船旗国监督检查记录簿》。

(2)《船旗国监督检查记录簿》由船舶或者其所有人、经营人、管理人向海事管理机构申请换发、补发。

(3)《船旗国监督检查记录簿》使用完毕或者污损不能继续使用的，应当申请换发，并交验前一本《船旗国监督检查记录簿》。因遗失或者失火等原因申请补发的，应当书面说明理由，附具有证明文件，并提供最近一次对其实施船旗国监督检查的海事管理机构名称。

(4)《船旗国监督检查记录簿》应当连续使用、保持完整，不得缺页、擅自涂改或者故意毁损。

(5)《港口国监督检查记录簿》以及使用完毕的《船旗国监督检查记录簿》应当妥善保管，至少在船上保留 2 年。

(6) 除海事管理机构外，任何单位、人员不得扣留、收缴《船旗国监督检查记录簿》或者《港口国监督检查报告》，也不得在《船旗国监督检查记录簿》或者《港口国监督检查报告》上签注。

(7) 船舶不得涂改、故意损害、伪造、编造《船旗国监督检查记录簿》或者《港口国监督检查报告》，不得以租借、骗取等手段冒用《船旗国监督检查记录簿》或者《港口国监督检查报告》。

4. 法律责任

(1) 违反本规则，有下列行为之一的，由海事管理机构对违法船舶或者其所有人、经营者、管理人处 1 000 元以上 1 万元以下的罚款；情节严重的，处 1 万元以上 3 万元以下的罚款。对违法人员处 100 元以上 1 000 元以下的罚款；情节严重的，处 1 000 元以上 3 000 元以下的罚款：①拒绝或者阻扰检查人员实施船舶检查的；②弄假作虚欺骗检查人员的；③未按照《船旗国监督检查记录簿》或者《港口国监督检查报告》的处理意见纠正缺陷或采取措施的；④船舶在纠正按照第十九条规定应当申请复查的缺陷后未申请复查的；⑤未按照第二十条第一款、第二十一条第一款规定将船舶在境外接受检查和处罚的情况向船籍港海事管理机构报告的；⑥涂改、故意毁损、伪造、变造《船旗国监督检查记录簿》或者《港口国监督检查报告》的；⑦以租借、骗取等手段冒用《船旗国监督检查记录簿》或者《港口国监督检查报告》。

(2) 中国籍船舶未按照规定携带《船旗国监督检查记录簿》的，海事管理机构应当责令改正，并对违法船舶处 1 000 元罚款。

(3) 检查人员徇私舞弊、玩忽职守或者滥用职权的，海事管理机构应当按照有关规定作出处理。

(4) 海事管理机构在实施船旗国监督检查中发现船舶存在的缺陷与船舶检验机构、发证机构和认可组织有关的，应当根据相关规定对船舶检验机构、发证机构、认可组织或者其工作人员开展调查和处理。

5. 附则

(1) 本规则所称缺陷，是指船舶技术状况、船舶配备及适任状况等不符合我国法律、行政规则、规章、船舶法定检验技术规范和我国缔结、加入的国际公约要求的情况。

(2) 船舶申请复查的，应当交纳复查费用并负担相应的交通费用。

(3)《船旗国监督检查记录簿》和《港口国监督检查报告》由中国人民共和国海事局统一印制。

课后练习

1. 针对PSC检查官来船，如何提前做好工作以改善船貌，给其留下良好的第一印象？
2. 充分认识提高语言交流能力的重要性。
3. 从公共关系的角度出发，讨论PSC检查官来船应如何接待，积极配合？

项目五 船舶安全操作与应急处理

项目描述

随着船舶制造业的不断发展，现代船舶越来越专业化、大型化、自动化，船舶的安全性能也越来越高，但是在现代船舶的运输过程中，仍有不少海难及安全事故的发生，其主要原因是部分船员的安全意识淡薄以及应急处理能力较弱，在船舶作业过程中存在大量违规操作，危及人身及船舶安全。为此，本项目通过对轮机安全作业管理、船舶险情管理、机舱应急设备操作与管理等任务的学习和训练，使学生能够在船舶发生各种紧急情况时采取正确的应急应变措施，能够安全完成船舶各种作业，掌握机舱应急设备和舱内通信系统的使用操作以及维护管理。

任务1　船舶安全作业管理

任务描述

大多数人员伤亡、船货损失、海洋环境污染事故，是缺乏或不遵守安全管理和操作规程、违背船员通常做法所致，即不遵守安全作业方法所致。对涉及人员、环境和船舶安全的关键性的船上操作，均有相应的作业规程和注意事项。本任务通过对船舶上高作业，吊运作业，检修作业，车床、钻床作业，清洗和油漆作业，焊接作业，压力容器使用，封闭场所作业的要求及分析，使学生了解这些作业的安全操作注意事项，能安全完成船舶各种作业。

本任务适用于操作级和管理级船员。

学习目标

- 能了解轮机部各项作业的要求。
- 能掌握轮机部各项作业的安全操作注意事项。
- 能安全完成轮机部各种作业。

相关知识

一、检修作业

(1) 检修主机时，必须在主机操纵处悬挂"禁止动车"的警告牌，并应合上转车机以防水流带动推进器。检修中如需转车，须征得驾驶员同意，应特别注意检查各有关部位是否有人或影响转车的物品和构件，并应发出信号或通知周围人员注意，以防伤人或损坏部件。

(2) 检修副机和各种辅机及其附属设备时，应在各相应的操纵处或电源控制部位悬挂"禁止使用"或"禁止合闸"的警告牌。

(3) 检修发电机、电动机时，应在配电板或分电箱的相应部位悬挂"禁止合闸"的警告牌。如有可能还应取出控制箱的保险丝。

(4) 检修管路及阀门时，应事先按需要将有关阀门置于"正确"状态，在这些阀门处悬挂"禁动"的警告牌，必要时用锁链或铁丝将阀扎住。

(5) 在锅炉、油水舱内部工作时，应遵守封闭场所作业时的安全措施，打开两个及以上道门给予足够通风。作业期间应经常保持空气流通并悬挂"有人工作"的警告牌；派专人守望配合，注意在内部的工作人员的情况。

(6) 在锅炉汽包等汽水空间内工作时，应参照上述(4)和(5)两项执行。如在连通的其他部位仍有压力，还应事先检查并确认阀门无泄漏，并派专人看守阀门。

(7) 检修空气瓶、压力柜及有压力的管道时应先泄放压力，禁止在有压力时作业。

(8) 在锅炉、机器、舱柜等内部工作时，应使用可携式低压照明灯，但在油柜内应使用防爆式的，使用前必须认真检查并确保良好状态。

(9) 拆装带热部件时，要穿长袖工作衣裤并戴帽及手套。

(10) 拆装冷冻液管时，一般应先抽空，拆装时必须戴手套、防护眼镜或面罩，以防冻伤和中毒。

(11) 检修气门室、气缸、透平内部、减速齿轮以及其他较为隐蔽或不易接近的部位时，作业人员衣袋中不得携带任何零星杂物(如钥匙、小刀、硬币)，以免落入机内造成事故。检查减速齿轮时，必须在主管检修的轮机员的亲自监督指导下方可打开探视门，收工前必须盖好；严禁在无人看守时敞开探视门。

(12) 柴油机在运转中如发现喷油器故障并需立即更换时，应先停车，打开示功阀，泄放气缸内压力。禁止在运转中或气缸尚有残存压力时拆卸喷油器。

(13) 试验柴油机喷油器时，禁止用手探摸喷油器的油嘴或油雾。

(14) 裸露的高压带电部位必须悬挂危险警告牌或用油漆书写危险标记。除非绝对必要，严禁带电作业；确需带电作业时，必须使用绝缘良好的工具。禁止单人作业，只有一名电机人员的船上，轮机长应指派一名合适的人员进行协助。作业中应防止工具、螺栓、螺帽等物掉入电器或控制箱内。看守人员应密切注意工作人员的操作情况，随时准备采取切断电源等安全措施。作业完毕后，应再认真检查。

(15) 一切电气设备，除主管人员外，任何人不得自行拆修。

(16) 禁止使用超过额定电流的保险丝。

(17) 一切警告牌均由检修负责人挂卸，其他任何人不得乱动。

(18) 因检修移走栏杆、花铁板或盖板后，应在其周围用绳子拦住，以防人员不慎踏空造成伤亡。

二、吊运作业

(1) 严禁超负荷使用起吊工具。在吊运部件或较重的物件前，应认真检查起吊工具、吊索、吊钩以及受吊处，确认牢固方可吊运(见图 5-1-1)。禁止使用断股钢丝、霉烂绳索和残损的起吊工具。吊起的部件应在稳妥可靠的地方放下，并衬垫绑系稳固。

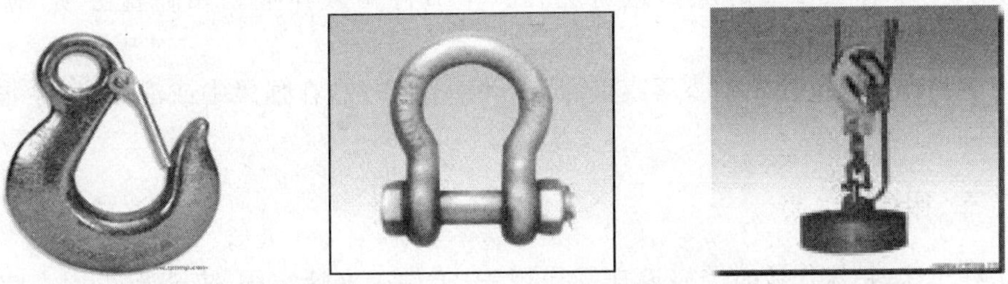

(a)　(b)　(c)

图 5-1-1　起吊工具

(2) 起吊时，应先用低速将吊索绷紧，然后摇晃绳索，注意观察是否牢固、均衡，起吊物是否已经松动，再慢慢起吊，见图 5-1-2。如发现起吊吃力，应立即停止，进行检查或采取相应措施，防止超负荷。

(3) 在吊运过程中禁止任何人员在下方通过；不得在吊起的部件下方工作；如确属必须，应采取各种有效的防范措施。

(4) 使用气动吊车时应派人看守压缩空气阀，以便一旦失控立即切断气源以免发生事故。

(5) 禁止用起重设备运送人员。

图 5-1-2　大件吊运

三、上高作业

(1) 按规定离基准面 2 m 以上为高空作业。对于作业用具如系索、滑车、脚手架、坐板、保险带、移动式扶梯等，在使用前必须严格检查，确认良好。脚手架上应铺防滑的帆布或麻袋。

(2) 上高作业人员应穿防滑软底鞋，系好保险带并系挂在牢固的地方。必要时应在作业处下方铺设安全网，见图 5-1-3。

(a)　(b)　(c)

图 5-1-3　上高作业及安全网

(3) 上高作业和多层作业时，上层作业所有的工具和所拆装的零部件应放在工具袋或桶内，或用软细绳索缚住，以防落下伤人或砸坏部件。

(4) 当上层有人作业时应尽量避免在其下方停留或作业。如确属必须，应佩戴安全帽。

(5) 上高作业人员易发生坠落或重物落下伤人等事故，在强风中或浪涌时，除非特殊需要，禁止上高作业。

四、车、钳作业

(1) 在车床、钻床作业时严格遵守操作规程，工件应夹持牢固，夹头扳手用完应立即从夹头上取下。操作者衣着要紧身，袖口要扣好，戴好防护眼镜，禁止戴手套操作。

(2) 在磨制工具和砂轮机作业（包括除锈、除炭）时，作业者应戴防护眼镜和口罩，并与砂轮旋转方向略偏一角度站立。车、钳作业设备如图 5-1-4 所示。

(3) 禁止使用手柄不牢的手锤。

(a)

(b)

(c)

图 5-1-4　车、钳作业设备

五、清洗和油漆作业

(1) 油管、过滤器和加热器等如有泄漏应尽快清除，并注意防止漏油流散。

(2) 机舱地板上的油污必须随时抹去。在用水冲洗机舱底部时，要防止水柱和水珠冲到电机设备上而引起损坏，并防止人员滑倒跌伤。

(3) 使用易燃或有刺激性的液体清洗部件时，一般应在艉部甲板等下风处进行，不宜在机舱进行，同时要注意防止发生污染海面的事故。

(4) 在处理酸、碱或其他化学品，或进入有毒气处所时，需相应地戴手套、防护眼镜、口罩、面罩等。

(5) 油漆贮藏间内部或其他封闭处所，不能同时多人作业，且作业时间不能太久，应轮流作业并相互照顾，防止油漆中毒。

(6) 处理化学品时，要按规定的步骤操作，避免引起剧烈的反应，损伤人体。如果身上溅到液体，要迅速地用水清洗或作相应的处理。

六、焊接作业

1. 焊接守则

(1) 航行途中施焊时，轮机长须报告船长，征得同意后方可进行并报上级机关备案。除施焊间外，必须经轮机长或大管轮同意方可在机炉舱内实施焊接作业。在机炉舱外的其他部位施焊必须征得船长同意。船靠码头或在装卸作业期间如需进行焊接，必须遵守港方有关规定或征得港方同意方可进行。

(2) 在任何部位施焊均须先清理现场，现场不得有任何易燃物品，并注意周围环境有无易燃的物品和气体，必要时应予以挪移和通风。根据不同环境备妥适当的灭火器材。

(3) 施焊时必须有二人作业，一人操作，一人监守。作业人员应穿长袖衣裤、戴手套、眼镜，必要时还应戴防护面具。电焊时必须使用面罩，不得用墨镜代替。

(4) 严禁对存有压力的容器、未经清洁和通风的油柜、油管进行施焊。对油舱柜的施焊还须测爆合格后方可进行。

(5) 在狭窄舱、柜内或其他空气不够流通的部位施焊要特别注意通风，施焊持续时间不应太久。照明灯具应使用低压型的并注意电线不能距离施焊处过近。

(6) 焊件的焊处应清洁、干燥，防止焊后产生裂缝。焊接大件时，应先预热以消除内应力，必要时可加夹具。

(7) 对有色金属或合金施焊时应注意通风，作业人员应在上风位置或戴防护面具，以防中毒。

(8) 敲打焊渣时必须戴眼镜并注意角度，以防碎屑飞溅伤眼。

(9) 焊件未冷，作业人员不应离开现场，如属必要，应采取防范措施，防止误触烫伤。

(10) 施焊完毕，应将工具整理好并复归原处，现场打扫清洁，仔细检查周围有无火种隐患，确认无误后方可离开。

(11) 如由船厂工人施焊，则应由主管部门同意，派专人备妥消防器材，并监督施焊以防止发生火灾；如认为施焊不安全，则有权停止其作业，施焊完毕后应仔细检查，特别应注意施焊物的背面有无隐患，待施焊物完全冷却后方可离去。

2. 电焊注意事项

(1) 严格遵守电焊机的使用操作规程，开机时应逐步启动开关，不可过快，注意防止焊夹和焊条碰地。

(2) 经常检查焊机温度及运转是否正常，禁止在施焊时调整电流，如图 5-1-5 所示。

(a)

(b)

图 5-1-5 电焊作业

(3) 禁止在运转中的机电设备、起重用的钢丝绳、乙炔氧气管或钢瓶上通过电焊线。

(4) 电焊完毕或较长时间停焊应切断焊机电源。

3. 气焊注意事项

(1) 连接各部分焊具前，应先吹净阀口，检查并确认各阀门无漏气。任何时候，气瓶阀口和焊枪喷嘴均不应对人。

(2) 连接胶管时(尤其应注意焊枪一端)要注意颜色标志，接氧气的应是蓝或黑色，接乙炔的应是黄或红色，不能接反。

(3) 胶管要牢固，接口要紧密，不宜用铁丝捆扎胶管接口，以防扎破或断裂。烧焊时胶管不应拉得过紧，并尽量远离火焰和焊件。

(4) 一般情况下，气瓶总阀的开度不应超过 1/2，以便应急关闭。

(5) 气焊结束后，应先关闭焊枪上的控制阀，然后关闭气瓶总阀。

(6) 点火、熄火、回火时应遵循以下程序操作。① 点火：打开钢瓶上的阀门，转动减压器的调节螺钉，将氧气和乙炔调到工作压力(氧气为 0.3～0.5 MPa，乙炔为 0.01～

0.05 MPa)。然后打开焊枪上的乙炔阀门,稍开氧气阀,在喷嘴的侧面点火。点着后慢慢开大氧气阀,将火焰调到中性焰(或碳化焰、氧化焰)。中性焰的焰芯较圆且呈蓝白色,轮廓清楚,外焰中长呈淡桔红色,这种火焰常被用来焊接低碳钢材料。碳化焰的焰芯较长且尖,呈绿白色,轮廓不清楚,外焰很长呈桔红色。常被用来焊接铸铁、高碳钢和硬质合金。氧化焰的焰芯短小且呈蓝白色,外焰看不清,同时发出急剧的"嗤嗤——"声响,常被用来焊接黄铜材料。② 熄火:先将氧气阀关小,再将乙炔阀关闭,火即熄灭。然后关闭氧气阀(如使用割炬时,则先关切割氧气阀,再关乙炔和预热氧气阀)。③ 回火:施焊中有时会出现爆响,随之火焰熄灭,同时焊枪有吱吱响声,这种现象称回火。如遇回火,应速将胶管曲折握紧,先关闭焊枪上的氧气阀,再关闭乙炔阀,回火即可免除。处理回火时动作要迅速、准确,防止气瓶爆炸酿成重大事故。

4. 压力钢瓶使用的注意事项

(1) 氧气、乙炔和氟化物钢瓶是高压容器,而乙炔是易燃易爆的危险性气体,故在装卸或搬运时不准跌落或抛扔,避免碰撞。插好瓶口钢帽,取下钢帽时不准敲击。压力钢瓶见图5-1-6。

(a)　　(b)

图 5-1-6　压力钢瓶

(2) 压力钢瓶不准卧放使用,应直立安放在妥善处并用卡箍或绳子紧固。两瓶的间距及瓶与烧焊处的距离均应大于 3 m。

(3) 钢瓶不准在电焊间存放,应放在阴凉处,禁止曝晒或靠近锅炉、火焰等热源。

(4) 钢瓶内气体绝不能全部用光,剩余压力应保持不小于 100 kPa。

(5) 待灌的空瓶应做好明显标记并按原来气体充灌,不准互换使用或改灌其他气体。

(6) 钢瓶在开阀前应仔细检查,特别要注意阀门是否是反螺牙。

(7) 钢瓶如因严寒冻结,不能用明火烘烤,但可用蒸汽或热水适当加温。一般瓶体温度不得超过 30～40 ℃。

(8) 当发现下列情况时,应立即停止使用:①容器超温、超压、过冷、严重泄漏,经处理无效时;②主要受压元件发生裂缝、变形、泄漏,危及安全时;③安全阀失效、接管端断裂,难以保证安全时;④发生火灾、燃炸或相邻管道发生事故危及容器安全时,应迅速搬挪他处或泄压。

七、船上封闭处所作业

任何封闭处所内的气体都有可能缺氧(或有易燃、有毒气体或蒸气)。这种不安全气体可能出现在以前是安全的处所，也可能在已知是危险处所的处所中存在，所以在进入船上封闭处所时应该按步骤严格遵守以下安全技术要求。

1. 危险评估

为确保安全，合格人员应在考虑到船舶先前载运的货物、处所的通风、处所的涂层和其他有关因素的情况下，首先对将进入的处所的潜在危险作出初步评估。合格人员的初步评估应确定是否存在缺氧、易燃或有毒空气的可能性。

如果初步评估指出了对健康或生命具有最低危险或在处所工作期间有出现危险的可能性，应视情况采取相应的预防措施。如果初步评估确定对健康或生命具有危险，但仍要进入该处所，还应采取额外防护措施。

2. 进入许可

未经船长或指定负责人许可或未采取为具体船舶规定的适当安全措施，不得打开或进入封闭处所。进入封闭处所应有计划，并建议采用进入许可制度，其中可能包括使用核对清单。进入封闭处所许可证应由船长或指定负责人发放，并在进入之前由进入封闭处所的人员填写。

3. 空气测试

应由经专门训练使用该仪器的人员使用标有准确刻度的仪器对处所的空气进行适当的测试。制造厂家的使用说明应得到严格遵守。空气测试应在人员进入处所之前进行，并在人员进入后按固定的时间间隔继续直至所有工作完成。应在不同层面上对处所进行测试，从而得到处所中空气的有代表性的抽样。

1）空气质量要求

（1）舱内空气中的氧气浓度始终不得低于18%，一般氧气含量表显示氧气占21%的体积。

（2）舱内空气中的二氧化碳浓度始终不得高于1%。

（3）如初步评估已确定有易燃气体（或蒸气）的可能性，敏感度恰当的易燃气体指示表的读数不超过可燃下限的1%。

如果不能满足上述这些条件，应对处所进行补充通风并且适当的时间间隔后再对处所进行空气测试。为得到准确的读数，任何气体测试须在停止对封闭处所通风后进行。

2）通风换气

（1）船舶应对装有易造成缺氧危险货物的货舱及其相关处（如人孔等）进行有效的通风换气，为进舱作业人员提供安全作业环境。

（2）因故暂停作业封舱的货舱在重新作业前，必须重新进行有效的通风换气。

（3）对有多层货舱的船舶，在进入不同货舱作业时，必须分别进行通风换气。对于深层货舱尤其要充分地通风换气。

（4）进入自然通风换气效果不好的舱室或封闭时间较长的舱室（如空舱、水舱、锚链舱、边舱、双层底、油舱和浮筒舱等），必须采用机械通风。

（5）清舱作业前，应通风换气。

（6）严禁使用纯氧通风换气。对可能存在可燃、可爆气体的舱室使用机械通风时，应采用防爆机械通风。

（7）采用二氧化碳气体灭火的货舱，应进行有效的通风换气。

3）空气检测

（1）检测方法类型：现场检测可采用便携式氧气检测仪和二氧化碳检测仪（见图5-1-7）进行检测。实验室检测应采用气相色谱分析法进行检测。

（2）对于装有原木、粮食等易造成缺氧窒息事故的货舱，当工人进舱前和工人在舱内作业期间，应检测舱内空气质量。

（3）船舶通风换气后，应检测舱内空气中氧气、二氧化碳的浓度。尤其是要检测舱底部、角落的氧气和二氧化碳的浓度，检测结果未达到标准，严禁人员进舱作业。

(a) 氧气检测仪

(b) 二氧化碳检测仪

图5-1-7　便携式氧气检测仪和二氧化碳检测仪

（4）检测人员应尽量采用不下舱的检测方法，当必须进舱或进入孔内检测或采样时，检测人员必须佩戴自给式空气呼吸器进舱，严禁佩戴过滤式防毒面具。

（5）检测点的选择应根据船舶结构、货物装载状况等实际情况合理布点。

只有按照以上安全技术要求，即经过严格的危险评估、建立了进入许可制度以及空气测试合格以后，有关作业人员才能进入封闭处所作业，但是还应采取以下安全防护措施。

4. 一般安全防护措施

（1）港航单位应配备准确可靠的检测仪器，要明确专管部门和专管人员。仪器要定期检查和维护，保证检测数据准确可靠。

（2）作业单位应配备自给式空气呼吸器（见图5-1-8），要明确专管部门和专管人员。每次使用前应仔细检查，发现异常立即更换，不得使用。

（3）进入舱室的检测人员，应配备必要的自给式空气呼吸器和安全带、索等安全防护用品。每次使用前应认真检查，发现异常立即更换，不得使用。

图5-1-8　自给式空气呼吸器

5. 进入封闭处所期间的安全防护措施

（1）进入舱室作业或检测时，必须安排监护人员。作业人员与监护人员应事先规定明确的联络信号，监护人员始终不得离开工作点，随时按规定的联络信号与作业人员取得联系。

（2）对作业过程中易发生氧气、二氧化碳浓度变化的舱室和作业过程长的舱室应随时监视空气中氧气、二氧化碳的浓度变化情况，应保持必要的检测次数或连续检测，并根据检测结果采取相应的通风换气措施。

（3）货舱内作业应严格遵守卸货程序规定。对必须定位分层拆卸作业的，要采取阶梯式拆卸方法，并检测每层每处作业点的氧气浓度。

（4）作业中不得以任何理由离开工作场所和擅自进入货舱深处。作业工具落入舱内不准私自下舱拾取，必须重新领取使用。

（5）当处所内有人和在暂时休息期间，应继续保持通风。在休息结束再次进入之前，应对处所内再次进行测试。万一通风系统失灵，处所内所有人员应立即离开。

（6）万一出现紧急情况，在救助人员尚未到达和尚未对情况作出评估确保进入处所进行救助作业的人员的安全之前，照应的船员无论如何都不得进入处所内。

（7）作业人员进入舱室前和离开舱室时，应清点人数。

6. 发生事故的应急防护措施

（1）当发现舱内有异常情况或有缺氧危险可能性（如发生不明原因的突然晕倒、坠落等），或发生缺氧窒息事故时，必须立即停止作业，应组织作业人员迅速撤离现场，在安全处清点人数并迅速向有关机关报告。

（2）当发生缺氧窒息事故时，港、船双方应积极营救遇险人员，对已患缺氧症的作业人员应立即在空气新鲜处进行现场抢救（人工心肺复苏），并尽快与医疗单位联系，以便进一步抢救和治疗。

（3）进舱抢救人员必须佩戴自给式空气呼吸器等救生用具，不允许佩戴过滤式防毒面具下舱救人。

（4）舱内发生缺氧窒息事故时应封锁通道，在危险解除前，非抢救人员以及未配备安全救护器材的救护人员不得进入事故现场。

7. 已知或怀疑处所内空气危险时进入处所的额外防护措施

（1）如果怀疑或知道封闭处所内的空气危险，只有在别无其他可行的选择时才能进入处所。只有在进行进一步测试、绝对必要的操作、出于船上人员安全或船舶本身安全时，才应进入处所。进入处所人员的数量应为完成工作要求的最低数。

（2）应携带合适的呼吸器，如空气管或自给式呼吸器，而且只有在使用呼吸器方面经过训练的人员才准许进入封闭处所。由于空气过滤呼吸器不能提供封闭处所以外的清洁空气，因此不应使用这种呼吸器。

（3）应系配救助安全带，且除非不可行，否则还应使用救生索。

（4）应穿着适当的防护服，特别是在存在有毒物质或化学品可能接触进入人员皮肤或眼睛的危险的情况下。

进入封闭处所，除了以上的安全技术要求和防护措施要严格遵守外，还要对作业人员和作业负责人进行必要的安全教育和预防缺氧窒息事故的技术培训。

8. 作业人员的教育

1）一般作业人员的教育内容

（1）缺氧症的主要症状，预防舱内缺氧窒息事故的措施和安全作业注意事项。

（2）自给式空气呼吸器及其他安全防护用品的正确佩戴、使用知识。

（3）事故现场的应急措施及现场抢救（人工心肺复苏）知识。

2）作业负责人的培训内容

（1）与缺氧作业有关的法规。

（2）缺氧窒息事故发生的原因，缺氧症的主要症状，预防舱内缺氧窒息事故的方法和措施。

（3）事故现场应急抢救措施及人工心肺复苏技术。

（4）自给式空气呼吸器和其他安全防护用品的使用、检查和维修、保养技术。

（5）仪器的使用方法及氧气、二氧化碳的检测方法。

任务实施

封闭场所作业

【任务要求】

1. 熟知有关封闭场所作业安全注意事项；
2. 熟悉空气检测仪器的使用和空气检测方法；
3. 熟悉急救、抢救措施，熟悉防护用品(具)、通信设备等使用方法。

【任务准备】

1. 空气检测设备，如测氧仪、测爆仪等；
2. 封闭房间1间；
3. 每个学生必须着装工作服、安全帽、工作鞋及安全带、索等安全防护用品；
4. 救生绳、救生头盔、自给式呼吸器等；
5. 8个学生一组，3名作业人员，3名监守人员，2名空气检测人员。

【任务操作】

(1) 通风换气：在进入封闭场所作业前必须对封闭场所及相关的处所进行有效地通风换气，为作业人员提供安全作业环境。

(2) 检测：停止通风，检测人员佩戴自给式呼吸器对封闭空间的气体进行全面检测。检测时，从空间不同浓度有代表性的剖面取得样品，以在隐蔽处取得为好。无论是入舱检查、冷工作业或热工作业必须达到含氧量21%体积比，烃气浓度不超过LFL(爆炸下限)的1%，并且不存在毒性污染和其他污染。

(3) 审批：由船长或作业负责人对照《封闭场所进入许可证》第一部分项目检查确认，做好记录。由被指定的作业组长对照《封闭场所进入许可证》第二部分项目检查确认，做好记录。上述项目确认后由船长或作业负责人在《封闭场所进入许可证》上签署。需要在封闭场所内动火作业时，还必须同时遵守《船舶防火、防爆须知》的规定。

JL/BGC 0203-1　进入封闭场所前安全检查表

船舶________　场所________　船长________　日期________

序号	检查内容	检查情况	备注
1	测氧仪		
2	呼吸器		
3	防爆工具		
4	防爆电筒		
5	防静电服、防静电鞋		
6	舱口值班安排		
7	救生绳		
8	舱口“防止跌落”标记		
9	足够的通风准备		
10	安全联系绳(联络安排)		

注：1. 检查情况合格打“√”；
2. 检查情况不合格打“×”；
3. 全部检查合格后，船长才能允许船员进入封闭场所。

(4) 进入封闭场所前的准备:作业人员穿戴安全帽、工作服和工作鞋,配备安全带、索等安全防护用品。对一切防护用品(具)及检测仪器、通信设备应进行鉴定、校准,以保证应急时能正常使用。一切电气设备符合安全要求,照明必须使用电压 36 V 或 12 V 的安全防爆灯。作业人员与监护人员应事先规定明确的联络方法,并以此联系。备妥救生绳、救生头盔、呼吸器等,放在易于进入的地方。

(5) 清点人数,慢慢进入封闭场所进行作业。进行任何重要工作,均应保证不会发生点火危险。

(6) 作业结束后,再次清点人员。如果发生事故,必须积极营救遇险人员,抢救人员必须佩戴自给式空气呼吸器,对已患缺氧窒息症的人员应立即进行现场抢救,施以人工心肺复苏术等措施并尽快与医疗单位联系。同时应封锁事故现场的通道,在危险解除前,禁止非抢救人员进入事故现场。

任务评价

任务内容涵盖交通运输部海事局海船船员 2011《船舶管理》考试大纲中“轮机部安全操作注意事项,包括上高作业,吊运作业,检修作业,车床,钻床作业,清洗和油漆作业,焊接作业,压力容器使用,机舱消防安全,封闭场所作业、燃油加装作业等”相关知识点,并满足评估大纲中相关技能要求。

任务拓展

一、船舶机舱消防安全

1. 船舶发生火灾爆炸事故原因

1) 机械设备管理操作不当引起的火灾爆炸事故

(1) 柴油机曲轴箱爆炸。

(2) 柴油机扫气箱着火爆炸。

(3) 锅炉炉膛爆炸。

(4) 空压机曲轴箱爆炸。

(5) 烟囱冒火引起火灾。

(6) 燃油管破裂、油柜冒油使燃油喷到柴油机排气管和锅炉上引起火灾。

2) 电气设备管理操作不当引起的火灾爆炸事故

(1) 导线超负荷或老化引起火灾。

(2) 绝缘不良引起火灾。

(3) 电气设备故障,因电流的热作用而产生火花。

3) 对易燃物质管理不严引起的火灾

(1) 地板、舱底、机器周围漏油过多。

(2) 浸过油的破布、棉纱、木屑等因空气不流通而导致温度过高引起火灾。

4) 明火及明火作业引起的火灾

(1) 吸烟、火柴、打火机。

(2) 焊接。

(3) 锅炉与厨房炉灶。

5) 油舱柜的爆炸与火灾

(1) 透气管处遇明火引起火灾与爆炸。

(2) 油舱柜清洗产生静电引起火灾与爆炸。

(3) 油舱柜附近有明火和明火作业引起爆炸。

6) 易燃易爆货物引起的事故

(1) 油船。

(2) 货船装运易燃易爆货物或物资。

2. 船员日常防火防爆守则

(1) 吸烟时，烟头必须熄灭后投入烟缸，不能乱丢或向舷外乱扔，也不准扔在垃圾箱内。禁止在机舱、货舱、物料间、储藏室内吸烟，在卧室内禁止躺着吸烟。装卸货或加装燃油时禁止在甲板上吸烟。

(2) 规定必须集中保管的易燃易爆物品不准私自存放，禁止任意烧纸或燃放烟花爆竹，严禁玩弄救生信号弹。

(3) 离开房间时应随手关闭电灯和电扇，靠近窗口的台灯应关熄。风雨或风浪天气应将舷窗关闭严密，航行中不得锁门睡觉。

(4) 禁止私自使用移动式明火电炉。使用电炉、电熨斗、电烙铁等电热器具或工具时必须有人看管，离开时必须拔掉插头或切断电源。

(5) 不准擅自接拆电气线路或拉线装灯(插座)；不准用纸或布遮盖电灯；不准乱拉收音机或电视天线；不准在电热、蒸汽器具上烘烤衣服、鞋袜等。

(6) 废弃的棉纱头、破布应放在指定的金属容器内，不得乱丢乱放。潮湿或油污的棉、毛织品应及时处理，不能堆放在闷热的地方，以防自燃。

(7) 大舱货灯必须妥善保管。使用时要检查灯泡及护罩，如有损坏，应及时换新。货灯电缆要通畅，防止被他物压坏，用后应放在指定处所，妥善保管。

(8) 进行明火作业前，经船长同意后需查清周围及上下临近各舱有无易燃物，特别要查清焊接处是否通向油舱。气焊作业时要严防“回火”，避免事故，并须派人备妥消防器材且在旁监护。港方如有规定，还应向海事部门申请，经批准后方可施工。作业完毕后，要仔细检查有无残留火种。

(9) 对于油船除应遵守《交通运输部油舱安全生产管理规则》外，其货船油泵间必须保持清洁，不得堆放杂物，污油应经常清除。货油泵要定期检查，并应按照规定进行注油。装卸期间，油员或轮机员不得擅离职守；禁止闪光照相和在甲板阳光下戴用老花眼镜。

(10) 严格遵守与防火防爆有关的安全操作规程和有关规定。当发现任何不安全因素时，每个船员均有责任及时报告领导；对违章行为，人人有责及时制止。

3. 防火防爆的安全措施

(1) 定期检验机械的安全设备，如锅炉、空气瓶、柴油机气缸盖上的安全阀由船检定期检验铅封。

(2) 保持电路的绝缘良好。

(3) 对油舱柜加强管理。①空油柜经清洗、除气、测爆后，才准予明火作业。用测爆仪检测油气浓度。使用时要先检查仪器的准确度，并按说明书要求正确取样，操作、修正。测爆仪不能测量空气中的含氧量，为了保证测试的准确性，一般用 2 只仪表同时进行。国际及我国都规定：船舶油舱柜的油气浓度在爆炸下限的 1%或以下时，才能进行热工作业；在爆炸下限的 5%或以下时，才能进入某些区域。②清洗空油柜时，严禁污水再循环。③空油柜附近，严禁拖动电焊用的电缆。④空油柜中应存满惰性气体，以防雷电。

(4) 机炉舱内应保持清洁，严禁吸烟。

(5) 自动探火报警系统应保持正常工作。

(6) 消防系统和各种消防器材应能随时投入工作并在规定的位置上。

(7) 加强船员防火防爆的安全教育和消防训练，做好应变部署。

二、机动用车时的安全措施

船舶在靠离码头、进出港口、航行于狭窄水道和运河时需要机动航行。机动航行的特点是操纵频繁，运行状态多变。为了保证安全运行，一般应采取下列安全措施。

(1) 机动航行前对主机进行试车，检查主机的起动和换向性能以确保机动用车。机动用车时，值班轮机员应坚守主机操纵台，轮机长应亲临机舱。

(2) 增开一部发电机，并电运行，保证用电需要。此外，在机动用车时，因空气压缩机、应急鼓风机、舵机、绞缆机、锚机的频繁使用或开关舱盖等使电站负荷增加且变化频繁，应尽量避免配电板操作。

(3) 主机换用轻油可提高柴油机的机动性能并便于柴油机的检修(如需要)。

(4) 加强对空气压缩机、空气瓶的管理，保证起动用气和气笛用气。

(5) 加强对废气锅炉的管理，调整蒸汽压力或旁通烟道，使锅炉在废气或燃油燃烧下保持一定蒸汽压力。

(6) 注意主机应急鼓风机的工作情况，保证柴油机的低负荷运转。

(7) 注意柴油机冷却水、滑油的温度与压力的调整，使其在频繁的变负荷下保持稳定。

(8) 海底门可换用高位，防止浅水航道的泥沙吸入(如需要)。

三、自动化机舱管理要点

自动化机舱除常规管理外，还应特别强调下列维护要点：

(1) 要保证除湿设备和过滤设备正常工作。

(2) 定期清洗空气滤器。

(3) 如有液控系统，则应定期对滑油进行过滤净化，保持油液的清洁。

(4) 对有关的电气设备，如继电器、电子电路等的功能要定期检查。

(5) 定期进行自动—手动转换操作。

课后练习

1. 在拆装作业过程中，应重点注意哪些安全事项？
2. 吊运作业、上高和多层作业以及车、钳工作业时应注意哪些安全事项？
3. 试述焊接守则的要点和电、气焊作业时的注意事项。
4. 试述封闭场所作业的危险性和应采取的安全措施。

任务 2　船舶险情管理

任务描述

船舶在航行过程中可能会遇到各种各样危机情况，面对这些险情，正确的决策、果断而有效的措施以及良好的应急处理能力是保证人员和船舶安全的前提。本任务通过对船舶搁浅、船舶碰撞、机舱进水、全船失电、船舶主机故障、舵机失灵等险情的分析及处理，使学生了解船舶各种险情的处理注意事项及防范措施，使学生能在船舶发生各种紧急情况时，采取正确的应急应变措施。

本任务适用于操作级和管理级船员。

学习目标

- 掌握船舶搁浅、碰撞的应急措施和防范措施。
- 掌握机舱进水、全船失电的应急措施和防范措施。
- 掌握船舶主机、舵机失灵的应急措施和防范措施。

相关知识

一、船舶搁浅

1. 定义

船舶搁浅，指的是船舶进入浅水区域航行时，船体底部落在水底、船舶部分重量由海床支撑的情况，见图 5-2-1。

图 5-2-1　船舶搁浅

根据搁浅的程度，对船舶及其相关设备可能造成的损坏包括：

(1) 海水系统吸进泥沙或堵塞。

(2) 船舶底部破损使相应的舱柜进水。

(3) 船体变形使运转设备的对中性改变。

2. 船舶搁浅后的应急安全措施

1) 应急处理

船舶发生搁浅、擦底或触礁时，轮机人员应立即进入机舱集合，迅速备车并按船长命令正确操纵主机。其安全措施如下：

(1) 转换主机的操纵方式为集控室操纵，命令值班轮机员迅速进行相应的操作，使机舱的相应设备处于备车状态。

(2) 船舶搁浅后，如主机尚能运转，应控制其转速防止超负荷，不能运转应立即停车。如果船长要冲滩或退滩，则机舱只能给机动转速或系泊试验转速。如果船长要求的车速可能导致动力装置损坏，则应将可能引起的后果告知船长，按船长经考虑后的决定执行，并详细记入轮机日志。

(3) 立即换用高位海底门，并准备好舱底水。

(4) 如海水压力波动或下降，应清洗海水滤器。

2) 搁浅后的检查

船舶搁浅后应作以下检查。

(1) 轴系的检查。搁浅后可能引起船体变形，所以必须检查轴系的情况。

判断轴系状态可用下列方法。

盘车检查。为了判断轴系是否正常，在船尾部允许盘车时，可用盘车机盘车检查轴系运转是否受阻，查看盘车机电流的变化情况是否正常。必要时应松脱某些中间轴承的地脚螺钉。

柴油机运转检查。如盘车检查正常，可在柴油机慢转的情况下进行下列检查：①检查中间轴承和艉轴的温度。②检查中间轴和艉轴是否跳动，声音是否正常。③检查中间轴承地脚螺栓紧固情况。④检查曲轴箱的温度和声响。⑤检查齿轮箱的声音是否正常（如适用）。⑥检查柴油机曲轴臂距差。条件允许应及早测量曲轴臂距差，通过曲轴臂距差来判断曲轴中心线的变化和船体的变形，决定脱浅后主机是否正常运行或减速运行。

(2) 双层底舱柜的检查。搁浅时双层底舱柜可能变形破裂，要注意反复检查和测量各舱柜的液位变化，注意海面有无油花漂浮等，并做好机舱排水准备工作。

连续检查主机滑油循环柜的液位。

测量干隔舱、油水舱等双层底舱柜，如有漏水可将测量管、透气管封死。

检查机舱舱底和轴系的污水变化情况。

(3) 舵系的检查。搁浅时舵系有可能被擦伤和碰坏，因此搁浅后必须对舵系进行检查。

检查舵柱有无位移现象。

进行操舵试验，检查转舵是否受阻。

检查舵机负荷是否增加，电机电流和舵机油压是否正常。

检查转舵时间（从任一舷的 35°至另一舷的 30°）是否符合要求。

转舵时，检查舵柱是否振动。

3. 记录

记录搁浅发生的时间和脱浅的时间；记录所采取的各项应急措施；记录所造成的直接损失和间接损失等，为海事处理提供正确和必要的法律依据。

二、船舶碰撞

1. 定义

船舶碰撞是指船舶与船舶或船舶与海上固定物或漂浮物之间发生受力接触，使船体破损进水，进而导致船身倾斜甚至沉船等后果，见图 5-2-2。

(a)

(b)

图 5-2-2　船舶碰撞

根据船舶碰撞的程度，对船体及其相关设备可能造成的损坏包括：

(1) 使船体破损进水，引起船身倾斜，甚至沉船。

(2) 如果碰撞发生在船体燃油舱部位，会造成燃油的泄漏，给海洋环境造成污染。

(3) 有时会伴有火情发生，危及船舶及人员生命的安全。

2. 船舶碰撞后的应急安全措施

(1) 发生碰撞后，轮机长应立即进入机舱。

(2) 迅速备车，使主机处于随时可操纵状态。如碰撞发生在机舱或机舱以后的部位，且有进水现象，应按机舱进水处理。如机舱破损面积较大，危及主、副机安全，应及时报告船长。

(3) 视情况切断碰撞部位的油、水、电、气、汽源，关闭有关油水柜的进出口阀，尽量减轻油水污染并为抢救工作创造一个安全的现场。

(4) 如有火情、进水现象发生，应按应变部署表进入岗位。

(5) 反复测量受损部位及其附近油、水舱的液位高度有无变化(水舱由甲板部负责)。如发现有进水现象应关闭该油、水舱的进出口阀以切断舱柜之间通道。对于油舱还应封闭该舱的透气管，尽量减少污染。

3. 做好事故记录和临时修理

(1) 对轮机部所辖范围进行检查，将损坏部位和损坏情况记入轮机日志。

(2) 详细检查记录机电设备以及附属设备因碰撞而造成的直接或间接损失、发生时间和抢救措施，尤其是损坏部位和损坏状况，为海事处理提供正确和必要的法律依据。

(3) 为了维持临时的生产和生活上的需求，在力所能及的条件下，进行临时性修理或采取临时性的可行措施，并按公司指示开往指定的地点或港口。

三、机舱进水

1. 机舱进水时的应急排水措施

(1) 一旦发现机舱进水，值班人员应立即发出警报并报告值班轮机员或轮机长，同时应迅速采取措施，不得擅离机舱。

（2）轮机长或值班轮机员接到报告后，应立即进入机舱现场检查并根据应变部署组织抢救。

（3）尽力保持船舶电站正常供电，必要时起动应急发电机。

（4）根据进水情况使用舱底水系统或应急排水系统，若机舱大量进水，则应做好应急吸入阀及其海水泵系的应急操作。

（5）根据进水部位、进水速率判断排水措施的有效性，进一步采取相应措施。

2. 机舱进水时的应急堵漏措施

（1）执行机舱进水时的应急排水措施，同时船长和轮机长立即组织人员摸清破损部位、进水流量，拟定有效的堵漏措施。

（2）风浪天应关好水密门窗及通风口。

（3）艉轴管及其密封装置破损，应酌情关闭轴隧水密门。

（4）如海底阀及阀箱、出海阀或应急吸入阀等破损，则应关闭相应的阀件，并选用有效的堵漏器材封堵。

（5）冷却器、海水滤器或管路等破损，应关闭相应的阀件，组织修复或堵漏。

3. 机舱进水事故报告

（1）值班人员立即将现场情况报告轮机长，轮机长立即报告船长。报告内容：①破损的部位、程度与原因；②已经采取的应急措施；③机舱水位与排水情况。

（2）轮机长将抢修、抢救情况报告船长。报告内容：①人员安排情况；②堵漏措施及堵漏效果；③机舱进、排水量；④所需要的支援与要求。

（3）船长向海事局（港口国主管机关）和公司报告的内容：①机舱进水的时间、船位与海况；②破损的部位、程度与原因；③应急排水和堵漏的效果；④所需要的支援与要求。

（4）事后应向海事局（港口国主管机关）和公司报告的内容：①进水的原因与性质；②采取的应急措施及效果；③进水对船舶营运的影响、损失估计。

四、全船失电

1. 定义

船舶电站突然中断对船舶主要设备及系统的电力供应，导致其无法正常运行的故障情况，称为全船失电。

根据船舶类型、主机及其系统的特点，全船失电可导致的故障包括：

（1）为主机服务的润滑、冷却等系统停止工作，导致主机停车。

（2）舵机失灵。

（3）助航设备失灵。

2. 全船失电的原因

发电机跳闸造成全船突然失电的原因十分复杂，一般有下列几种原因：

（1）电站本身故障，如空气开关故障、相复励变压器故障等。

（2）发生大电流、过负荷，如大功率泵的起动或发生了电气短路现象。

（3）大功率电动辅机故障或启动控制箱的延时发生变化。

（4）发电机及其原动机本身的故障，如调速器故障和滑油低压、冷却水低压、燃油供油中断等。

（5）操作失误。

3. 全船失电时的应急措施

如果属于超负荷跳电，跳电后发电机仍在空负荷下运转，则应切除“非重要负载”，如通风机、空调、冰机、厨房和部分照明设备等，然后再次合闸供电。若一次合闸再跳电，则应立即检查故障所在，不应再次合闸。

在全船失电情况下要注意确保舵机、助航设备、消防设备供电。

恢复供电后逐台起动有关电动泵以利于发现故障。

根据船舶航行状态不同应采取不同措施，以避免因失电而产生其他重大事故。

（1）船舶在海上航行突然失电时，应首先停止主机并立即报告驾驶台，通知轮机长下机舱，然后迅速起动备用发电机组，尽快恢复供电。如果情况特殊急需用车避让，只要主机有可能短期运转则应执行驾驶台命令。如备用发电机组也不能起动，则应起动应急发电机。现代化船舶的应急发电机是自动起动、自动供电，保证机舱关键设备和助航设备的供电。在恢复正常供电后，再起动为主机服务的各电动泵，然后再起动主机。

（2）船舶在狭窄水道或进出港航行中突然失电，立即通知驾驶台并停止主机运转，同时应迅速起动备用发电机组尽快恢复供电。在应急处理过程中必须有人坚守主机操纵台，随时与驾驶台联系。如情况危急船长必须用车避碰时，可按车令强制主机运行而暂不考虑主机后果。

（3）船舶在系泊或锚泊状态发生失电时，应先起动备用发电机组，切除非重要负载，如起货机、通风机等。待确认正常后恢复供电。

以上几种情况的船舶失电，均应在恢复正常供电后，仔细分析、检查故障原因，及时排除。

4. 防止失电的安全措施

（1）做好配电板、控制箱等的维护保养工作。

（2）做好各电机及其拖动设备的维护保养工作，及时修理与更换有关部件。

（3）做好发电机及其原动机的维护保养工作。

（4）在狭窄水道、进出港航行时，增开一台发电机并联运行以策安全。

（5）在装卸货物期间，如增加开工头数，值班驾驶员应提前通知机舱。

（6）在狭窄水道、进出港等机动航行时应做到尽量避免配电板操作，尽量避免同时使用几种大功率设备，如起货机等。

五、船舶舵机失灵

1. 定义

船舶在定速或机动航行过程中，舵机无舵效或虽然有舵效但不能达到设计舵效要求时的舵机故障称为舵机失灵。

根据舵机失灵的程度，对船舶操纵可能产生以下影响：

（1）船舶无法完成规定的转向动作。

（2）船舶的转向速度无法满足要求。

船舶在海上或港内航行时，舵机失灵将导致船舶失控，此时驾驶台与轮机部应密切配合采取正确有效的应急措施以避免造成其他重大事故。

2. 航行中舵机失灵的主要原因

(1) 船舶失电导致舵机无法正常工作。

(2) 舵机控制系统故障。

(3) 液压动力系统故障导致舵机无法正常工作。

(4) 轴承故障导致舵机无法正常转动。

(5) 船舶擦底或搁浅等导致舵机、舵叶损坏故障。

3. 航行中舵机失灵时的应急措施

1) 一般应急措施

(1) 航行中发现舵机失灵,驾驶台应先转换为辅助操舵系统,并通知船长和机舱值班人员。

(2) 机舱值班人员立即起动辅助或应急操舵装置,同时通知轮机长。

(3) 轮机长迅速到舵机房,组织机舱人员进行相应的操作和抢修。

(4) 船长到驾驶台,按照舵机的损坏情况指挥船舶的应急操纵。

2) 舵机因控制系统故障而失灵时的应急措施

舵机的控制系统故障,是指驾驶台不能有效地通过主、辅操舵装置操纵舵机的紧急状态,此时应采取以下应急措施。

(1) 在舵机应急操纵过程中,值班轮机员不能远离操纵台,按车令操纵主机,执行船长和轮机长的命令。

(2) 船长应安排一名驾驶员和水手到舵机房,负责接听驾驶台的舵令,配合轮机员操纵舵机。

(3) 轮机员应指导值班水手的操舵,尽快使其能独立操作应急操舵装置。

(4) 机舱人员应加强轮机值班,尽全力抢修驾驶室主、辅操舵装置,使其尽快恢复功能。

(5) 向公司汇报驾驶室主、辅操舵装置失灵的经过,并请求驶向最近海岸有能力修复主、辅操舵装置的有关港口进行修复。

(6) 轮机长作详细的事故报告:发生故障的时间、海况、地点、原因,抢修经过和采取的措施及可能需要的支援。

3) 舵机因电源故障而失灵时的应急措施

船长应上驾驶台亲自指挥,并召集甲板部人员采取应急措施。

(1) 若船舶在海上航行,则应:①值班驾驶员按《国际信号规则》和《国际海上避碰规则》规定显示号灯、号型。②加强瞭望,并用 VHF 发布通告。③可利用主机操纵船舶,安全离开航线,若水深合适,则应随时准备抛锚。④应换用任何备用转舵装置。

(2) 若船舶正在进出港或狭水道航行,则应:①立即备锚、尽快选择合适地点抛锚。②按《国际信号规则》和《国际海上避碰规则》规定显示号灯、号型。③加强瞭望并用 VHF 发布通告,提醒来往船舶注意安全。④必要时要求港方派拖船协助拖航。面对上述应急情况,如果轮机部自行抢修困难或无效,则轮机长应立即报告船长,说明舵机失灵的原因、已经进行的抢修措施、需提供的支援和准备进一步采取的措施。

六、船舶主机故障

1. 定义

船舶在定速或机动航行过程中，主机突然出现警报，导致其无法正常运行的情况称为主机故障。

根据主机故障的程度，对船舶操纵可能产生以下影响：

(1) 船舶失去动力无法继续航行。

(2) 船舶的航行速度无法满足要求。

2. 主机发生故障时的安全措施

主机突然发生故障时要采取正确的安全措施，以保证船舶、主机和人身安全。

(1) 当机械设备发生故障不能执行驾驶台命令时，应立即通知轮机长和值班驾驶员并报告船长，并将故障情况记载于轮机日志。如需减速或停车，则应主动询问驾驶台并征得值班驾驶员同意；但是在发生人身事故以及重要机件损坏等严重威胁主机安全的危急情况时，可先停车，并立即报告值班驾驶员和轮机长。

(2) 迅速备车，并严格执行船长命令。

(3) 柴油机运转中如遇下列情况应立即停车：①柴油机运转已危及人身安全或将导致严重机损时；②滑油、燃油管系破裂，大量油类外泄，造成严重污染并危及柴油机安全时；③曲轴箱、扫气箱爆炸时。

(4) 主机停车后应合上盘车机盘车，淡水冷却系统与滑油系统应继续运转进行冷却。

(5) 停车后 15 min，待曲轴箱温度降低后方可小心地打开曲轴箱道门，进行认真检查。

任务实施

船舶搁浅应急操作

【任务要求】

1. 船舶搁浅后所有人员反应迅速，处理得当。

2. 搁浅后能够按照要求对船舶进行检查，保证船舶安全航行。

3. 在实训过程中，全体人员分工合理、措施得当、团结协作。

【任务准备】

1. 船舶处于运河机动航行状态。

2. 2 台发电机并网运行。

3. 主机控制方式为驾驶台控制。

4. 学生 8 个人一组，分别扮演轮机长、大管轮、二管轮、三管轮、电机员、机工等角色进行演习。

【任务操作】

(1) 值班人员马上打电话通知轮机长和机舱相关人员，轮机长和机舱相关人员下机舱。

(2) 电机员检查电网情况，保证两台发电机并网正常运行。

(3) 三管轮带领机工检查机舱各个系统，使机舱处于备车状态，并将海底门换为高位海底门。

(4) 二管轮带领机工测量监视双层底各舱液位情况,发现异常及时汇报。

(5) 轮机长及时向驾驶台联系,汇报机舱情况,并将主机控制方式由“驾驶台控制”转换到“集控室控制”,按照驾驶台要求操纵主机。如果船长要求的车速可能导致动力装置损坏,则应将可能引起的后果告知船长,按船长经考虑后的决定执行,并详细记入轮机日志。

(6) 船舶脱险后,轮机长向驾驶台申请停车检查。驾驶台允许后,慢慢停止主机。

(7) 条件允许应尽早测量曲轴臂距差。通过曲轴臂距差来判断曲轴中心线的变化和船体的变形,决定脱浅后主机是否正常运行或减速运行。

(8) 二管轮要注意反复检查和测量各舱柜的液位变化,注意海面有无油花漂浮等,并做好机舱排水准备工作。

(9) 大管轮派人打开示功考克,注气缸油,合上盘车机进行盘车检查。

(10) 盘车检查正常后,关闭示功考克,脱开盘车机,进行试车检查。

(11) 大管轮带人检查舵柱有无位移现象,并进行操舵试验。

(12) 检查一切正常后,船舶恢复正常航行。

任务评价

任务内容涵盖交通运输部海事局海船船员 2011《船舶管理》考试大纲中“船舶应急、应变情况下的应急处理”的相关知识点,并满足评估大纲中相关技能要求。

任务拓展

一、气恶劣气候条件下轮机部安全管理

恶劣海况指以下几种情况:

(1) 海面受台风的袭击或影响及季节风的影响,导致海面上风浪较大,即大风浪天气,如图 5-2-3 所示。

图 5-2-3 大风浪中航行

(2) 海面上雾大,能见度不良。

(3) 在冰区航行,如冬季航行在北冰洋海域,如图 5-2-4 所示。

图 5-2-4　冰区航行

1. 大风浪中航行

(1) 轮机长要督促全体轮机部人员集中精力加强检查,防止主、副机和舵机发生故障,必要时备车并加强值班。

(2) 如果是无人值班机舱,可根据具体情况,调整无人值班机舱为航行值班(机舱有人值班)。

(3) 值班轮机员不得远离操纵室,注意主机转速变化,防止主机飞车和增压器喘振,认真执行船长和轮机长的命令。

(4) 根据海上风浪、船体摇摆情况以及主机飞车和负荷变化情况,轮机长应适当减小油门刻度,降低主机负荷,并调整好主机的限速装置。

(5) 安排船员将轮机部管辖范围内的门窗和通风道关好。

(6) 将机舱里行车、工具、备件和可移动的物料、油桶等绑扎好。

(7) 尽量将分散在各燃油舱柜里的燃油驳到少数几个燃油舱柜中,以减少自由液面。

(8) 日用油柜和沉淀油柜要及时放残,并保持较高的油位和适当的油温。

(9) 注意主、副机燃油系统的压力,酌情缩短清洗燃油滤器的时间,以免燃油滤器被堵而影响供油。

(10) 主机滑油循环油柜的油量应保持正常,不可过少。

(11) 密切注意辅锅炉和废气锅炉的工况,特别是辅锅炉里的水位,防止出现假水位。

(12) 使用低位海底阀,保证冷却水连续畅通。

(13) 机舱舱底水要及时处理。

2. 大风浪中锚泊

船舶在大风浪天锚泊,特别是在开敞锚地锚泊,应做好以下安全事项:

(1) 按航行状态保持有效的安全值班。

(2) 影响航行和备车的各项维修检查工作必须立即完成,保持良好工作状态。

(3) 定时检查所有运转和备用的机器。

(4) 按驾驶台命令使主、副机保持备用状态。

(5) 采取措施,防止本船污染周围环境并遵守防污规定。

(6) 所有安全设备和消防系统均处于备用状况。

(7) 注意做好大风浪中航行的各项准备。

3. 轮机部的防台工作

在台风季节(我国沿海通常为 7—10 月),轮机部应在公司和船舶防台领导小组的领导下,落实防台具体措施,做好各自的本职工作。

(1) 应尽早(在台风季节来临前 4 周)对防台设备、索具和器材进行一次全面检查,使锚机、绞缆机、主机、发电机、锅炉、操舵设备等处于良好工作状态。

(2) 船舶如需拆检主机、舵机、锚机和清洗锅炉等,必须经过当地海事机构批准。进行中间如有大风或台风警报,则应尽快装复并采取相应的安全措施。

(3) 台风季节在港口停泊的船舶应保持 2/3 的船员留船,轮机长与大管轮不可同时离船。接到台风警报时全体船员必须立即回船。

(4) 台风在未来 48 h 内到达,并且风力达 6 级时,被认为船舶处于台风威胁中;台风在未来 24 h 内到达,并且风力达 6 级时,被认为船舶处于台风严重威胁中;台风中心接近,风力达 8 级以上时,被认为船舶处于台风袭击中。

(5) 船舶在台风季节航行时,船上应备有比正常航行多 5 天的备用燃油并备足淡水。

(6) 所有移动的工具、备件、物料和油桶等应绑妥。

(7) 各燃油柜中的存油尽量驳入几个或一个燃油柜中,以减少自由液面。

(8) 关闭机舱天窗、水密门、通风道等,保持水密。

(9) 在航行中遇台风时,值班轮机员应在控制室里随时操纵主机,并督促值班机工加强巡回检查;轮机长应在机舱亲自指挥,保持主机、副机、舵机等正常运转。在安全范围内应尽一切可能满足驾驶台的操作需要。

(10) 船舶在厂修理时,台风季节的防台工作应以厂方为主,厂船结合。

4. 航行中能见度不良

(1) 轮机部加强值班,集控室不能无人值班,保持主机、发电机、锅炉及空压机等机器设备处在正常使用状态。

(2) 保证汽笛的工作空气系统正常使用。

(3) 保持船内通信畅通。

(4) 随时听从驾驶台的命令。

(5) 必要时增开一台发电机。

5. 冰区航行

在冰区航行时,除做好必要的防冻工作外,还要做到:

(1) 轮机值班人员加强监视主、副机等机电设备的运行工况。

(2) 指定专人照顾主、副海水泵的工作,及时换用低位海底阀,防止被冰块卡住或堵塞,以致海水系统因缺水而无法正常工作。

(3) 特别注意舵机的运转情况。

(4) 注意船体与舷外冰块的摩擦声响、船体的动态及推进器搅动冰块的声响。空载、轻载船舶应增加艉部吃水,使推进器全部浸入水中。

(5) 发现异常动态,要做好记录并及时通知轮机长和船长。

二、弃船时轮机部应急安全措施

当船舶发生重大机损、海损事故，经积极抢救无效，事态恶化，确定已无法保全船舶，并将危及船上人员的生命安全时，经周密和慎重的考虑后，船长或公司应果断下达弃船命令，并发出弃船报警信号，撤离的顺序是先旅客后船员。如条件许可，应发电报告知公司弃船决定。

1. 弃船时轮机部人员的职责

1）轮机长职责

（1）在机舱进行指挥、督促，指导和检查轮机部全体人员对应变部署表各自职责的执行情况，对突发的事件给予指导和决定。

（2）负责与船长保持联系，及时掌握船舶的具体情况，确保轮机部人员安全撤离。

（3）负责携带轮机部的相关文件最后撤离机舱。

2）大管轮职责

（1）停主机及为其服务的辅助设备，同时切断其电源。

（2）关闭海底阀及应急遥控阀。

（3）关闭机舱水密门。

（4）起动机舱风油切断装置。

3）二管轮职责

（1）停发电机及切断为其服务的辅助设备的电源。

（2）如条件许可应尽可能开启应急发电机和应急电源保持供电。

4）三管轮职责

（1）停锅炉并放气，切断电源。

（2）关闭机舱各污油、污水柜的进出口阀门及测量孔等。

2. 操作指导

（1）轮机长应该立即下机舱，现场督促、指导机舱人员的各项操作。

（2）机舱固定值班人员在听到警报信号后仍应坚守岗位按命令完成各项操作。

（3）各轮机员按照应变部署的要求进行弃船的各项操作。

（4）如果接到两次完车信号或船长利用其他方法的通知后，应立刻告诉轮机部全部人员撤离机舱，并待全部人员离开机舱后，轮机长才能携带轮机日志、副机日志、车钟记录簿、电气日志及其他重要文件，最后撤离机舱。

课后练习

1. 简述机动用车和主机突发故障时的安全措施。
2. 船舶发生搁浅或碰撞后的应急措施有哪些？
3. 简述大风浪中航行、锚泊及轮机部防台的工作要点。
4. 简述不同情况下全船失电时的紧急措施和防止失电的安全措施。

任务3　机舱应急设备操作与管理

任务描述

机舱应急设备的种类按功能可分为应急动力设备、应急消防设备、应急救生设备和其他应急设备。它们是在机舱主设备出现故障或因其他因素而无法起动时保证船员和船舶安全的重要设备。本任务分别对机舱应急动力设备、应急消防设备、应急救生设备和机舱进水时的应急设备进行分析，经循序渐进的教学做系统的学习和训练，使学生了解机舱主要应急设备的种类、要求、操作和维护保养，使其能胜任机舱应急设备日常操作和维护保养管理工作。

本任务适用于操作级和管理级船员。

学习目标

- 熟悉机舱应急设备的分类。
- 掌握机舱应急动力设备、消防设备、救生设备的要求。
- 掌握机舱进水应急设备的要求。
- 能根据要求对机舱应急设备进行维护保养，确保机舱应急设备处于良好的工作状态。

相关知识

一、机舱应急动力设备

1. 种类及要求

1）应急电源

（1）一切客船和500总吨及以上的货船均应设独立的应急电源。

（2）应急电源应布置于经船级社同意的最高一层连续甲板以上和机舱棚以外的处所，使其确保当发生火灾或其他灾难致使主电源装置失效时能起作用。整个应急电源的布置，应能在船舶横倾22.5°和纵倾10°时仍起作用。

（3）应急电源可以由发电机——一台具有独立的冷却系统、燃油系统和起动装置的柴油机驱动。原动机的自动起动系统和原动机的特性均应能使应急发电机在安全而实际可行的前提下尽快地承载额定负载（最长不超过45 s）。应急发电机见图5-3-1。

（4）应急电源也可以是蓄电池组，当主电源供电失效时，自动连接至应急配电板。它应能承载应急负载而无须再充电，并在整个放电期间保持其电压在额定电压的±12%之内。蓄电池组见图5-3-2。

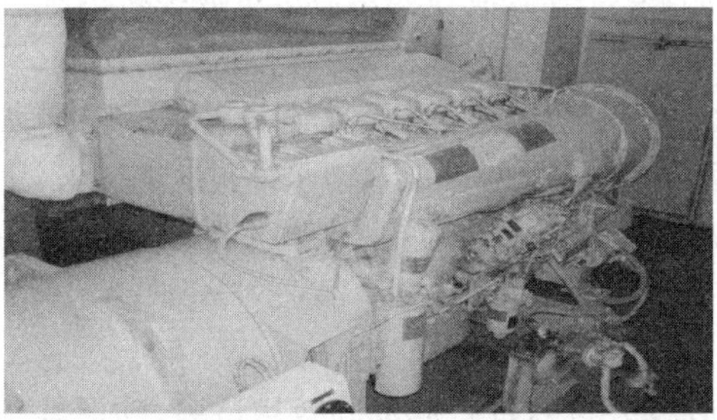

图 5-3-1　应急发电机

图 5-3-2　蓄电池组

(5) 应急电源功率应满足《SOLAS 公约》和船级社对不同类型船舶的规定。

(6) 应急照明即船上常称小应急，是由蓄电池供给的低压照明电。

2) 应急空压机

(1) 应急空压机应采用手动泵气式或手动起动的柴油机或其他有效的装置驱动，以保证对空气瓶(或应急空气瓶)的初始充气。

(2) 应急空压机是船舶在“瘫船状态”恢复运转的原始动力。所谓“瘫船状态”是指包括动力源在内的整个船舶动力装置都停止工作，且在恢复船舶动力的过程中，已没有储存的能源能起动和运行船舶的动力装置。应急空压机见图 5-3-3。

图 5-3-3　应急空压机

3) 应急操舵装置

(1) 根据规范，每艘船舶应配备主操舵装置和辅助操舵装置，并且两者之一发生故障时不能导致另一装置不工作。但如果主舵机有两台并可分别工作，则可不设辅助操舵装置。

(2) 辅助操舵装置应能于紧急时迅速投入工作，并能在船舶以最深航海吃水和以最大营运前进航速的一半或不小于 7 kn 前进时，在不超过 60 s 内将舵自一舷 15°转至另一舷 15°。

(3) 对于辅助操舵装置，其操作在舵机室进行，动力操纵应能在驾驶室进行，并应独立于主操舵装置的控制系统。

(4) 驾驶室与舵机室之间应备有通信设施。

2. 使用与管理

1) 应急电源

(1) 应急发电机：在船舶布置上位于救生艇甲板层，为船舶应急照明、应急空压机、应急消防泵、舵机、助航设备等提供电源。应急发电机应按 ISM 体系文件和 PMS 规定作定期检查、维护和试验；检查其柴油储存柜油量、冷却水箱与曲轴箱液位是否正常；润滑点要加油；检查启动电瓶或启动空气瓶，定期进行起动和并电试验(包括遥控起动)；冬季或寒冷区域应做好防冻保温工作。

应急发电机若位于不保暖处所，冬季应做的保护工作有：选用适当凝点的轻柴油和冬用润滑油;冷却水中加防冻剂;对于采用机外循环冷却的,应在使用后尽量放掉机内和管系中的残水。

(2) 应急蓄电池:在船舶布置上位于救生艇甲板层。应按 ISM 体系文件和 PMS 规定进行定期检查、维护和试验;主要检查其电解液的比重,及时补充蒸馏水或对应的酸液;定期进行充放电;蓄电池室禁止烟火,并保持通风良好。现代化的船舶上基本上采用密闭的蓄电池,定期更换。

2) 应急空压机

要按其结构的具体情况,定期检查和加注润滑油,进行起动和效用试验,确保其技术状况达到随时可用状态。

3) 应急操舵装置

定期进行检查和进行效用试验,并做好记录。

二、应急消防设备

1. 种类及要求

1) 应急消防泵

应急消防泵是当机舱进水、失火或全船失电时,用来提供消防水的设施。

(1) 2 000 总吨以下船舶的应急消防泵可为可携式,常采用汽油机驱动的离心泵,2 000 总吨及以上船舶应设固定式动力泵。固定式应急消防泵应设在机舱以外,其原动机为柴油机或电动机,见图 5-3-4。电动应急消防泵须由主配电板和应急配电板供电,见图 5-3-5。

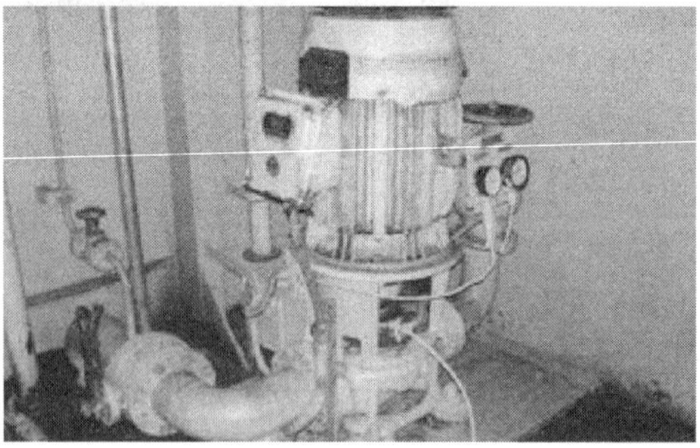

图 5-3-4 应急消防泵

图 5-3-5 应急配电板

(2) 应急消防泵的排量应不少于所要求的消防泵总排量的 40%,且任何情况下不得少于 25 m^3/h。当应急消防泵按要求的排量排出时,在任何消火栓处的压力应不少于规范规定的最低压力。

(3) 作为驱动应急消防泵的柴油机,在温度降至 0 ℃的冷态下应能用人工手摇曲柄随时起动。若不能做到,或可能遇到更低气温时,则应设置经主管机关认可的加热装置,以确保随时起动。如人工起动不可行,可采用其他起动装置。这些起动装置应能在 30 min 内至少使动力源驱动柴油机起动 6 次,并在前 10 min 内至少起动 2 次。任何燃油供给柜所装盛的燃油,应能使该泵在全负荷下至少运行 3 h。在主机舱以外可供使用的储备燃油,应能使该泵在全负荷下再运行 15 h。

2）燃油速闭阀

双层底以上的主机、发电柴油机、锅炉的各个油柜的出口管上应装有速闭阀。这些速闭阀除能就地开关外，在机舱外尚须设有遥控关闭装置，以便机舱失火时远距离关闭速闭阀，防止油舱柜的油流出扩大火势。燃油速闭阀见图 5-3-6。

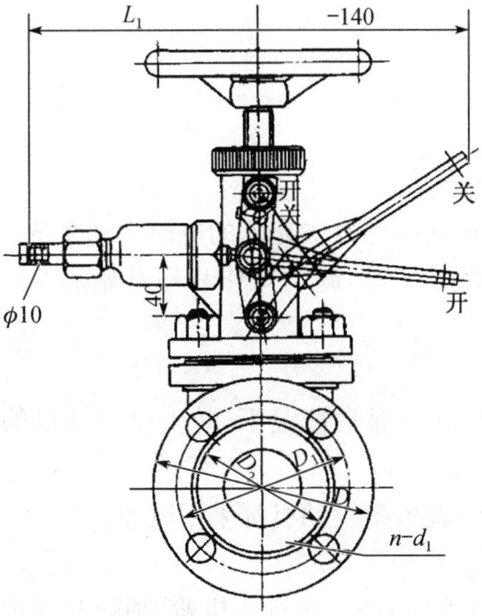

(a)

(b)

图 5-3-6　燃油速闭阀

3）风、油应急切断

机舱风机、燃油系统油泵除能就地开关外，在机舱外须设有关闭装置，以便机舱失火时在机舱外切断风、油运转，防止火势扩大。

4）机舱通风筒防火板

机舱通风筒防火板除能就地开关外，还可在机舱外关闭，此外在机舱发生火灾时，还能自动关闭，防止火灾蔓延。

5）机舱天窗应急关闭装置

机舱天窗应急关闭装置可在机舱外关闭，当机舱发生火灾时，在机舱外关闭机舱天窗，有利于机舱封舱灭火。

2. 使用与管理

1）应急消防泵

应做起动和泵水试验，检查排水压力，试车后关闭海底阀和进口阀，放空消防管中残水，防止冬季冰冻。

应定期进行检查和进行效能试验，并做好记录。

2）燃油速闭阀

应定期保养和检验，并进行就地操作试验和遥控试验。

3）风、油应急切断

应定期保养和检验，并进行就地操作试验和遥控试验。

4）机舱通风筒防火板

应定期保养和检验，并进行就地开关和机舱外开关试验。

5）机舱天窗应急关闭装置

应定期保养和检验，并进行开关试验。

三、应急救生设备

1. 种类及要求

1）救生艇发动机

（1）救生艇发动机应是压燃式发动机。

（2）发动机应设有手动起动系统，或设有2个独立的可再次充电的电源起动系统。

（3）发动机起动系统和辅助起动设施应在环境－15 ℃，起动操作程序开始后2 min内起动发动机。

（4）使用燃油闪点不得低于43 ℃。

（5）滑油的使用：应有耐寒性，在低温下不能结冻。通常情况下，救生艇发动机的滑油都有与其对应的滑油品牌。

（6）救生艇发动机应有独立的冷却系统，现在的救生艇发动机都采用风冷。

2）脱险通道（逃生孔）

货船和载客不超过36人的国际航行客船，在机器处所内，在每一机舱、轴隧和锅炉舱应设有2个脱险通道，其中1个可为水密门。在未设水密门的机器处所内，2个脱险通道应为2组尽可能远离的钢梯，通至舱棚上同样远离的门，从该处至登艇甲板应设有通路。

从机舱处所的下部起至该处所外面的一个安全地点，应能提供连续的防火遮蔽。

2. 使用与管理

1）救生艇发动机

（1）救生艇发动机要每月定期检查发动机和离合器，进行起动试验。冬季做好防冻工作。

（2）定期检查燃油储存箱及发动机的滑油液位。

（3）定期更换发动机的滑油。

2）脱险通道（逃生孔）

脱险通道应保持清洁无障碍，照明良好；逃生孔的上下门应经常加油活络，上下扶梯安全可靠，不可封闭。

四、机舱进水时的应急设备

1. 种类及要求

1）水密门

（1）水密门应为滑动门或铰链门或其他等效形式的门。任何水密门操作装置，无论是否为动力操作，均须于船舶横倾15°时能将水密门关闭。水密门见图5-3-7。

（2）机舱与轴隧间舱壁上应设有滑动式水密门，水密门的关闭装置应能就地两面操作和远距离操作。在远距离操作处应设有水密门开关状态的指示器。

2）机舱应急舱底水吸口及吸入阀

机舱应设一个应急舱底水吸口。应急吸口应与排量最大的一台海水泵相连，如主海水

(a) 液压滑动水密门

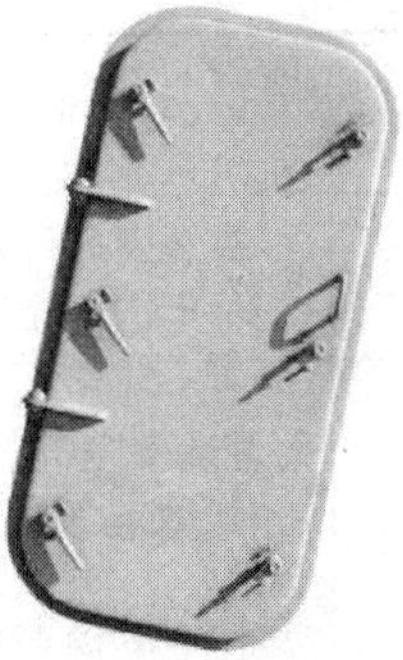

(b) 铰链水密门

图 5-3-7　水密门

泵、压载泵、通用泵等，吸口上不装滤网。少数船舶的应急吸口还与舱底水泵相通，其管路直径应不小于所连接泵的进口直径。应急吸口与泵的连接管路上装设截止止回阀，阀杆应适当延伸，使阀的开关手轮在花铁板以上的高度至少为 460 mm(《钢质海船入级规范》规定为 450 mm)。

2. 使用与管理

1) 水密门

水密门应按 ISM 体系和 PMS 要求定期检查、活络、加注润滑油。

2) 机舱应急舱底水吸口及吸入阀

机舱舱底水应急吸入阀应按 ISM 体系和 PMS 要求定期检查、活络、加注润滑油，吸口应定期清洗。

五、机舱应急设备维护保养

轮机人员应加强对应急设备方面的管理，所有应急设备应按规定周期进行效用试验并记录，确保应急设备始终处于立即可用状态，并能达到熟练操作使用的程度。

属轮机部管理的应急设备的种类、效用试验周期、负责人及维护如表 5-3-1 所示。

表 5-3-1　轮机部应急设备维护分工

序号	应急设备	效用试验内容及周期	设备负责人	维护保养标准
1	救生艇	① 艇机：每周进行起动、正倒车换向试验，每次实验时间不少于 3 min ② 充电变压器：每季测量输出电压；每月进行自动起动试验	三管轮	① 及时补存燃油并施放油柜凝结水 ② 具备 0 ℃起动能力，冬天用 10 号轻柴油 ③ 充电变压器螺钉要紧固，充电控制箱水密性要好。自带充电机及艇内照明应检查线路，排除短路、断路和腐蚀隐患
2	消防泵和应急消防泵	每周进行效能试验		在最高位置的消火栓上应能维持 2 股射程不少于 12 m 的水柱或消火处的压力达 0.28 MPa

续表

序号	应急设备	效用试验内容及周期	设备负责人	维护保养标准
3	应急空压机	① 每2周进行效用试验 ② 每年进行充气试验1次	二管轮	年度充气试验应记录应急气瓶充气压力和所需时间
4	应急发电机	每月试验应包括起动和供电： ① 自动起动、人工起动功能均正常 ② 在主电源断电后45 s内能够及时供电		① 应急电源可以是应急发电机，也可以是蓄电池，但都必须满足《钢质海船入级规范》要求。应急发电机具备0 ℃起动能力，及时补充燃油和润滑油并施放燃油柜的凝结水 ② 应急配电板内外清洁，螺母无松动 ③ 蓄电池组必须保持清洁。注液孔的胶塞必须旋紧，以免因震动使电解液溢出，透气孔保持畅通 ④ 充放电盘：为了消除极板磁化现象，应按时进行过充电和定期进行全容量放电 ⑤ 蓄电池室严禁烟火并通风良好
	应急配电盘	① 每月试验应急起动是否符合要求 ② 每年检查与主配电板连锁装置动作是否正常		
	充放电板及蓄电池	每年对电解液化验1次，发现异常应及时处理		
5	油类速闭阀	每6个月就地进行遥控关闭试验		及时保养集控箱（或空气管路、气瓶、空气压力或液压系统等）连接索，保持操作灵活
6	主机机旁应急操作装置	每6个月进行操作试验	大管轮	有些船公司要求每次抵港前和开航前进行操作试验；张贴主机应急操作规程
7	风、油应急切断装置	每6个月进行切断电源试验		
8	机舱应急吸入阀	每3个月进行开关活络检查；每年打开彻底检查		该阀应是截止止回阀，吸口应直通舱底，开关手轮应高出花铁板450 mm，开关方向的标志要醒目；检查机舱进水操作步骤
9	应急舵机	每3个月进行手动操舵试验		有些公司要求船舶抵港前和开航前进行操作试验；应急操作程序应能永久显示
10	机舱天窗、烟囱百叶窗速闭装置，机舱风筒挡火板	每3个月进行开关试验		保持活络
11	机舱水密门	每3个月就地进行两侧及遥控关闭试验		关闭前声光报警15 s，直到关闭；关闭时间不大于90 s（手动）或60 s（动力）
12	机舱安全通道	随时畅通		整洁、照明良好

续表

序号	应急设备	效用试验内容及周期	设备负责人	维护保养标准
13	二氧化碳灭火装置	随时保证完好可靠	大管轮	①二氧化碳站室的通风和通信联系应良好可靠，站内不许存放任何杂物，开启站室钥匙箱应完好 ②瓶体明显腐蚀时应对其进行测厚检查或压力试验 ③机舱二氧化碳遥控释放装置应完好可靠，施放前声光报警应完好

任务实施

应急发电机的操作

【任务要求】

1. 能正确完成应急发电机起动前的准备工作；
2. 能按照要求完成应急发电机的手动、自动起动；
3. 能掌握应急发电机的操作程序。

【任务准备】

1. 应急发电机 1 台；
2. 燃油、滑油、冷却水足量；
3. 学生 2 个人一组，一人操作一人协助，之后交换。

【任务操作】

1. 手动起动

(1) 检查燃油是否够量，打开燃油箱通往艇机燃油过滤器的阀门。

(2) 检查油底壳内润滑油量。拔出油标尺用纱布擦净后重新放入测量孔内，再取出观察润滑油量是否处于油尺刻度的上限与下限之间，然后塞紧油标尺。

(3) 合上起动发电柴油机的蓄电池电源开关或将液压压力达到规定值。

(4) 将应急发电机起动方式选择按钮放在“手动”位置。断开主电网供电。

(5) 手动按下起动开关起动应急发电机。

(6) 检查应急发电机各参数和负载是否正常。

2. 自动起动

(1) 检查燃油是否够量，打开燃油箱通往艇机燃油过滤器的阀门。

(2) 检查油底壳内润滑油量。拔出油标尺用纱布擦净后重新放入测量孔内，再取出观察润滑油量是否处于油尺刻度的上限与下限之间，然后塞紧油标尺。

(3) 合上起动发电柴油机的蓄电池电源开关或将液压压力达到规定值。

(4) 将应急发电机起动方式选择按钮放在“自动”位置。断开主电网供电。

(5) 观察应急发电机是否在 45 s 内自动起动供电，并检查应急发电机的运行参数。

任务评价

任务内容涵盖交通运输部海事局海船船员 2011《船舶管理》考试大纲中“机舱应急设备的使用和管理、使用船内通信系统”的相关知识点，并满足评估大纲中相关技能要求。

任务拓展

船内通信系统的使用与管理

为了保证船舶安全营运，及时了解和掌握船舶机电设备的工作情况，以及进行日常工作和生活的事务联系，船舶必须配备工作可靠、简单有效的船内通信系统。

一、船内通信工具和信号装置的组成

1. 船用通信工具和信号装置

(1) 各种不同方式和用途的电话通信设备，如声力电话、共电式指挥电话系统和自动电话设备。

(2) 船舶操纵用电气传令钟和各种指示仪表，如机舱传令钟、舵角指示器和电动转速表等。

(3) 各种应急状态时用的报警信号装置，如紧急动员警钟，测烟、测温式报警装置。

(4) 船舶航行时的各种信号装置，如航行灯、信号灯、自动雾笛。

(5) 船用广播音响设备，如船用指挥扩音机。

2. 船用电话

目前，船舶上使用的电话通信设备大体可分为声力电话、船用指挥电话、船用自动电话。声力电话和船用指挥电话设备主要用于航行驾驶和操纵各工作部位之间作为指挥和联络通信工具；而船用自动电话，则作为日常工作和生活联系之用。

电话是船内使用最广泛的一种通信形式，目前在一般商船上，驾驶台、机舱、舵机房等重要工作场所以及餐厅、会议室等公共活动场所都设有电话。船长、轮机长及其他高级船员甚至普通船员居住舱室内也设有电话。

3. 船用电气传令钟

电气传令钟又称电车钟或机舱传令钟，是用在驾驶室、机舱集中控制室和机旁操作部位之间传送主机运转情况的命令和回令的装置。电气传令钟按其传讯原理可分为 3 种。

(1) 利用指示灯系统传讯原理的灯光传令钟。

(2) 利用直流自动同步传讯原理的直流电动传令钟。

(3) 利用自整角机同步传讯原理的交流电动传令钟。

车钟在船上通常有 3 种布置形式，即直立式、倒挂式和表盘式。车钟应配对使用(驾驶台—机舱)，其作用是将驾驶台所需要的车令通过驾驶台的车钟发送至机舱集控室(或主机旁)的车钟。车钟具有复示装置和声响信号装置。当驾驶台需要某一车令时，值班驾驶员将驾驶台车钟从某一位置扳至所需位置，驾驶台与机舱车钟就不同步，机舱车钟与驾驶台车钟声响信号就会响起。这时值班轮机员应首先扳动机舱主机车钟的复示装置，使其与驾驶台

车钟位置一致,车钟的声响信号就会消失,这一过程称为回车钟。然后,值班轮机员根据车钟上的指示,起动或改变油门刻度,使主机尽快地稳定在驾驶台所需的工况上。

车钟传令也具有可逆性,如果机舱万一需要紧急停车,则可将车钟扳至停车位置,利用车钟声响信号迅速告诉驾驶台。通常,车钟传递的每一个车令,都是用来改变主机的运转状况的,而机舱能否准确而又及时地给出驾驶台所需的每一个车令,直接关系到船舶的安全,因此必须用车钟记录簿以规范的形式加以记载,并对其负责。

车钟记录簿与轮机日志同属船舶的重要法定文件,记录必须严肃、及时、认真、准确。记录者应在每页下面签名,轮机长应每航次审阅,及时督促指导。该记录簿用完,应立即送交船公司。如果发生事故,则应将车钟记录簿与轮机日志同时送交船公司。

记载时注意:

(1) 应用铅笔或钢笔记录;应逐页顺序记载,不得撕页,添页;必须保持记录的清楚、整洁,不得任意删改或涂抹;记录应用国家标准(GB)规定的符号。

(2) 备车前,驾驶台与机舱的车钟必须校准,此工作称之为对车钟,并应记入轮机日志。必须准确记录每次用车的准确时间,要求精确到1/4 min。

(3) 如有记录错误,必须用横线划去,被删之字仍应清楚可见。改正的字应写在被删之字的上方,记录者须在删改之处签名并标以括号。

(4) 车钟传递主机的每一个动作,用表5-3-2所示的国家标准符号正确记录。

表5-3-2　车钟传递主机动作的国标符号

符号	意义	符号	意义
⊗	备车	×	停车
√　√	微速前进	∧　∧	微速后退
√	前进一	∧	后退一
	前进二	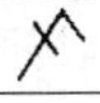	后退二
	前进三	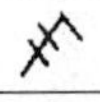	后退三
	再进三	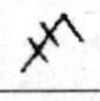	再退三
	定速	○	完毕

4. 船用报警信号装置

(1) 组成。包括紧急动员警钟和应急状态下的各种铃组系统,火警探测和报警装置,主、辅机工况的自动监视报警系统。

(2) 使用。紧急动员警钟系统,用于船舶发生火灾或重大海损事故等紧急情况下,对全体船员和旅客发布紧急动员信号。系统由关闭器、警钟、警灯及接线盒等组成。关闭器是系统的控制器,装在驾驶室内,并有指示系统电路工作的指示灯。警钟安装在全船有人到达而又能听清音响信号的地点。警灯安装在无线电室等需要免除声音干扰的地方。机舱和舵机间等噪声大的舱室应同时安装警钟和警灯。在客船和客货船上,警钟系统设计成对旅客和船员相互独立的两大部分,以便在发生重大事故的情况下,可以分别也可以同时对船员和旅客进行紧急报警。

铃组系统是船上有关部门之间专用的通信联络信号。铃组系统的发讯器为按钮或关闭器,信号器为电铃或带信号灯的电铃。

应急情况下使用的铃组主要有以下几种。

(1) 机舱铃组。用于驾驶室和机舱的双向联络,作为传令钟故障时的应急车令和回令信号。

(2) 冷藏库报警铃组。用于各冷藏库对厨房之间的单向联络,作为被误锁在冷库里的人对外呼救的信号装置。若冷库的门能从内部开启,则此装置可免于设置。

(3) 二氧化碳灭火装置的施放预告铃组。用于施放控制部位与失火部位的单向联络,以通知该部位的一切人员迅速撤离。它一般与施放电磁阀连锁,以保证在发送前和施放中都能自动发出警报。在许多新船中这一铃组已采用电笛和转灯。

(4) 水密门关闭和开启指示灯装置及预告水密门关闭的声响铃组。前者是光报警,让人们有所准备;后者是声报警,要求人们迅速撤离,亦属单向联络。

灭火自动喷水系统中的探火和失火报警系统:任何探火装置或手动火警按钮动作时,应在控制板和指示装置上发出声、光火警信号。如果在 2 min 内信号未引起注意,则应向所有船员起居处所和服务处所、控制站以及机器处所自动发出声响警报。

周期性无人值班的机器处所的固定式探火和失火报警系统,其报警信号显示应保证驾驶室和负责的轮机员能听到和看到该报警信号。当驾驶室无人值班时,应能在负责值班船员的舱室发出警报。

主机及辅机警报装置:如冷却水高温、滑油低压、透平重力油柜低位等。

燃油溢油舱柜应设置有油位超高报警装置。

冷藏货舱内应有能向制冷机室及机舱报警的按钮,以便危急时进行求援报警。

应设置能由机器控制室或操纵台操作的轮机员报警装置,并能在轮机员居住舱室内清晰地听到。

除上述信号装置外,有的船还装有联络指挥用的铃组,如在配餐间装有呼叫服务员的铃组,在客船的医院或医生房间装有病房呼叫铃组,有跳板设备的船装有跳板放落时的警告铃组等。

二、CCS 对船内通信与信号设备的有关规定

CCS《钢质海船入级规范》对“船内通信与信号设备”作如下规定。

1. 一般要求

(1) 各种不同用途的船内通信装置,其声响信号应有不同的音色,以利辨别。

(2) 具有 2 个或以上的设备并联工作的船内通信装置,当其中 1 个(或几个)设备切断或发生故障时,应不影响其余设备的工作。

(3) 各种自动声光报警器,应设有能切断声响信号而不切断发光信号的装置。

(4) 各种自动报警和指示信号系统,均应设有检查其动作是否正常的试验装置。

(5) 安装在驾驶室的重要指示器应有适当的照明并附有亮度调节器或遮光罩。

2. 传令钟

(1) 在船上应设置把驾驶室的命令发送至机舱的主机传令钟,主机传令钟应具备复示装置。

(2) 用于驾驶室内设置主机传令钟的失电听觉和视觉报警器,该报警器一般应由蓄电

池供电。若采用船电，则不应与传令钟接入同一电源线路上。

(3) 主机传令钟系统一般应在主机操纵台附近设有主机错向报警装置。

(4) 主机传令钟若有 2 个及以上的发信器，则每个发信器之间应有机械或电气的联动或连锁装置。

3. 指挥电话和其他通信设备

(1) 下列处所之间若以电话为主要通信工具，则应为声力电话或蓄电池供电的指挥电话：①驾驶室—机舱。②驾驶室—应急操舵站及舵机站。③驾驶室—火警信号站及消防设备集中控制站、艏部、艉部。④驾驶室—无线电室(若驾驶室与无线电室相毗邻，且能进行有效的通信联系，则可免除两者之间电话通信的要求)。

上述①和②应为直通电话，若在通信系统中具备插入忙线通话时，则①和②可采用如图5-3-8所示的方式。

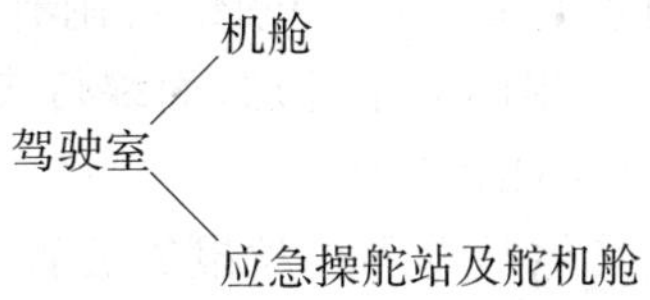

图 5-3-8　指挥电话

(2) 指挥电话应保证在船舶各种工况下通话清晰。

(3) 安装在噪声较大的舱室内的电话，若影响通话，则应装设在隔音室或隔音罩内。

(4) 应设有固定式、可携式或两者兼备形式的应急通信设备，以供船上应急控制站、救生艇筏集合和登乘地点与驾驶室和消防控制站等要害部位之间进行双向通信。

4. 通用紧急报警系统

(1) 船舶应设单向发信的通用紧急报警系统，在全船所有起居处所、通常船员工作的处所以及客船的开敞甲板均应听到该系统的警报。报警器被触发后一直保持报警状态，直至人工将其关闭或由于广播系统工作而暂时中止。

(2) 在客船上，该报警信号应通过两组独立的线路分别向船员和旅客发出。

(3) 当主电源供电失效时，通用应急报警系统应能自动转换至应急电源供电。

(4) 通用紧急报警系统应能在驾驶室、消防控制站控制。

(5) 通用紧急报警系统的分电箱应设在舱壁甲板以上的适当处所，由分电箱引出的每一分路的绝缘板上均需设熔断器保护。

(6) 在所有的门和通道都关闭的情况下，居住舱室内睡眠位置和距离声源 1 m 处的音响报警信号的声压级至少应达到 75 dB(A)，并至少要比船舶在较好天气状况下航行时的正常设备操作的环境噪声级高出 10 dB(A)，声压级应在基频附近的 1/3 倍频带之内。在任何情况下，某一处所内的音响报警信号声压级不得超过 120 dB(A)。

(7) 除电铃外，各种听觉信号的频率应在 200～2 500 Hz 之间。

5. 有线广播系统

(1) 应设有能将指令有效地发送到各居住处所、服务处所、控制站以及开敞甲板的有线广播系统。

(2) 当主电源供电失效时，有线广播系统应自动转换至应急电源供电。

(3) 如果有线广播系统能符合相应要求以及对通用紧急报警系统的要求,则可兼作通用紧急报警系统和发送火灾报警信号。

6. 其他警报装置

(1) 在厨房内应设有听觉和视觉警报器,以保证工作人员偶然被闭锁在伙食冷藏库内时能发出求救信号,但冷藏库的门如能从内部开启则可免予设置。

(2) 水密门关闭和开启指示装置及预告水密门关闭的听觉报警器,应符合现行《SOLAS公约》的有关规定。对 1992 年 2 月 1 日或以后建造的客船规定:应设置一个与该区域内其他警报器不同的声响警报器。当该门用动力遥控关闭时,这种警报器应在门开始移动前至少 5 s 但不超过 10 s 发出声响,且连续发声报警直至该门完全关闭。在手动遥控操作时,只要当门移动时音响警报器能发出声响即可。在乘客区域和高环境噪声区域,要求在门上的声响警报器上增配一个间歇发光信号器。

驾驶室内的集控台应设有标明每扇门位置的图,并附有发光指示器,以显示每扇门的开启或关闭状态。应使用红灯表示一扇门完全开启,而绿灯表示一扇门完全关闭。当遥控关闭门时,红灯应以闪烁表示门处于关闭过程中。

(3) 灭火剂施放预告信号及其他听觉和视觉报警装置应符合如下规定:对于任何经常有人员在内工作或出入的处所,应设有施放灭火剂的自动声响报警装置,报警装置在灭火剂施放之前应至少工作 20 s。

二氧化碳系统应设置 2 套独立的控制装置,以将二氧化碳释放至被保护处所,并确保报警装置的动作,其中:一套控制装置应用于将气体从所储存的容器中排出;另一套应用于开启安装在将气体输送至被保护处所的管路上的阀门。

课后练习

1. 简述机舱应急设备的种类。
2. 简述机舱应急动力设备的种类、要求和管理要点。
3. 简述机舱应急消防设备的种类、要求和管理要点。
4. 简述机舱应急救生设备的种类、要求和管理要点。
5. 简述机舱进水应急设备的种类、要求和管理要点。
6. 简述船内通信系统的使用与管理要求。

附录

《船舶管理》考试大纲

8501：无限航区 750 kW 及以上船舶轮机长

8502：沿海航区 750 kW 及以上船舶轮机长

8503：无限航区 750 kW 及以上船舶大管轮

8504：沿海航区 750 kW 及以上船舶大管轮

8505：无限航区 750 kW 及以上船舶二/三管轮

8506：沿海航区 750 kW 及以上船舶二/三管轮

8507：未满 750 kW 船舶轮机长

8508：未满 750 kW 船舶大管轮

8509：未满 750 kW 船舶二/三管轮

考试大纲	适用对象								
	8501	8502	8503	8504	8505	8506	8507	8508	8509
1 船舶结构与适航性控制									
1.1 船舶的发展与分类									
1.1.1 船舶的发展概况									
1.1.1.1 造船材料的发展					√	√			
1.1.1.2 造船技术的发展					√	√			√
1.1.1.3 近年来船舶发展的突出特点					√	√			√
1.1.2 船舶的分类					√	√			√
1.1.3 专用运输船舶的特点					√	√			√
1.2 船舶强度与构造									
1.2.1 船体受力与强度									
1.2.1.1 船体受力	√	√	√	√	√	√	√	√	
1.2.1.2 船体强度	√	√	√	√	√	√	√	√	
1.2.2 船体主要结构及其特点			√	√	√	√		√	√
1.2.3 船舶主要部位和舱室布置					√	√			√
1.2.3.1 甲板、平台、工作舱室									
1.2.3.2 间隔舱、液舱（含双层底柜、空气管、溢流管、测深管、船底塞等）	√	√			√	√	√		√
1.3 船舶适航性控制									
1.3.1 适航性基本知识									
1.3.1.1 船舶尺度和船型系数	√	√	√	√	√	√	√	√	

续表

考试大纲	适用对象								
	8501	8502	8503	8504	8505	8506	8507	8508	8509
1.3.1.2 排水量、载重量和吨位	√	√	√	√	√	√	√	√	√
1.3.1.3 载重线、干舷和储备浮力	√	√	√	√	√	√	√	√	√
1.3.1.4 吃水和水尺	√	√	√	√	√	√	√	√	√
1.3.2 船舶浮性									
1.3.2.1 浮性概念			√	√	√	√		√	√
1.3.2.2 浮态			√	√	√	√		√	√
1.3.2.3 船舶抗横倾系统	√	√	√	√	√	√	√		
1.3.3 船舶稳性									
1.3.3.1 稳性分类			√	√	√	√		√	√
1.3.3.2 初稳性			√	√	√	√		√	√
1.3.3.3 稳性的基本衡准			√	√	√	√		√	√
1.3.3.4 稳性的影响因素及保持稳性的措施	√	√	√	√	√	√	√	√	√
1.3.3.5 有关船舶稳性的 IMO 建议的知识	√		√						
1.3.4 船舶抗沉性									
1.3.4.1 抗沉性的基本概念					√	√			√
1.3.4.2 破损浸水形式			√	√	√	√		√	√
1.3.4.3 船舶分舱			√	√	√	√		√	√
1.3.4.4 密封与堵漏	√	√	√	√	√	√	√	√	√
1.3.5 船舶摇荡性									
1.3.5.1 船舶摇荡运动形式					√	√			√
1.3.5.2 横摇与谐摇			√	√	√	√		√	√
1.3.5.3 船舶减摇装置			√	√	√	√		√	√
1.3.6 船舶操纵性									
1.3.6.1 操纵性的基本概念					√	√			√
1.3.6.2 操纵性的影响因素			√	√	√	√		√	√
2 船舶防污染管理									
2.1 防污染公约和法规									
2.1.1 MARPOL 公约及附则									
2.1.1.1 MARPOL 公约的功用、基本构架、适用范围			√		√				

续表

考试大纲	适用对象								
	8501	8502	8503	8504	8505	8506	8507	8508	8509
2.1.1.2 附则 I-防止油污染规则有关规定	√		√		√				
2.1.1.3 附则 II-防止散装有毒液体物质污染规则有关规定	√		√		√				
2.1.1.4 附则 III-防止海运包装有害物质污染规则有关规定	√		√		√				
2.1.1.5 附则 IV-防止生活污水污染规则有关规定	√		√		√				
2.1.1.6 附则 V-防止船舶垃圾污染规则有关规定	√		√		√				
2.1.1.7 附则 VI-防止船舶造成大气污染规则有关规定	√		√						
2.1.2 船舶压载水和沉积物控制和管理国际公约	√		√		√				
2.1.3 美国《1990 年油污法》的主要内容	√		√		√				
2.1.4 中华人民共和国防污染法规									
2.1.4.1 《中华人民共和国海洋环境保护法》	√	√	√	√	√	√	√	√	√
2.1.4.2 《中华人民共和国防治船舶污染海洋环境管理条例》	√	√	√	√	√	√	√	√	√
2.1.4.3 《中华人民共和国船舶及其有关作业活动污染海洋环境防治管理规定》	√	√	√	√	√	√	√	√	√
2.1.4.4 《中华人民共和国海上船舶污染事故调查处理规定》	√	√	√	√	√	√	√	√	√
2.2 船舶防污染技术与设备									
2.2.1 船舶防污染技术									
2.2.1.1 船上储存					√	√			√
2.2.1.2 航行中处理	√	√	√	√	√	√	√	√	√
2.2.1.3 排岸接收	√	√	√	√	√	√	√	√	√
2.2.1.4 防止油污染的特殊措施	√	√	√	√	√	√	√	√	√
2.2.2 油水分离器									
2.2.2.1 工作原理					√	√			√

续表

考试大纲	适用对象								
	8501	8502	8503	8504	8505	8506	8507	8508	8509
2.2.2.2 典型结构					√	√			√
2.2.2.3 操作、维护与保养	√	√	√	√	√	√	√	√	√
2.2.3 焚烧炉									
2.2.3.1 工作原理					√	√			√
2.2.3.2 典型结构					√	√			√
2.2.3.3 操作、维护与保养	√	√	√	√	√	√	√	√	√
2.2.4 生活污水处理装置									
2.2.4.1 工作原理					√	√			√
2.2.4.2 典型结构					√	√			√
2.2.4.3 操作、维护与保养	√	√	√	√	√	√	√	√	√
2.2.5 压载水处理技术	√	√			√	√	√		√
2.3 船舶防污染文书									
2.3.1 防止油污染文书									
2.3.1.1 防止油污证书	√	√			√		√		√
2.3.1.2 油类记录簿	√	√			√	√	√		√
2.3.1.3 溢油应急计划(含溢油应变部署表)	√	√	√	√	√	√	√	√	√
2.3.2 防止垃圾污染文书									
2.3.2.1 垃圾记录簿	√	√			√	√	√		√
2.3.2.2 垃圾管理计划	√	√	√	√	√	√	√	√	√
2.3.3 防止大气污染文书									
2.3.3.1 国际防止空气污染证书	√		√		√				
2.3.3.2 消耗臭氧层物质的操作记录	√	√	√	√	√	√	√	√	√
2.4 船舶污染事故及处理									
2.4.1 污染事故的报告	√	√					√		
2.4.2 发生油污染事故的处理	√	√	√	√	√	√	√	√	√
3 船舶营运安全管理									
3.1 国际海上人命安全公约									
3.1.1 公约构成及主要内容	√		√		√				
3.1.2 国际消防系统安全规则(FSS 规则)	√		√		√				

续表

考试大纲	适用对象								
	8501	8502	8503	8504	8505	8506	8507	8508	8509
3.1.3 国际救生设备规则(LSA 规则)	√		√		√				
3.1.4 国际安全管理规则(ISM 规则)									
3.1.4.1 概述	√		√		√				
3.1.4.2 主要内容	√		√		√				
3.1.4.3 安全管理体系	√		√		√				
3.1.4.4 发证、审核与监督	√		√		√				
3.1.5 国际船舶和港口设施保安规则(ISPS 规则)									
3.1.5.1 概述	√		√		√				
3.1.5.2 主要内容	√		√		√				
3.2 《国际船舶载重线公约》有关要求规定的职责	√		√		√				
3.3 我国海上交通管理法规									
3.3.1 《中华人民共和国海上交通安全法》有关规定	√	√	√	√	√	√	√	√	√
3.3.2 《海上交通事故调查处理条例》有关规定	√	√	√	√	√	√	√	√	√
3.3.3 《中华人民共和国船舶安全营运和防止污染管理规则》(NSM 规则)有关规定	√	√	√	√	√	√	√	√	√
3.4 船舶证书与船舶检验									
3.4.1 船舶证书									
3.4.1.1 登记证书	√	√	√	√			√	√	
3.4.1.2 入级证书	√	√	√	√			√	√	
3.4.1.3 法定证书	√	√	√	√			√	√	
3.4.2 船舶检验机构	√	√			√	√	√		√
3.4.3 船舶检验的类别、船级符号和附加标志	√	√	√	√	√	√	√	√	√
3.4.4 船级检验									
3.4.4.1 船舶入级检验	√	√	√	√			√	√	
3.4.4.2 保持船级检验(除 CMS, PMS 之外)	√	√	√	√	√	√	√	√	
3.4.4.3 循环检验(CMS)、机械计划保养系统检验(PMS)	√	√	√	√	√	√	√	√	

续表

考试大纲	适用对象								
	8501	8502	8503	8504	8505	8506	8507	8508	8509
3.4.5　法定检验									
3.4.5.1　国际航行船舶的法定检验，与轮机有关设备检验的主要内容	√		√		√				
3.4.5.2　国内海上航行船舶的法定检验，与轮机有关设备检验的主要内容		√		√		√		√	
3.4.6　船舶公证检验									
3.4.6.1　船舶公证检验性质、类别	√	√	√	√			√	√	
3.4.6.2　临时检验与船级检验、法定检验的关系	√	√	√	√			√	√	
3.4.7　《海上营运船舶检验规程》的若干规定	√	√	√	√	√	√	√		
3.5　《中华人民共和国船舶安全检查规则》									
3.5.1　总则	√	√	√	√	√	√	√	√	√
3.5.2　船舶安全检查和处理	√	√	√	√	√	√	√	√	√
3.5.3　《船旗国监督检查记录簿》和《港口国监督检查报告》使用规定	√	√	√	√	√	√	√	√	√
3.5.4　法律责任	√	√	√	√	√	√	√	√	√
3.6　港口国监督(PSC)									
3.6.1　概述	√		√		√				
3.6.2　主要的 PSC 组织	√		√		√				
3.6.3　港口国监督程序	√		√		√				
3.6.4　优先检查与扩大范围检查	√		√		√				
3.7　机损事故处理									
3.7.1　机损事故的定义和分类	√	√					√		
3.7.2　机损事故报告制度；事故处理原则；机损事故报告的填写	√	√					√		
3.7.3　机损事故的处理调查	√	√					√		
4　船舶营运经济性管理									
4.1　船舶营运经济性管理概念									
4.1.1　船舶运输成本	√	√					√		

续表

考试大纲	适用对象								
	8501	8502	8503	8504	8505	8506	8507	8508	8509
4.1.2 降低运输成本的途径	√	√					√		
4.2 最佳航速的确定									
4.2.1 营运船舶的经济航速									
4.2.1.1 最低耗油率航速	√	√	√	√			√	√	
4.2.1.2 最低燃油费用航速	√	√	√	√			√	√	
4.2.1.3 最高盈利航速	√	√	√	√			√	√	
4.2.2 航速对续航力、燃油消耗量的影响	√	√	√	√			√	√	
4.3 提高动力装置经济性的措施									
4.3.1 选用高效节能型柴油机	√	√					√		
4.3.2 提高船、机、桨的匹配性能	√	√					√		
4.3.3 提高螺旋桨的推进效率	√	√					√		
4.3.4 动力装置的废热利用	√	√					√		
5 船舶安全操作及应急处理									
5.1 船舶搁浅、碰撞后的应急安全措施									
5.1.1 船舶搁浅后的应急安全措施	√	√	√	√	√	√	√	√	√
5.1.2 船舶碰撞后的应急安全措施	√	√	√	√	√	√	√	√	√
5.2 在恶劣气候条件下轮机部安全管理事项									
5.2.1 船舶在恶劣气候条件下航行时	√	√	√	√	√	√	√	√	√
5.2.2 船舶在恶劣气候条件下锚泊时	√	√	√	√	√	√	√	√	√
5.2.3 能见度不良条件下航行	√	√	√	√	√	√	√	√	√
5.2.4 冰区航行	√	√	√	√	√	√	√	√	√
5.3 全船失电时的应急措施									
5.3.1 全船失电的主要原因	√	√	√	√	√	√	√	√	√
5.3.2 全船失电时的应急措施	√	√	√	√	√	√	√	√	√
5.3.3 防止船舶失电的安全措施	√	√	√	√	√	√	√	√	√
5.4 航行中舵机失灵时的应急措施									
5.4.1 航行中舵机失灵的主要原因	√	√	√	√	√	√	√	√	√
5.4.2 航行中舵机失灵时的应急措施	√	√	√	√	√	√	√	√	√
5.5 弃船时的应急安全措施									
5.5.1 弃船时轮机部人员的职责	√	√	√	√	√	√	√	√	√

续表

考试大纲	适用对象								
	8501	8502	8503	8504	8505	8506	8507	8508	8509
5.5.2　弃船时轮机部的应急措施	√	√	√	√	√	√	√	√	√
5.5.3　有关法规对弃船时的安全规定	√	√	√	√	√	√	√	√	√
5.6　轮机部安全操作注意事项									
5.6.1　上高作业时的安全注意事项			√	√	√	√		√	√
5.6.2　吊运作业时的安全注意事项			√	√	√	√		√	√
5.6.3　检修作业时的安全注意事项			√	√	√	√		√	√
5.6.4　车床、钻床作业时的安全注意事项			√	√	√	√		√	√
5.6.5　清洗和油漆作业时的安全注意事项			√	√	√	√		√	√
5.6.6　焊接作业时的安全注意事项	√	√	√	√	√	√		√	√
5.6.7　压力容器使用时的安全注意事项			√	√	√	√		√	√
5.6.8　船舶机舱消防安全注意事项	√	√	√	√	√	√	√	√	√
5.6.9　封闭场所作业的安全注意事项	√	√	√	√	√	√	√	√	√
5.6.10　燃油加装作业的安全注意事项	√	√	√	√	√	√	√	√	√
5.7　船舶应变部署									
5.7.1　船舶应变部署表的有关内容	√	√	√	√	√	√	√	√	√
5.7.2　船员应变须知和操作须知的有关内容	√	√	√	√	√	√	√	√	√
5.7.3　船舶消防演习与应急反应的有关规定	√	√	√	√	√	√	√	√	√
5.7.4　船舶救生与应急反应的有关规定	√	√	√	√	√	√	√	√	√
5.7.5　船舶医疗急救的有关规定	√	√	√	√	√	√	√	√	√
5.8　机舱应急设备的使用和管理									
5.8.1　应急动力设备的使用和管理			√	√	√	√		√	√
5.8.2　应急消防设备的使用和管理			√	√	√	√		√	√
5.8.3　应急救生设备的使用和管理			√	√	√	√		√	√
5.8.4　其他应急设备的使用和管理			√	√	√	√		√	√
5.9　使用船内通信系统									
5.9.1　船内通信工具和信号装置的组成和作用					√	√			√
5.9.2　中国船级社对船内通信和信号设备的有关规定					√	√			√

续表

考试大纲	适用对象								
	8501	8502	8503	8504	8505	8506	8507	8508	8509
5.9.3 使用船内通信系统的注意事项					√	√			√
6 船舶人员管理									
6.1 《海员培训、发证和值班标准国际公约》									
6.1.1 STCW 公约的结构	√		√		√				
6.1.2 STCW 公约附则及 STCW 规则 A 和 B 部分主要精神	√		√		√				
6.2 《2006 年海事劳工公约》									
6.2.1 公约主要内容与框架	√		√		√				
6.2.2 休息及工作时间	√		√		√				
6.2.3 健康保护、医疗、福利及社会保障	√		√		√				
6.3 《国际卫生条例》的有关规定	√		√		√				
6.4 我国劳动法的有关规定									
6.4.1 《中华人民共和国劳动法》的有关规定	√	√	√	√	√	√	√	√	√
6.4.2 《中华人民共和国劳动合同法》的有关规定	√	√	√	√	√	√	√	√	√
6.5 《中华人民共和国船员条例》的有关规定	√	√	√	√	√	√	√	√	√
6.6 《中华人民共和国海船船员适任考试、评估和发证规则》的有关规定	√	√	√	√	√	√	√	√	√
6.7 《中华人民共和国海船船员值班规则》的有关规定	√	√	√	√	√	√	√	√	√
6.8 其他我国船员管理的相关规定									
6.8.1 海事局对船员的管理	√	√	√	√	√	√	√	√	√
6.8.2 海关对船员的管理	√		√		√				
6.8.3 边防检查机关对船员的管理	√		√		√				
6.8.4 国境卫生检疫机关对船员的管理	√		√		√				
6.8.5 其他我国船员管理的相关规定	√		√		√				
6.9 我国轮机部船员职责和行为准则									
6.9.1 我国轮机部船员的职责	√	√	√	√	√	√	√	√	√
6.9.2 我国船舶轮机值班制度	√	√	√	√	√	√	√	√	√

续表

考试大纲	适用对象								
	8501	8502	8503	8504	8505	8506	8507	8508	8509
6.9.3 我国船员调动交接制度	√	√	√	√	√	√	√	√	√
6.9.4 驾驶、轮机联系制度的有关规定	√	√	√	√	√	√	√	√	√
6.9.5 轮机日志的填写和所填读数的意义			√	√	√	√		√	√
7 船舶维修管理									
7.1 船机故障及船舶维修体系									
7.1.1 船机故障									
7.1.1.1 船机故障分类、故障原因及征兆	√	√	√	√	√	√	√	√	
7.1.1.2 故障模式、故障规律	√	√	√	√	√	√	√	√	
7.1.1.3 故障的影响因素	√	√	√	√	√	√	√	√	
7.1.2 船舶维修方式和体系									
7.1.2.1 现代船舶维修方式	√	√	√	√	√	√	√	√	
7.1.2.2 船舶维修保养体系	√	√	√	√	√	√	√	√	
7.2 船机维修过程									
7.2.1 船机拆验									
7.2.1.1 船机拆卸原则和拆卸技术			√	√	√	√		√	√
7.2.1.2 船机拆卸过程中的检测			√	√	√	√		√	√
7.2.2 清洗									
7.2.2.1 零件清洗的方法和应用			√	√	√	√		√	√
7.2.2.2 管系清洗的方法和应用			√	√	√	√		√	√
7.2.3 船机装配									
7.2.3.1 船机装配的要求和装配方法			√	√	√	√		√	√
7.2.3.2 船机装配的主要工作和装配时的注意事项			√	√	√	√		√	√
7.3 船机零件的修复工艺									
7.3.1 船机零件的修复									
7.3.1.1 船机零件修复原则			√	√	√	√		√	√
7.3.1.2 选择修复工艺的原则			√	√	√	√		√	√
7.3.2 机械加工修复方法的种类、特点和应用范围			√	√	√	√		√	√
7.3.3 电镀工艺的原理、分类和应用	√	√					√		

续表

考试大纲	适用对象								
	8501	8502	8503	8504	8505	8506	8507	8508	8509
7.3.4 热喷涂工艺(喷涂和喷焊)原理、特点和应用	√	√					√		
7.3.5 焊补工艺									
7.3.5.1 焊补工艺及其特点和应用			√	√	√	√			√
7.3.5.2 铸铁件的焊补修理			√	√	√	√			√
7.3.6 金属扣合工艺									
7.3.6.1 金属扣合工艺原理、工艺特点			√	√	√	√			√
7.3.6.2 金属扣合工艺的种类和应用			√	√	√	√			√
7.3.7 塑性变形修复法的原理、种类和应用			√	√	√	√			√
7.3.8 粘接修复技术									
7.3.8.1 有机粘接修复技术的特点和应用					√	√			√
7.3.8.2 无机粘接修复技术的特点和应用					√	√			√
7.3.9 研磨技术									
7.3.9.1 研磨原理、工艺特点和应用					√	√			√
7.3.9.2 船机零件的研磨修复					√	√			√
7.4 船机零件的缺陷检验									
7.4.1 船机零件缺陷的一般检验					√	√			√
7.4.2 船机零件无损检验									
7.4.2.1 渗透探伤的原理、种类、特点及应用			√	√					
7.4.2.2 磁粉探伤的原理、种类,方法、特点及应用,磁化电流和退磁			√	√					
7.4.2.3 超声波探伤的原理、特点及应用			√	√					
7.4.2.4 射线探伤的原理、特点及应用			√	√					
7.4.2.5 综合探伤及应用			√	√					
7.5 轮机故障诊断技术									
7.5.1 故障诊断和状态监测的概念及应用	√	√	√	√					
7.5.2 柴油机性能参数分析法及应用	√	√	√	√					

续表

考试大纲	适用对象								
	8501	8502	8503	8504	8505	8506	8507	8508	8509
7.5.3　振动分析法及应用	√	√	√	√					
7.5.4　油液监测技术的种类、原理和应用	√	√	√	√					
7.5.5　红外监测技术的种类、原理和应用	√	√	√	√					
7.6　修船管理									
7.6.1　修船的种类和原则									
7.6.1.1　修船的种类	√	√	√	√	√	√	√	√	√
7.6.1.2　修船的原则	√	√	√	√	√	√	√	√	√
7.6.2　修船的组织									
7.6.2.1　修船的准备工作	√	√	√	√	√	√	√	√	√
7.6.2.2　修船的组织工作	√	√	√	√	√	√	√	√	√
7.6.2.3　修船的监督与验收	√	√	√	√	√	√	√	√	√
7.6.3　坞修工程									
7.6.3.1　轮机坞修的主要项目	√	√	√	√	√	√	√	√	√
7.6.3.2　坞修的准备工作	√	√	√	√	√	√	√	√	√
7.6.3.3　坞修工程的验收	√	√	√	√	√	√	√	√	√
7.6.4　交船试验									
7.6.4.1　交验项目	√	√	√	√			√	√	
7.6.4.2　系泊试验	√	√	√	√			√	√	
7.6.4.3　航行试验	√	√	√	√			√	√	
8　船舶油类、物料及备件管理									
8.1　船舶油料种类及特点									
8.1.1　船舶燃油主要特性指标及油品种类	√	√	√	√	√	√	√	√	√
8.1.2　润滑油特有的特性指标，润滑油的种类、特点	√	√	√	√			√	√	
8.2　燃油管理									
8.2.1　燃油的加装	√	√	√	√	√	√	√	√	√
8.2.2　燃油的储存和驳运	√	√	√	√	√	√	√	√	√
8.2.3　燃油的使用管理	√	√	√	√	√	√	√	√	√
8.3　备件管理									
8.3.1　备件的申请	√	√	√	√	√	√	√	√	√

续表

考试大纲	适用对象								
	8501	8502	8503	8504	8505	8506	8507	8508	8509
8.3.2 备件的接收	√	√	√	√	√	√	√	√	√
8.3.3 备件的保管及使用	√	√	√	√	√	√	√	√	√
8.4 物料管理									
8.4.1 物料的申请			√	√				√	
8.4.2 物料的接收			√	√				√	
8.4.3 物料的保管及使用			√	√				√	
9 机舱资源管理									
9.1 概述									
9.1.1 “资源”的定义与内涵	√	√	√	√	√	√	√	√	√
9.1.2 “管理”的定义、特点与内涵	√	√	√	√	√	√	√	√	√
9.1.3 管理的基本职能									
9.1.3.1 计划与程序	√	√	√	√	√	√	√	√	√
9.1.3.2 组织与协调	√	√	√	√	√	√	√	√	√
9.1.3.3 领导与决策	√	√	√	√	√	√	√	√	√
9.1.3.4 控制	√	√	√	√	√	√	√	√	√
9.1.4 船舶资源的构成、特点、分配与排序	√	√	√	√	√	√	√	√	√
9.1.5 资源管理作用与目的	√	√	√	√	√	√	√	√	√
9.1.6 机舱资源管理的概念	√	√	√	√	√	√	√	√	√
9.1.7 机舱资源的构成、特点、分配与与排序	√	√	√	√	√	√	√	√	√
9.1.8 机舱资源管理作用与目的	√	√	√	√	√	√	√	√	√
9.2 组织									
9.2.1 船舶与轮机部组织结构	√	√	√	√	√	√	√	√	√
9.2.2 轮机部组织的原则与作用	√	√	√	√	√	√	√	√	√
9.2.3 组织成员的基本职责									
9.3 轮机部团队									
9.3.1 成熟班组形成的过程	√	√	√	√	√	√	√	√	√
9.3.2 团队成员的角色	√	√	√	√	√	√	√	√	√
9.3.3 团队的作用	√	√	√	√	√	√	√	√	√
9.3.4 团队成员的作用	√	√	√	√	√	√	√	√	√

续表

考试大纲	适用对象								
	8501	8502	8503	8504	8505	8506	8507	8508	8509
9.3.5 团队工作的三环模式	√	√	√	√	√	√	√	√	√
9.3.6 优秀团队的特征	√	√	√	√	√	√	√	√	√
9.3.7 不同环境下班组工作的要点	√	√	√	√	√	√	√	√	√
9.3.8 对团队人员协调和激励的措施	√	√	√	√	√	√	√	√	√
9.4 人为失误与预防									
9.4.1 人为失误	√	√	√	√	√	√	√	√	√
9.4.2 情景意识	√	√	√	√	√	√	√	√	√
9.4.3 疲劳与压力	√	√	√	√	√	√	√	√	√
9.5 通信与沟通									
9.5.1 通信及沟通的定义、方式及特点	√	√	√	√	√	√	√	√	√
9.5.2 有效沟通的原则	√	√	√	√	√	√	√	√	√
9.5.3 内部沟通与通信的方式及要点	√	√	√	√	√	√	√	√	√
9.5.4 外部通信的方式及要点	√	√	√	√	√	√	√	√	√
9.5.5 通信与沟通的障碍与改进措施	√	√	√	√	√	√	√	√	√
9.6 案例分析									
9.6.1 救生	√	√	√	√	√	√	√	√	√
9.6.2 消防	√	√	√	√	√	√	√	√	√
9.6.3 堵漏	√	√	√	√	√	√	√	√	√
9.6.4 溢油	√	√	√	√	√	√	√	√	√
9.6.5 海盗袭击	√	√	√	√	√	√	√	√	√
9.6.6 碰撞搁浅	√	√	√	√	√	√	√	√	√
9.6.7 恶劣海况	√	√	√	√	√	√	√	√	√
9.6.8 PSC 检查	√	√	√	√	√	√	√	√	√

参考文献

[1] 中国海事服务中心.船舶管理[M].大连:大连海事大学出版社,2012.

[2] 刘万鹤.船舶管理[M].大连:大连海事大学出版社,2007.

[3] 魏海军.轮机维护与修理[M].大连:大连海事大学出版社,2012.

[4] 周卫杰.轮机维护与修理[M].北京:人民交通出版社,2002.

[5] 吴宛青.船舶防污染技术[M]. 大连:大连海事大学出版社,2010.

[6] 许乐平.船舶管理(轮机专业)[M]. 大连:大连海事大学出版社,2000.

[7] 刘万鹤.船舶管理[M].北京:人民交通出版社,2002.

[8] 韩寿家.造船大意[M].大连:大连海事大学出版社,1993.